广东省优秀社会科学家传略丛书

广东省
优秀社会科学家传略
（三）

张知干 ◎ 主编

·广州·

版权所有　翻印必究

图书在版编目（CIP）数据

广东省优秀社会科学家传略.三／张知干主编.—广州：中山大学出版社，2021.11
（广东省优秀社会科学家传略丛书）
ISBN 978-7-306-07081-4

Ⅰ.①广… Ⅱ.①张… Ⅲ.①社会科学家—列传—广东 Ⅳ.①K825.1

中国版本图书馆 CIP 数据核字（2020）第 256067 号

| 出 版 人：王天琪
| 特约编辑：林洪浩
| 策划编辑：金继伟　王　燕
| 责任编辑：周明恩
| 封面设计：曾　斌
| 责任校对：周昌华
| 责任技编：靳晓虹
| 出版发行：中山大学出版社
| 电　　话：编辑部 020-84110776，84111996，84111997，84113349
| 发行部 020-84111998，84111981，84111160
| 地　　址：广州市新港西路 135 号
| 邮　　编：510275　传　真：020-84036565
| 网　　址：http://www.zsup.com.cn
| E-mail：zdcbs@mail.sysu.edu.cn
| 印 刷 者：佛山市浩文彩色印刷有限公司
| 规　　格：787mm×1092mm　1/16　20.75 印张　450 千字
| 版次印次：2021 年 11 月第 1 版　2021 年 11 月第 1 次印刷
| 定　　价：98.00 元

如发现本书因印装质量影响阅读，请与出版社发行部联系调换。

张知干，男，汉族，1966年7月生，湖南宁远人，中共党员，法学博士。1988年8月参加工作，现任广东省社会科学界联合会党组书记、主席。先后在新华社广东分社、广东省委宣传部、广东省委外宣办（省政府新闻办）和广东省作家协会任职。长期从事党的宣传文化工作，熟悉党的宣传思想文化工作路线、方针和政策，具有较高的政策理论水平和较强的组织领导能力。采访撰写了一大批有影响的重大新闻报道，在《人民日报》《文艺报》《南方日报》上发表了一系列学习领会习近平新时代中国特色社会主义思想的理论文章；策划组织开展了"欧洲及海上丝绸之路沿线国家主流媒体看广东"、2015欧洲摄影师看广东采风活动、构建对外宣传国际网络传播矩阵等重大外宣创新工作；策划举办了"21世纪海上丝绸之路文学发展论坛"、推动广东文学院改革、率先开展重大现实题材创作"攀登高峰"计划、建设广东优秀当代文学作品覆盖全球翻译出版工程等在全国文学界有影响的首创工作；以及策划开展了"广东省决战决胜脱贫攻坚社科普及系列展演活动"、全面改版《南方智库专报》、建设广东省社科类社会组织信息化服务与管理平台、构建广东省哲学社会科学重点实验室等在全国社科界领先的创新工作，为推动广东宣传文化工作走在全国前列做出了积极贡献。

广东省优秀社会科学家传略丛书
编委会

顾　问（以姓氏笔画为序）：

　　于海峰　王　创　方　真　朱孔军　李　彬

　　李大胜　李志坚　李惠武　李善民　吴业春

　　吴定海　林如鹏　郑贤操　姜　虹　郭跃文

　　隋广军　曾伟玉

主　任：张知干

委　员：李　敏　叶金宝　曾　赠　李翰敏　李夏铭

　　　　杨小蓉　冯达才　汤其中　姜　波　黄　姗

　　　　汪虹希　胡琼琼

总 序

党的十八大以来,以习近平同志为核心的党中央对哲学社会科学重视程度之高、推动力度之大前所未有。2016年5月17日,习近平总书记主持召开哲学社会科学工作座谈会并发表重要讲话,这在我国哲学社会科学发展史上具有重要的里程碑意义。习近平总书记的重要讲话从坚持和发展中国特色社会主义的战略高度,深刻阐明了哲学社会科学的地位与作用,提出了加快构建中国特色哲学社会科学的战略任务,科学回答了事关我国哲学社会科学长远发展的一系列根本性问题,为新时代哲学社会科学的繁荣发展指明了前进方向、提供了根本遵循。由此,我国哲学社会科学发展迎来了史无前例的重大机遇,掀开了繁荣昌盛的崭新篇章。

广东省委、省政府坚决贯彻习近平总书记关于哲学社会科学的重要论述,鲜明提出"推动我省哲学社会科学事业全面繁荣、走在前列"的新目标、新要求。全省广大哲学社会科学工作者自觉立时代之潮头、通古今之变化、发思想之先声,以走在前列的担当作为,积极为党和人民述学立论、建言献策,涌现出以广东省优秀社会科学家为主要代表的名家楷模群体,在推动我省哲学社会科学事业迈向高质量发展之路的历史进程中生动诠释了广东学人的时代风采和价值担当。

优秀社会科学家群体的集聚与崛起,既是广东学人潜心耕耘、静待花开的必然结果,更是加快构建中国特色哲学社会科学历史进程的精彩呈现。我们编撰这套《广东省优秀社会科学家传略》,主要目的是向第一届至第三届共36位广东省优秀社会科学家致敬,并期盼通过诸位传主卓尔不凡的人生大写意,为广大读者朋友勾勒出一幅正在走向全面繁荣的广东哲学社会科学的盛世图景,以便更好地彰显广东学人风范、传承广东人文精神、增强广东学术自信、扩大广东学术影响力。这套丛书的出版,得到了诸位优秀社会科学家的积极支持,他们贡献个人资料、学术成果、思想智慧以及各种建设性意见,为丛书的编辑出版奠定了可靠厚实的基础。中山大学出版社承担了本丛书的出版工作,组建了精干的编辑团队,认真组织编辑校核。我们一并表示衷心的感谢和崇高的敬意！由于时间和水平所限，丛书难免存在纰漏欠妥之处，敬请读者批评指正。

这套丛书付梓之时，正值全党全国如火如荼深入学习贯彻习近平总书记在庆祝中国共产党成立100周年大会上的重要讲话精神之际，中华民族意气风发，又踏上了新的"赶考"之路。我们期待一切有理想、有抱负的哲学社会科学工作者，积极响应习近平总书记、党中央的伟大号召，自觉以优秀社会科学家为榜样，始终心怀"国之大者"，抓住历史机遇，肩负时代使命，勇于担当作为，接续开拓进取，不断为加快构建中国特色哲学社会科学学科体系、学术体系、话语体系，为广东在新征程中走在全国前列创造新的辉煌，为实现第二个百年奋斗目标、实现中华民族伟大复兴的中国梦做出新的更大贡献。

丛书编委会
2021年10月

目录

广东省第三届优秀社会科学家　卢晓中 ··· 1
 一、每一段经历都是一种成长：个人经历 ······································ 1
 二、每一种成长都伴随着收获：学术探索 ···································· 14
 三、每一次收获都彰显着价值：学术影响 ···································· 24
 四、感悟学术人生 ·· 26

广东省第三届优秀社会科学家　朱桂龙 ······································· 29
 一、求学与成长 ·· 29
 二、探求中国特色创新管理理论 ·· 47
 三、为中国自主创新体系建设与发展添砖加瓦 ····························· 51
 四、治学心得 ··· 53

广东省第三届优秀社会科学家　李凤亮 ······································· 56
 一、梅花香自苦寒来 ·· 56
 二、功不唐捐，玉汝于成 ·· 73
 三、要留清誉在人间 ·· 88
 四、治学心得 ··· 94

广东省第三届优秀社会科学家　李庆新 ······································· 95
 一、童年、求学与学术历程 ·· 95
 二、从区域史到海洋史：多方面的史学探索 ······························· 102
 三、传承与创新：致力建构具有国际影响、区域特色的海洋史学体系 ······ 120
 四、执着追求，宁静致远：史学"不归路"上的治学理念与学术情怀 ······ 125

广东省第三届优秀社会科学家　李宗桂 ……… 132
- 一、从知识青年到文化研究专家 ……… 133
- 二、《中国文化概论》：文化"热"中的"冷"思考 ……… 136
- 三、文化"冷"中的"热"展望 ……… 138
- 四、中国哲学思潮的文化审视 ……… 142
- 五、社会转型期的人文关怀 ……… 152
- 六、为文化学的学科建设鼓与呼 ……… 156
- 七、传统与现代之间的文化哲学省思 ……… 158
- 八、中华优秀传统文化的弘扬 ……… 164

广东省第三届优秀社会科学家　吴承学 ……… 166
- 一、1956—1977年：潮州文化孕育的读书种子 ……… 166
- 二、1978—1989年：改革开放春风中成长的青年学人 ……… 171
- 三、1990年以来：学术殿堂的朝圣者 ……… 179
- 四、优秀文化传统之继承与开拓 ……… 185
- 五、"学、识贯通，才、情融合" ……… 193
- 六、治学心得：学术永远是我们安身立命之本 ……… 196

广东省第三届优秀社会科学家　何自然 ……… 199
- 一、经历：历尝艰困，刚毅自强 ……… 199
- 二、成就：探言之意，究语之蕴 ……… 204
- 三、影响：学为人师，行为世范 ……… 217
- 四、心得：业精于勤，行成于思 ……… 221

广东省第三届优秀社会科学家　陶一桃 ……… 227
- 一、快乐而又短暂的童年与少年时代 ……… 227
- 二、知青生活与高考经历 ……… 230
- 三、学习生活与学术生涯 ……… 233
- 四、学术：弃浮躁，留平静，存雅致 ……… 242
- 五、角色，价值，实践 ……… 249
- 六、不忘初心，继续前行 ……… 252

广东省第三届优秀社会科学家　隋广军 254
　一、学思有成：砥砺经世济民、踏实奋进的初心和志向 254
　二、研学有为：以家国情怀、全球视野践行学术使命 257
　三、办学有道：坚持立德树人，办好人民满意的高等教育 270
　四、治学有识：回应时代需求、求真务实进取 280

广东省第三届优秀社会科学家　程国赋 283
　一、在挫折中成长 283
　二、夯实基础，拓展学术研究的视野和方法 294
　三、社会评价与人才培养 304
　四、从蹒跚学步到学术创新 312

广东省第三届优秀社会科学家

卢晓中

一、每一段经历都是一种成长：个人经历

（一）经历困难时期

农历一九六一年十二月二十四日，卢晓中出生在江西南昌江西师范学院（今江西师范大学）的一个行政干部家庭。众所周知，那一年，我们国家受到内外因素影响正经历困苦。卢晓中在家排行第三，也是老幺。在父母及哥哥、姐姐的呵护下，虽然生活不易，但他还是像其他男孩子一样，无拘无束，在调皮捣蛋中长大。刚知晓点事时，卢晓中依稀记得跟着父亲在校园里走，父亲曾把他带到学生上课教室的窗边，抱着他静静地看着他们，并指着讲台上的老师说："孩子，你以后也要做老师喔！老师教很多人学本事，学做人呢。"

1968年12月，为了响应毛主席"知识青年到农村去，接受贫下中农的再教育，很有必要"的号召，卢晓中的母亲带着3个孩子，下放到江西上饶地区波阳县（今鄱阳县）一个远离县城、条件十分艰苦的村子里。父亲当时还被滞留在南昌，并没有随他们同来，母亲一个人拉扯3个孩子，其中的艰辛自不待言。清苦的乡间生活倒也历练了他的心智。那时卢晓中刚在大学附小上了半学期。村子里没有学校，要步行一小时到公社去上学，他大部分时候都是跟着哥哥、姐姐一起去，有时候也会逞强一个人来来去去。那段路有荒野，有坟地，有农田，他深一脚、浅一脚，雨雪天、热辣天，都用脚丈量过来了。虽然人看起来黝黑精瘦，但心里的那份执着已然形成。1 年后，父亲也从南昌下放到老家江西余干，就把他们从波阳接回余干。回来后，父母的工作时常更换，卢晓中上的小学亦跟着不固定，换了好几所小学。即使这样，他的学习成绩也从没落下，一直都是当时的"三好学生"。在上小学的最后一年，父亲调到余干中学担任校长，他们家终于结束了动荡的生活，在余干县城定居下来。1973 年，卢晓中进入余干中学，开始了中学生活。

在那个特殊的年代，初中、高中学习都轻松，每个学期都有 1 个月的时间学工或学农。在这种状态下，卢晓中的课堂作业很快完成，成绩也始终名列前茅。剩下的时间他经常去母亲工作的知青图书室、父亲担任领导的学校图书馆，借阅、浏览大量的文学作品和科普读物，甚至有些奇书、禁书都被卢晓中悄悄地翻了出来。给他印象最深的是黑格尔的《小逻辑》，虽然当时看得似懂非懂，但激发了他极大的探索知识的兴趣，着迷于数学的解题。就这样，不知不觉，他迷茫、懵懂地度过了那段蹉跎岁月。

1976 年 10 月，粉碎了"四人帮"，卢晓中这些"60 后"幸运地迎来了命运的重大转折。1977 年 8 月恢复高考，同年 11 月，应届高中毕业的卢晓中和哥哥、姐姐一起参加高考。高考放榜，分数线出来后，3 人同时上了分数线。在那个刚刚结束"文革"的年代，一家 3 个孩子全部考上大学简直是一件不可思议的事，在县城引起了不小的轰动。由于种种原因，下放到农村的哥哥、姐姐当年得以录取升学，卢晓中未被录取，但此事对他并未造成多大影响。1978 年再考，卢晓中又考上了，他选择进了父母下放前工作的学校——江西师范学院，在该校数学系开启了他的大学求学之路。

背着简易的行李，卢晓中走进了江西师范学院的校门，儿时曾经生活过的地方，一切都是那么熟悉又那么陌生，童年的片段记忆恍若梦中，那些曾经站在外面探看的教室、图书馆、大礼堂……以后，都是要常去的地方。求知学习在激动、紧张的心情下开始了。解析几何、高等代数、数学分析、线性代数、概率论、数理统计、复变函数等，一课课上，一步步学。曾经似懂非懂的逻辑概念、拓扑理论，在这里渐渐清晰。不断充实的知识开阔了他认识世界的视野。在整个大学 4 年，黄根发老师是卢晓中的班主任，黄老师既传授知识，又像长辈一样关心同学们的喜怒哀乐。还有李贤瑜老师，他上的数学分析课不仅条理清晰，逻辑严密，而且那种标准的大学教师的仪态给大家留下了深刻印象，同学们也用数学符号给他起了个外号。多年后，卢晓中再次与时任江西师范大学校长的李老师相聚时，谈起当年他给他们上课的情景，以及给他起的外号，都成为一段甜美的回忆。

1982 年秋天，充实、紧张、令人难忘的大学生活结束了，卢晓中留校，在学校教务处工作，从此真正开始步入社会。那是个一切都在尝试、探索的年代，新鲜事物不断涌现。男大当婚、女大当嫁是很多中国人的传统观念。卢晓中生性内向，那时的社会风气相对保守，工作了1年多，用现在的说法，他仍然是个"单身狗"。1984年夏日的一天，父母趁来南昌出差之机带卢晓中去拜访曾在江西师范学院一起共过事的老同事。当敲开老同事家的大门时，给他们开门的是个中学生模样的标致的姑娘，卢晓中站在最前面跟她说明了来意。她对着他一笑，然后转向屋内喊："爸，有个小朋友来找你了！"卢晓中当时愕然：究竟谁是小朋友！进去后，父母跟曾经的老同事叙旧，聊得很投机，父母还得知刚刚给他们开门的，是老同事的女儿，比卢晓中小一岁，他们于是开玩笑地说："说不定上幼儿园时跟你是同学呢！"她是江西医学院1978级的，现已毕业，在一个地区的医院工作。回去后，那个有趣姑娘的影子时不时在卢晓中的脑海里出现。1个多月后，卢晓中在校园里骑自行车，不慎把右手臂的肱骨摔成了粉碎性骨折。受伤后，他立刻在校医院就诊，诊断后，校医院的医生进行了手法复位加夹板固定，几天后状况不佳，病情加重！处里的同事，还有一起留校工作的同学都特别关心。父母的那位老同事也得知卢晓中受伤的消息，立即找到他爱人的姨夫，省中医学院的骨科权威教授，亲自帮卢晓中复位，用石膏固定。上臂肱骨粉碎性骨折，仅靠X光下复位，石膏固定，没有住一天院，康复后没有一点后遗症，卢晓中现在想起来都觉得不可思议。在养伤期间，由于要经常复诊，卢晓中和他们一家渐渐熟络起来，跟那个看起来像小姑娘一样的医生也走得越来越近。她对工作很投入，经常会讲医院里那些惊心动魄的诊治故事。"我的工作经常要关注人的一口气能不能呼得出来。"她打趣地说，"人这辈子不就是争这一口气吗？"（她是耳鼻咽喉科专业）顺理成章地，他俩成了一对。此后，在俩人相伴的几十年的岁月里，南下广州、工作抉择等，妻子都给卢晓中贡献了外科医生般果断、清晰的思维。每当卢晓中碰到困惑或处在人生低谷时，她除了给他安抚，还能给出一些非常中肯的意见，使他重新振作起来。让卢晓中最为惊叹的是她的心灵手巧，家里家外没有她解决不了的事。妻子为人大气，小节上从不计较，且为人善良，善解人意，又洞悉世事，与各方关系协调良好，俩人也互相融入了彼此的家庭，其乐融融。和谐友爱的家庭氛围对卢晓中的事业不能不说是一种强有力的帮助。

（二）人生志向选择与专业成长

大学毕业后，卢晓中留校工作，但并没有留在数学系从事数学专业的教学科研工作，而是在学校教务处从事教学管理工作。当时高教研究开始引起全国许多高校的关注，它们纷纷设立高教研究机构。江西师范大学也是在这一时期成为国内最早开展高教研究并率先在教务处设立高教研究室（挂靠在教务处）的高校之一，包括眭依凡、曾昭羲、易化等在内的一批醉心于高教研究的学者都进入高教研究室工作。高教研究室的研究工作很快在全省形成较大影响，并逐渐成为全省高教研究的中心，尤其是该室当时创办的江西省高教管理研究会及会刊《高教管理研究》，对推动江西高等教育研究工作发挥了重要作用，会刊《高教管理研究》在全国高等教育业界也小有名气。当时卢晓中本人虽然不在高教研究室工作，但身在这一氛围中，自然也受之感染，受影响至深。加之他对教学管理工作中碰到的一些实际问题也极有兴趣，愿意思考，常常能谈出一些自己的见解。当时任教务处副处长并主持教务处日常工作的欧阳侃老师早年毕业于中正大学经济系，是一位长期从事教学管理工作的专家型领导，他经常带卢晓中去一些学生实习点检查教学实习，并要求卢晓中写出有关学生教学实习的调研报告。卢晓中很珍惜这样的机会，每每接受任务都认认真真地完成，有时为了谨慎起见，还把写成的初稿寄给父亲帮忙修改。所以，写好的稿子也常常得到欧阳老师的好评。欧阳老师还会督促卢晓中去学习高等教育理论方面的书籍和文章，并送给他一套厦门大学潘懋元教授主编的著作《高等教育学》（上、下），嘱咐他一定要好好阅读。回过头来看，这两本书对卢晓中进入高等教育研究领域具有启蒙意义，而当初引领他进入高教研究大门的就是欧阳侃老师。

卢晓中正式开始高教研究工作是在1984年1月以后，当时他已调到学校教务处师资科工作，科长是彭正南老师。当时彭正南老师让卢晓中思考一下对教师教学质量评估问题的看法，恰好那时卢晓中正在看北京理工大学何忠献教授写的有关运用模糊数学开展高等教育评估的文章，或许是本科学数学的缘故，不由得引发了他的联想："我们的教师教学质量评估是否也可运用类似方法？"基于这一想法，卢晓中开始比较深入地思考这个问题，而他本科所学的数学专业也恰好派上了用场，很快，在领导和同事的支持和帮助下，他研制出一个运用模糊数学进行教师教学质量评估的方案，并于1994年度下学期在教育系开始试评。试评的结果与实际情况吻合度较高，从而获得了教育系领导的高度认可。欧阳侃老师及高教研究室从事教育评估研究和负责江西高教管理研究会秘书处工作的曾昭轰老师也十分肯定这一评估方案及其研究工作，并给了卢晓中不少鼓励，这大大增强了他从事高教研究的信心。刚好在这个时候，华东地区高等教育管理科学研究会领导决定第四届年会将于1985年在南昌举办，由江西高教管理研究会承办。曾昭轰老师提出可以把卢晓中这一研究成果作为江西学者的成果参加本届年会。这样卢晓中便开始对这一实践评价方案研制及实践进行总结、提炼和论文写作，最终以《开展教学质量评估，促进教学管理改革》为题写成论文。华东地区高等教育管理科学研究会第四届年会于1985年10月3日在江西水利专科学校如期举办，该研究会理事长余立同志、秘书长杨德广同志、华东师大陈玉琨教授等领导和专家参加年会，时任国家教委副主任、江西省原副省长柳斌同志还专门发来贺信，中国高等教育学会副会长、中国高等教育管理研究会理事长于北辰同志出席会议并讲话。卢晓中第一次参加这样一个高层次的学术会议，内心十分激动，特别是他执笔的这篇论文十分荣幸地入选大会发言论文，而且自己是作为大会发言的第一个，这是他平生第一次受邀在200多人的华东地区高等教育界的领导和前辈面前做大会发言。当年卢晓中23岁，是参会代表中最年轻的一位（这是卢晓中的第一个"最年轻"）。尽管当时内心十分忐忑，但也非常兴奋，并不觉得胆怯，发言效果也自觉不错。发言后，华东地区高教管理科学研究会的领导在大会上作了专门表扬（可能主要是从鼓励年轻人的角度），本届年会的总结也专门提到"本届年会的成功，同全体与会代表的认真学习讨论，密切合作，积极开好会议所做的努力分不开。尤其值得高兴的是，许多年轻同志积极参与高校管理的研究工作，并取得了可喜成绩，使我们这支队伍增添了新的生机和活力"。一些高校的教务处处长还专门来江西师范大学找卢晓中询问相关评估的具体做法和交流开展教学评估的经验。《上海高教研究》（现为《教育发展研究》）编辑部主任肖庆璋老师也找到卢晓中，希望发表该论文。后来经华东地区高教管理科学研究会领导商定，为了更好地体现承办方对本届年会的贡献，将本届年会发言的论文有选择地统一安排在江西省高教管理研究会会刊《高教管理研究》1985年第4期发表，该文也入选其中，这是卢晓中第一次在学术刊物上发表论文。应当说，卢晓中本科数学专业的学习对他后来从事教育学研究还是有很大帮助的。2012年8月，同学们毕业30年回母校聚会时，在数学系召开的校友座谈会上，大家推荐卢晓中作为校友代表发言，卢晓中说："人们常说，本科阶段对人的一生影响巨大，我深以为然，尽管我在本科毕业后没有从事数学专业的工作，但当年老师们在数学方面教给我的'童子功'，比如严密的逻辑思维及数学方法，对我后面从事教育学研究影响非常大，我要向老师们深深地鞠一躬。"当然，本科阶段教育学理论学习的缺失，也是卢晓中一个不小的短板，需要后面的阶段给补上。

1987年，经学校专业选拔和外语考试，卢晓中有幸入选公派攻读美国俄克拉荷马市大学（Oklahoma City University）教育行政管理专业硕士学位。1989年12月，如愿获得美国俄克拉荷马市大学教育学硕士，并正式调入学校高教研究所工作，开启了作为专职研究人员的经历，并有了若干"第一"：1990年2月，卢晓中第一次在国内教育学最权威的学术期刊《教育研究》上发表论文，翌年又发表了第二篇；1991年12月，第一次被《新华文摘》全文转载论文；1992年12月，第一次获得江西省第五次社会科学研究优秀成果一等奖，当时全省仅有10项成果获得一等奖。也许正是这若干个"第一"，使得卢晓中在职称评审"解冻"后首批被破格评聘为副研究员。

1992年，邓小平同志南方谈话，给中国大地带来了一派生机。沐浴着南方谈话的春风，到南方去，到广东去，到海南去，俨然成为当时席卷全国的一种大众潮流。这自然也拨动了卢晓中的心弦。恰巧1992年12月在暨南大学召开了一个"亚洲四小龙教育发展战略研讨会"，卢晓中参加了这次研讨会。这是他时隔9年后第二次踏上广东这块点燃无数人希望与梦想的土地，从此便与这块土地结缘。

1993年12月，几经周折，卢晓中调入华南师范大学教育科学研究所（当时也是广东省教育科学研究所）工作，他的爱人也随调到广州市天河区红十字会医院

（现为天河区人民医院）工作。这一调动过程得到了江西和广州两地许多人的无私帮助，卢晓中一直铭记在心。由于当时华南师范大学比较教育学科人手紧缺，加上卢晓中原有的学科基础，他来华南师范大学后就被分到比较教育研究室从事比较教育学研究，并担任研究室主任。当时华南师范大学比较教育学科是全国比较教育研究的重镇，朱勃教授是我国比较教育学科的主要创始人之一，在国内外拥有很高的学术地位，还有几位在国内有相当影响的知名中青年学者。只可惜1988年朱老因病过早离世，这不仅是我国比较教育学科的重大损失，更是华南师范大学比较教育学科的巨大损失，原本华南师范大学的比较教育学科未来会有更好的发展前景，卢晓中来华南师范大学从事比较教育学研究而未能见过朱老也是他的一大遗憾。华南师范大学比较教育学科一直以比较教育学基本理论和东南亚教育、港澳台教育研究为主攻方向和学科特色，卢晓中的教学和研究工作自然就往此方向靠。

1995年卢晓中在华南师范大学开始招收第一届比较教育学专业研究生。1995年12月，卢晓中被破格评聘为教授，成为当时广东最年轻的人文社会科学教授之一。1996年1月，卢晓中作为主编之一出版了《战后东盟教育研究》一书（国家"八五"重点图书）。1997年获得"广东省首届优秀青年科学家奖"，同时获奖的有陈小明、冯平、李翀、耿安松、瞿金平等教授，连卢晓中一共10位，故他们也被称为"广东十大优秀青年科学家"。颁奖大会上，时任中共中央政治局委员、中共广东省委书记谢非同志等领导出席并接见了获奖者，后来获奖者中多人被评上院士。卢晓中评上优秀青年科学家后，有一天，在华师附小读书的女儿回家问他："爸爸，有同学说，'你爸爸是搞教育研究的，他又没有发明创造，怎么是科学家？'。"他笑着回答："爸爸是在做探索和发现你们成长特点、帮助你们健康成长的事情，这是一种人文社会科学，是另外一种类型的科学。"她似懂非懂地听着，似乎还是有些疑惑。直到20年后她也成为一名高校人文学者和教师后，当父女俩谈起这件事时，女儿说，"我终于明白你当年说的意思啦"。

1999年，卢晓中的个人专著《亚洲"四小龙"教育发展战略研究——兼论中国教育发展问题》入选"广东省中青年社会科学家文库"，由广东省哲学社会科学优秀著作出版基金资助，在广东人民出版社出版。该书后入选"广东建国50周年重大成果"。

1996年，卢晓中主持承担了广东省哲学社会科学规划重点项目"广东建设教育强省问题研究"，自此他把广东教育改革发展作为自己的重要研究方向。2000年，该课题的最终成果《跨世纪广东教育发展论纲》正式出版（国家"九五"重点图书），并获得"广东省哲学社会科学'九五'规划优秀成果三等奖"。应当说，直到20世纪90年代末，卢晓中的学术领域和研究方向已经基本清晰和明确，八九十年代的学术经历也为他自己后来的学术发展奠定了坚实的基础，包括个人学术领域和方向的拓展与调整也是建立在此基础之上的。

(三)攻读博士学位及与导师潘懋元教授二三事

读博士这段经历,对卢晓中的人生具有节点性意义,时间也恰好处在世纪之交,具体有以下3点:一是这段经历不仅对他后来的学术道路的影响甚大,而且对他人生的影响也很大,因为卢晓中遇上了他的学问导师,也是人生导师的潘懋元教授。20世纪90年代初,卢晓中就萌发了读博士的想法,后因工作调动、研究领域改变等拖了下来。尽管卢晓中1995年就评上了教授,算是同龄人中较早当上教授的,但他总想圆自己的读博梦。当时博士学位并不像今天是在高校从事专业工作的必备条件,当时想读博士真是想好好地系统充实一下自己的高等教育学理论知识。当时卢晓中的首选是去厦门大学读潘懋元教授的博士。厦门大学是我国高等教育学第一个博士点学校,潘先生是我国高等教育学第一个博士生导师,是中国高等教育学科的创始人。当年引卢晓中入门的潘先生主编的《高等教育学》(上、下)就曾让他萌发过这一念头。二是这段经历让他重新思考自己的学术发展方向,并在21世纪做出了承前启后的适当调整。三是这段经历不仅使他懂得了如何为学,更懂得了如何为师、为人。

当年欧阳侃老师专门送潘先生主编并刚出版的《高等教育学》(上)给卢晓中时一再说:"这本书很有看头,我读了两遍,写这本书的潘教授经历很丰富,在教务处也做过领导。你要好好读读它。"就这样,卢晓中便与潘先生第一次在书中"相遇"了。这本书他看得很认真很投入,做了很多笔记。也正是这本书引卢晓中进入高教研究的大门,并确立了自己的研究志向。后来卢晓中又陆续读过潘先生的一些讲座发言和文章,这些阅读和学习给他留下的一个深刻印象是:潘先生说的这些理论也好,认识也好,好像就是针对自己工作中碰到的问题释疑解惑的,总是如此在理!这也使卢晓中对潘懋元先生的崇敬之情油然而生,但当时还不敢奢想能成为先生的学生。后卢晓中转到学校高教所专门从事高教研究,与眭依凡等成为同事,大家常在一起研讨中国高教问题,潘先生的高等教育思想也是大家经常讨论的话题。真正萌发想跟随潘先生学习的想法是在20世纪90年代以后,随着在高教研究领域的逐步深入,卢晓中继续深造的愿望越来越强烈。虽然他当时也发表了一些比较高层次的论文,然而,"学然后知不足,教然后知困",他越来越感觉到自己在高教理论素养上的缺陷,亟须补上这个短板,便萌发了成为潘先生弟子的想法。特别是通过参加一些学术活动,与陈列、邬大光等潘先生的早年弟子相熟后,这种想法更加强烈。1992年3月,应陈列师兄之邀,卢晓中参加了杭州大学主办的"中英高等教育政策学术研讨会",与邬大光师兄又相遇了。邬大光跟卢晓中提起过推荐他去读先生博士之事,当时几乎要付诸行动。但回来后不久,卢晓中便开始办理工作调动之事,并几经周折于1993年12月从江西师范大学高教研究所调到华南师范大学教育科学研究所工作,加上调动后担任比较教育研究室主任,主要做比较教育学研究，这一时期参加的一些学术活动大多是比较教育学领域的，此事也就暂时搁置下来。但投到潘先生门下这一愿望一直深藏在卢晓中心中，从未泯灭过。

2017年11月，参加首届中国高等教育发展政策高峰论坛

重新燃起这一想法是在1999年4月，那时邬大光师兄陪潘先生去韶关大学接受客座教授的聘书并做学术报告，特地途经华南师范大学去看望潘先生的老师邹有华教授。邬大光师兄同卢晓中谈起周川师兄不久前拿到潘先生的论文博士学位，韩延明师兄也正在做先生的论文博士，根据卢晓中的情况和先生对论文博士的要求，他建议卢晓中也可考虑以这种方式攻读博士学位。听到这一消息，卢晓中顿时感到终于有机会了却跟随先生学习的夙愿！但同时又有顾虑，毕竟当时跟先生接触有限，怕遭到拒绝，并不敢跟先生当面提出。邬大光师兄鼓励卢晓中："你跟潘老师大胆提出来，他一定会认真考虑的，还是有很大的可能性的。"卢晓中于是在先生回厦门以后鼓足勇气给他写了一封信，信中表达了跟先生读书的强烈愿望，非常渴望成为先生的学生。先生很快给他回了信，说对他的情况有所了解，欢迎他来做论文博士，但提出即使做论文博士，也要作为高级访问学者来参加所有的专业课学习，完成课程作业取得学分，并参加学术活动，通过外语考试，完成博士论文且答辩通过后方可取得博士学位。收到先生的回信后，卢晓中激动得久久难以平静——潘门终于向自己打开了，而先生提出的学业要求也与卢晓中选择投入潘门、在先生指导下提升自己的初衷相一致！当年7月，得到华师同意后，卢晓中专程去厦门拜访先生，邬大光师兄陪他一起到了潘先生原住的校园东村的家。进门前的紧张与忐忑在见到潘先生的那一刻消失了，先生和蔼慈祥的笑容，平易近人的言语，一下子

拉近了彼此的距离，让卢晓中有一种特别亲切的感觉。当时卢晓中带了点广东的龙眼给先生，去之前没想过厦门也盛产龙眼，进门后才发现先生的庭院里就种了龙眼。但是先生很快就化解了卢晓中的尴尬，他起身顺手摘下庭院前的龙眼，让卢晓中比较一下两地龙眼的差异，那情那景让人备感温暖！

就这样，1999年9月，卢晓中从广州来到厦门，正式开始了加入潘门的学习生活，从此他的人生也翻开了新的一页。从入潘门到论文答辩的两年半时间里，卢晓中有了更多在潘先生身边学习、研究及生活的机会，这也是他一生中最难忘、最美好的日子。其间发生了诸多令人感慨不已的事情，对卢晓中的成长影响非常大。这里只略列几件。

1. 思想活力

在厦门大学开始攻读博士之时，正值首届世界高等教育大会召开不久。国内学术界对这次大会的关注才开始，潘先生便是国内最早关注此次大会的学者之一，大会提出的新理念也成为当时潘门弟子上先生的课以及周末先生家的学术沙龙讨论的重要内容和话题。后来在潘先生的引导和点拨下，卢晓中以"当代世界高等教育理念及对中国的影响"作为博士学位论文的选题。随着对这一问题的深入关注和研究，以及这次大会在国内高等教育界的影响日趋增大，卢晓中越来越感受到先生"敢为天下先"的可贵学术品质。从教育内外部关系规律的提出，到民办高等教育、高等职业教育、自学考试等有关思想认识的阐述……潘先生的思想观点总是在影响甚至引领中国高等教育的发展方向。

在潘先生身边的日子里，卢晓中有一个非常深切的感受，就是先生时刻都在思考和探索问题，对新生事物永远保持着好奇心和浓厚的兴趣。时至今日，一位百岁老人尚能自如地使用微信等现代媒体进行学术交流和信息沟通，能"云上课"，就足以证明。这也是潘先生保持"思想运动"的体现吧。

2. 爱生如子

1999年冬天，一份湖南省高等教育学会的邀请函送到了潘先生的手中，年底要在中南工业大学召开学会年会，邀请先生做学术报告。课后，先生就和学生们谈论起这件事情。潘先生教学历来重视研学活动，重视理论与实践相结合，每一届学生都有机会跟他到外地走走看看，做些调研，开阔眼界。现在机会来了，于是潘先生说："大家是否愿意跟我一起去参加这个学术活动？路上还可以继续我们的学术讨论。"众学生当然求之不得，于是大家的情绪立即被调动起来，一致赞同先生这个脑洞大开的提议。为了这次特别的旅行，潘先生取消了邀请方已为他购好的机票，执意要跟学生们坐火车同行。

12月21日下午，潘先生、卢晓中和1999级博士生胡弼成、刘承波、王岚、赵叶珠及访问学者黎琳、陈坤华一行8人登上了厦门至鹰潭的K514次普快列车，第二天一早再换乘上海至昆明的特快列车到长沙。绿皮列车不紧不慢地驶出厦门向北而行，潘先生见同学们坐的硬卧车厢只有我们这一帮人，便提议把原打算到长沙再抽空安排上的课就在列车上上。待召集大家坐拢后，潘先生说："先由卢晓中做专题报告，评析林杰在《高等教育学的研究偏向》中提到的'高等教育理论与实践成为永不相交的平行线'现象，然后针对高等教育热点问题研究、高等教育学科建设及面临的困难、多学科研究方法等，各位再发表意见和建议。"卢晓中报告完后，大家纷纷阐述各自的观点，其中不乏激烈的思想交锋。最后先生对大家的观点做了精到的点评，并阐述了他自己的观点。其间，一位列车员感到好奇，静静地旁听了一会儿，不无惊讶地说："老师在火车上上课，我还是第一次见呢！"并说，"老师这么大岁数，精神还这么好，还能在火车上给学生上课，真了不起！"晚餐后，潘先生又与同学们聊起了1998年联合国教科文组织召开的首届世界高等教育大会的话题和当前国内的有关研究，大家七嘴八舌地热烈讨论着，在摇晃着的车厢里又"摇"出了不少有料的观点和有趣的想法。好一个列车上的"学术沙龙"！

时间过得飞快，转眼间夜深了，卢晓中陪先生去软卧车厢休息。先生细心地把他自己带的大衣递到卢晓中手上，说："硬卧车厢的盖毯太薄，我这有棉被，你把这大衣给怕冷的同学盖吧。"看见卢晓中迟疑不动，又催促道，快去吧！随着列车的北行，寒意也越来越浓。那时的列车条件可不比现在，条件相当简陋，特别是软卧车厢空调不尽如人意，越往北走越觉得寒气袭人。软卧车厢里的棉被根本不顶用，估计先生整晚也睡得不踏实。早起时，卢晓中发现先生的手是冰凉冰凉的，心里特别懊悔，感到自己太粗心了——昨晚先生硬是把那件带有他体温的大衣给了他的学生而把自己冻着了！要知道那时先生年近八十，已是耄耋之年的老人啊！记得有一次，王岚携她的早年同窗陈女士在参加了先生家的"周末沙龙"后，陈女士颇有感慨地说了两个"想不到"：想不到一位老师能得到如此多的学生如此真诚的尊敬和爱戴，想不到这些学生竟然把老师的家当成自己的家！这是外人眼里的先生与他的弟子们。而卢晓中这些曾经常在先生身边亲聆教诲的学生，感受就更深了。每每想起在潘先生身边的那些日子里得到的关爱和教诲，卢晓中至今仍激动不已！

厦门大学高教所正是因为有了潘先生这样的"大家长"，所以"以学生为中心"已成为厦门大学高教所的一种文化，刘海峰老师、邬大光老师、王伟廉老师、杨广云老师、陈武元老师和宋毅书记等全所老师和领导无一不对学生充满关爱和友善，高教所让学生们时时感受到大家庭的温暖。这也是厦门大学高教所给卢晓中留下的最深刻的印象之一。

3. 提携学生

潘先生对学生的爱还体现在不遗余力地培养和提携学生上。2000年7月6—10日，全国高等教育学研究会的一个小型研究会在秦皇岛市燕山大学举办，同时召开全国高等教育学研究会的常务会议讨论第六次年会研讨主题与改选事宜。作为研究会理事长的潘先生筹划了这次会议，研讨会的主题是"世界高等教育理念与中国高等教育改革"。参加研讨会的都是国内高等教育学界德高望重的老前辈，如华中科技大学朱九思教授、华东师范大学薛天祥教授、上海师范大学杨德广教授、教育部高等教育司原副司长王冀生教授、教育部教育发展研究中心原副主任蔡克勇教授等。当研讨会的主题、时间、议程等确定下来后，潘先生就对卢晓中说："这次研讨会你同我们一起去，你做好准备，就关于世界高等教育理念问题在会议上做一个半小时的报告，向大家汇报一下你的研究成果，其他参会的专家围绕这个问题讲半小时。"潘先生的安排，一是考虑到参会的老师大多是年过七旬的老人，当时又是暑假，天气炎热，不想让他们过于辛苦。更为重要的是，先生也想利用这个场合让卢晓中把正在做的这个研究求教于各位大家，顺便也在这些学术前辈面前"亮亮相"、见见世面，今后能更便利地向他们请教，先生的用心又是何其良苦啊！后来先生便带王伟廉师兄（当时伟廉师兄是研究会秘书长）和卢晓中起程去参会，他们先到北京，住在教育部对面的厦门大学驻京办事处小白楼。安顿下来后，他们就去中国高等教育学会拜会了时任副会长兼秘书长王革同志，商谈全国高等教育学研究会换届改选事宜。然后又去教育部拜会了时任教育部高教司司长钟秉林同志，由时任高教司副司长、正在读先生博士的林蕙青同志陪同。晚上，厦门大学高教所的北京校友们又齐聚一堂，自然是其乐融融。在北京的整个活动中，卢晓中发现无论是教育部官员还是中国高教学会领导，对潘先生都非常尊重。记得当时潘先生在高教司告辞时，钟秉林司长一直把先生送到教育部大门台阶下。多年以后，当卢晓中与已是中国教育学会会长的钟秉林教授提起这段往事时，他说："潘先生为人为学，尤其是为中国高等教育改革发展所做出的贡献值得我们尊重，不光是我尊重潘先生，教育部很多领导对他也很尊重。"

潘先生对学生最大的提携是对学生学业的高度负责，无论是课程作业，还是读书心得，先生都认认真真地批改，交回给学生们的时候，已经密密麻麻布满了批改意见。而先生对博士论文的修改更是逐字逐句，一丝不苟，卢晓中的博士论文就渗透了先生的心血。当学生取得成绩或成果时，先生又总是尽力推荐，如卢晓中的博士论文在答辩之前就被先生列入他主编的"新世纪高等教育研究丛书"，由上海教育出版社出版。先生还先后为卢晓中多部著作写序。所有这些都成为卢晓中不断前行的巨大动力。

2001年12月，卢晓中获得博士学位，离开先生身边后，先生对他的关怀和指导并没有中断，反而来广东的时间似乎比以前多了许多。卢晓中知道，除

2001年11月，博士论文答辩后与导师潘懋元教授合影

了广东是先生的家乡，先生也一直非常关心和支持广东高等教育的发展，而且来广东发展的学生越来越多，先生也多了一份牵挂。先生每次来广东，都要把大家召集在一起叙叙旧、拉拉家常。先生也会逐一询问每个人的情况，有时也会指点几句。2004 年，卢晓中告诉先生华南师范大学高等教育学专业博士点开始招生，先生听后非常高兴，说这是值得庆贺的，因为广东在全国的地位很特殊，高等教育的地位和作用也非常重要。广东现在只是高等教育大省，但不是强省，这个高等教育学博士点的设立很重要，一定要把它办好！他还对办好此博士点提出了一些具体的指导意见。其后先生更是一直关心和支持该博士点的建设——首届高等教育学博士生的开题和答辩，先生都亲自参加并担任主席。

2018 年 1 月，参加中国教育科学论坛

2003 年广州大学城开建，卢晓中兼任华南师范大学大学城校区建设办主任。当时大学城建设既是个新生事物，也存在一些争议。卢晓中在制定校区事业发展规划时遇到许多问题，感到难以解决时，他就会请教先生。先生每次都会给予耐心、及时、到位的指导和解答，后来还出席并主持了该规划的专家论证会。2011 年 11 月，广东省高等教育学会高等教育学专业委员会创立并由卢晓中担任理事长，先生知道后特别高兴，本打算出席专委会的成立大会，后因身体不适未能成行，但还是专门打来电话表示祝贺，并提出殷切期待。后来该专委会的一些重要活动邀请先生参加，他只要有时间都会尽量参加。卢晓中担任华南师范大学教育科学学院院长10 多年间，潘先生也一直关心和支持华南师范大学教育学科建设和卢晓中的工作，

并给予指点。最令卢晓中难忘的是先生对学院主办的《现代教育论丛》的关心，由于种种原因，该刊曾经历了一段非常困难的时期，濒临取消刊号的境地。2013年6月在学校的支持下，学院接手此刊，几经努力让其起死回生，得以正常出版发行，质量也得到不断提高。这些年先生每次碰到卢晓中都会说："你们的《现代教育论丛》现在办得不错，每期我都读了，里面有一些质量很不错的文章。"他老人家甚至还亲自为该刊写过文章，可谓倾力支持。

（四）学术共同体建设

卢晓中比较关注学术共同体建设，他认为，学术共同体建设是保持学科长远、持续发展的工作，也符合当代学术组织发展的方向和趋势，特别是不仅能够做一些影响教育事业发展的大事，还能起到培养学术人才、凝聚学术人才的作用。一个人终将离去，但学术共同体建设起来以后就能薪火相传，生生不息。当有了一定的学术积累以后，卢晓中就着手做这项工作。卢晓中的学术共同体建设主要是围绕国家、省的重大需求和自己所从事的学术领域来进行的，包括学术团体、学术平台、创新团队和学科建设。

在学术团体建设方面，2011年，卢晓中创建了广东省高等教育学会高等教育学专业委员会，并任理事长，该专业委员会也是全国首个省级层面的高等教育学专业委员会，创建后在凝聚全省高等教育学研究者的力量，做出具有广东特色、广东气派的高等教育学术研究成果方面贡献良多；2013年，卢晓中又创建了广东教育督导学会教育政策与规划专业委员会，并担任首任理事长，该专业委员会除了积极为省和区域研制教育发展规划和政策，还包括参与推进规划和政策的实施；2014年，卢晓中创建广东省教育统计学会，并担任首任会长，该学会为广东教育的科学决策和现代治理发挥了重要作用；2018年，随着粤港澳大湾区建设进入国家重大战略，卢晓中又着手创建广东教育学会粤港澳大湾区教育协同发展专业委员会，并担任首任理事长，该专业委员会汇聚粤港澳三地教育人士共同探讨大湾区教育建设，协力打造国际教育示范区。

在学术平台建设方面，2018年，卢晓中牵头建立了首个教育类广州市人文社科重点研究基地"广州市教育治理现代化高等研究中心"；2019年，又建立了首个粤港澳大湾区教育类的广东省高校人文社会科学重点研究基地"粤港澳大湾区教育发展高等研究院"。

在创新团队建设方面，2018年，卢晓中组建了华南师范大学"长江学者创新团队"，该团队的组建突出了跨学科、国际化的特点，成员都有在境外名校学习的学术背景，具有良好的学术素养。目前该团队已取得了一批高水平的学术成果，尤其令人欣慰的是，成员们都成长成熟起来了，不少已在学术界崭露头角。

在学科建设方面，卢晓中从2009年6月担任华南师范大学教育科学学院院长，到 2019 年 10 月卸任，整整 10 年有余。这 10 多年里，华南师范大学教育学科保持平稳发展的势头：2012 年在第三轮教育部学科评估中名列全国第六，进入前 10%；2013 年成为广东省唯一的最高层次的攀峰重点学科；2015 年列入广东省高水平大学重点建设学科群；2016 年在第四轮教育部学科评估中首次被评为 A 类学科，继续稳居全国第六，排名继续保持前 10%，并稳中有升；2017 年成为教育部"长江学者"设岗学科；2018 年列入广东省"世界一流学科"建设学科，高等教育学二级学科成为"珠江学者"设岗学科；2019 年课程与教学论二级学科成为"珠江学者"设岗学科。

二、每一种成长都伴随着收获：学术探索

按照纵横两个维度，卢晓中的学术探索脉络大致可以分为以下几个领域。

（一）教育发展理论研究领域

从发展学的角度来认识和研究教育发展问题具有特殊的适切性，因为教育的本质就是发展，不论是人的发展，还是教育对社会经济发展的影响以及教育自身的发展，这种发展始终是着眼于应然的价值预设，无疑是积极、正面的。有了这样一个基本认识以后，如何从发展学的角度去探讨教育发展问题自然就成为需要进一步思考的问题。

国外发展教育研究兴起于 20 世纪五六十年代，并初步形成了一个相对独立的研究领域。而在我国，从发展学的角度研究教育发展问题，则发轫于 20 世纪 90 年代比较教育学的发展教育，它是从国际比较的视野，试图从个案国或某一类国家（如发展中国家）的教育发展，以及教育与国家发展的关系等问题进行探讨。发展教育甚至被认为是当代比较教育学发展的两个重要方向之一。21 世纪初，人们又提出从教育学原理的角度构建发展教育学，即从教育的本质及其发展规律来探究教育发展问题。由此引发卢晓中的思考，即如何将比较教育学的角度与教育学原理的角度相联系，来寻求对教育发展问题的正确认识，进而建构教育发展研究的基本视角。在卢晓中看来，如果说比较教育学的角度提供了人们认识教育发展问题的一个"宽度"，那么教育学原理的角度则为认识教育发展问题提供了一个"深度"，这"深度"和"宽度"构成了教育发展研究的基本视角。

正是基于"教育本质是发展"这一认识，最近的 30 多年来，教育发展问题一直是卢晓中高度关注的主要研究领域。卢晓中分别在教育学原理、比较教育学、高等教育学等学科领域从事学术研究和研究生教学、指导工作，这也为他从教育学原

理的角度和比较教育学的角度及其相互联系的视角来探讨教育发展尤其是高等教育发展问题提供了一定的学术基础和条件。卢晓中关于教育发展问题的研究大致可以分为以下几个方面。

一是从教育学原理的角度关注现代教育发展的普遍趋势。特别是20世纪90年代卢晓中的一个学术兴趣点就是从教育学原理的角度来探讨未来教育发展趋势，比如在国内较早提出了"教育发展一体化趋势"，文章发表在《未来与发展》1991年第5期上，后来该文被《新华文摘》1991年第12期全文转载，1992年12月，该文被评为第五次江西省社会科学研究优秀成果一等奖。后来卢晓中还发表了系列论文，并受到学界一定的关注。如《超前的教育与教育的超前》（《未来与发展》1995年第3期，人大复印资料《教育学》全文复印，该论文在1996年获广东省青年社会科学研究优秀成果一等奖，这也是卢晓中调来广东后科研成果第一次获奖）、《论教育发展战略的若干特征》（《未来与发展》1997年第4期）、《教育的创造——一个跨世纪的教育命题》（《未来与发展》1995年第3期）、《论教育的创造性》（《教育导刊》1994年第22期，人大复印资料《教育学》全文复印）、《论教育的个性》（《江西教育学刊》1995年第5期，人大复印资料全文复印）、《还原教育的本性——21世纪教育的新走向》（《教育评论》1996年第5期），等等。

2019年9月，访问斯坦福大学，主要访谈对象是社会学和教育学的两位著名学者：W.理查德·斯科特（中），制度理论之奠基人，组织社会学的大师；迈克尔·科斯特（右二），斯坦福教育研究院的荣休教授，曾执掌过加州高等教育委员会

二是从国际比较的角度关注世界教育发展和一些典型国家和地区的教育发展问题。卢晓中刚调来广东，著名教育学家、时任国务院学位委员会教育学科评议组成员、广州师范学院张人杰教授约他撰写《中外教育比较史纲》（现代卷）中的结语部分"世界教育发展的比较及展望"，并发表《世界教育的未来发展展望》（《未来与发展》1996年第3期）、《简论教育现代化的标准化与特色化》（《比较教育研究》1998年第2期）。同时，卢晓中把研究的重点聚焦在东亚国家和港澳台地区的教育发展问题，这既是华南师范大学比较教育学科的传统特色与优势，也有一定的"天时、地利、人和"的有利条件。尤其是1992年邓小平同志到广东，发表了改变中国命运的"南方谈话"，其中特别提出广东要继续发挥改革开放的先行地作用，争取用20年左右的时间赶上亚洲"四小龙"。在这一背景下，卢晓中成功申报了广东省高校人文社会科学重点项目"新型工业化国家及地区教育战略与面向21世纪中国教育发展模式研究"，作为此课题的最终研究成果，也是他这一时期最具代表性的成果，就是独立编写了《亚洲"四小龙"教育发展战略研究——兼论中国教育发展问题》（广东人民出版社1999年版），该书入选了"广东省中青年社会科学家文库"，并入选"广东建国50周年重大科研成果"；在东亚尤其是东南亚教育发展研究领域，卢晓中作为主编之一出版了《战后东盟教育研究》（国家"八五"重点图书，江西教育出版社1996年版），并发表了《论新加坡教育发展战略的若干特征》（《外国教育研究》1997年第5期）、《试论马来西亚的教育一体化》（《外国教育研究》1995年第3期）、《马来西亚高等教育改革与发展的新动向》（《外国教育研究》1996年第5期）等论文。在港澳教育发展研究方面，除了它是华南师范大学教育学科的传统特色与优势这一因素，当时还有一个重要因素，就是港澳即将回归，这一时期社会对港澳的关注度急剧上升。国家和广东省急需相关研究成果，以确保港澳平稳过渡、顺利回归，持续保持繁荣稳定。因此，从这个时期开始，港澳教育成为卢晓中长期关注的研究领域，他曾承担全国哲学社会科学"八五"规划国家级重点项目"台湾、香港、澳门学位制度和研究生教育研究"和主持承担教育部哲学社会科学重大委托项目"回归前后澳门社会、经济、文化问题研究"（教育专题），出版和发表过《台湾、香港、澳门学位制度与研究生教育研究》（中国人民大学出版社1997年版）、《试论香港教育发展战略》（《比较教育研究》1997年第6期）、《澳门大学学位制度与研究生教育介评》（《学位与研究生教育》1997年第3期）、《面向21世纪粤澳教育合作与交流的思考》（《现代教育论丛》1999年第6期）、《简论澳门师资发展问题》（《华南师范大学学报（哲学社会科学版）》1999年第4期）等专著和论文。

三是对高等教育发展问题的现实观照。在国内，卢晓中较早提出了高等教育特色化发展的思想观点并做了系统阐述，比如1994年发表了《特色化——我国普通高校未来发展的现实思考》一文（《江苏高教》1995年第6期，人大复印资料《高等教育》全文复印），后又发表《自主权、竞争、特色化——高等教育未来发展的现实选择》(《教育研究》1995年第5期,《新华文摘》摘要转载),该文获第六次广东省社会科学优秀成果二等奖;较早提出了高等教育领域的素质教育问题,如发表《素质教育——高等教育不容忽视的命题》(《江苏高教》1998年第6期)。

2017年9月,参加中国人民大学主办的建校80周年高端论坛

四是区域教育尤其是广东教育发展研究。卢晓中自20世纪90年代到广东工作后即开始对广东教育发展进行研究,这与他来广东的动因是一致的,是当时广东教育发展的需求使然。1994年,广东就在全国率先提出"建设教育强省",但如何建、可能遇到哪些问题、可供借鉴和对标的对象有哪些等一系列问题都有待研究。卢晓中最具代表性的研究工作及成果是1996年主持承担的广东省哲学社会科学规划重点项目"广东建设教育强省问题研究",这是当时广东省哲学社会科学立项的4个重点项目之一,也是教育类唯一的重点项目立项。专著《跨世纪广东教育发展论纲》(国家"九五"重点图书,广东高等教育出版社2000年版)作为此课题的最终成果,后获广东省哲学社会科学"九五"优秀成果三等奖,也是教育类唯一的获奖成果。

进入21世纪,卢晓中对高等教育发展研究及其体系建设问题给予了更多的关注,研究工作主要是依据发展研究的分析框架从以下几方面展开。

一是现代高等教育发展的有关理论研究。包括对高等教育发展研究分析框架、现代高等教育发展研究的逻辑起点、理论体系及研究方法的探讨,曾承担教育部人文社会科学研究基金项目"现代高等教育发展理论研究",发表论文《试论高等教育发展研究》(《高等教育研究》2007年第2期)、《社会变革视野下高等教育发展理论研究》(《高等教育研究》2011年第11期,获广东省哲学社会科学研究优秀成果二等奖)、《论高等教育变革背景下的高等教育发研究》(《高等教育研究》2013年第12期),《扎根中国大地办大学亟须高等教育发展理论中国化》(《光明日报》2017年9月5日,《新华文摘》2017年第22期全文转载)。出版专著《现代高等教育发展论纲》(广东教育出版社2005年版,广东优秀教育出版基金资助出版)和个人文集《现代高等教育发展研究》(中国海洋大学出版社2009年版,列入"中国高等教育学中青年学者丛书")。

二是现代高等教育发展理念研究。曾承担全国教育科学"十五"规划重点项目"新世纪高等教育发展理念及其整合和一体化研究",发表论文《走向社会的中心——现代大学发展理念简论》(《教育研究》2002年第9期)、《试论现代高等教育发展理念的整合》(《高等教育研究》2004年第1期)、《90年代以来世界高等教育的核心理念》(《高等教育研究》2000年第5期),出版专著《当代世界高等教育理念及对中国的影响》(上海教育出版社2001年版,入选"新世纪高等教育研究丛书",获中国高教学会优秀科研成果一等奖)。

三是现代高等教育发展实践研究。曾承担全国教育科学"十一五"规划重点项目"现代高等教育发展的代价研究",以及广东省哲学社会科学规划项目"新世纪广东高等教育发展战略及其制度安排研究",发表论文《对高等教育分层定位的若干思考》(《高等教育研究》2006年第2期,获第四届全国教育科学研究优秀成果三等奖)、《大学精神文化刍议》[《教育研究》2010年第7期,获第六次教育部高等学校科学研究优秀成果二等奖(人文社会科学)]、《学术锦标赛制下的制度认同与行动逻辑——基于G省大学青年教师的考察》(《高等教育研究》2014年第7期),出版专著《现代高等教育发展的战略管理研究》[北京师范大学出版社2015年版,入选"中国教育研究丛书",获第八次教育部高等学校科学研究优秀成果二等奖(人文社会科学)]。

与此同时,卢晓中还主编了"现代高等教育发展研究丛书"(广东人民出版社出版)、"高等教育现代化研究丛书"(科学出版社出版)。

2019年12月,参加教育学科服务国家重大战略发展研讨会暨北京师范大学教育学部成立十周年庆典,与北京师范大学教育学部部长、教育部"长江学者"特聘教授朱旭东老师合影

应当说，20世纪90年代开始的国际比较教育学研究对卢晓中确立从教育学原理与比较教育学相结合的视角来进行发展教育学研究起到了重要作用。也由于他的学术旅程开始于高等教育学领域，所以他对发展教育学的研究更多地关注于高等教育领域，这也是他之所以着重于高等教育发展理论研究的缘故。在这一学术领域，卢晓中具体的学术贡献大致在以下两大方面。

一是初步构建了高等教育发展理论体系和方法论体系，尤其是对高等教育发展理论的现代发展进行了系统、深入的探讨，提出了从教育学原理和比较教育学相结合的视角构建高等教育发展理论框架、高等教育发展理论中国化等一系列创新性观点和思想。我国高等教育学创始人、著名教育学家潘懋元教授认为《现代高等教育发展论纲》一书"为发展教育学在我国高等教育学科领域的发展做了开拓性的工作"。卢晓中在新近出版的《高等教育现代化：理论发展与实践探索》（科学出版社2020年版）是中宣部"文化名家暨四个一批人才"项目"新时代高等教育发展理论中国化研究"的最终成果，该书对高等教育发展理论的基本理论问题、主要理论流派和现代发展进行了系统梳理和深入探讨。从现代高等教育发展理论的视域对高等教育发展理论与高等教育现代化的关系、高等教育现代化的目标与模式做了系统阐述。同时，从国际比较的角度，选择发达国家和发展中国家中的几个典型国家，对其高等教育现代化模式、特征及发展趋势进行了探析。在此基础上，从高等教育现代化的"中国基因"、基本路向和高等教育现代化的内涵式发展、信息化等方面，对中国高等教育现代化的发展选择进行了深入系统的研究。该书的一个重要旨趣就在于推动高等教育发展理论中国化。

二是从发展理论的角度对现代高等教育发展的现实问题进行了创新性的研究。潘懋元教授评价《现代高等教育发展的战略管理研究》一书："卢晓中教授长期从事高等教育发展研究，出版和发表过许多高水平著作和论文。这部由他领衔的新作专注于现代高等教育发展战略管理问题，特别是把战略管理问题立论于发展理论，并将高等教育系统、高等院校、学科发展3个层面的战略管理融为一体，进行系统、深入的探讨，这对深化高等教育发展战略管理研究、丰富现代高等教育发展理论和指导高等教育发展实践具有重要价值。"

（二）国际比较教育学研究领域

20世纪90年代开始，出于华南师范大学比较教育学科建设的需要，以及卢晓中个人的学术兴趣爱好、学术背景等原因，他把更多的时间和精力放在国际比较教育学研究上，并担任比较教育学科点的负责人。除了上面所涉及的东（南）亚国家的国别研究与发展教育和国际教育研究，卢晓中主要专注于比较教育基本理论研究，这也是华南师范大学比较教育学研究的传统和优势。进入21世纪后，虽然卢晓中回归到做高等教育学研究，但比较教育学领域，尤其是比较高等教育研究领域，依然是卢晓中关注的研究领域，其在国内学术界留下的印象也是如此。

2001年，我国著名教育学家、华东师范大学瞿葆奎教授专门找到卢晓中，希望他能撰写他主编的"教育科学的分支学科丛书"中的《比较教育学》一书，该丛书被教育学界公认为是我国教育学科理论的经典之作。瞿先生对每个学科的作者都是非常慎重、精心遴选的。该丛书还专门设立特约审稿人制度，特约审稿人都是国内在该学科领域权威的学者。在接受瞿先生交代的这一重要写作任务后，卢晓中花费了较多的时间来思考研究分析框架和该书的体系。基于该书的专著性质，卢晓中在构思该书的体系时，没有按照以往国内外的一些比较教育学教科书的体系结构，而是构建了"比较教育学基本理论—国际教育—发展教育"理论框架。该书重点探讨了比较教育学的基本理论与方法问题，把理论基础、方法论原则方法体系这3部分，从相互联系、构成一体的角度进行了创新探讨。同时，以当前国际比较教育学发展的两个主要方向，即国际教育和发展教育作为两个主要部分。特别是基于当代发展的状况和趋势，对中国比较教育学的发展问题进行了深入、系统的探讨，以期构建中国特色的比较教育学科体系。该书的特约审稿人、我国著名比较教育学家、时任全国比较教育分会理事长、北京师范大学王英杰教授审稿认为："卢晓中老师所著的《比较教育学》是一部有特色、框架新、内容充实、有一定理论深度、有个人见解的较优秀的书稿。作者突破了已出版过的十几种比较教育学著作的传统框架，从学科本体出发，对比较教育的定义、历史、流派、理论基础和研究方法做了全面的阐述，既有客观的介绍，又有作者个人的评价，在此基础上，作者提出了自己比较教育研究方法的基本范式。作者在书中大篇幅地谈了当前国际比较教育界广为关注的国际教育和发展教育问题。最后作者对当代国际比较教育的发展做了全面详尽的介绍，就中国比较教育的发展问题提出了非常有见地的意见。作者有较深厚的社会科学和教育科学的理论基础，分析较深刻，立论正确，同时有个人的独立见解。作者对国外有关比较教育的理论著作能够消化理解，因此在介绍中能够准确把握，深入浅出。作者所掌握的材料翔实，跟踪了国内和国际比较教育最新的发展，引用了比较教育比较权威的著作和论文。书稿引文规范，文字流畅。"该书获广东省哲学社会科学优秀成果一等奖（专著类，2007年）。2014年人民教育出版社出版的《比较教育学》（函装典藏版）获全国教育科学研究优秀成果三等奖（专著类，2016年）。2020年人民教育出版社出版了《比较教育学》的修订版。

（三）教育发展研究的应用研究领域

在本领域，卢晓中以服务国家和区域发展的重大需求为导向，重点以粤港澳教育发展为研究对象，展开系统、深入研究，取得了一些标志性的理论与应用成果。这里既有对华南师范大学原有学科和研究特色的继承，也有在此基础上的拓展与创新。代表性研究成果如下。

（1）国家教育现代化和高等教育发展的重大问题研究。卢晓中受教育部发展规划司委托，主持完成教育部哲学社会科学重大项目专题研究"职业教育人才培养适应性评价指标"，并作为专家参与《国家教育现代化监测指标》和《中国教育现代化2035》的修改和论证；受中国高等教育学会委托，主持承担学会重点项目"高校依法自主办学研究"；受教育部委托，主持承担对联合国教科文组织的"2015年后教育发展议程'全球目标'"的有关专题进行论证，形成论证报告。参与全国教育大会筹备的关于中国高等教育重大理论与实践问题的研讨，提出研究报告。

（2）广东教育发展研究。如前所述，卢晓中自20世纪90年代即开始关注和研究广东教育发展和教育强省问题，至今持续近30年。进入21世纪，广东加快推进教育现代化，对教育理论与政策研究提出了新的需求。同时，广东也在积极打造"理论粤军"，力图形成具有广东特色、广东精神的哲学社会科学。卢晓中也积极回应这一需求，主持和参与了一些重大项目的研究，取得了一批代表性理论成果：受中共广东省委宣传部委托，2018年主持承担重大项目"广东教育改革发展40年研究"，出版专著《广东教育改革发展40年》（中山大学出版社2018年版，入选"广东改革开放40年研究丛书"）；2011年主持承担广东省人文社会科学重大攻关项目成果"幸福广东视域下基础教育均衡发展"，出版专著《佛山模式——区域教育现代化的探索》（广东人民出版社2011年版）；从2015年开始主持编著出版了《广东省教育统计分析》（年度报告）（华南理工大学出版社）；2019年主编"区域教育治理现代化丛书"（华南理工大学出版社）。

与此同时，卢晓中也积极参与研以资政的工作：2002年受广东省教育厅委托承担"广州大学城发展规划"研制，研究报告被采纳；2004年受广东省教育厅委托，承担中共广东省委、省政府的纲领性文件《广东省教育现代化建设纲要（2004—2020年）》研制，省教育厅专门发来感谢信表示感谢；2005年，受广东省教育厅委托，承担"广东省区域教育现代化指标体系及评估方案"研制，2008年经省政府同意，省教育厅发文，该成果获广东省哲学社会科学优秀成果一等奖（调研咨询报告类），有关调研成果获广东省哲学社会科学优秀成果一等奖（调研咨询报告类）；受广东省教育厅委托研制"幸福广东视域下基础教育均衡发展"的有关政策方案并被采纳，并承担广东省义务教育均衡发展的数据监测、公众满意度调查与评估，有关调研成果获广东省哲学社会科学优秀成果一等奖（调研咨询报告类）；受广东省教育厅委托，研制"广东省教育发展'十三五'规划"，并被采纳，该成果被广东省教育厅组织的专家鉴定组鉴定为"优秀"；承担中共广东省委、省政府改革委员会的重大招标项目"广东省推动义务教育优质均衡发展评估"，形成了《广东省推动义务教育优质均衡发展评估报告》，省委省政府主要领导同志做出重要批示。研制"关于后新冠疫情时期纾解普惠性民办幼儿园困境的对策建议"和研究报告，省部级领导同志做出重要批示。此外，卢晓中还组织团队先后承担了广州、东莞、惠州、佛山、揭阳、中山等地市及南海、顺德、陆河、怀集等县区的教育规划、改革方案等研制工作，均被采纳和实施。以上的理论研究和实践探索，为广东推进教育现代化、建设教育强省提供了强有力的专业支撑，做出了重要贡献。

卢晓中及其团队20多年来为国家和广东推进教育现代化重大战略需求提供政策研制和咨询做出了突出贡献，被中共广东省委机关报《南方日报》（2015年6月5日）赞誉为广东"教育发展的规划师""深化教育领域综合改革的高端智库"。

（3）港澳教育发展研究。港澳教育是卢晓中长期关注的研究领域，曾承担过国务院学位办委托的全国哲学社会科学"八五"规划国家级重点项目"台湾、香港、澳门学位制度和研究生教育研究"，主持承担过教育部哲学社会科学重大委托项目"回归前后澳门社会、经济、文化问题研究"（教育专题），出版和发表过《台湾、香港、澳门学位制度与研究生教育研究》（中国人民大学出版社1997年版）、《试论香港教育发展战略》（《比较教育研究》1997年第6期）、《澳门大学学位制度与研究生教育介评》（《学位与研究生教育》1997年第3期）、《面向21世纪粤澳教育合作与交流的思考》（《现代教育论丛》1999年第6期）、《简论澳门师资发展问题》（《华南师范大学学报（哲学社会科学版）》1999年第4期）等专著和论文。这些研究工作对港澳平稳过渡、顺利回归发挥了积极作用，也为后面的粤港澳大湾区教育发展研究奠定了良好的基础。

（4）粤港澳大湾区教育发展研究。作为国家重大发展战略，近年来粤港澳大湾区受到学界的广泛关注。这两年卢晓中也重点关注粤港澳大湾区的教育发展问题，已在《高等教育研究》《中国高教研究》等重要刊物发表与本课题直接相关的系列论文和学术专著。卢晓中牵头成立国内首个粤港澳大湾区教育类学术社团——粤港澳大湾区教育协同发展专业委员会，并已成功举办两届粤港澳大湾区发展与教育创新高端论坛，钟秉林、谢维和、汪明、朱旭东、李政涛等著名学者受邀在论坛上做主旨报告。同时，以国家和粤港澳大湾区建设的重大需求为导向组织跨学科、跨领域开展高水平研究。如与中兴通讯股份有限公司、香港可持续发展教育研究院和广州市教育研究院共建粤港澳大湾区教育大数据平台，共同开展粤港澳大湾区教育发展指数研究。目前正主持承担国家社会科学基金重点招标项目"粤港澳大湾区教育一体化发展的问题与制度创新研究"，这也是迄今为止国内有关粤港澳大湾区教育研究的最高层次的立项。

第一，在国内较早提出粤港澳大湾区教育一体化趋势并做了"马赛克"一体化模型的概念设计；同时，提出着眼于现代治理机制创建，建设活力湾区、法治湾区。有关思想观点刊登于《中国高教研究》2019年第7期《推进粤港澳大湾区教育合作发展的若干思考》一文中。发表于《探索与争鸣》2019年第9期《基于人类命运共同体发展需要的高等教育体系构建》一文则从人类命运共同体的角度来思考大湾区建设，提出其格局是开放、包容和共享的，并指出大湾区打造国际教育示范区，要做到既是国际的，又具有中国特色，还要有湾区特色。其核心问题就是如何达致本土性和世界性的共荣。

第二，对湾区教育发展开展扎实的国际比较研究。2019年8月，卢晓中带领团队深入美国旧金山湾区进行了为期近3个月的深入调研考察，论文《湾区高等教育的形成与发展——基于粤港澳大湾区与旧金山湾区比较的视角》发表在《高等教育研究》2020年第2期，该文基于政府、市场、大学三者关系的视角，从湾区高等教育发展过程、湾区高等教育与科技创新的互动关系、湾区高等教育多样性的形成机制、湾区高等教育的政府角色4个维度比较分析两大湾区高等教育的形成与发展。中共广东省委机关报《南方日报》对本次调研考察成果连续做了5期系列报道。

第三，对南方教育高地建设及广东教育发展进行了持续、深入、系统的研究。代表性成果包括：论文《区域教育发展的战略选择——对南方教育高地的若干认识》发表在《高教探索》2012年第4期，该文提出南方教育高地的"卓越""比较""群体""中心""发展""文化"6个目标意蕴，必须促进粤港澳共同建设以紧密合作、融合发展为特征的我国南方教育高地；发表《广东教育发展的前瞻与规划——着眼十三五》等系列论文和出版《跨世纪广东教育发展论纲》《广东教育改革发展40年》等多部专著，从历史、现实、未来相关联的角度对广东教育改革发展的目标与策略等进行了全面、深入的探讨，其中，广东教育与港澳教育的关系研究是重要内容。

第四，搭建高端研究平台组织引领粤港澳大湾区教育发展研究，充分发挥高端教育智库作用。主要包括：2018年创立并获批了广东省粤港澳大湾区教育协同发展专业委员会，成功举办两届"粤港澳大湾区发展与教育创新高端论坛"，并每周发布《大湾区教育直通车》专刊，至今累计90多期，并由广东省教育厅上报教育部。2019年创立并获批了广东省粤港澳大湾区教育类唯一的广东省高校人文社会科学重点研究基地"华南师范大学粤港澳大湾区教育发展高等研究院"和广州市教育类唯一的人文社会科学重点研究基地"华南师范大学区域教育治理现代化高等研究中心"。2020年创立粤港澳大湾区·深圳先行示范区·海南自由贸易港"三区"教育联动发展高端智库联盟。研制的两份有关粤港澳大湾区流动子女教育、义务教育优质均衡的研究报告均获省委省政府主要领导同志的批示和肯定。提出的关于大湾区·先行示范区·自由贸易港"三区"教育联动发展的建议，省委常委、广州市委书记张硕辅给予重要指示。在《苏州大学学报（教育科学版）》主持开设《学术关注：粤港澳大湾区教育》专栏，发表基地成员系列论文。主持承担广东省教育科研重点项目"粤港澳大湾区国际教育示范区建设研究"和广州市重大项目"粤港澳大湾区背景下广州教育发展的定位、目标及机制研究"等。基地成员主持承担国家社科基金青年项目"粤港澳大湾区高等教育与社会互动机制研究"等，发表了一批有关粤港澳大湾区教育研究的论文，其中，论文《粤港澳大湾区高校集群建设的发展导向及其路径》被《新华文摘》2019年第23期全文转载，研究报告《完善大湾区高校创新创业教育体系，助力粤港澳青年创业就业》获党和国家领导同志的批示和高度肯定。建成了粤港澳大湾区教育治理现代化大数据研究中心，目前正开展粤港澳大湾区教育发展指数研究。

2017年10月,参加华南师范大学澳门研究生学位颁授仪式

第五,与港澳开展合作研究,特聘知名学者、香港大学教育学院副院长杨锐教授为本院设岗的广东"珠江学者"讲座教授,主要任务即为合作开展粤港澳大湾区教育研究。特聘澳门城市大学教务长兼教育学院院长李树英教授为本院客座教授,卢晓中也担任澳门城市大学特聘教授和博士生导师,合作开展湾区教育研究,并指导博士研究生开展"粤港澳大湾区产学知识协同创新机制研究"。

第六,与教育部教育发展研究中心合作开展粤港澳大湾区教育研究,联合举办"粤港澳大湾区高等教育发展战略研讨会"(2018),并受委托完成《粤港澳大湾区高等教育深度合作的目标任务》和《粤港澳大湾区高等教育深度合作的有益经验》两份研究报告提交教育部教育发展研究中心,供中央决策参考。

三、每一次收获都彰显着价值:学术影响

(一)荣誉

1. 个人荣誉

(1)破格晋升。1988年被评上中级职称后,1992年6月在江西师范大学被破格晋升为副研究员,1995年12月在华南师范大学被破格晋升为教授,成为当时华

南师范大学，也是广东省最年轻的人文社会科学教授。

（2）1997年5月被评为"广东省首届优秀青年科学家"（共10名），受到时任中共中央政治局委员、广东省委书记谢非等领导的接见。

（3）2012年获国务院政府特殊津贴。

（4）2015年获"南粤优秀教师"称号。

（5）2019年被评为"广东省第三届优秀社会科学家"。

（6）入选2006年度教育部"新世纪优秀人才支持计划"。

（7）入选2016年度教育部"长江学者特聘教授"，也是目前为止广东教育学科唯一的长江学者。

（8）2017年入选中宣部"文化名家暨四个一批人才"。

（9）2018年入选第三批国家"万人计划"哲学社会科学领军人才。

（10）入选2015年度广东省"特支计划"哲学社会科学领军人才。

（11）担任教育部高等学校教育学类专业教学指导委员会委员。

（12）担任全国教育专业学位研究生教育指导委员会委员。

（13）担任中国高等教育学会常务理事、学术委员会委员和高等教育学专业委员会副理事长及中国教育发展战略学会教育政策分会学术委员会副主任。

2．科研成果获奖

独立或排名第一的成果获教育部高等学校科学研究优秀成果（人文社会科学）二等奖2项，全国教育科学研究优秀成果二等奖1项、三等奖2项，省哲学社会科学优秀成果一等奖4项、二等奖2项、三奖1项，省青年社会科学研究优秀成果一等奖1项；合作成果获教育部高等学校科学研究优秀成果（人文社会科学）一等奖1项，全国教育科学研究优秀成果一等奖1项，省哲学社会科学优秀成果二等奖2项、三等奖1项。

3．教学成果获奖

获国家级教学成果二等奖1项，省级教学成果奖一等奖2项、二等奖1项。

（二）培养学生

1994年开始指导硕士研究生，2004年开始招收指导博士研究生。他们中许多人都成为教育领域的专业骨干和教育系统的领导，其中一些已成为博士生导师、硕士生导师、教授。如：陈先哲，2011届博士，华南师范大学高等教育研究所所长、教授、博士生导师，粤港澳大湾区教育发展高等研究院副院长，入选广东省"特支计划"青年拔尖人才；白玫，2010届博士，河北师范大学教育科学学院副院长、教授、博士生导师；欧小军，2013届博士，惠州学院教育科学学院院长、教授；倪熙，2014届博士，广东省教育厅思想政治处处长；卢勃，2008届博士，华南师范大学环境学院党委书记，研究员；吴结，2002届硕士，广东开放大学终身教育研究院常务副院长、研究员；黄志红，1998届硕士，广东省教育研究院基础教育研究室副主任、研究员。

卢晓中也很重视教学研究，包括对高等教育学的教材研究和对普通教育学教材的建设，联合省内10所开设有师范类专业的本科高校主编了《新编教育学》（北京师范大学出版社2012年版），该教材出版后受到广

2021年9月，参加2021亚洲教育论坛年会

泛的欢迎，目前已在多所高校使用，反响良好。主编《高等教育新论》（高等教育出版社2016年版，入选全国高等学校重点规划系列教材），该书为广东省高校师资岗前培训指定用书，受到使用教师和学员的普遍欢迎，产生了重要影响。其他一些省份也在使用此教材。此外，他还主编出版了"教师教育课程标准配套教材丛书"（北京师范大学出版社出版）。值得一提的是，他本人指导学生参加大学生课外科技活动"挑战杯"竞赛也屡获佳绩，连续两次获得省赛特等奖、一次一等奖，国赛三等奖。

四、感悟学术人生

我从事学术工作近40年，个人的体会是：一个人治学如同他的人生历程，各有各的不同，各有各的精彩。治学也是一种修炼，这种修炼是没有止境的，伴随着你整个治学生涯。所谓的治学心得，不一定都是自己做好了、做到了的，但一定是自己感悟到了的，认为需要去修炼的。

1. 做治学的"有心人"

既然治学是一种修炼，那么修炼就在平时、在持续，最终养成一种良好的治学习惯。比如，善于敏锐地发现和捕捉到研究问题。许多研究生跟我说论文选题很头痛，找不到研究问题，要不就是人家已做过的研究问题。我总是跟他们说，在我面前到处是值得研究的问题，主要是你们有没有用心，有没有养成一种学术思维的习惯。另外，做学问是一个日积月累的过程，在这一积累过程中你会发现处处皆学问。只有做个治学的"有心人"，养成良好的治学习惯，方能不断丰富这种积累。

2. 读书是治学的基础

这原本是一个浅显的道理，甚至人们通常把两者不加区分，也就是读书即治学，治学即读书。不管是治什么学，都需要足够的相关阅读量，否则，是难以做出好的学问的。近年来，由于技术的发展，出现了一个"悖论"现象，即人们获取知识、信息变得越来越便利，系统地读书反而越来越少。我在与学生交流的过程中，发现学生通过手机、网络等渠道获取大量知识和各种信息，但这些知识和信息大都是碎片化地在学生那里存储着，形不成一种合理的知识结构，其中一个重要的原因就是缺乏系统的阅读，特别是系统地阅读一些好书。加上校园活动繁多，五花八门，让人应接不暇，大大挤压了学生系统阅读的时间。缺乏足够的阅读会让你时时感受到"书到用时方恨少"，你可能会羡慕人家说话、写文章引经据典，理据信手拈来，要知道这都需要以足够的阅读和积累为基础。所以，多读好书，特别是根据自己的治学领域和实际，系统地读一些好书，对治学至关重要。

3. 严谨既是治学的态度，也是治学的行动

学问本就具有严谨的品格，做学问的人要有严谨的治学态度和精神自不待言。但实际上，大学治学不严谨的情况比较普遍，甚至学术腐败现象也不鲜见，有的还很严重，成为治学的毒瘤。这在老师和学生中都有不同程度的存在。如果一名学者在治学上不严谨，不专心治学，而是热衷于搞学术投机钻营，或许在学术道路上一时会走得快，取得一些名利（由于目前学术评价制度的一些弊端，这种情况还是不少），但一定走不远，更不用说获得学术共同体的高度认同。甚至可能误入歧途，搞学术腐败，最终必然摔大跟头。所以，作为一名学者，一定要养成严谨的治学态度，并且切实转化为自己的治学行为。

4. 思维方式很重要，尤其是求异思维

做学问重在求真，贵在创新。所以，不能人云亦云，亦步亦趋，那只能永远跟在别人的屁股后面，只做"六经注我"式的学问。古人说"尽信书，不如无书"。治学中的求异思维非常重要。求异思维是一种"破"与"立"的思维共体，"破"的思维是一种批判性思维，而"立"的思维则是一种创新性思维，这两种思维实际上有内在的关联，但又不是一回事。现在的一些人批判性思维倒是不缺，缺的是创新性思维，只破不立。高校在培养学生上也出现类似情况，虽然高校的"双创"教育受到极大的重视，但实际上在培养学生的实际过程中可能更重视批判性思维的培养，而对创造性思维培养相对忽视，甚或两者混为一谈。我们不能只当批评家，而不做建设者。因此，良好的思维品质尤其是求异思维的养成对治学十分重要。这既取决于学校的教育，也在于我们自身平时的思维训练。

5. 治学的扬长补短与扬长避短

任何人都有自己的长处和短处，做学问也是如此。不论是长处还是短处，我们自身清醒认识到这一点很重要，因为治学既要扬长，即把自己的长处充分发挥出来，比如，一个人擅长做实证研究，那么他就要从研究题目、研究范式及研究方法

等方面的选择上考虑如何充分利用好自己的这一长处。至于短处，在治学中究竟是"避"好，还是"补"好呢？在我看来要具体情况具体分析。总的来说，提升自己的治学素养要提倡"补"短，尤其是治学不可或缺的基本素养。如果是"短"，不论有多大困难，都要想方设法把其"补"上，比如当年我在教育学基础理论方面的短板，在以后的学习和研究过程中会注意去补上。而在具体的研究问题选择、研究范式及研究方法确定上，则以适当回避己"短"为宜。

6. 持之以恒，久久为功

大的方面讲，做学问是一辈子的事情，唯有持之以恒，才可能久久为功。学者应当是个永远的称号。小的方面讲，治学也需要持之以恒，既要有"板凳甘坐十年冷"的毅力，又要有"咬定青山不放松"的劲头，也就是要选准和确立自己的学术领域和研究方向，当然，可能这需要一个过程，包括试错。但一旦选定了，确立了，就要义无反顾、不畏艰险、不怕挫折地坚持做下去，假以时日，必有回报。现在有的人做学问像打游击战，打一枪换一个地方，一味地跟着"热点"走。到头来，别说同行不知你究竟是研究什么的，连自己也说不清楚，更不用说在一个相对稳定的领域做出突出的成绩。

7. 使命与责任

治学可以有不同的途径和方法，但作为一个哲学社会科学工作者，必须有一个基本的治学立场，这个治学立场就是坚持人民立场、国家立场和人类命运共同体的立场，也就是为人民服务、为国家服务和为人类服务的立场，而且要使三者高度统一起来。这就要求我们治学和研究时，要时刻牢记自己的使命和担当。这么多年来，我承担和参与联合国教科文组织的"2015年后教育发展议程'全球目标'"研究论证项目，教育部的"国家教育现代化目标监测""中国教育现代化2035"和广东建设教育强省和教育现代化的有关项目，还有当前我们正在承担和推进的国家重点招标项目"粤港澳大湾区教育一体化发展的问题与制度创新研究"，就是秉持这一宗旨，牢记自己作为一名哲学社会科学工作者的使命和担当。特别要重视把研究做在国家和人民的需要上，把论文写在祖国的大地上，使自己的治学成果能够更好地回应国家的需要，造福于祖国人民乃至全人类。

8. 打好哲学和史学两个基础

爱因斯坦说过一句话"哲学可以被认为是全部科学之母"，这也说明了哲学治学中的指导意义，因为它不仅奠定了治学的认识论基础，而且提供了治学的方法论基础，同时也决定了你的思维方式和思维品质。所以，打好哲学功底对治学是非常重要的。至于史学基础，记得鲁迅说过"治学先治史"，他认为"无论是学文学的，还是学科学的，他应该先看一部关于历史的简明而可靠的书"。这就是说，无论做什么学问，都要先从读史入手。这是读书的途径，也是治学的方法。尤其是与你所从事学科有关的学术史，它不仅让你知道你所做的学问来自哪里，也会告诉你做的学问去向哪里。如果你治学的"短"在哲学和史学上，我以为这是治学不可或缺的基本素养，建议你尽快补上，而不是回避了事。

广东省第三届优秀社会科学家

朱桂龙

一、求学与成长

（一）教育学习

1964年11月19日，朱桂龙出生在安徽省合肥市庐江县矾山镇古塘村一个农民家庭。矾山镇是一座古镇，自唐贞观年间因盛产明矾而得名，迄今已有1300多年历史。父母淳朴善良，宽厚待人，关爱他人，乐于奉献而不求回报，不仅深受邻里乡亲敬重，同时也深深影响了他的一生。朱桂龙小学就读于离家很近的柏树小学，中学则就读于庐江县矾山中学。小学和初中阶段，正值"文革"后期，学校的课程教学和教育管理比较散乱，学生每学期有相当多时间用于学工、学农和勤工俭学。这种状态一直持续到初中二年级。1976年粉碎"四人帮"后，国家在教育上的拨乱反正，教育战线的回归本源，以及随后不久全国科技大会吹响向科学进军的号角，不仅引发全社会对教育对科技的重视，也为他们这一代人赢得了接受规范化教育的机会。每当回忆起这段时期，朱桂龙总说："就基础教育而言，我们这代人是受到影响的，一些方面也被耽误了。但是，与哥哥姐姐相比，我们又是幸运的，他们整个中学阶段完全受到影响并被耽误。"

1982年高中毕业后，朱桂龙考入安徽师范大学数学系数学专业。之所以选择数学专业，一是源于对数学本身的喜爱，且数理化成绩比较好；二是源于数学家陈景润的"哥德巴赫猜想"效应，社会崇尚基础科学，信奉"学好数理化，走遍天下都不怕"。谈及大学生活，他说大学4年的学习任务非常繁重，每天都是大量的课堂笔记和做不完的习题。与学校其他专业相比，数学系学生没有中文系、外语系那般浪漫，也没有生物系野外考察那般狂野和洒脱，更没有物理系和化学系实验和动手操作那般有趣。同学们的书包装满了各类习题集，包括吉米多维奇《数学分析习题集》等。虽然比较苦和累，但大家乐在其中，因为每解出一道难题，都有一种说不出的满足和成就感。因为兴趣，大学4年，朱桂龙在完成必修课的基础上，还选修了很多前沿类的课程，如数论等。由于中学时代英语教学的不足，导致大学阶段英语教学基本上从头开始。考虑到一部分英语程度相对较好的学生的要求，学校在前两年英语必修的基础上，对成绩排名前30%的学生增加了1年英语选修课，幸运的是，他获得了这个资格，这为他后来的学习和工作打下了很好的基础。大学4年虽然短暂，但他觉得非常充实，数学带来的逻辑思维和严谨为他日后的发展打下了坚实基础，使他受用终生。大学毕业时，朱桂龙考取了研究生，因为离家太远，念家缘故，最后放弃了。毕业后，他回到老家一所矿山中学从事教育工作，并为该校教育水平的大幅度提升做出了应有的贡献。

在矿山中学工作3年后，1989年朱桂龙考取了南京华东工学院（现南京理工大学）系统工程专业硕士研究生，师从孙东川老师。在华东工学院两年半的研究生学习阶段，他在专业课程学习的基础上，积极参加导师安排的各项工作，包括参与国家自然科学基金项目"外向型经济及其科技的发展模式与方法"、江苏省科委项目"技艺性智力密集型产业发展战略研究"两个项目研究，以及协助导师做一些江苏省系统工程学会的工作。两个项目研究期间，他参与了其中很多调研工作。包括与课题组老师一起专程赴南通市调研外向型经济发展，与另外一位青年教师一起去无锡、苏州和宜兴调研技艺性智力密集型产业发展。他说，这两个项目涉及的"外向型经济"和"技艺性智力密集型产业"，既有时代性也有前瞻性。那时中国刚刚打开国门，世界也处在过去的由"冷战"向相互融合发展转型初期（当时的提法是"国际经济大循环"），江苏作为中国的东部沿海省份，因为毗邻上海，受到中心城市的辐射效应影响，以及体制机制灵活，乡镇经济蓬勃发展，呈现外向型经济发展雏形。因此，两个项目的研究很有理论意义和应用价值。面对快速发展的经济形势，如何做得更好，地方的主管部门也急切期望得到一些指导。如"技艺性智力密集型产业"，项目调研的无锡锡山的泥人、苏州的刺绣、宜兴的陶瓷等很多属于非物质文化遗产，但这些传统"非遗"产业在现代工业的大潮下发展处境非常艰难，一些现代技术的运用让传统匠人手工制造市场空间越来越小，出现后继无人现象。因此，在调研中相关地市的政府部门和企业都非常配合。项目研究工作不仅增进了他对现实情境的认识，拓展了眼界，更重要的是使他对如何做管理研究的系统框架有了一个深刻理解和认识。管理研究始终需要拿好"放大镜""显微镜"和"望远镜",从大处着眼,小处着手,既要基于现实,也要高于现实;既要体现前瞻性,又要具有可操作性。如:其时他的导师孙东川老师在"外向型经济及其科技的发展模式与方法"课题研究提出的中国外向型经济发展"四沿战略":我国发展外向型经济应该从沿海地区扩大到全国范围,沿海、沿长江、沿新亚欧大陆桥,以及沿陆域周边地区,均应以发展外向型经济为导向。以沿海与陆域周边地区为框架,加上沿长江和沿大陆桥地区为两"竖",构成一个巨大的"四"字形格局。这一中国外向型经济发展战略框架在当时确实很有前瞻性,回望中国过去30多年的发展,这一战略框架正逐步变成现实。结合项目研究工作,硕士毕业时,他选择了"省级外向型经济发展系统动力学模型研究"作为硕士学位论文选题,论文在系统分析省级外向型经济发展系统基础上,构建了系统动力学模型,并运用模型对江苏外向型经济未来发展进行预测,以及进行政策仿真分析。

(二)科研历练

1992年3月研究生毕业后,朱桂龙来到合肥工业大学预测与发展研究所工作。其时,合肥工业大学预测与发展研究所正在承担国家自然科学基金重大项目"基础学科预测与发展评价系统的综合研究",该项目一共有5个子课题,预测与发展研究所承担3个子课题,天津大学和西安交通大学承担另外两个子课题。进入合肥工业大学预测与发展研究所工作后,他的第一项任务是协助所长一起承担重大项目子课题"基础学科发展预测与评价理论与方法研究"工作。这个子课题既有重大项目总体设计工作,也有单独研究任务。项目研究期间,1年中他有一大半时间都在北京,查阅收集资料,访谈科学家。为深入了解和还原我国科技规划中的科学选择,工作中,他克服很多困难多次去中国科学院和国家科委查阅新中国成立后历次科技规划中的科学规划内容,并访谈一批当年制定科学规划的科学家。提及这项研究工作,他说记得访谈我国第一个科技规划总体组成员何祚庥院士时,何院士和他特别强调杰出科学家在科技规划编制中的统帅作用,并说我国第一个科技规划在很多重大问题处理上正是由于总体组组长钱学森先生的高瞻远瞩,才使得规划很多决策不仅方向正确,而且通过努力都得以实现了。也正是因为有了这些决策并付诸实施,我国的一些领域才有今天的发展,如面对空中防御问题,是发展飞机还是发展导弹,当时有许多争论。钱老认为,飞机的技术材料是关键,而材料科学技术需要长期积累,新中国科学技术底子薄,短期很难取得突破,而导弹的关键技术在于制导,可以短期攻关解决。再如通信技术,是发展有线还是无线,其时也是有许多争论的。钱老认为,有线虽然保密但世界通信技术的发展趋势是无线,其保密方面可以通过其他技术解决。这样,无线电技术发展被列入规划的四大紧急措施之一。抚今追昔,今天我国航空航天产业,以及通信产业的发展及其在世界上的地位,让我们再一次感受到大师的眼界与智慧，先生的丰功伟绩，高山仰止。在研究总结我国历次科技规划中科学选择工作基础上，朱桂龙还重点研究了日本自1972年每5年开展一次的科技预测，以及美国总统科技办公室的《十年决策》。基于这个子课题研究成果，他和陈玉祥教授合作撰写了专著：《科学选择的理论、方法及应用》（机械工业出版社1994年版）。1996年他参与的研究成果"基础学科预测与发展评价系统的综合研究"获机械工业部科技进步二等奖。

在承担重大项目研究任务的同时，朱桂龙积极参与所里其他老师关于学科管理与学科政策研究方面的课题。包括国家自然科学基金委员会学科划分设置及其政策研究（国家自然科学基金委员会，1992年12月—1994年12月）、特大型科技项目的遴选与评价系统研究（国家科委，1992年12月—1994年12月）、国家自然科学基金委员会国际合作交流政策与组织管理研究（国家自然科学基金委员会，1993年9月—1995年9月）、我国基础性学科结构调整研究（国家自然科学基金委员会，1994年1月—1994年12月）、基础学科政策制定系统化方法及实证研究（国家自然科学基金，1994年1月—1996年12月）、基础学科国际合作计量测度及项目评估研究（国家自然科学基金，1997年1月—1999年12月）、高校先进制造技术发展现状及对策研究（机械工业，1994年9月—1995年12月）等一系列国家自然科学基金委员会和机械工业部委托课题。

20世纪90年代，随着我国对外开放的不断推进，产业的国际竞争也越发加剧，尤其是美国提出先进制造技术的计划后，提升我国制造业技术发展水平和国际竞争力变得迫在眉睫，也引发了社会对我国产业技术体系发展的深入思考，包括关键技术及其发展问题。基于以往对国家科技规划和科技计划的调研和分析，以及日本、美国、加拿大等发达国家先进制造技术选择与发展的剖析，1995年朱桂龙申报的国家自然科学基金自由申请项目"关键技术选择及其跟踪系统研究（79500006）获得了立项资助。该项研究同时也得到了机械工业部，以及国家科委和安徽省科委的大力支持，相关成果得到了积极应用和采纳。如高校先进制造技术研究开发与推广体系（96 - A22 - 05）（国家科委，1997年6月—1998年12月）、机械制造系统资源利用状态评估体系研究（97250915）（机械工业部，1997年1月—1998年12月）、科技体系与产业技术结构相关研究（机械科学研究院，1998年6月—1999年12月）、安徽省"九五"先进制造技术优先发展领域研究（安徽省科委，1995年6月—1997年6月）。其中"高校先进制造技术发展现状及对策"荣获1996年机械工业部教育司科技进步一等奖；"安徽省'九五'先进制造技术优先发展领域研究"荣获1998年安徽省科技进步三等奖；课题成果"关键技术选择及其跟踪系统研究"被评为国家自然科学基金委员会管理科学优秀成果，收入《国家自然科学基金委员会管理科学优秀成果年报——2000年》。基于研究工作和研究成果，1996年12月朱桂龙被合肥工业大学破格晋升为副研究员。时隔1年后，1997年12月他被合肥工业大学再次破格晋升为研究员。

此后几年间，朱桂龙还先后主持承担了国家自然科学基金委员会一系列关于科技发展优先领域评价，以及跨学科组织管理与政策研究方面的委托课题。包括国家自然科学基金委员会"十五"优先资助领域遴选问题研究（M98205）、国家自然科学基金委员会跨学科研究发展与资助政策研究（M97202）、国家自然科学基金委员会学科交叉资助问题预研究（M96205）。项目研究期间，为学习交流发达国家学科交叉研究组织管理与资助政策先进经验，1997年9月国家自然科学基金委员会专门组织了一个考察团赴美国、加拿大进行学习、交流和考察，他作为专家被特邀参加。考察团一行5人，时任国家自然科学基金委员会副主任张新时院士担任团长，成员还有国家自然科学基金委员会材料与工程科学部副主任、政策局副局长和国际合作局副处长。行程中，考察团先后访问考察了美国能源部所属的伯克利国家实验室、Livermore国家实验室和华盛顿大学电机工程系，加拿大国家自然科学与工程研究理事会、加拿大研究理事会，以及一些优秀网络中心等研究机构和科学基金组织。考察期间，双方就如何组织管理学科交叉研究进行了广泛深入的座谈与交流。访问考察，使他对美国和加拿大两国科技管理与政策有了一个近距离的深入了解，拓展了眼界和视野。

谈及这次访问考察，他说，考察中两国在跨学科和学科交叉研究的一些组织管理实践给他留下了很深印象，也引发了他的一些深入思考。一是由于科技发展水平比较高、科技资源丰富等客观基础条件，以及更多基于研究问题导向的项目组织管理体制机制与文化等方面因素，美、加两国学科管理机构对学科界限均没有严格区分，对学科交叉研究的认识比较自然，认为学科交叉是学科发展的大趋势，现今的科学技术研究没有交叉就没有生命力；二是比较注重交叉人才的培养，如加拿大三大基金组织联合资助的优秀网络中心，始终把高质量交叉型人才培养作为中心工作主要目标，事实上网络中心也确实发挥了这方面的功能；三是注重对学科交叉研究的组织与管理，建立专门机构来推动学科交叉研究的发展，努力为学科交叉研究营造一个良好的发展环境。如加拿大优秀网络中心，不仅为科学家进行学科交叉研究提供了一个交流合作的场所，而且吸引了优秀研究人员来此开展研究。同时，通过研究领域的确立、项目的选择等多种手段，引导科学家将自己的研究工作与国家发展的需要相结合。更为重要的是优秀网络中心充分发挥了各成员机构现有研究设备的效用，实现了资源共享；四是高度重视大学与工业界的结合和科技成果的商业化。无论是加拿大NSERC的大学——工业界、研究中心项目，还是其与MRC和SSHRC联合资助的NCE（卓越网络中心），以及西雅图华盛顿大学的The Washington Technology Center（WTC，华盛顿技术中心），我们都不难发现其对大学与工业界合作的高度重视，几乎每一个NCE的目标中都有一条是加强与工业界的联系，加速大学科技成果的转化。通过会员制、研究项目、人才培养以及成果转让等多种形式，这些中心得到越来越多的企业青睐，并进行投资。中心企业的会员数和网络经费中企业投入数的大幅增加就充分说明了这一点。如我们考察访问的华盛顿大学

The Washington Technology Center 是一个大学—企业研究中心，中心采用会员制的形式，公司加入中心成为会员每年需交纳一定的会员费（每年3万~5万美元），中心经费主要用于科学研究。其时有39家公司加入中心，中心每年召开两次专题讨论会，会员公司可派人免费参加，以了解科技发展的最新信息，也可派人来中心学习，会员公司可享受中心新的研究成果，但公司有问题需要中心予以研究时，还需再提供经费。中心的一个重要研究领域是虚拟现实技术。考察时，中心负责人曾热情邀请他们体验中心开发的可以虚拟飞机驾驶操作的驾驶系统，以及蜘蛛爬行的虚拟头盔。其时，大家都不太理解这样的技术与产业发展的联系，只是觉得这个技术很前沿，比较超前，但是超前多少就没有概念了。朱桂龙说直到近几年虚拟现实技术产业发展，他才明白这个中心发展的技术更多是瞄准未来10年、20年甚至更远的产业发展。考察中，他一直在思考这些中心体系结构和功能作用与我们产学研合作的关系，我们国家能不能建立和发展这样的中心？如今，展望今天增强现实技术产业发展，再回望 The Washington Technology Center 其时研究工作，他不禁又多了一个思考：我们的大学和科研机构能够做20年以后产业发展的技术研究吗？

在合肥工业大学预测与发展研究所工作期间，朱桂龙承担的研究课题主体领域为科技管理与科技政策，研究主题主要包括："优先资助领域遴选""学科划分与设置""跨学科研究组织与管理""先进制造技术""关键技术""科技体系与产业技术结构"等，课题来源于部门实际工作的需要，解决实际工作中的管理问题。谈及这个时期的研究工作，他说从研究工作主题的演变中，我们可以感受到随着中国科技发展的深入，一些科技主管部门的管理工作也从单点推进过渡到全局深入优化发展。如国家自然科学基金委员会委托项目关注的主题从早期的单一学科管理到学科体系结构，再到跨学科研究发展，就是其中的一个缩影。因为课题都紧密结合实际工作，研究中相关调研工作都非常好地得到一线管理者积极配合，他们总是在百忙之中挤出时间与课题组交流问题，谈自己的理解与认识，课题的研究成果也都得到了有关部门的积极采用，并体现在相关文件和管理条例中。不仅如此，课题的一些后期成果也得到非常好的关注。他说记得研究成果论文《科学交叉在当代科学、国民经济及社会发展中的作用》在《科技导报》1997年第5期刊登，并被《新华文摘》1997年第8期全文转载后，国家自然科学基金委员会一位学科负责人联系他，并结合自身的工作实际，与他就论文的相关观点进行讨论和交流。

对国家自然科学基金委员会跨学科研究发展与学科交叉资助问题方面研究引发了朱桂龙对跨学科研究与学科发展问题的兴趣。他说，回望人类社会科学技术的发展，我们不难发现，自然界是一体的，自然运动可以相互转化。因此，早期的认识世界的科学发展是没有学科界限的。如牛顿既是物理学家、数学家，也是天文学家和哲学家，甚至在化学、经济学领域也有建树。随着科学发展，科学家群体的壮大，以及认识问题的深化，才开始出现了学科。就自然科学而言，其学科由早期简单的"数理化天地生"，逐步分化发展到今天近万种。高度分化的学科，因为问题研究的需要又呈现出高度融合和交叉特征。学科间的这种交叉融合又孕育出学科更多的新的生长点。因此，如何在学科发展中做好跨学科研究组织管理则显得尤为重要。基于对跨学科研究的认识和思考，1998年朱桂龙申报的国家自然科学基金自由申请项目"跨学科研究发展历程、理论及组织管理问题研究（79870061）"，获得了立项资助。项目研究期间，他的一些研究报告和相关成果得到了时任国家自然科学基金委员会管理科学部主任、全国人大常委会副委员长成思危先生的关注。2000年10月成先生去安徽考察前，指示秘书联系他，与他约定时间地点一起讨论交流跨学科研究组织管理问题。当时先生住在安徽合肥的稻香楼宾馆，约定的讨论交流时间是下午，上午成先生在蚌埠考察，朱桂龙提前约半小时到达先生住的地方。那天下午成先生从蚌埠考察回来后，风尘仆仆，顾不得休息，拿着他之前呈送给先生的跨学科研究组织管理报告和相关材料，与他仔细逐一讨论和交流。成先生说跨学科研究对于科学发展至关重要，因为体制机制等因素，我国在跨学科研究组织管理方面面临很多问题，并已对其国家科学技术发展形成了制约。讨论中，他注意到成先生在手中的材料上做了很多标记和注释。与成先生的讨论交流比预计时间超出了半个多小时，直到秘书催促才结束。回忆这次讨论交流，朱桂龙十分感慨，他说先生的高瞻远瞩和高屋建瓴思想，以及求真务实、认真勤勉和一丝不苟的严谨学风和治学态度，让人很受启迪和教益，令人敬仰。

（三）转变拓展

在合肥工业大学工作8年后，2000年9月朱桂龙进入中山大学管理学院跟随毛蕴诗教授在职攻读企业管理专业博士学位，并调入华南理工大学工商管理学院工作，举家迁到广州。要实现中国科技的发展，国际竞争力的提高，创新体系建设是关键。这不仅需要我们关注科研机构、大学等基础科学和基础研究的发展，更需要加大企业创新体系和创新能力建设。朱桂龙说进入中山大学攻读企业管理专业博士学位，更多考虑的是增加自己在企业管理方面的知识和认识。

华南理工大学管理学科的建立与发展起步于20世纪80年代初，时间上与国内同水平的其他工科大学的管理学科基本同步，但其学科发展结构则与内地同类大学更多以信息管理与信息系统为基础的学科发展路径有着明显不同。因为地处改革开放前沿，市场拉动作用突出，学院里一些与企业发展结合比较紧密的学科，如工业工程、企业战略、组织行为和企业文化等发展比较快，相反，信息系统与管理这类学科则并不具有优势，原因可能是华南地区信息产业的快速发展，削弱了大学在该领域的发展优势。其时他发现，作为一所工科大学的管理学院，其学科系建制中没有设立与工科结合的技术经济系。他之前从事的科技管理这个领域在这里更是空白，其延伸的创新管理也基本无人问津。面对全新的发展环境，未来将往何处走？是改变自己做那些热门的领域，还是在坚守中拓展？广东作为改革开放的前沿，不仅是中国经济发展的排头兵，同时也是中国科技和创新发展的排头兵。丰富的科技和创新管理实践为这一领域的学术研究提供了巨大的空间。因此，只要扎实做好自身的工作，积极地融入社会实践，将来一定有广阔的发展空间。

政府科技计划是影响区域科技、经济与社会未来发展的行动方案和构建区域创新体系的一个重要组成部分，也是政府优化配置社会科技资源、调控全社会科技发展的重要手段。改革开放以来，随着科技、经济和社会的发展，以及科技体制改革的深化，广州市科技计划体系建设也获得了长足的发展，功能日益增强，其建立、发展和实施有力地推动了广州市科技创新体系的建设和功能的完善，并在面向经济建设主战场、高新技术产业化、基础性研究3个层次上取得了显著成绩。但是，面对21世纪改革与发展环境的变化，加入WTO后国际化发展的要求，以及广州市经济、科技和社会迅猛发展对建设高效的区域创新系统的需要，其时的广州市科技计划体系的一些弊端也开始日益显现出来。因此，建设新的科技计划管理体系，以解决其当前和未来发展中面临的问题变得尤为紧要。面对形势、任务和要求的变化，广州市科技局想对其科技计划管理体系做改革和调整，并希望学校能够组织力量承担这方面研究工作。时任学校科研处李本祥处长得知朱桂龙做过很多科技管理和科技政策研究课题，就找到他，希望他能来承担这个工作。因为这是他最熟悉的领域，他满口应承下来。课题组是一个联合团队，李本祥处长担任课题组组长，他与时任广州市科技局计划处处长、副处长一起担任副组长，成员包括学校科研处、广州市科技局和工商管理学院三方面的人员，学院除了他之外，还有张红、唐丽春和晁罡老师。朱桂龙说学校让他作为第一副组长来共同负责这个课题，当初他是没有考虑的，一是刚来华工各方面不熟悉，二是这个课题组参加单位有3个，过去大家也没有合作过。更重要的是，这个课题在理论、政策和管理条例形成方面都有要求，压力特别大。

项目研究期间，课题组深入广州市科技局和广东省科技厅相关处室访谈和了解情况，在充分掌握广州市和广东省现行科技计划体系运作和管理状况基础上，组织全体研究人员分赴上海、北京、武汉等地，就国家、上海市、北京市和武汉市科技计划体系建立和管理开展课题调研，并取得了大量的第一手资料。课题组认真研究分析这些资料，深入剖析WTO规则对我国及广州市科技计划的影响，并深入了解了若干国家政府对科技支持格局的基础上，形成了广州市科技计划体系完善与发展的初步框架和思路及相应文稿。在研究分析资料的过程中，课题组根据广州市科技局的要求，从应用和操作的角度，对研究内容进行相应调整，确立在相关理论探讨的基础上，集中于环境对完善与发展广州市科技计划体系影响的认识，以及《关于广州市科技计划管理调整和改革的若干意见》《广州市科技计划项目内部管理暂行办法》《广州市科技计划项目中介机构管理资格认定暂行办法》《广州市重大科技专项实施方案》等若干管理条文的制定。这些管理条文的初步文稿，通过座谈会和其他途径及方式广泛征求广州市科技局各职能处，以及科技管理专家、科技人员等各方面的意见和建议。课题研究提出的这些条文于2002年7月经广州市科技局局长办公会通过后，正式在广州市科技局实施，并向社会公布。课题研究充分体现了管理专家和决策者的紧密结合，课题成果最终以管理条例形式通过并顺利实施，也充分证明管理专家和决策者结合是一种有效的软科学研究模式。项目研究成果《广州市科技计划管理体系研究》荣获广州市科技进步三等奖。该项研究也进一步拓展了朱桂龙研究视野和研究领域，从过去关注基础科学研究、国家层面的科技发展到关注技术研发、地方科技科技发展，以及科技与经济的结合。

此后几年，朱桂龙受广州市科技局委托，先后完成了"广州市科技中介服务体系建设研究""广州市与周边城市科技的协同研究""广州市科技规划'十五'执行情况及'十一五'发展思路研究"等广州市科技管理与科技发展方面的软课题研究。研究成果都得到了主管部门的高度认可，并被采纳到相关政策制定中。

改革开放为中国企业发展打开了市场大门，提供了一个更为宽广的舞台。舞台大了，竞争面和压力也大了。面对日益激烈的市场竞争，企业要想赢得先机，研发能力和创新体系建设越发成为关键。但是囿于传统计划经济的发展模式，研发创新能力一直是企业的短板和弱项。为适应市场经济的发展，提高企业技术创新能力，从根本上改变科研与经济脱节的问题，国家经贸委于1993年联合财政部、税务总局、海关总署，率先在全国提出了《鼓励企业集团组建技术中心的实施办法》。1999年，中共中央、国务院《关于加强技术创新发展高科技实现产业化的决定》明确指出，大中型企业要建立健全企业技术中心，加速形成有利于技术创新和科技成果迅速转化的有效运行机制。广东省政府《广东省工业产业结构调整实施方案》（粤府办〔2001〕74号）也对企业技术中心建设提出了明确要求。为贯彻国家和省委、省政府的部署，2001年广东省经贸委、财政厅、国税局、地税局和海关广东分署联合出台了《广东省省级企业技术中心认定和评价管理办法》，正式启动广东省省级企业技术中心认定和评价工作。基于朱桂龙在科技管理与科技政策，尤其是科技评价领域的工作，广东省经济和信息化委员会创新处的同志找到他，希望他能够在学术上给予支持，并参与其中的评价工作。因为这项工作会有更多企业现场交流考察机会，比较好地增进对企业研发和创新发展状况的了解和认识，他欣然接受了这个任务。此后的工作中，他一方面给企业宣贯讲解企业技术中心建设理念、思想，技术中心在企业研发和创新发展的地位和作用，以及如何建设和发展企业技术中心；另一方面接受广东省经济和信息化委员会委托对企业申报广东省省级企业技术中心材料开展分析和评价，以及现场考评，并结合总结分析该项工作推进和发展中现状与问题，提出改进对策。由于该项工作被广东省经贸委列为推进企业技术创新体系建设专项计划，工作本身具有很强的专业性和延续性，基于队伍稳定性与工作的系统性和连续性考虑，2003年5月依托朱桂龙团队，学校专门组建成立了"华南理工大学技术创新评估研究中心"，中心的主要工作是与协助广东省经贸委对广东省未来企业技术创新体系的建立、完善和发展进行专业性研究、评估与咨询指导。在各方通力合作下，广东省省级企业技术中心认定工作取得了非常好的发展，相关工作位居全国首位。根据企业创新发展需要，华南理工大学技术创新评估研究中心和广东省经济和信息化委员会一起通过创新评价方法和工具，不断拓展认定产业领域，从过去单一的制造业，逐步扩展到建筑业、商贸流通服务业和现代服务业等。在华南理工大学技术创新评估研究中心参与指导下，一些地市如广州、东莞等也开展了市级企业技术中心评价与认定工作。从 2001 年至今，广东省企业技术中心认定评价工作开展已近 20 个年头了，20 年来尽管主管这一工作相关部门的人员在不断变化，但是基于对华南理工大学技术创新评估研究中心工作的认可与信任，以及中心在这一方面扎实的基础和不断深化的认识，与中心合作这一模式始终没有变。20 年来广东省企业技术中心队伍不断壮大，截至 2017 年年底，全省共有国家认定企业技术中心 92 家，占全国 7.2%，省认定企业技术中心超过 1300 家，形成以国家级企业技术中心为龙头、省级企业技术中心为骨干、地市级企业技术中心为基础的企业技术中心发展体系。企业技术中心的建立与发展，为企业创新机构和创新体系建设提供了坚实保证，有力地推动了广东省创新驱动发展战略的实施。

广东省省级企业技术中心评价认定工作，使朱桂龙有了很多机会与企业、企业家对话，面对面访谈和了解企业研发和创新发展状况和问题，也引发了他对企业创新能力、创新组织模式与创新体系发展中一系列问题的思考。他一直觉得他们对这一工作的参与，完成既定工作任务只是其一，更重要的是这其中展现的中国企业研发创新情景有哪些需要他们思考和学术解决的问题。其实，这也是他们当初接受这一任务的出发点。在对企业技术中心考察中，他们发现企业研发创新能力始终是企业最薄弱的短板，一些企业靓丽的经营绩效更多是来源于快速发展的市场。由于企业研发创新能力不强，只要市场发生变化，有些风吹草动，相当多的企业就将难以为继。考察中，通过深度剖析企业研发创新能力发展与演变，他们发现，技术和市场两头在外的外源型产业和企业发展模式和路径，是造成企业研发创新能力弱一个重要因素。积弱难返，要解决企业研发创新能力弱，不仅需要企业自身努力，更需要其他创新主体和区域乃至国家创新系统的支持，包括产学研合作等。

不仅企业的状况如此，实际上，我国创新系统的其他创新主体的发展也同样面临着诸多困境。其中的创新资源分散和条块分割等问题一直困扰着我国技术创新发展，以及创新系统整体效能的发挥。对美国西雅图华盛顿大学The Washington Technology Center 和加拿大优秀网络中心等众多成功的网络式产学研合作组织考察的回顾与思考，2002 年，结合我国科研体制改革与科研组织管理发展现状，朱桂龙提出了"虚拟科研组织"的概念。论文《产学研合作创新网络组织模式及其运作机制研究》(《软科学》2003 年第 4 期) 得到了学界广泛关注，至今他引已达 374 次，下载量达到 3634 次。虚拟科研组织是虚拟组织概念渗透于科研机构所形成的一种 R&D 新模式，组建虚拟科研组织进行联合研发，避免了重复研究，有助于研发速度加快，进而推进科技进步。

基于以往的研究工作积累，尤其是对中国产学研合作发展问题的思考。2008年朱桂龙申报的国家自然科学基金项目"以产业技术为导向的产学研联盟组织模式与治理机制研究"获得了立项批准。项目研究中，他对虚拟科研组织进行了实质性拓展，提出了"产学研合作创新网络"概念。产学研合作创新网络是指企业、高等院校和科研院所组成的，以网络组织（虚拟组织为典型）的形式运作，合作从事研究、开发、产业化等活动的创新组织。它同时具有产学研组织和网络组织（两种主要的技术创新组织）的优点，节点发挥各自优势，形成一个具有自我演化功能的创新网络。组织中每一个节点都具有独立决策能力，在共享其他节点知识与技术信息基础上，依靠自身能力、经验对知识和技术信息进行加工，促进创新发展。

广东省省级企业技术中心企业实地考察与访谈，以及国家自然科学基金项目"以产业技术为导向的产学研联盟组织模式与治理机制研究"的深入研究，进一步增进了他对中国产学研合作情景的理解和认识，也引发了他对产学研合作发展问题的深度思考。实际上，推进产学研合作是各国政府增强企业创新能力的共同行动，以及国家创新体系建设的关键环节和突破口，更是后发国家实现技术重点突破、产业跨越式发展的重要成功经验。如美国的大学—企业研究中心，加拿大优秀网络中心，以及日本的官产学研合作模式等，都是产学研合作的体现。从我国改革开放初期的"星期六工程师"，到1992年原国家经贸委、国家教委和中科院等部门共同组织实施"产学研联合开发工程"，再到以企业为主体、市场为导向的产学研合作技术创新体系建设等，与经济和科技发展相伴随，我国产学研合作取得了长足发展，为国家重大工程实施和企业技术创新能力的提升提供了有益支撑。但与我国经济、科技和社会发展现实需要，以及企业和产业创新能力提升对产学研合作期望相比，我国产学研合作创新发展还存在很大落差，面临诸多问题。包括企业尚未真正成为技术创新主体，自主创新能力不强；各合作主体创新力量自成体系、分散重复，整体运行效率不高；创新资源配置方式、评价制度等体制机制不完善等。这些问题的存在严重阻碍了产学研合作创新水平的提升，就政府资助的产学研合作项目而言，一些项目更多的是流于形式，缺乏实质合作。大量问题的存在，也让学术界望而却步，相关研究就此停滞，产学研合作研究在国内一度被冷落。

令人欣慰的是，学术研究的"冷"并没有影响到我国产学研合作实践的发展，针对产学研合作创新发展的弊端，我国科技教育主管部门和地方政府探索产学研合作创新发展的新路实践始终没有停止。如浙江大学湖州模式、西北农林科技大学推广体系模式、武汉光谷模式、广东省部产学研合作模式、钢铁可循环流程技术创新战略联盟等，一些以强调产学研用相结合的产业技术创新战略联盟模式获得了社会广泛认同。这其中，就规模、广度、深度和影响力来看，广东省部产学研合作模式无疑是其中的翘楚。一方面，其丰富的实践，为探索建立中国特色产学研合作创新发展道路指明了方向，积累了宝贵的经验；另一方面，我们也感受到这些探索实践虽然在合作模式、组织方式、合作内容、合作范围等方面有很多改进甚至突破，但在相关主体的认识和实施效果，尤其是在长效合作机制、合作质量和效率以及企业技术能力提升等方面仍面临诸多困境。实践呼唤理论，为此，2011年，朱桂龙向国家自然科学基金委员会管理科学部提出立项开展"我国产学研合作理论与实践研究"的重点项目建议。建议得到了国家自然科学基金委员会管理科学部积极响应和学界同行的认可，并列入下一年度（2012年）重点项目指南。2012年，朱桂龙主持申报的国家自然科学基金重点项目"我国产学研合作理论与实践研究"经评审获得了立项资助。

项目研究期间，课题组直面我国产学研合作创新发展现实情景，围绕现阶段我国产学研合作创新实现企业基础性共性技术和应用性共性技术能力提升两大目标，在研究总结我国产学研合作创新的实践问题与演化趋势，以及比较境外典型产学研合作实践基础上，基于创新能力结构视角，运用案例研究、问卷调查、动态博弈演化等研究方法，系统分析了现阶段我国产学研合作主体各方的创新能力状态、合作动因及其互动关系；产学研合作创新在技术创新体系建设中的功能定位与要素协同；研究构建了基础性共性技术和应用性共性技术发展导向下的产学研合作创新模式、动力机制与运行机制，组织学习与知识产权管理机制，以及中国特色产学研合作创新政策体系框架。

历时五年，2018年3月7日国家自然科学基金委员会管理科学部组织专家对项目成果进行了结题验收。专家组对项目研究工作给予了高度肯定和"优秀"综合评价，认为项目研究"基于对我国产学研合作创新发展实践及现实情景的多维度剖析，提出了以能力结构为基础的产学研合作创新理论框架，构建了我国产学研合作动机匹配模型、探讨了产学研合作创新的组织模式、机制与自组织演化、组织学习与知识产权管理，并从'创新链—政策链'互动视角构建了我国产学研协同创新政策体系框架，提出了我国产学研协同创新政策在创新驱动目标下的发展方向与建议"。

协同创新是当下中国创新驱动发展的关键问题。改革开放四十多年来，尤其是随着科教兴国战略的实施，我国的科学研究能力较过去有了巨大提升，发表论文的数量和质量不断跃升。但我国的科学研究水平和绩效并没有获得应有的改善，原创性成果数量和质量同发达国家相比还存在较大差距。2003年"非典"期间，围绕"非典"病毒有大量团队开展研究，但遗憾的是"非典"病毒研究的两项标志性成果均由境外科研机构取得。杨焕明院士坦言，在"非典"病毒研究方面，中国科学界整体打了一个败仗，这个"败"不是败在能力上，而是败在了我们的创新不能协同合作上。

"非典"科研现象引发了朱桂龙对中国科研发展组织模式和运作机制的深入思考，体制制度、条块分割、组织考核和个人考核机制，以及过度强调第一的学术优先权等都深刻影响着中国协同创新的发展。当下我国需要在宏观上科教融合、科技与经济和社会发展的结合，中观上大学、科研院所和企业的合作，以及微观上学科交叉和跨学科等方面通过深化改革和综合改革来着力破解一些阻碍协同创新发展的体制与机制。基于此，2012年朱桂龙主持承担了教育部人文社科重大招标项目"协同创新的理论、机制与政策研究"，项目从协同创新概念、影响因素，以及产学研、高校、科研团队3个层面和政府政策体系等，对协同创新理论、机制与政策开展了系统研究。项目相关成果得到学术界高度认可。2017年该重大项目以优秀等级通过结题验收。

（四）攻读博士学位

在华南理工大学工作的初始几年，朱桂龙在承担科研项目研究和课程教学的同时，还要在中山大学进行博士课程学习和撰写博士学位论文。他的导师毛蕴诗教授长期致力于产业、企业转型与升级、国际企业经营管理、企业成长与重组、社会和产业绿色发展方面的研究，是一位学界敬仰的大师。学习期间，毛蕴诗教授正在主持承担国家自然科学基金重点项目"跨国公司在华策略与中国企业应对措施"，他有幸参与其中。课题的研讨和学习，尤其是毛蕴诗教授对企业管理和国际化发展思考、认识与讲解，不仅让朱桂龙快速进入企业管理领域，更给了他从全球化的高度来审视企业经营和发展问题的思考框架。结合自己过去的工作基础，在毛蕴诗教授的指导下，他就其中跨国公司技术转移和创新发展主题开展博士论文选题和研究。

跨国公司不仅是经济全球化的主要载体，同时也是科技全球化极其重要的推动者，以及全球研究与开发和技术转移的主导者。在引进外资过程中实现跨国公司在华转移先进技术是中国引进外资最主要目标之一。20世纪80年代，我国在外资项目审批中，就有技术水平要求，强调通过引进外资实现引进技术的目的。此后，我国又确立了"以技术换市场"的策略，希望通过开放部分国内市场，鼓励外商企业向我国转移先进技术。然而，无论是审批办法还是后来"市场换技术"的要求，外商在华技术转移状况都不甚理想。20世纪90年代中期以来，随着中国改革开放进程加快，国内竞争国际化趋势加强，外商在华直接投资量的增加，外商在华企业技术转移步伐明显加快，从在华外资汽车企业不断推出新的车型和著名跨国公司中国研究院的纷纷成立，我们能感受到这一变化。那么，外商在华直接投资技术转移有哪些影响因素？如何认识其中过程及溢出效应？带着这些问题，朱桂龙最终选定《外商在华直接投资技术转移——影响因素、过程及溢出效应分析》作为他的论文题目。论文在吸取中、外学者对外商直接投资技术转移研究成果的基础上，综合运用对外直接投资理论、技术创新理论、技术转移理论和企业全球化发展战略理论，通过理论分析、实证调查与比较分析相结合的方法，对外商在华直接投资技术转移影响因素、转移技术价值、转移能力、转移行为过程、转移模式和溢出效应进行了实证研究，并对外商在华直接投资问题进行了探讨。论文实证调查得到了广东省外经贸厅、经贸委和安徽省外经贸厅等部门和众多外商投资企业的大力支持，并提出了许多宝贵的意见。

2004年7月，与导师毛蕴诗合影

历时3年半，2003年12月，朱桂龙顺利通过了博士论文答辩，取得博士学位。提及这段时间学习经历，朱桂龙说读博3年多来，导师毛蕴诗教授以其博大精深的学术造诣、严谨的治学态度和科学的研究方法，不仅传授给他丰富的知识，还教会了他治学的要义。毛教授磊落的人格、宽广的胸襟、正道直行的大师风范，言传身教，诲人不倦，使他终身受益。

（五）责任与担当

2002年学院获准成为全国首批高级管理人员工商管理硕士（EMBA，Executive Master of Business Administration）试办单位，并任命朱桂龙担任学院EMBA项目主任。EMBA最早诞生于美国芝加哥大学管理学院，其设立的目的就是为高级管理人员服务的。提及这段工作经历，朱桂龙说因为EMBA是舶来品，又是试办主管部门只给了一些原则要求，但具体怎么办？招生、课程设置、培养方案、师资选派等都没有具体细则指引。学院设立的EMBA办公室一共也就两个人，一个是朱桂龙，另一个是何燕芳老师。因为邻近的香港中文大学EMBA项目享誉亚洲，因此学习境外先进的办学模式和经验成了他们的首要工作。在学习借鉴国内外先进理念和经验基础上，他们很快拿出了一套办学方案，并于当年12月完成第一个班的开班，接着与广东省青联合作又很快开办了第二个班。

2003年底学院换届，经学院推荐，以及学校考察，学校任命朱桂龙为学院副院长，因为熟悉科研工作，在学院班子分工中，他主管学院科研工作，协管学科建设与发展。提及这段工作经历，朱桂龙说其时，学院的科研工作总体比较弱，国家级课题比较少，科研机构也少，有一个管理科学研究所因所长已经退休，基本上是停滞状态。科研工作是研究型大学的一个重要目标，并且是关键核心目标，它与教学、人才培养和师资队伍紧密相连，是学院声誉的重要载体。可以说，科研工作好坏对学院发展至关重要。但是，与学院的教学和人才培养这些刚性工作相比，学院的科研工作又是软性的和自由的。因此，学院科研管理工作的开展更多体现在鼓励引导和服务方面，以及条件、环境和文化建设上。引导和服务方面主要体现在将外部的科研项目申报信息和项目需求快速导入学院，为老师们申报项目提供指引和帮助。条件建设主要体现科研机构、科研平台以及文献数据库等方面。环境和文化则更多体现在团队建设与激励政策方面。理清了这一思路后，朱桂龙的工作一方面是做好学科发展规划，完善学科布局，摸清现有的工作基础，以及特色和优势领域，确定工作的重点；另一方面是落实好上面几个环节工作，努力做大基本面，因为没有一个好的基本面，特色和优势也将难以体现，重点也显现不出来。幸运的是，这个时期，国家211工程、985工程，以及广东省和教育部对学校的共建和投入为学院推进科研和学科发展提供了难得机遇。但是，如何抓住机遇，融入国家和省市发展需求来推动自身发展，则需要学院发挥主观能动性，以及工作的积极主动性。他说记得刚上任副院长时，省教育厅推出广东省普通高校人文社会科学重点研究基地建设计划，要求省内各高校结合自身特色优势和国家及省市社会发展需要，组织申报重点研究基地建设项目。过去，学院科研发展弱，基地和科研平台建设这个短板是重要原因。因此，对学院来说，这是一个机遇，如果争取到，将对学院未来科研发展形成比较好的支撑。但是，学院要建设什么基地和平台，才能既服务于国家需求，同时又能展现学院的优势和特色？为此，朱桂龙专门牵头成立了一个论证组，通过系统分析学院学科特色和优势家底，论证组认为拟建设发展的平台基地一是要体现管理学和工科的结合，这是理工科学校的特点；二是要发挥学院在工业工程、战略管理和创新管理领域的基础性工作的作用和优势。明晰自身的发展条件后，接下来就是与国家和省市发展需求相结合。那么，国家和省市需求是什么？其时，国家正在推进新型工业化发展道路，但是如何推进，有很多理论和实践问题需要解决。基于上述分析和认识，论证组很快就找到方向和目标，拟建设的基地将来就瞄准和围绕新型工业化发展问题，并整合学院和学校各方面学科力量来开展协同研究。沿着这个思路，论证组对工业化与新型工业化发展，根据广东新型工业化发展需要，以及华南理工大学在这方面的基础条件和优势进行了系统论述。

　　广东省地处改革开放的前沿，经过20多年的发展，广东的工业化水平领先于国内其他地区。但是，在工业化的进程中，广东也付出了极其沉重的代价，积累了许多宝贵的经验与教训。深刻的历史经验和教训表明，走新型工业化道路成为广东工业化发展的必然选择。未来，广东将进一步成为中国乃至世界的制造业基地，并将在经济和社会协调发展方面成为全国的排头兵。因此，总结广东工业化发展经验和教训，研究和探索广东未来新型工业化发展实践具有十分重要的理论和应用价值。

"新型工业化发展"是一个管、工结合的新兴多学科、综合交叉研究领域。华南理工大学工学和管理学具有雄厚基础,并在产业结构与产业政策的系统研究、产业选择与企业发展战略、产业竞争力与科技创新、工业信息化与制造业管理、新型工业化与工业服务业发展、新型工业化与可持续发展等具有较好的研究基础和特色优势。"新型工业化发展研究所"的建设与发展,将进一步整合发扬华南理工大学该领域的学科优势和特色,并通过创新人才工作思路、科技组织管理体制和运行机制,形成国内外该领域高水平人才洼地,以及学术访问、交流的基础平台,成为国际一流的综合性、交叉性、前瞻性及国际化的特色鲜明的著名研究机构,成为华南理工大学建设国际知名高水平大学的重要支撑力量。

在系统分析认识基础上,论证组从产业结构与产业政策的系统研究、产业选择与企业发展战略、产业竞争力与科技创新、工业信息化与制造业管理、新型工业化与工业服务业发展、新型工业化与可持续发展6个领域提出了今后研究发展工作,按照6个领域对学院的研究力量进行了整合,并积极吸纳学校相关工科力量,构建了6个研究团队。项目申请通知大概是2003年6月,材料上报截止日期是9月,其间正好是暑假,那个暑假,因为主体负责准备和撰写这个项目申报材料,朱桂龙基本上是放弃了休假,最终写成的申报书及其附件有400多页。学院申报的新型工业化发展研究所建设项目,得到了省教育厅高度认可,并获得了批准。

2004年6月教育部启动"985工程"二期建设,与一期建设方式不同的是"985工程"二期重点建设学科平台和基地,并要求相关各个学校就拟建设的学科平台和基地必须先行与教育部"985工程"建设办公室沟通,征得认可后方可进行论证申报。有关通知下达后,要求学校第二天就建设设想向教育部"985工程"建设办公室汇报。接到学校部署要求后,当天中午朱桂龙和学院其他领导及学科负责人加班讨论学院的建设设想,因为之前有一个广东省新型工业化发展研究所建设方案的基础,大家很快就形成了建设与发展"新型工业化发展创新研究基地"的初步设想。带着这个初步设想,朱桂龙和时任学院院长蓝海林一起乘傍晚航班去北京准备第二天的汇报。提及这件事,他说他们大概是晚上11点左右到达宾馆。先到达北京的学校科研处领导在宾馆等候,在听取他们的汇报材料后,给他们提出了材料进一步完善和修改要求。当晚,根据这些要求进行了进一步完善修改,一直持续到天明。早餐后,他们赶往教育部汇报,当时参与学校文科基地建设设想汇报的除了他们外还有另外两个单位,汇报的设想分别是客家文化和岭南建筑遗产保护。在听取学校文科的3个建设设想后,专家们对工商管理学院的设想给予了肯定和认可,并期望学校接下来重点做好我们的建设设想论证。对于另外两个设想,专家们则认为,设想固然重要,但由于更多体现为区域性,在国家层面的需求和影响力显得不足。

从北京回来后,根据学院安排,朱桂龙再一次承担主体负责工作,准备和撰写这个建设设想的方案论证报告材料任务。在学院相关学科负责人的大力配合和支持下，历时一个半月左右，终在当年8月中旬完成了《新型工业化发展创新研究基地——985工程二期建设项目可行性研究报告》。报告得到了教育部"985工程"二期建设项目专家组的高度肯定，并获得"优秀"评价。其时，学校一共上报了6个平台和基地建设项目，2个获得"优秀"，他们的项目是其中之一。

广东省普通高校人文社会科学重点研究基地项目"新型工业化发展研究所"，以及教育部"985工程"二期建设项目"新型工业化发展创新研究基地"的建设与发展为学院学科建设和科研发展提供了强有力支撑和保证。建设期间，广东省和教育部"985工程"先后投入了近800万元建设经费。基地的经费全部用于学院的科研条件改善和环境建设，经费使用公平、公正、公开。基地建设和发展的产业结构与产业政策的系统研究、产业选择与企业发展战略、产业竞争力与科技创新、工业信息化与制造业管理、新型工业化与工业服务业发展、新型工业化与可持续发展等6个领域，让学院科研发展和学科团队建设方向更加明晰，力量更加集聚，为学院管理科学与工程和工商管理两个一级学科发展提供了坚实基础保证。后期，学院取得工商管理一级学科博士授权点，以及获得一系列国家级重大项目和重点项目立项资助，很大程度上都得益于这两个基地建设与发展，包括支撑条件和科研环境、科研成果和人才发展等。谈及这段工作经历，朱桂龙说，就他个人而言，在两个基地建设和发展中，能够参与其中并发挥主导作用，为学院的科研和学科建设贡献一分力量，倍感欣慰和自豪。他个人从上任副院长时起，就曾公开承诺绝不与老师争利益，凡是限项申报的科研项目坚决不报，凡是公共平台和基地的经费绝不私自使用。这个承诺一直沿用到他后来担任院长，直至卸任。

2008年1月学院换届，学校任命朱桂龙为主持工作副院长，全面负责学院工作。1年后，2009年1月正式任命朱桂龙为学院院长，任期至2012年12月。朱桂龙上任初期，学院发展状况虽较之前发生一些积极变化，有一定改观，但与人们的期望相比还是存在一些落差。与同类水平学校相比，学院在人才、科研能力和学科总体水平方面，还有相当差距，处在二线末端；学科方面，学院的"工商管理"只有"企业管理"二级学科博士授权点，还缺一级学科博士授权点；人才方面，学院在国家自然科学基金杰出青年、长江学者等方面都是空白；科研项目方面，自2000年之前获得过两项国家自然科学基金重点项目后，近8年就没有再承担过类似级别的项目，甚至在国家级一般项目上也是"星星点点"，年均只有三四项。但是，学院有自己的优势，学院虽然在纵向的国家级科研项目方面不强，但是在横向的服务于企业和政府方面却非常有优势。管理科学研究既要做"顶天"的基础研究，更要关注与中国情景结合的"立地"研究。实际上，广东在全国率先发展实践，以及学院众多的横向课题研究，为学院在理解和认识中国情景、开展中国情景的理论研究提供了得天独厚的契机。差距就是目标和努力方向。基于对学院发展优劣势全面分析，以及学科、人才和科研三位一体协同发展思想，朱桂龙确定在加大条件和环境建设基础上，以大项目、高层次人才发展，来推动学科发展和全面发展的指导框架。在全院师生的共同努力下，五年间，在科研方面，华南理工大学工商管理学院先后获得了5项国家级重大项目和重点项目；人才方面，通过培养和引进，学院张卫国教授成功获得国家杰出青年科学基金支持，从香港中文大学引进的赵先德教授成功获得国家千人计划支持。大项目和高层次人才的发展，极大改善了学院科研发展面貌，包括学科结构、学科团队、科研项目、学术论文和获奖成果。五年间，学院有近20项科研成果荣获教育部和广东省哲学社会科学优秀成果奖，其中一等奖就有3项。有了上述工作支撑，2010年7月学院成功获批工商管理一级学科博士点，实现了学院管理科学与工程和工商管理两个一级学科点双翼齐飞的良好局面，也使学院的学科建设水平跻身国内前列；2011年中国高等院校管理学科排名中，学校管理学位列第23位，较2009年的第34位，显著提升了11位，在全国理工科院校中列第11位；2012年他被广东省教育工委授予"南粤优秀教育工作者"称号。

2013年1月学院领导班子再一次换届，学校任命朱桂龙继续担任学院院长，任期至2016年12月（后来延长到了2017年7月）。过去5年，通过全体师生共同努力，华南理工大学工商管理学院取得比较大的进步，学科发展获得了在全国应有的地位。之所以说是"应有"的地位，是因为管理学在全国的名次与学校在全国高校的排位相当。管理学发展一个特点是基本上所有的高校都设有管理学，即便是医学院也有医疗卫生管理或者公共卫生管理，而其他学科比如工学则不是所有大学都设立。朱桂龙说在新的任期开始时，回望上一个5年任期，学院之所以取得较快发展，更多来自现有资源和潜力的挖掘与能量激发，来自外部的新生力量比较少。发展的同时，也使学院感受到一些瓶颈，比如硬件条件和中青年新生代人才不足等。办学用房方面，与国内同水平同规模商学院相比，无论是面积还是条件都存在比较大的差距，学院很多研究生甚至连一个基本卡位都没有；在海归系新生代青年学者方面，相比而言因为引进条件总体不足，过去尽管学院做了很多努力，但效果差强人意。新生代人才瓶颈也为学院下一步工作找到了努力方向，学院也唯有解决这些瓶颈问题才能在新阶段实现向更高目标迈进。围绕这个努力方向，在学校支持下，学院积极推行"双轨制"，制定和出台了一系列高层次人才引进和发展方案。在大家共同努力下，学院人才引进工作取得了较快发展，一批新生力量纷纷加盟学院发展，为学院教学科研和学科发展提供了新的动力。学院在管理学国际顶级期刊发表的论文，填补了学院这方面的空白，大大增强了学院国际影响力。新老力量的融合和互动发展，大大推进了学院学科发展水平。2016年第四轮学科评估中，学院管理科学与工程学科被评为A-，工商管理学科被评为B+；2017年公布的中国大学管理学排行榜，华南理工大学管理学位列第12名，较2012年的23位又显著提升了11位；2019年世界软科中国最好学科排名中，管理科学与工程排名第10，工商管理学科排名第14，双双进入前5%。

二、探求中国特色创新管理理论

从1992年硕士毕业至今,朱桂龙的研究工作一直聚焦于科技管理与科技政策、创新管理、协同创新、产学研合作等领域。改革开放40年来,中国科技创新发展为创新管理与政策研究提出了一系列理论和实践课题。在这一伟大时代,朱桂龙在工作中始终坚持将创新管理理论与中国情景结合,基于中国科技管理与创新发展实践,开展理论创新与政策研究,期望自己的工作能为中国创新发展实践与政府创新政策制定提供理论指导,贡献一分力量。

朱桂龙先后主持承担了国家自然科学基金重点项目2项、教育部哲学社会科学研究重大课题攻关项目1项、国家自然科学基金一般项目4项,以及广东省省部产学研结合项目、广东省软科学项目、广州市软科学项目等省部级科研项目40余项。其中,以朱桂龙作为首席专家承担的教育部哲学社会科学研究重大课题攻关项目"协同创新的理论、机制与政策研究",以及国家自然科学基金重点项目"我国产学研合作理论与政策研究",是近年来国家在产学研合作、协同创新领域设立的最高级别课题。2017年和2018年朱桂龙主持完成的上述重点项目和重大课题攻关项目均以"优秀"成绩通过结题验收。研究成果《智慧城市建设与发展评价体系研究》获2017年广东省哲学社会科学优秀成果一等奖;2016年,以朱桂龙作为项目协调人的研究团队,获批广东省自然科学基金研究团队;2017年,以朱桂龙带领的研究团队为基础,获批广东省科技厅"重大科技项目与平台实施效果第三方评估智库";2019年该智库被列入"中国智库索引"(Chinese Think Tank Index)来源智库。《中国学术期刊网》(CNKI)数据显示,1994—2019年,以他带领的团队为基础的华南理工大学在产学研协同创新领域重要期刊发文量142篇,位列全国发文机构首位,成为该领域全国研究的高地。

迄今,朱桂龙已在创新管理领域的国内外权威期刊 Technovation、International Journal of Production Economics、Scientometrics,以及《新华文摘》《管理世界》《科学学研究》《科研管理》《研究与发展管理》《管理学报》等发表论文180余篇,出版学术专著3部。

朱桂龙是国内较早关注学科交叉、跨学科研究和协同创新的学者之一。针对我国跨学科研究组织管理、协同创新和产学研合作等主题,他先后开展一系列前沿性和交叉性研究。早在2002年他就提出了"虚拟科研组织"和"产学研合作创新网络组织"的概念。20余年来,朱桂龙始终坚持以实践导向研究为宗旨,加强中国情境特色的科学问题凝练,研究构建了基于能力结构视角的中国产学研合作"S - C - P"理论,并在创新系统管理、产学研合作创新体系、科技评价理论和方法等方面，提出了一系列新观点、新命题，丰富和发展了我国创新管理理论。

（一）产学研合作创新网络研究

从20世纪90年代的产学研联合工程开始，我国的产学研合作在实践中探索前行。其中引发的诸如：创新资源优化配置、共性技术创新研发、组织学习，以及知识转移和成果转化等问题在相当长时间成为制约我国产学研合作发展的桎梏。因此，寻求一种高效产学研合作组织模式及其运作机制一直为产学研合作研究热点和焦点。对美国西雅图华盛顿大学虚拟现实研究中心和加拿大政府创建的优秀网络中心等众多成功的网络式产学研合作组织的考察和学习，引发了朱桂龙对解决我国当前研发组织弊端的深入思考。结合我国科研体制改革与科研组织发展现状，他在国内率先关注虚拟科研组织管理问题，并结合产学研跨组织和跨地区合作情景，提出了"产学研合作创新网络组织"的概念。相关研究得到了同行的高度关注，论文《产学研合作创新网络组织模式及其运作机制研究》（2003，软科学），迄今总引用达到367次，下载3576次。产学研合作创新网络组织是指企业、高等院校和科研院所自主协商组成的，以网络组织的形式运作，合作从事研究、开发、产业化等活动的全面联合机构。它同时具有产学研组织和网络组织的优点，能够联合各方发挥各自的优势，旨在组建一个优化完整的创新链。在这一组织中，每一个结点都具有独立的决策能力，可以使其在共享其他结点与信息网络组织信息的基础上，依靠自己的能力、知识、经验对信息进行加工，从而更有利于创新。将企业的市场化优势、科技成果转化优势、资金优势和科研院所的人才优势、技术优势结合起来，集中R&D项目资源，实现组织间的资源共享，相互弥补资源的不足，产生R&D项目的企业规模经济和范围经济效益。

中国的产学研合作深化发展，尤其是广东省省部产学研合作实践探索，为朱桂龙进行产学研合作创新网络研究提供丰富实践素材。结合中国和广东产学研合作深化发展实践，他不断深化产学研合作创新网络研究，对产学研合作创新网络的合作机制、影响产学研合作绩效的因素，以及产学研合作绩效的测度等进行了一系列拓展研究，并为广东省部产学研合作发展提供了大量咨询指导。

（二）基于能力结构视角的产学研合作创新SCP理论框架研究

基于中国产学研合作实践情景认识，他在总结分析我国产学研合作创新发展取得的一系列突破基础上，对各创新主体在产学研合作的认识和目标达成，尤其是在长效合作机制、合作质量和效率，以及企业技术能力提升等方面面临的困境和问题进行了重点关注。围绕上述问题，通过大量企业产学研合作案例跟踪研究与调查，我们发现合作主体目标属性的差异性，以及创新能力结构和水平是导致这些问题存在与发展的根本,其中,能力结构和水平是创新主体开展产学研合作的出发点和落脚点。创新主体的能力结构和水平决定了其在产学研合作目标与行为,企业应用性共性技术水平弱化,以及由此导致的创新能力结构失衡是当前我国产学研合作层次低、合作重心下移和合作形式松散产生的根本原因。

基于对我国产学研合作困境及其问题根源的深度思考与研究,2012年朱桂龙开始从创新能力结构视角研究探索我国的产学研合作创新理论问题。当年朱桂龙主持申报的国家自然科学基金重点项目"我国产学研合作创新理论与政策研究"获得了立项资助(项目批准号:71233003)。历时5年,2018年3月国家自然科学基金委员会管理科学部组织专家对项目"我国产学研合作创新理论与政策研究"进行了结题验收。专家组综合评价为"优",认为该项目对我国产学研合作创新发展实践及现实情景的多维度剖析,提出了以能力结构为基础的产学研合作创新理论框架,构建了我国产学研合作动机匹配模型,探讨了产学研合作创新的组织模式、机制与自组织演化、组织学习与知识产权管理,并从"创新链—政策链"互动视角构建了我国产学研协同创新政策体系框架,提出了我国产学研协同创新政策在创新驱动目标下的发展方向与建议。同时,项目研究期间,他和团队发表论文101篇,其中SCI/SSCI收录论文14篇,EI收录论文8篇,出版专著2部,提交政策建议报告9份。

(三)协同创新的理论、机制与政策研究

朱桂龙是国内比较早关注并研究跨学科的组织管理问题的学者。早在20世纪90年代,他从当代科技发展现实出发,对跨学科研究发展历程、产生基础和规律等进行了系统分析和阐释,并基于国内外比较及影响因素分析,对鼓励跨学科研究的政策体系建设与发展进行了一系列研究。改革开放四十多年来,尤其是科教兴国战略的实施,我国的科学研究能力有了巨大提升,发表论文的数量和质量不断跃升。但我国总体创新水平和绩效并没有获得应有的改善,原创性成果数量和质量同发达国家相比还存在较大差距。2003年的"非典"期间,尽管我国有相当数量的团队在围绕"非典"病毒开展研究,但遗憾的是"非典"研究的两项标志性成果均由境外科研机构取得。究其原因在于我们缺乏创新协同。"非典"现象引发了我对协同创新问题的关注与思考。推动创新型国家建设,不仅需要关注创新主体能力建设,更重要的是推动创新主体之间的有效协同,唯有如此才能提升国家创新系统水平和效能。

基于对我国协同创新发展困境及其问题根源的深度思考与研究,朱桂龙认为,协同创新的关键一是实现知识创新系统协同,形成科教之间知识资源要素有效融合,发挥系统合力,实现科学前沿引领;二是建立有效的产学研合作机制,实现技术创新系统协同,解决和支撑行业发展共性技术与关键技术。这其中,体制制度、

条块分割、组织考核和个人考核机制,以及过度强调第一的学术优先权等都深刻影响着中国协同创新的发展。为此,需要从宏观、中观和微观3个层次去认识和构建协同创新分析框架。宏观层面,通过创新系统与产业系统相互融合,实现科技与产业协同发展;中观层面,通过产学研等创新主体间融合互动,实现产学研创新协同发展;微观层面,通过学科间融合互动,实现学科交叉研究协同发展。2012年他主持申报的教育部哲学社会科学研究重大课题攻关项目"协同创新的理论、机制与政策研究"获得了立项资助。历时4年,2017年7月教育部社科司组织专家对项目进行了结题验收。最终专家组综合评价为"优",认为该项目围绕协同创新,从理论、机制和政策展开研究,提出了以产学研为核心的协同创新理论框架,推进了协同创新理论与方法的进一步深化,对进一步提升中国特色的自主创新道路具有重要的学术价值和政策价值。

围绕协同创新这一主题,朱桂龙先后在《科学学研究》《科研管理》等创新管理领域重要学术期刊发表论文15篇,成果专著《协同创新的理论、机制与政策研究》(经济科学出版社2020年版)以及相关成果得到了同行的高度认可,产生了广泛影响。

朱桂龙从事科技创新管理教学和科研工作30年来,研究成果先后荣获多项省部级科研奖励和相关荣誉。

(四)研究成果

(1)基础学科发展预测和评价系统综合研究,1996年获机械工业部科技进步二等奖。

(2)安徽省"九五"先进制造技术优先发展领域研究,1998年获安徽省科技进步三等奖。

(3)高校先进制造技术发展现状及对策,1996年获机械工业部教育司科技进步一等奖。

(4)关键技术选择及其跟踪系统研究,国家自然科学基金委员会管理科学优秀成果,收入《国家自然科学基金委员会管理科学优秀成果年报——2000年》。

(5)建立和发展广州市科技中介服务体系对策研究,2005年获广州市科技进步三等奖。

(6)广州市科技计划体系研究,2006年获广州市科技进步三等奖。

(五)相关荣誉

(1)2012年荣获广东省教育工委会、教育厅、人社厅、总工会颁发"南粤优秀教育工作者"称号。

（2）2013年获聘广东省珠江学者特聘教授。

（3）2016年荣获国务院颁发政府特殊津贴及证书。

（4）研究成果"智慧城市建设理论与实践"2017年获广东省哲学社会科学优秀成果奖一等奖。

（5）2018年获聘教育部创新创业教育指导委员会委员。

（6）2019年朱桂龙获广东省委宣传部、广东省社会科学结联合会授予"广东省优秀社会科学家"称号。

三、为中国自主创新体系建设与发展添砖加瓦

在研究工作基础上，朱桂龙热心参加国家和广东省学术团体活动，先后担任中国系统工程学会副理事长、中国科学学与科技政策研究会常务理事、中国高技术产业促进会常务理事、广东省经济学会副会长、广东省系统工程学会副会长等多项职务，为学会的学术发展和科学普及做出了积极贡献。

朱桂龙积极推广先进的管理理念与方法，先后就创新体系与创新能力建设、科技成果转化，以及协同创新体制机制改革等管理实践问题，为广东省科技厅、广东省经济与贸易委员会（现工信厅）、广州市科技局、广州市经济与贸易委员会等政府相关部门，以及广州医药集团、广东中烟、广东物资集团等大型企业集团提供了大量决策咨询服务，成果得到有关领导和部门的充分肯定和高度评价，为推动广东创新驱动战略的实施做出了积极贡献。

（一）建言政府：推动高水平区域创新体系建设与发展

朱桂龙和团队以转型期广东创新驱动发展实践为背景，围绕广东省实施创新驱动发展中产学研合作、创新体系与创新能力、创新机构建设与发展、新型研发机构组织与管理、服务型制造战略、智慧城市建设，以及产业链、创新链、金融链与政策链协同发展等问题开展研究。为广东省科技厅、工信厅，以及广州市科技局和经信委等相关政府部门提供了大量创新管理与政策咨询服务。其中《粤府〔2015〕1号文政策执行情况评估报告》是广东省首份科技政策第三方评估报告，得到广东省科技厅主要领导高度评价，并成为广东省评估各地市贯彻执行《广东省人民政府关于加快科技创新的若干政策意见》（粤府〔2015〕1号）的重要依据。

朱桂龙主持完成的教育部哲学社会科学研究重大课题攻关项目"协同创新理论、机制与政策研究"，以及国家自然科学基金重点项目"我国产学研合作创新理论与政策研究"一些研究成果已作为政府部门重要的智库资源，从理论和实践两个

方面为政府相关工作提供了有益指导。如 2014 年向广州市科信局提交的《广州市科技成果引进消化吸收调研报告》，同年向广东省教育厅提交的《广东省高校协同创新体制机制改革调研报告》；2016 年向广东省发改委提交的《广东省科技创新平台建设与发展研究报告》；以及 2017 年向广东省全面深化改革领导小组提交的《广东省高校、科研机构科技成果转化现状调研报告》等。

2015 年 10 月，在广州南沙港区调研

此外，朱桂龙和他的团队受省委宣传部、广东省科技厅等相关部门委托，围绕粤港澳大湾区国际科技创新中心、珠三角国家自主创新示范区、广深科技创新走廊等创新驱动发展重大课题，承担了 10 余项战略咨询研究。

（二）把脉企业：为企业创新发展指明方向

在以往的研究工作中，在开展理论创新研究的同时，朱桂龙积极推广先进的创新管理理念与方法，先后为广东物资集团、广州国际集团、南方电网、广东中烟、广州医药集团等知名企业开展创新战略与管理咨询服务，提供创新管理实践指导。受政府部门、企事业单位和社会团体邀请，朱桂龙先后开展了 20 余场以"创新管理、转型升级、数字化变革转型"为主题的专场演讲报告。同时，自 2002 年起，团队一直为广东省省级企业技术中心评估提供学术支撑，在为近千家企业开展评估指导中，为企业建立以技术中心为核心的创新体系提供了大量指导与服务，为提升企业创新管理能力和水平，以及自主创新发展做出了应有的贡献。特别是朱桂龙和他的研究团队自2017年起担任南方传媒集团与中国建设银行科技金融创新中心联合举办的"榜样的力量——'FIT粤'科创先锋大赛"学术支持机构,已连续4年向全社会发布《珠三角企业创新发展报告》,得到了政府、企业和社会高度认可和肯定,形成了广泛的社会影响力。

2019年7月,在"榜样的力量——'FIT粤'科创先锋大赛"上发言

四、治学心得

从1986年本科毕业,以及1992年硕士毕业以来,我一直从事教育工作。我认为,作为一名教师,站好课堂、讲好课是其工作的本分。在日常的课程教学中,我始终秉承以人为本、课程育人的思想。坚持素质教育,引导学生培养综合能力,鼓励学生培养创新精神,养成积极向上的健康心态。具体而言,一是将思想教育与专业教育有机结合。坚持将中国优秀传统文化和管理哲学思想融入课程教学体系。中国优秀传统文化与管理哲学思想形成的核心价值体系,是人类管理知识宝库中的瑰宝。在教学中,我在传授西方现代管理思想与方法基础上,努力将中国的系统观和系统思想及其管理方法和手段融入教学内容中,包括科学发展观与管理、和谐社会与管理实践、钱学森系统管理思想、中国商帮管理思想、中国发展模式等,培育学生具有中国特色的系统观、管理思想和文化软实力。二是坚持将中国情景分析和特色案例融入课程教学体系。中国的改革开放史实际上就是一部创新发展史。从国家

科技体制改革，产学研合作、协同创新，到国家创新系统和区域创新系统演变，再到企业自主创新能力和创新体系建设，以及创新发展和转型等。中国一系列创新体系建设发展和创新管理活动，为我们创新管理课程教学提供了难得的情景认识和案例教学素材。因此，在《创新管理》课程教授中，我结合自己编写的《珠三角企业创新发展报告》和《工业革命史与中国创新发展》等教学材料，向学生展现中国及珠三角创新发展画卷。在案例研究分析部分，更多地融入国内尤其是珠三角企业创新案例。包括华为、美的、广州佛朗斯、广东嘉宝莉等。这些教学内容，在帮助学生深化对中国创新发展情景认识基础上，进一步坚定了他们的理想信念，家国情怀，激发了其奋斗精神。三是以学生为中心，坚持将课堂讲授与案例研讨及主题分享相结合。为了让学习更加灵活、主动，让学生的参与度更强，课程教学中，我将学生编成若干组，围绕课程大纲和学习内容确定若干主题，让学生分组探究、研讨并展示汇报。通过这种方式，学生的积极性被充分调动起来，也"忙"起来了，学习内容得到充分延展。四是坚持将知识学习与社会实践有机结合。社会实践是一个"大课堂"，更是管理学发展的基石。管理的实践性和社会性使得社会实践在管理学教育活动中居重要地位。社会实践在为管理理论研究提供案例和数据的同时，也为管理教育奉献了丰富多彩的素材。这方面，我一是结合学习的主题，带领学生参访广东优秀企业，邀请企业家做课程导师讲授企业发展和其中的管理心得，并结合主题学习进行现场点评和研讨，与企业家对话；二是邀请学生参与科研项目研究，组织学生进行企业调查和实践访谈。通过与实践"对话"，为学生打开另一个思维空间的大门。

1996年受聘副研究员后，我在合肥工业大学开始招收硕士研究生，2004年在华南理工大学开始招生博士研究生。研究生培养，科研、教学与育人协同是关键。将丰富的科研资源转化为育人资源，以提升学生的综合素质、科学精神和创造能力，是高校科研育人的有效途径。沿着这个路径，秉承"博学慎思、明辨笃行"的校训，我始终坚持"厚德尚学、自强不息、务实创新、追求卓越"人才培养方针，努力成为学生成长成才的陪伴者、导航者和助力者。具体而言，一是坚持严谨治学，塑造科学精神和创新思维。作为导师，我时时告诫并要求学生要勤奋，业精于勤；要有耐力，耐得住寂寞，学术研究不能急于求成；要认真，要一丝不苟，精益求精；要有创新思维，不要迷信书本、迷信名家，要敢于质疑，要把习以为常的"接受式"思维，转变为"批判式"思维。在严格要求学生的同时，我自身身体力行，时刻不忘教师的身教与垂范表率。在日常科研和教学工作中，我要求学生研读高水平文献，并通过周会进行学习交流和课题研讨，培养其学习和创新能力，锤炼他们对学术创新的理解及认知。二是注重发挥科研载体的育人属性，为学生学术创新发展提供支撑平台。科研项目是教师科研育人的载体。为充分发挥科研项目综合育人功能，我为学生建立了多样化的科研项目参与机制，根据每位学生的知识基础、兴趣特点和创新能力，分科研辅助、独立研究两阶段，指导他们参与科研项目研究，让学生在实践中学习，增强学术认知，提升科学研究、实践创新、团队协作等能力。三是坚持问题导向研究，引导学生求真务实。问题是创新研究之本。因此，认识问题、发现问题，以及分析和解决问题的能力始终是科研育人的关键。在研究生培养中，我要求学生将知识学习和问题思考相结合，在学习中思考问题，在思考中学习知识，努力塑造问题思考式学习氛围。要求学生无论是承担科研工作还是论文选题，要研究真问题，要切实针对问题开展研究。同时，结合问题分析和研讨，引导学生总结提炼问题思考的思维活动规律和认识框架，并将之运用于研究实践。四是坚持"寓研于教，寓教于研"，将科研与教学的有机融合。针对新入校研究生，我带领团队老师和博士开展暑期科研训练营，让其接受批判思维、创新思维训练，并引导学生进入管理科学研究的大门，启迪他们的科研思维与创新素养。同时，精心为每位新加入团队的研究生制订全方位与个性化的培养方案，包括快速学习、学术创新和研究实践等方面。对于高年级研究生，则根据学生综合能力，制定职业生涯规划，集中团队优势资源，给予足够的成长成才空间。

近5年，在我培养的研究生中，共有5人次获得国家奖学金，4人次获得校优博基金资助，2人次获得第四届"中国互联网+"创新创业大赛国赛银奖，2人次获得第五届"中国互联网+"创新创业大赛广东省赛金奖，有30人次在 Scientometrics、Journal of Product Innovation Management 等权威期刊及《中国工业经济》《南开管理评论》《科研管理》《科学学研究》等国内重要学术期刊上发表学术论文。毕业的博士研究生先后共6人次获得国家自然科学基金项目资助，他们的科研基础和能力受到工作单位的高度认可和充分肯定。

广东省第三届优秀社会科学家

李凤亮

2019年9月10日，恰逢教师节，广东省第三届优秀社会科学家暨第八届哲学社会科学优秀成果奖颁奖大会在广州举行。在本届获奖的十位优秀社会科学家中，有一位"70后"中青年学者引起媒体关注。他就是南方科技大学党委书记、人文中心讲席教授李凤亮。这位1971年年底出生的文艺理论家，也成为三年一届的广东省优秀社会科学家遴选中的第一位"70后"，也是目前三届共36位广东省优秀社会科学家中最年轻的一位。

一、梅花香自苦寒来

在认识李凤亮的人眼中，他是一位勤奋、上进的学者，从学业到事业都一帆风顺：15岁以全县第一名的成绩考取江苏省阜宁师范学校，中师毕业保送进入徐州师范学院（现江苏师范大学），大学毕业留校任教；两年后考取暨南大学研究生，硕士提前攻博；博士毕业留暨大任教，并在中山大学从事博士后研究，不到35岁就成为暨大最年轻的文科教授；赴美国南加州大学访学1年，回国后被组织选派至深圳大学担任副校长，37岁的他成为当时全国最年轻的大学副校长之一；在深大工作8年后，又被选派至南方科技大学担任党委副书记，以加强这所快速成长的国际化高水平研究型科技大学的人文社科和管理力量。2021年，不到50岁的李凤亮被任命为南方科技大学党委书记……而要说起他一路走来所获得的荣誉，提起他的人无不赞叹：国务院政府特殊津贴获得者，中组部国家"万人计划"宣传思想文化领军人才，中宣部文化名家暨"四个一批"人才，国家人事部、教育部等七部委实施的"百千万人才工程"国家级人选及"有突出贡献的中青年专家"，国家社会科学基金重大项目首席专家（两次），教育部艺术学理论类专业教学指导委员会委员，教育部"新世纪优秀人才支持计划"入选者，霍英东教育基金会"高校青年教师基金"和"高校青年教师奖"获得者，广东省宣传思想文化领军人才，广东省第三届优秀社会科学家，广东省委宣传部及省文联"新世纪之星"入选者，深圳市"鹏城杰出人才奖"获得者，深圳市国家级高层次专业领军人才（两次）……无论是在亲友、同学还是同事、领导眼中，李凤亮都是同辈中的佼佼者。但稍稍走近，你才会发现，这一路的芬芳，凝聚了多少汗水的浇灌；成功的背后，包含着多少辛勉与磨砺！从李凤亮身上，我们不仅能看到一位新时代优秀人文学者的成才之路，也能看到一位历经磨炼的文化专家看似寻常实则艰辛的人生历程。

（一）快乐的乡村童年（1971—1983年）

阜宁是江苏北部盐城市下辖的一个县，历史悠久，古称黄浦，宋称庙湾，清雍正九年（1731）置县，自古崇文重教、尊道厚德，是著名的"淮剧之乡""杂技之乡""散文之乡""长寿之乡"，素有"江淮乐地"之称。阜宁又是著名的红色土地，抗日战争时期，中共中央华中局、新四军军部移驻阜宁18个月之久，刘少奇、陈毅等老一辈革命家在这里留下了光辉的足迹。

1971年12月27日（农历十一月初十），李凤亮出生在距离阜宁县城较远的罗桥乡东场村一个朴实的农民家庭。在兄弟姐妹7人中，李凤亮排行最小。像大多数苏北乡村农户一样，李凤亮的父母也天然地有着多子多福的观念。不幸的是，农村贫乏的医疗条件，并不能保障每个孩子健康成长，李凤亮的长兄和二姐夭折了。养活一大家人不仅需要体力，还需要智慧。在李凤亮的记忆中，父亲李夕祥算得上是那个年代乡村里的"明白人"，不仅领得了自己家的农活，而且总能想方设法挣点钱贴补家用。

作为"当家人"，以无尽的劳累换取生活资源，让全家老小过上好一点的生活，是大多数农村父亲的渴念，李凤亮的父亲也不例外。李凤亮至今还能回想起，小时候最开心的时刻，常常是天黑时分，父亲从20里外的益林镇上送客回来，提包中拿出毛巾包裹着的两个尚有余热的包子，那是迄今为止最美味的食物。或是在晚饭过后，几个小伙伴随父辈们去老街的大澡堂洗澡，浑浊缺氧的空气让他厌烦，他只能不断出来透口气；而支撑他一直洗到最后的，是从澡堂出来，父辈们总会去那家熟悉的小酒馆喝上几盅，而一碗馄饨加上几片猪头肉，便是孩子们的最爱。澡后暖和的身体，香喷喷的馄饨，加上皎洁月色里老街青石板路上清脆的足音，构成了儿时最美好的记忆……

对李凤亮来说，另一个美好的记忆是去外婆家。母亲陶珍出生在淮安县，与阜宁接壤，只相隔六七公里。那时乡下尚无幼儿园，儿时的李凤亮便常常和母亲去外婆家。后来上了小学，暑假和寒假的大部分时间都是在外婆家度过的。外婆家是典型的苏北水乡，大多数房屋依河而建。外婆生了10个子女，孙辈中与李凤亮同龄的就有好几个。瞒着大人中午下河游泳，找寻各种鱼饵去钓鱼虾，不吃晚饭也要搬几张凳子去占据学校操场电影中最好的位置，还有为连环画里哪吒到底乖不乖争得面红耳赤，都是常有的事。等到寒假快结束的前一天，李凤亮才发现寒假作业本不知丢哪里去了。第二天带着惶恐去学校报到领新书，老师一句"你上学期考第一，作业没做没关系"便一下子释放了所有的恐惧和不安。

乡村生活是清苦的，也是快乐的。夏天一个猛子扎到河里游泳，冬天从比砖头还厚的冰面上溜到对岸的小学，还把点燃的鞭炮丢进同学的书包，甚至扒上拖拉机去几公里外的木材厂看传说中的"电视"，这些趣事塞满了李凤亮的儿时记忆。乡村人也有自己的娱乐方式，一两个月一次的广场电影，冬季农闲时才能开张的戏院，甚至打家具的外地手艺人茶余饭后的说书讲古，成为乡下人最主要的文化生活。对李凤亮来说，放学后抱着收音机听刘兰芳讲《岳飞传》《杨家将》，或是过年时随大人去戏院听淮剧，至今记忆深刻。个子太小，就站到只有一块木条的板凳上，舞台上的咿咿呀呀竟让他着迷。而听过几次戏院和唱片机上的淮剧片段，他就能一段一段地唱出来，引得院子里纳凉的邻居们啧啧称奇。

文艺的熏陶是乡村特色的，教育也是这样。作为苏北偏僻的乡下，那时还没有幼儿园，李凤亮的启蒙教育是在家里完成的。父亲虽然是个农民，但走南闯北，多少见过一些世面，深知读书的重要性。对于那个年代穷乡僻壤的苏北人来说，改变个人和家庭命运的机会只有两个：要么应征入伍当兵，要么刻苦学习上大学。李凤亮的父亲为自己的两个儿子安排了两条不同的路：哥哥高中毕业去当兵，而他在李凤亮身上寄托的，就是一个"读书改变命运"的梦想。为此，大约4岁时，李凤亮就在哥哥的指导下学习认字。乡下没有识字卡，上高中的哥哥就裁出两寸见方的纸片，一面写汉字，一面写拼音。李凤亮至今记得，哥哥有一次教他认"子弹"的"弹（dàn）"，他自作聪明查了字典，念成"弹棉花"的"弹（tán）"，结果被父亲罚不准吃饭。当时觉得特别委屈，不过现今想来，李凤亮觉得不识字的父亲对他学业上的严格要求，使他养成了刻苦严谨的习惯。自那以后，他更不敢马虎，到1977年不到6岁上小学一年级前，他已认识七八百个汉字，因此上学后学起功课来感到十分轻松，也常得到老师的夸奖，这更激发了他的学习兴趣。

李凤亮说，父亲对他影响最大的一句话，便是"力养一人，智养千人"。这是一个乡下人朴素的进取哲学，却足足影响了李凤亮几十年。父亲对子女教育的重视,体现在方方面面。李凤亮小学的第一阶段,是在村小的一至三年级度过的。村小没有食堂,家在外地的老师要轮流到学生家里吃"派饭"。李凤亮记得,轮到老师到自己家吃饭时,父母会提前好几天准备,并约上不用吃"派饭"的其他老师和乡贤,比过年还隆重。家庭的尊师重教,在幼小的李凤亮心目中,刻下了极深的印痕,也成为影响他后来选择上师范、当教师的重要因素。

乡村教育资源有限而分散,像大多数乡下孩子一样,李凤亮的小学辗转于不同的学校:先是在家里小河对面的村小上到三年级,接着转去老街一所小学读四年级,而等到五六年级时,乡里的中心小学建成了,条件也更好了。不管在哪所小学,他总是同学中最刻苦的那一个,每学期的成绩报告也都是全优,因此也成为乡邻们要求孩子学习的榜样。苏北乡下有不少旧俗,如谁家生了男孩,除了父母和接生婆,常常要找一个懂事上进的男孩,去看一眼这个新生儿,乡人称之为"采生",意思是新生儿从此会像这个男孩一样懂事上进。有几次还在学校课堂上,李凤亮就被拉到这些刚添了丁的人家去"采生";作为奖励,他常常会得到一个5毛钱的小红包或几个煮熟的红鸡蛋。

(二)自立自强的初中(1983—1987年)

在李凤亮的少年生活中,父亲的生病和离世是影响极大的一件事。

李凤亮至今记得,小学四年级的一个下午,母亲陪父亲从上海检查身体回来,满脸愁容的她告诉全家人一个不好的消息:父亲生病了,而且是严重的胃癌!阴云顿时笼罩在这个并不富裕但充满欢乐的乡村家庭,整个家庭的生活节奏从此有了大变化。在农村尚无医疗保健的20世纪80年代,一个家庭成员的患病,常常会导致整个家庭的贫困。虽然年龄尚小,但李凤亮深深体会到农村人因病致贫的痛楚,也较早懂事地承担起与年龄不尽相称的人生负担。帮助家里做力所能及的事,成为他学习之余的重要生活内容。每天下午放学后,他都会去老街的豆腐坊里,等上半小时,为父亲打回热热的豆浆。周末他会带上一本书去社场边的塘里钓鱼,有时一钓就能待上一天,每当看到父亲能喝上自己钓回的鱼做的汤,他都感到特别高兴。穷人的孩子早当家,他学会了打猪草、剪兔毛,还帮助母亲将地里的菜摘干净,拿到集市上去卖,挣钱贴补家用。想起那段艰辛的日子,李凤亮总会觉得有点悲伤,却也认为这些少年时的磨炼是人生一笔宝贵的财富,让自己觉得一切来之不易,从而倍加珍惜。

1983年秋,李凤亮进入离家不远的初中读书。父亲的病日益加重,他唯有更认真地学习让父亲安心,因为让他好好念书上大学,一直是父亲的最大愿望。不幸的是,1984年春,李凤亮读初一的第二学期,患病几年的父亲还是去世了,没能看到他进入大学的那一刻。李凤亮和家人陷入巨大的悲痛之中。他还记得,有一次和母亲下地干活,母亲让他休息一会,他走着走着,竟然走到了父亲的墓地,情不自禁地失声痛哭。多少年后，歌手李健唱的《父亲写的散文诗》成了李凤亮特别爱听的一首歌……在他的心目中，父亲不仅像大多数农民一样辛勤劳作，而且还尽可能创造条件，让在乡下的孩子打开眼界，接受教育，努力改变自身的命运。

失去顶梁柱的家庭无疑更加艰辛。在后来的一篇文章中，李凤亮这样写道：

母亲在悲伤之余，还要拉扯我们几个成长。二姐在读高中，三姐只好在乡里打工补贴家用。艰辛的日子是漫长的，那份涩涩的苦味我至今还记忆犹新。也许是和父亲的交谊吧，还有对努力上进的我的喜爱，老师们给了能给的一切帮助。学费减免了，还不时送些簿本。课上课下四目相对时，我从他们期待的目光里读到了希望。

初中的学习生活是紧张而充实的。虽然条件有限，但李凤亮总能在老师们的指导下刻苦努力。乡下没有太多的学习资料，怎么办？每天进出教师办公室的李凤亮想出了一个点子，他问老师能否由同学们自行组织起来，刻印学习资料，帮助后进的同学共同进步。老师们惊奇于他的点子，同意了他的建议。那时学校还没有电脑或速印机，资料的复制主要通过在钢板上刻制蜡纸，然后用油墨印刷。于是，周末或平时晚上，他就和几个同学一起，有人刻蜡纸，有人调油墨，有人印试题……刚开始总有这样那样的错，可几个十二三岁的少年铆足了劲，非干成不可。经过几次试验，终于印出了清晰漂亮的复习题！第二天自习课上发给同学们，大家都觉得难以置信，连老师们也感到不可思议。不仅组织刻印，学习成绩一直名列前茅的李凤亮还担任起"小老师"的角色，帮每位同学批改复习题，再发给大家订正。这样的自助刻印持续了两三个学期，整个班级的学习成绩有了普遍提高。

中考到来了！这也是李凤亮第一次来到阜宁县城。对于一个乡下少年来说，县城的一切都是新鲜的，但这会儿也没有了欣赏的心情。连续3天的考试结束，他才稍稍看了一下这个小城市的模样。

等待是充满期望又备受煎熬的，直到放榜的那一天，老师激动地向他和同学们宣布：李凤亮在这次中考中获得全县第一名、全市第二名的优异成绩！他觉得兴奋、激动，禁不住流下喜悦的泪水——为自己的努力，也为听不到这个好消息的父亲……李凤亮一个人悄悄跑到父亲的墓前，他多么希望父亲能够活着，与他一起分享这共同的喜悦。

那一年，李凤亮和同班另一位女生分别考取了全县中考第一名、第二名，其他不少同学也考出了历史较好的成绩。一个优秀学习群体的互帮互促，终于结出了硕果。

填报志愿是个问题。虽然取得了好成绩，可短暂的喜悦过后，李凤亮却陷入为难的境地。好几天，李凤亮在上高中和念中师之间徘徊踟蹰。他一直记着父亲去世前对他的嘱咐——"要上大学"，而读高中是上大学的必由之路。李凤亮左右为难：

考中专，可以转户口，尽快工作，为母亲卸下重担，可父亲生前一直要他读大学的期望无疑就落了空。假如考高中，升大学，母亲的担子不免更重。现实最终战胜了理想，当他拿到县城师范学校的录取通知书时，惆怅远远深于喜悦——"这就是我的未来吗？我自小就有的那个大学梦呢？"9月初要开学的前几天，李凤亮向初中的老师们一一辞行，老校长转达的一个信息让他更加难过：江苏省重点中学之一的盐城中学听说这届考生特别优秀，校长跑到市教育局去争取，希望将市里两所中师学校的前10名录取学生转到盐中去。教育局说可能很难，读中师，这些孩子不仅从农村户口转为"农转非"的城镇户口，每个月还有13.6元的生活费。盐中校长说，户口转不了，我们可以多给这些优秀学生一些生活费，帮助他们上清华北大。最后结果是不了了之。听了初中老校长的转述，李凤亮心里很不是滋味。大学梦，大学梦，是否还有能圆的那一天？

（三）我要上大学（1987—1990年）

中师的生活是新鲜而愉快的。尤其是开学典礼上校长鼓励大家努力争取3年后那几个保送高校的机会，让李凤亮感到天空似乎又明亮起来。不谙世事的他当时只想着一件事：读书，读书，我要读书！按照保送的规则，学生不仅要在同年级成绩名列前茅，还要在中师生基本技能的"三字一话"（毛笔字、钢笔字、粉笔字、普通话）上取得优秀，更要在学生干部和社团活动中表现突出。李凤亮在这3个方面都付出了比别人多出数倍的努力。学习是不用说的，中师6个学期，他基本上都在同年级数百个学生的最前列。除了"三字一话"，还有音乐、绘画，他也都努力做到最好。虽然在小学练习过写字，但中师的要求更高。有一次书法课上，老师随意抽出一本习字簿，指出里面的很多毛病。李凤亮低下了头——原来那一本正是他的。那节书法课后，李凤亮连午饭都没有吃，去校外买了一包蜡烛回来。学习紧，还担任班长和学生会干部，白天没有太多练字的时间。晚上9点下了晚自习，同学都回宿舍，教学楼统一熄灯，只有六班的窗口还透出亮光。巡逻的人员走近，原来是李凤亮在点着蜡烛练字。10点多回到宿舍，同学们大多已睡了。第二天清晨4点，李凤亮又悄悄地起床，到教室点上蜡烛练习毛笔字。两个小时后，再带领全班同学围着县城跑上一圈锻炼身体。加上午后的时间，李凤亮每天坚持比同学多花三四小时练习书法。一个学期不到，他的字已写得像模像样，并被推荐参加江苏省中师生毛笔字比赛，获二等奖。

中师的生活是丰富多彩的。除了学习，作为班长和年级学生会主席的李凤亮经常组织各种各样的活动，书法竞赛、手抄报比赛、迎新晚会、跨年级对口交流，他甚至还和同学创作并表演过相声。他报名参加了学校的社会实践调研，在政治课马浩老师的指导下，所写的《在改革中腾飞——阜宁化肥厂改革纪实》获华东六省一市中师协作体学生调研报告的特等奖。消息传来，全校轰动！学习之余，他还迷上了篆刻，从模仿开始，到自己创作，中师3年间他共篆刻了100多枚印章。他还学会了下围棋，和同学一起从每月的伙食费中各拿出几元钱，合伙买了一副围棋反复切磋……年轻的他似乎有使不完的劲，在中师的自由天地中尽情探索。

中师主要是为基层学校培养中小学教师，因此其教学内容和学习方式与高中大不相同。曾有人分析过20世纪八九十年代中国的"中师生现象"，认为那十几年的中师录取了全国相当一批优秀初中生，不再像高中那样把学生压在课堂、追求升学率，培养方式上注重夯实"双基"（学科基础知识和书法、绘画、音乐、舞蹈等基本技能），强调面向基层的实践教学和社会调研，因此那个年代的中师生普遍培养出了教育教学、组织管理、写作思考、体育才艺等多方面的特长，走上工作岗位很快就能独当一面，成为十分独特的"中师生现象"。回想起那段充满朝气的中师生活，李凤亮颇为感慨地说道："贫困的家境让我选择了中师，却无意中给了我自由学习和创造发挥的充足空间。试想一下：十五六岁的年龄，今天的很多少年还在父母怀里撒娇，而那时的我们已经要考虑去当小学老师的问题！没有中师3年的全面锻炼，就没有后来的许多机会。"

功夫不负有心人。经过3年扎扎实实的努力，中师毕业之际的李凤亮已成为一个综合素质优秀、风华正茂的青年，获得了保送进入师范大学学习的机会。面对徐州师范学院来面试的两位老师，李凤亮侃侃而谈；厚厚的一沓获奖证书和从容谦和的谈吐，给面试考官留下深刻的印象，并特地将他从原来推荐的地理系转录到中文系汉语言文学教育专业，圆了李凤亮和家人的大学梦。在后来为朱敬文教育基金会写的一篇文章中，李凤亮这样写道：

老师们给了我持续的鼓励，使我最终踏进了大学之门。我常常想：是什么给了我学习的动力呢？父亲的遗愿，家人的期待，还有师长们各种鼓励的目光，无疑给了我前行的力量；不过更深的，还是来自对贫瘠土地的恐惧、等待、期冀。我爱生我养我的故土，但对落后的乡村生活，自小似乎就有了一种挣脱的欲望。如果说父辈们一直为未能改变穷乡僻壤的面貌而遗憾，那我们新生的一代应该为这块土地添加一些活力。走出家乡，也许正是改变面貌的第一步。当我上了大学，乡亲们总拿我为榜样来教育他们的子女；当这些弟弟妹妹相继外出求学时，我平生第一次体验到了自己活着的意义、存在的希望。

（四）第一次见到火车（1990—1994年）

徐州古称彭城，自古是兵家必争之地。1990年，18岁的李凤亮第一次背着箱子出门远行。徐州是苏北地区最大的城市，也是他那时为止见到的最为现代的生活场景。从乡村到县城，又从县城到了市区，视野大了，生活的信念也更加坚强起来。李凤亮至今还记得到徐州的第一个周末，一个人跑到火车东站的天桥上，看火车轰隆隆地从脚下驶过。那是他生平第一次见到火车。编组站的铁轨彼此交错，光亮的灯光一直延伸至远方；天桥的震动让他感受到了生活的真实，也让他燃起了更大的希望。

希望是要用行动去践行的。大学生活的充实感令李凤亮至今难忘，每天的几点一线并不令他感到枯燥，因为繁忙，他甚至忘了去感受大学生活常有的那种枯燥。徐州师范学院中文系虽然地处苏北，但名家荟萃：廖序东、吴奔星、王进珊、蒋庭曜、古德夫、吴汝煜等一批学术造诣深厚、享誉国内外学术界的专家学者先后执教于此，形成了厚重沉潜的学风。据武书连2014年中国大学文学学科专业排行榜，该校中文专业位居全国第22位。在全国强手如林的中文学科格局中，能有这样的地位，确实来之不易。

刚入大学，李凤亮便一头扎进书海里。中国古代文学、现代文学、当代文学、外国文学、语言学甚至逻辑学，门门都是他的最爱。而尤其喜爱的是文学概论。为了系统阅读，他从图书馆复印了一本《大学中文专业必读书举要》，按不同课程先挑出数十本优先阅读的书目，逐一从图书馆借出仔细研读。一年下来，他已精读了一批专业书籍，从中培养出了初步的研究兴趣。从大学二年级开始，李凤亮就参加了老师的课题组，撰写了多篇现代词的鉴赏文章。大三时偶然读到捷裔法籍作家米兰·昆德拉的小说《生活在别处》，李凤亮觉得眼前一亮，他顾不上吃饭，在宿舍走廊的灯下彻底读完，第二天又跑去图书馆借出昆德拉的其他小说。期末，他以《别无选择：诠释"昆德拉式的幽默"》为题，写了一篇上万字的学年论文。中文系党总支副书记（后任学校党委书记、校长）徐放鸣教授读后，十分惊异一位本科生能写出这样的论文，随即推荐给《徐州师范学院学报》，并在1994年第1期刊出。本科生在大学学报上发表论文，还被《高等学校文科学报文摘》转载！这个消息不胫而走，从此李凤亮对学术研究更加着迷了。他还记得大四的那个寒假，同学们都回家过春节了，他一个人留在学校，撰写关于"复调小说"的毕业论文。巴赫金、热奈特、昆德拉……这些文论史、小说史上的著名人物，纷纷走进他的笔下。后来，这篇本科毕业论文的不同部分在《国外文学》《社会科学战线》上相继发表，不少老师惊叹，自己一辈子也没在这些杂志上发表过文章呢。

学习也并非一帆风顺，外语就是个巨大难题。由于中等师范学校主要是培养中小学教师，所以李凤亮在"阜师"读书时并没上过英语课。为了照顾这些中师保送生，大学给他们单独开了一门简单的英语课。"当时补课用的是复旦大学版的小开本英语教材，我觉得那个太简单，不够我学，就跟着全日制其他班级一起听英语课。跟不上，我每天就花4小时去预习。"李凤亮想努力攻克外语这个难关，但困难比想象中的要大得多。他向认识的外语系女同学请教，这位女同学送给李凤亮一套《新概念英语》，并辅导他"系统地学习"，他的英语水平终于突飞猛进，不仅帮助他后来顺利考取研究生，还能够较为流畅地用英语主持国际会议。而当时给他赠书的女同学，后来成了他的太太。

在李凤亮心中，学习是第一位的，为此他有时真的达到废寝忘食的地步。而课余之际，校园内各种各样的实践活动更让他感到兴奋。他参加学生会，组织社团活动，最多时兼了七八个不同的校园角色。校报招聘学生记者，他成了第一批成员，不久还担任了学生记者站副站长，不仅自己写稿，还组织同学们一起采访，最牛的一次是他采写的长篇通讯登了校报一整版，连版式都是他自己画的。当学生书法协会会长时，捉襟见肘的经费总叫他犯愁；一旦"化缘"成功，组织起活动来，大家又特别兴高采烈。周末校园礼堂看电影、学生中心跳舞是20世纪八九十年代大学生的主要娱乐方式，李凤亮组织创建大学生影评社并担任社长，通过观影、评影，培养了早期敏锐的文艺触角。在中文系学生会做宣传委员时，年轻的他总会想出各种花样为班级增添活力，有时为了突击一下，还常常和同学奋战通宵！对于那一段紧张而又充实的大学生活，李凤亮回忆起来，充满了感情：

大学不仅是求知，还意味着在实践中明德。大学提供给学子的，与其说是知识的授受，毋宁讲是成长的氛围。从这个角度讲，在大学的一切——快乐与痛苦，成功与失意——都会沉淀为人生经验不可或缺的一部分。我现在在课堂上，跟年轻大学生在一起，常常乐意和他们分享我大学生活的体会。时代不同了，大学生活的方式有了许多变化：看一场电影已不再像我们那时那样成为奢侈的享受，年轻人的个性使他们有了更多选择生活方式的权利；但有一点似乎没变，那就是大学生活对学子的精神塑造。这是一个特殊的成长环境：规范的成长方式里，提供着各种各样的可能；有所追求的人，一定会珍惜这些可能，尝试这些可能，实现这些可能。

对于像李凤亮这样的贫困学生来说，从可能到现实，其间付出的往往更多。生存的压力是第一位的。学校领导和老师给了他最大的关心，关怀背后的精神支持令他至今感念。一个人被关注着并期待着，是幸福的，这是他多年以后慢慢强化的感受。初中的老师们也知道他的困难，但他们从不愿伤害学生年轻的自尊。一位至今有联系的张素琴老师，在李凤亮给她拜年时常会给些小礼品，而当他回家打开盒子看到老师赠送的钢笔，也同时看到笔下压着的那几十元钱！更多的是来自大学里师长们的关怀。班主任张淑美老师很快给李凤亮找了一份兼职，使他在辛苦一段之后有了快速而及时的生活收入。徐州的冬天奇冷，宿舍当时没有暖气，用于救济的毛毯，生活委员常常会优先给李凤亮，虽然他用不着而转送给了北方来的同学，却因那份无声的关爱而心存感激。当然，更多的是自强，在繁忙的学习和社会工作之余，李凤亮像大多数来自农村的子弟一样，兼职做了家教，有时还做一些其他事情。他不想再过多地向贫瘠的土地、无助的母亲伸手。母亲托人来信，问有没有钱，生活困不困难，李凤亮总是给她放心的回答。为了使母亲确信，寒暑假回家时，常常给奶奶买上两包徐州的烟，给母亲带点特产酥糖。看着她们宽慰的目光，李凤亮感到由衷的高兴。也许他因为过早懂得使家人放心的意义,自己的内心常常沉重;不过,这份沉重也并不全是负担,它启发这位年轻人的,是对生活的珍惜,对阳光的珍爱,对未来的信念。

维持李凤亮大学生活的重要来源,是学校的助学金和奖学金。师范生每月有一定的生活费,当然,为数不多。像他这样来自农村的学生,奖学金成了改善生活的重要来源。因为总是把学习放在第一位,社会工作有时忙些,但也会及时补回所缺的课业,所以李凤亮的成绩总在最前列,因此也总能拿到学校的优等奖学金。除此之外,还有其他的奖励,如获得过的江苏省三好学生、第一届全国三好学生、第一届朱敬文奖助学金。4年大学,李凤亮付出了很多,但得到了更多:不仅仅是知识的增长、物质的奖励,更有人生阅历的积累、精神追求的自立。他感激着生活赋予的一切:磨砺、感念、温情……所有的这一切,都成了贫苦生活里心中的绿洲,时时荡漾出沸腾的绿意。有了这份绿意,贫苦没有成为痛苦,过程成了一串串漫长而美好的记忆。十几年后,已任大学教师的李凤亮积极推动江苏师范大学广东校友捐助善款30万元,设立"培爱"基金,用于培养优秀学子,关爱品学兼优的贫寒子弟,体现了反哺母校、回报乡梓的良好心愿。

(五) 向南方(1994—2001年)

1994年夏天,李凤亮大学毕业。按照培养规定,他这样的中师保送生应该回到原推荐单位江苏省阜宁师范学校任教。徐州师范学院党委和中文系党总支一致认为,在大学就发表论文,综合素质全面,这样的人才难得,应该留校任教继续培养。为此,学校派出学生处、中文系领导前往李凤亮的家乡盐城市,与当地教育局协商。经过反复磋商,李凤亮顺利留在大学,成为中文系文艺理论教研室的一名助教。

自20世纪50年代初借鉴苏联高校组织模式建立起的教研室,是大学教学活动的最基层单位。这一制度在组织协同教学、促进老中青传帮带等方面,至今仍有实践意义。作为助教,李凤亮留校后的主要工作就是听课。一方面,他跟随老教师随堂听课,学习他们的讲课方法;另一方面,他跟随文艺学专业的研究生,一起听了"文艺学专业文献资料导引""西方美学专题"等多门研究生课程。时任校长周明儒在他们的入职培训班上讲,年轻教师至少要"过三关"——教学关、科研关、婚恋关,令他印象深刻。他虚心向各位前辈老师请教,吸收他们的教学经验,并试着开始讲授"文学概论"等课程,同时也为学生开设"书法实践与欣赏"课。图书馆仍是他最常去的地方,他在文艺理论的不同领域反复逡巡,试图从比较文艺学角度找到自己最初的学术方向。经历过教学和科研初步实践的李凤亮深深知道,要想在学术上走得更远,必须再次给自己"充电""加油"。一次偶然机会,他在徐放鸣教授的研究生课上听到对全国文艺学学科点的介绍,暨南大学——这所华侨最高学府的名字印入他的脑海。1993年,暨南大学刚刚获得文艺学博士学位授权,其独特的"比较文艺学"方向给他留下深刻印象。他给导师组成员之一蒋述卓教授去信,表达想报考文艺学专业硕士生的愿望,不久就收到蒋述卓教授的回信,表示欢迎他报考。当时,李凤亮正按照学校安排在一分部团工委挂职锻炼,后又被校党委抽调到党办撰写材料,还要听课、上课。时间相对紧促,他就利用周末、晚上的时间复习备考。一年后的1996年,李凤亮以第一名的成绩考入暨南大学中文系文艺学专业,攻读硕士学位。

暨南大学是华侨最高学府,素以"宏教泽而系侨情"为己任,校园文化海纳百川,在全国高校中独树一帜。李凤亮进入暨南大学读书的1996年,恰逢该校进入国家"211工程"重点建设高校行列,全校抓学科、促科研的氛围正日益浓厚。饶芃子、胡经之、蒋述卓、谭志图等文艺学导师组老师分别为学生授课,"群养群教"的方式使李凤亮和同学们接受了多方面的营养。或许是毗邻港澳的原因吧,相对于国内同类学科点,暨南大学文艺学专业更加凸显开放意识与比较视野,其比较文艺学、海外华文文学与诗学等方向在国内颇具特色。

李凤亮如饥似渴地投入研究生的学习当中,并不断在学术刊物、报纸、杂志上发表自己的研究成果。1998年,李凤亮得到机会提前攻读文艺学专业博士学位。前后5年时间里,他系统研读专业名著,参加相关学术会议,发表相关论文,成为文艺学界迅速崭露头角的年轻学人。

2001年5月,参加博士论文答辩会。前排左起为赵一凡、饶芃子、胡经之、蒋述卓、程文超,后排右一为李凤亮

回忆起5年的读研时光，李凤亮特别感谢导师蒋述卓教授的指导。蒋述卓教授是著名文艺理论家王元化先生指导的为数不多的博士之一，1988年博士毕业后就来到暨南大学任教。在李凤亮眼中，蒋老师视野开阔，研究涉及文艺学基本问题、中国文学批评史、宗教与艺术关系、文学与文化关系、城市诗学、文化产业诸领域。在研究思维上，蒋述卓教授既强调"大处着眼"，对研究对象进行宏观把握，又重视"小处着手"，注重材料和实证，这一点对李凤亮影响尤大，也逐步培养起他关注前沿、敏锐思考、敢于创新的学术个性。读书5年，他就在《文学评论》《文艺研究》《学术研究》《红楼梦学刊》等刊物上发表学术论文20余篇，并在《中华读书报》《粤海风》《南方日报》《南方周末》《广州文艺》等各类报刊上发表文化评论近60篇，勤奋与高产，使他成为前后数届同学中的佼佼者。其撰写的博士学位论文《诗·思·史：冲突与融合——米兰·昆德拉小说诗学引论》近30万字，也被答辩委员会一致评定为优秀博士论文。

除了认真完成学业，李凤亮还承担了不少社会工作。他是中文系研究生党支部书记，成为凝聚团结同学开展互学互助的组织者。读博后，他担任校研究生学术研究会会长，兼任《暨南研究生学报》主编，每年组织研究生学术年会，开展各类学术活动，组织外出参访交流，在研究生中营造了良好的学术氛围。因为在学业和社会服务方面的突出表现，他先后获得多项荣誉称号，并在2001年5月博士毕业前夕，被评为第六届"全国三好学生"，赴人民大会堂领奖。这也是他第二次获此殊荣，在全国也是较为少见的。

（六）在广州工作的日子（2001—2008年）

2001年夏，李凤亮博士毕业，留暨南大学中文系任教。如果说经过大学及毕业后两三年的学术试水、读研5年的系统学术训练，李凤亮已开始了较好的学术起步，那么博士毕业留校任教，则成为他学术快速成长的丰收期。

沿着博士论文开拓的方向，他很快申报国家社会科学基金青年项目"米兰·昆德拉小说诗学研究"并获批准。在这一项目的支持下，他开展了一系列纵深研究和追踪研究，从昆德拉小说研究拓展到当代西方小说叙事理论，短短几年内在小说诗学领域发表了20余篇论文、评论，成为国内学界认可的"昆德拉研究第一人"。他积极推动《昆德拉文集》的重译工作，并与昆德拉夫妇保持了较长时期的联系，文集最终在各方努力下由上海译文出版社组织翻译出版。

"转益多师是吾师"，学问的追求永无止境。根据导师蒋述卓教授的建议和中山大学中文系程文超教授的邀请，博士毕业不久的李凤亮到中山大学做了两年半的博士后研究，他也由此成了中山大学中国语言文学博士后科研流动站设站后第一个进站的博士后。中山大学中文系学风优良，其中国现当代文学学科历来以重视史料、敏锐前沿见长。李凤亮选择的博士后研究课题是"20世纪中国文学批评的现代性追求",他希望在早期关注西方小说诗学与批评理论的基础上,进一步拓展学术视野,向中国 20 世纪批评理论领域发掘。博士后研究课题正是基于这一思考而选择的。正是在开展这一研究的过程中,一个新的学术方向"当代海外华人学者批评理论研究"进入他的视野。他广泛收集资料,先从李欧梵、刘禾等个案研究做起,逐步对海外华人学者的文学整体观研究、晚清文学研究、张爱玲研究、"十七年文学"研究、上海文化研究、华语电影研究等进行系统考察和专题探讨,并申报获得第二个国家社科基金青年项目"当代海外华人学者批评理论研究"。他将之视为较长时期的学术方向,组织团队开展深入研究,并得到教育部"新世纪优秀人才"项目、霍英东教育基金会"高校青年教师基金"的支持。为将这一研究引向深入,2007—2008 年,李凤亮在国家留学基金委和暨南大学的支持下,赴美国南加州大学东亚研究中心,跟随著名比较文学学者、诗人张错开展了为期 1 年的访学。在后来出版的《彼岸的现代性——美国华人批评家访谈录》一书的序言中,李凤亮这样写道:

访谈又是困难的。这也是我始料未及的。应该说,对于开展深度学术访谈所应具备的条件,事先我是有一定的思想准备,但实际工作中的难度超出了我的简单设想。一个有深度的学术访谈,不仅需要了解被访谈者的学术历程、研究视野、理论立场,甚至要对其思维方式、政治立场乃至人生取向有一定的把握。同时,访谈的即时性、现场感往往会引发许多事先并未准备好的"问题"和"情况",因此,能否提出有价值、有意思的问题,以及能否根据访谈的推进和深入现场调整内容,则成为访谈成功与否的两个关键。换言之,能否变"仰视"为"平视",努力把"访谈"做成"对话",至关重要。为此,甫抵美国,我就着手拟列详细的访谈计划,包括访谈对象、时间安排、主要内容等。有些问题是共同的,可向不同访谈对象发问,比如涉及海外中国现代文学研究现状的判断、海外华人批评家的身份、海内外学术界的交流与互动等;更多的问题则是指向个体的,跟受访者的学术领域密切相关。

在海外华人学者批评理论研究领域,李凤亮不仅在《文学评论》《文艺研究》《文艺理论研究》《文艺争鸣》等刊物上发表了 30 余篇研究论文、学术访谈,还集成书稿《二十世纪中国文学批评的海外视野》,交由三联书店出版。与此相关,他还主持了另外一个课题"中国传统文论现代观照的海外视野"的研究工作,这一课题对叶维廉、徐复观、方东美、刘若愚、叶嘉莹等海外华人学者在中西、古今文艺美学上所做的选择性努力、创造性转化进行评述和研究,从中汲取对中国当代文艺美学建构的有效启示。这一研究的成果《移动的诗学——中国传统文论现代观照的海外视野》由暨南大学出版社出版后,迅速引起学术界的关注,并很快被台湾秀威出版公司列入"秀威学术丛书",出版了繁体字版。

在暨南大学任教 8 年间,也是李凤亮学术的高产期。除了比较诗学、批评理论方面的研究，李凤亮还涉及文学与文化关系、城市文化的研究领域。他协助蒋述卓教授一起完成了国家社科基金项目"文化诗学：文学批评的跨文化视野与现代性进程"，最终成果《文化诗学：理论与实践》由人民文学出版社出版。此外，他还出版了文学评论集《沉思与怀想——对话、想象与批评的现代性》，合作主编了《文化视野中的文艺存在——文艺文化学论稿》《批评的文化之路——文艺文化学论文集》，由中国社会科学出版社出版。他还广泛参加国内外学术会议，成为广东省内外十分活跃的青年批评家。他入选教育部"新世纪优秀人才支持计划"等多项人才计划，获得教育部霍英东教育基金会高校青年教师奖（社会科学）等科研奖励，研究学术的身影越来越忙碌了。

学术工作繁忙，李凤亮同时也是最受学生欢迎的老师之一。他为学生讲授"文学概论""西方文论"等理论性较强的课程，都能尽量避免晦涩，以生动的文学现象阐释抽象的理论概念，深受学生好评。有一年学生评教，他的得分为全校第二，好多学生慕名而来听他的课。2008年下半年他调任深圳大学时，"西方文论"课还未讲完，有学生写信给他，表示十分可惜；在最后一堂课上，还有学生在讲台电脑上写出"衷心谢谢您，老师！"的字样，让李凤亮备受感动……

教学科研任务繁重，李凤亮却从未因此推却社会服务的工作。用他的话说，他在做好教师本职工作的同时，还担任了好几个"秘书"职务：教研室秘书、学科点（博士点、硕士点、国家重点学科）秘书、基地（广东省人文社科重点研究基地暨南大学海外华文文学与华语传媒研究中心）秘书……无论是组织学术会议、填写申报总结，还是开展教研活动、编辑《思想文综》，他都是无怨无悔的积极付出者。李凤亮后来跟自己的学生说，不要怕出力，也不要怕承担集体事务。在他看来，恰好是在完成这些集体事务的过程中，了解了情况，掌握了方法，得到了锻炼。从2003年起，李凤亮先后担任了暨南大学中国语言文学研究所所长助理、中文系党总支副书记等职务，在相关岗位上积极履职，得到了更为全面的锻炼。

辛勤付出终有回报。2006年，34岁的李凤亮被破格晋升为教授，成为当时暨南大学文科最年轻的教授。2008年，他又被遴选为博士生导师。正是在学科同人的共同努力下，李凤亮所在的暨南大学文艺学学科成为国家重点学科，中国世界华文文学学会也在暨南大学成立，中文系成为其秘书处单位。

（七）到特区去（2008—2020年）

2007—2008年，李凤亮赴美访学。那是一段真正的"访学"，不只在南加州大学阅读、听课、开会，还带着详细的访谈提纲，去美国多所大学访问了从事20世纪中国文学与文化研究的数位华人学者。这些访谈对话录，后来结集为《彼岸的现代性——美国华人批评家访谈录》，由广西师范大学出版社于2011年出版，引起学界的关注。

2016年7月，率团访问纽约州立大学宾汉姆顿分校，与该校校长等交流

  美国访学归来，李凤亮马上投入开学初紧张的教学科研中，但也有一个选择在等待着他：广东省启动了"'双百'领导干部人才计划"，学校推荐他参加十名大学副校长的公开选拔。去，还是不去？这是一个问题。去，当然能学以致用，但可能自身的学术事业会受到一定影响。李凤亮选择了尝试，结果在数千报名者中，他以优异的成绩排在前列。他选择了特区，来到新兴的深圳大学，担任党委常委、副校长，一干就是8年。

  深圳大学是深圳经济特区第一所全日制高校，以敢闯敢试、改革创新而闻名，因此也被称为"特区大学、窗口大学、实验大学"。李凤亮选择这所学校，也正是因为它年轻、包袱轻、冲劲足。事实也恰好符合他的判断。他在这个创新的天地中力推改革，干出了一番有口皆碑的工作实绩；同时，他也不放弃最初的学术抱负，在深圳这个新舞台上谱写了研究的新篇章。

  首先碰到的，是高校最难啃的硬骨头——人事制度改革。李凤亮清晰地记得，2009年2月初农历新年后不久，还在寒假中的他被召回学校，接受一个紧急任务——和市委政研室同志一起，研究起草《深圳大学深化改革总体方案》，其中最核心的部分便是"人事制度改革"。事后他了解到，起草这一方案，跟深圳正在推动建设一所新大学——南方科技大学密切相关。深圳市要建设南科大，教育部希望深圳先办好深大，于是制订一份深圳大学改革发展的总体方案，便成为推动南科大创建的前提。能否借这个历史机遇，实质性地推动深大在高校人事制度改革中先行一步？李凤亮觉得虽有挑战，却极具意义。通过调研，他了解到，其实深圳大学在1983年创建之初，就在全国率先实行了教师聘任制等新体制。如果这次因时制宜，推出切合实际的改革举措，应能激发教师队伍的压力、动力与活力，革除传统高校人事制度僵化的弊病。经过一段时间的调研，李凤亮带领工作组拿出了人事制度改革方案，这一方案在后来的实施过程中不断完善，使深圳大学在传统高校中走出了一条人事改革的新路。今天，国际通行的 tenure-track（预聘—长聘）制度在深大已实施有年，学校主要办学指标快速攀升，内涵建设持续深化，由人事制度改革激发出的创新活力在学校多个层面已全方位显现。

2014年8月，在北京参加人民网首届高校校长论坛并做关于高校人事改革的演讲

李凤亮甫到深大，就接受了分管人文社会科学的任务，而且一管就是8年。宿舍还没安排好，刚到深圳的他住在酒店中，满脑子想的都是如何推动人文社科发展转型。有时清晨四五点醒来，有了新的想法，他马上打开灯，将这些工作设想记下来，白天再逐步完善。后来的很多工作举措，如创办文化产业研究院、城市发展研究院、发展文科智库等，都源于早年这些"床头思考"。

创办深圳大学文化产业研究院是李凤亮为推动人文社科研究转型所做的一个尝试，也是他打造新型文科智库的首个重点举措。在李凤亮看来，当前人文社会科学日益呈现对策化、跨界化、国际化、技术化的趋势，相关策略与组织形式也要做相应改革。为此，他在学校党委、校长的支持下兼任院长，大力推进跨界化、综合性研究机构的改革。文化产业研究院自2009年5月成立以来，秉承"深化文化产业研究，服务经济社会发展，构建学术交流平台，打造新型特色智库"的宗旨，紧密结合国家建设"社会主义文化强国"、大力发展文化产业的战略规划，创新管理机制，整合科研力量，坚持学术影响与社会效益并重，在人才培养、学术研究、决策咨询、社会服务、国际交流、项目开发、校企合作等方面取得系列成果，与北京大学文化产业研究院、中国传媒大学文化发展研究院、中国人民大学文化产业研究院、欧盟KEA创意组织、澳大利亚科廷大学等开展战略合作，得到"中央财政支持地方高校发展专项资金"资助，承担包括国家社科基金重大项目在内的纵横向课题百余项，完成文化和旅游部、广东省、深圳市委托的咨询课题多项；致力打造的"文化科技创新论坛"（CTIS）、《文化科技蓝皮书》、"荔园文创译丛"等学术品牌的影响力也在日渐扩大，深圳已成为南中国研究文化产业的学术重镇。每年深圳大学举办的文博会分会场活动异彩纷呈，吸引了八方来客。由文化产业研究院参与策划的《鹏城万里图》系列衍生品入选"深圳礼物"，成为深圳市委、市政府对外交往的重要媒介。此外，文化产业研究院从2014年起，代表深圳市参加了在阿姆斯特丹、伦敦、莫斯科、首尔、旧金山和里斯本等城市举办的"世界城市文化论坛"（World Cities Culture Forum，简称WCCF），向世界推介深圳，并为深圳引进优质的文化资源。

与创建文化产业研究院同步进行的，是李凤亮自身在研究领域和思维上的进一步拓展。李凤亮赴深工作的2008年，文化产业已成为深圳四大支柱产业之一，其"文化+科技""文化+金融""文化+创意"的融合发展模式引领全国，深圳文博会也成为每年一度国内外文化产业的盛会。能否结合实际开展人文社科的研究，成为萦绕李凤亮脑际的一个日常问题。他试图实现学术转型，在之前关注城市文学文化的基础上，向文化创意产业领域拓展。为此，他撰写发表了一系列文化产业研究论文，并于2011年申请获得国家社科基金重大项目"文化与科技融合创新的内在机理与战略路径"，这也是深圳市获得的第一个国家社科基金重大项目。李凤亮带领数十人的学术团队开展了持续5年的研究，不仅上报了多篇研究报告，发表了数十篇高质量论文（多篇被《新华文摘》等转载），形成了40万字的书稿《文化与科技融合创新：理论和实践》，而且还在此过程中形成了每年定期召开小规模、高层次、国际化的"文化科技创新论坛"，每年出版《文化科技蓝皮书》的长效机制，由一个科研项目培育出一个学术团队。如今，提起深圳大学文化产业研究院，国内同行首先想到的就是文化科技融合与新型文化业态研究，说明这一特色定位已成为学术品牌，成为服务国家、支撑地方、彰显自身的重要支点。2018年，李凤亮带领团队再次获批国家社科基金艺术学重大项目"习近平总书记关于文化建设重要论述研究"，试图从思想资源、核心理念、当代实践、价值意义等角度，对这一课题展开综合性研究。目前，已有多篇报告在《文化和旅游智库要报》上发表。

作为深圳大学分管文科的副校长，李凤亮在深圳大学着力打造的新型智库不止文化产业研究院一家。2009—2016年，深圳大学在加强教育部人文社科重点研究基地中国经济特区研究中心基础上，先后创建了基本法研究中心（与全国人大常委会香港、澳门基本法委员会、广东省港澳办等共建）、城市治理研究院（与中央编译局等合作）、创新型城市建设与治理研究中心（与深圳市政府发展研究中心、中山大学、哈尔滨工业大学深圳校区等共建）、美学与文艺批评研究院（与中国社会科学院大学共建）、饶宗颐文化研究院等一批人文社科高端平台与新型特色智库。这些机构在服务国家战略、支撑地方发展方面积极作为，发挥了重要作用。2016年7月，李凤亮主编的《中国特色新型智库建设研究》出版，既收录了专家学者探讨新型智库建设的对策建议，也反映了深圳大学在这项工作上的多年不懈努力。

南方科技大学是深圳近年着力打造的一所国际化高水平研究型大学，自2010年教育部批准筹建，发展迅速。2016年10月，按照深圳市委安排，李凤亮来到南科大工作，担任校党委副书记，后又兼任纪委书记，分管宣传思想、纪检监察、审计法务、人文社科、学生、校友、工会、共青团、附属医院等多项工作。他通过深入调研发现，虽然南科大在公众中存在较高的知名度，但社会辨识度不足，美誉度也未真正形成，招生过程中经常有家长认为南科大是民办大学。社会认知与大学办学的差异，在一定程度上影响了学校的进一步发展。李凤亮牵头相关部门，制定了《思想文化建设五年行动方案》，通过"十大行动"全方位提升大学形象和品牌影响力。如今，无论是国内还是境外，南科大作为创新型研究型高水平大学的形象已深入人心。南科大虽是科技类大学，但在李凤亮看来，一流科技大学同样可以建设一流人文社科、一流大学文化。2018年，李凤亮倡议召开"全球一流理工科大学的文科建设"国际论坛，邀请境内外数十家一流理工科高校参加，既借鉴了国内外先进经验，也理清了未来发展思路。2019年，南科大又发起召开了"新文科之新与创新人才培养高端论坛"，提出结合学校实际创新文科发展思路。目前，南方科技大学正完善人文社科发展规划，着力推动人文与科技的跨界融合，着力在通识教育、书院文化、特色研究、智库服务方面积极探索，寻求突破。

在李凤亮看来，大学是现代社会的一个重要纽结，既相对独立，更与政府、社会、公众发生着密切互动。他认为，现代大学既要有沉潜办学的定力，也应该尽力打破学校与社会之间的"无形围墙"，借社会之力实现人才培养、科技创新、社会服务、文化引领等大学功能。在深圳大学时，李凤亮就开设了微博，与师生和大众加强互动，了解民意，化解问题。到了南方科技大学，他一方面通过媒体报道、文化活动等加强学校与社会的联系，另一方面也积极提升大学的社会服务功能，强化大学对社会文化的引领。他大力推动创办《南方科技文化》学术刊物，牵头主编南科大版的《十万个高科技为什么》，积极筹建南科大科技创新博物馆、未来艺术馆、校史馆、档案馆，邀请全国知名文化学者、艺术家成立"文化艺术专家委员会"，推动筹办以科技考古、科幻创意、科学传播等为方向的"科学教育"专业，努力打造南科大"科技传播"品牌，取得积极进展。事实证明，只要找准定位、积极谋划，中国特色的高品位大学文化是完全可以形成的。

二、功不唐捐，玉汝于成

如果从1993年在大学三年级完成的《别无选择：诠释"昆德拉式的幽默"》（1994年发表）算起，李凤亮迄今走过了近30年的学术研究历程。他致力于文艺理论批评与文化研究工作，研究专长集中在小说诗学、批评理论、文化创意产业与城市文化研究等领域，既有传统的人文研究，也有与现实紧密结合的社会科学研究，在基础理论和应用对策研究两方面均有重要建树：从建构"昆德拉小说诗学"出发，深入阐述了当代叙事理论的发展趋向，被誉为米兰·昆德拉小说理论系统研究"第一人"；提出"跨地域的'中国现代诗学'""20世纪中国文学研究整体观"

等主要观点,成为海外华人学者批评理论研究的"拓荒者";作为当代中国文化创新的理论"探路者",坚持和倡导"发展论"的文化观,在文化科技融合、新型文化业态研究方面具有开创性成果。

(一)当代西方小说诗学的创获

20世纪西方小说创作蓬勃发展,摇曳多姿,同时其小说诗学理论也经历了从传统、现代到后现代的深刻变化。而如何深入地理解和阐释这种变化与缘由,以及其对当代中国小说创作、海外传播、走向世界的启示,成为人们关注的焦点。捷裔法籍小说家米兰·昆德拉(Milan Kundera)或"昆德拉热"恰好为此提供了一个最佳切入口。由于昆德拉特殊的家庭教育、沧桑的身世、捷克的国情及其对小说文体的自觉与实验,"昆德拉学"也成为各种话语交锋的焦点场域。种种迹象表明,要想在昆德拉研究上有所作为,研究者需要面对巨大的挑战。

李凤亮选择迎难而上,在此领域取得了突破性成果。早在大学读书时,李凤亮就对这位当代小说巨擘的作品发生兴趣,并在1994年毕业前发表了有关这位作家的研究论文。之后,他持续关注昆德拉,以此申报省部级、国家级课题,完成博士论文撰写,再到2006年出版相关专著,前后跟踪研究10余年。期间,他先是出版了对早期昆德拉研究现状进行总结的资料汇编《对话的灵光——米兰·昆德拉研究资料辑要(1986—1996)》[①]。该书共分6辑,收入有关昆德拉的沧桑身世介绍、作家系统研究、作品个体诠释、域外之音传布、中外作家比较与文本翻译争鸣等国内外10年(1986—1996)重要的研究论文40余篇及附录"米兰·昆德拉研究资料目录"。此书"弥补昆德拉研究中的缺失,……为以后学人的广泛而深入的研究,提供了一种他人的眼光和启迪。而且系统的编撰,还构成了一种对昆德拉研究的研究"[②]。通过资料整理,李凤亮得以迅速地站在国内外昆德拉研究的前沿位置。接着他结合作家生平和创作,撰写了"论纲"《诗·思·史:冲突与融合——米兰·昆德拉小说诗学研究论纲》[③]和评传《米兰·昆德拉:诗意存在的沉思者》[④],并经博士论文修订而最终形成了专著《诗·思·史:冲突与融合——米兰·昆德拉小说

[①] 参见李凤亮、李艳编《对话的灵光——米兰·昆德拉研究资料辑要(1986—1996)》,中国友谊出版社1999年版。

[②] 景凯旋:《昆德拉:反抗绝对》,见李凤亮、李艳编《对话的灵光——米兰·昆德拉研究资料辑要(1986—1996)》,中国友谊出版社1999年版,第12—13页。

[③] 此文最早发表在饶芃子主编的《思想文综·第四辑》(暨南大学出版社1999年版),后收入其《沉思与怀想》(2003)论文集中。这篇论文自觉站在比较诗学的高度,辨析昆德拉小说中政治与性爱主题的关系,探察复调叙事与文体学、幽默叙事与修辞学、隐喻叙事与文化诗学等小说美学特征,并考辨文学与哲学、历史、政治等互动关系,进而对小说的历史、现状与未来展开批判与反思。由此,李凤亮得以从诗、思、史3个维度初步探讨昆德拉小说的理论形态、实践形态与批评形态,提出"昆德拉小说诗学"或"昆德拉学"的构想。而后同名的专著正是此"研究论纲"进一步的具体化和深化。

[④] 参见刘洪一主编《犹太名人传·文学家卷》,河南文艺出版社2002年版。

诗学引论》。该书中大部分章节在出版前以论文分别发表在《外国文学研究》《中国比较文学》《国外文学》等重要刊物上，李凤亮的昆德拉研究也得到了学术界的承认。

透视性观念和整体论思路是《诗·思·史：冲突与融合——米兰·昆德拉小说诗学引论》一书最基本的方法论特色，以及由此带来昆德拉小说诗学研究在观点上的突破创新。透视性观念意在谋求点的深入与面的拓展的结合，即强调个案研究中的诗学发现，不囿于个案，而是挖掘深层次的诗学问题，这来自巴赫金的理论。而整体论思路作为一种综合辩证的思维方式，则要求形成多重辩证的统一，具体落实在理论、批评与创作的互现，美学与历史的原则、本土意识与比较视野的结合，这得益于韦勒克的启示。鉴于对昆德拉小说诗学（理论形态、实践形态和批评形态）理论与实践的二重性之独特理解，李凤亮从诗（文学）、思（思想）、史（历史）3个维度，建构起对昆德拉小说诗学进行整体性研究的逻辑框架。"'诗''思''史'不仅是昆德拉小说理论与创作的言说内容，而且还是他得以言说的表达方式，同时还显示了昆德拉'书写'的相对论立场与多元价值倾向。"[1] 在李凤亮看来，在昆德拉小说诗学中，诗、思、史并非一般意义上的遇合，而是根植于一种新型的小说本体论思想，伴随着对小说使命的新的审视[2]。可见，李凤亮自觉借鉴比较诗学理路，在跨学科、多角度中对昆德拉小说展开对位分析与综合阐释，远远超出了单纯的作家专论范式，从而形成了昆德拉小说诗学研究的突破。

首先，在昆德拉小说诗学的整体认识上，李凤亮认为，昆德拉小说诗学是一种审美存在论诗学。这论断是十分有见地的，可以窥见巴赫金的影响，即对一位作家作品的具体分析、一套新的诗学话语的提出及一种新的审美理想的构筑。李凤亮不仅着眼于昆德拉小说文本细读进行微观的形式分析，而且深入小说文本背后深层次文化的宏观考辨，诸如对昆德拉小说的主要内容、层次结构、审美特征、文化精神、思想气质等展开深入的论述与缕析，从而立体地呈现昆德拉小说诗学是一种审美存在论诗学的美学特征。面对厄尔·迈纳在《比较诗学》中对叙事诗学的非议，李凤亮指出，昆德拉小说诗学不仅对此进行了有效的回应，而且证明了以小说为基础的叙事诗学的创立不仅可能，甚至可以说已经成型，并由于其开放性、未完成性特征而具有比抒情诗学、戏剧诗学更为远大的发展空间。开放、对话、相对、多元、复调、杂语化及未完成性，不仅是叙事诗学的本质特征，也是小说文体谋求发展的一种基本生存策略[3]。

---

① 参见李凤亮《诗·思·史：冲突与融合——米兰·昆德拉小说诗学引论》，商务印书馆2006年版，第33页。
② 参见李凤亮《诗·思·史：冲突与融合——米兰·昆德拉小说诗学引论》，商务印书馆2006年版，第297页。
③ 参见李凤亮《诗·思·史：冲突与融合——米兰·昆德拉小说诗学引论》，商务印书馆2006年版，第297—300页。

其次，昆德拉小说诗学的根本精神在于小说的智慧，即一种怀疑态度与相对精神。李凤亮认为，昆德拉审美存在论小说诗学，整体上根植于对现代社会人文精神生态的忧虑、思索和建设。对于昆德拉而言，小说已不是一种普通的文学书写体裁，而是一种察看生活的方式和智慧，不仅有效地探索了作为存在可能性的遗忘，而且是对抗遗忘的一种有效的文学形式。"昆德拉所倡导的'小说智慧'，实际上是对现实生活与思想艺术领域一元专断思想的一种反驳，也是对人类思维中的逻辑力量与道德惯性的一种拒斥。"① 为了达成这种小说智慧，昆德拉在小说的文体和结构上自觉选择了复调这一独特的艺术形式。在李凤亮看来，昆德拉所倡导并践行的这种复调性艺术思维，其现实根基是现代社会人类生存环境的零散化和内心世界的孤独感，而创作动力则来自对物质世界与精神现象的多角度、立体化认识。昆德拉正是借助小说内部形式与外部世界的双重对话，进而从不同视角完成对存在的探索和质询，重新发现和确立人的价值和意义。此观点也突破了此前人们对昆德拉小说具有哲学意味的简单把握，从而在文化与现实层面丰富了昆德拉小说诗学的内涵。

最后，昆德拉小说之后，小说往何处去？李凤亮指出，昆德拉小说的诗、思、史在精神、文类、表述功能上的互通，就其初衷而言，或是顺合当下文化语境的一种变革举措。"昆德拉小说诗学正启示着未来小说不断走向对话与多元——这不仅预示了小说在文体和技术层面将会有更多的革新，如多种文类的杂糅、文体边界的模糊、时空限制的消失、复调结构的深化、主题意旨的多义，而且还意味着小说的精神品质和功能使命上的变迁：小说强化了自身的思想性，小说本身成了思考的主体，小说与相关知识之间形成了互通，小说的诗化、散文化、随笔化进一步凸显。"② 换言之，昆德拉的小说诗学使我们看到当代文化语境中的文学不仅证明了自身的存在，而且表明自身在与哲学及历史的相互关系中，有可能处于一种替代性的上位，即文学在某种程度上成为哲学与历史在当下条件下的替代品③。李凤亮自觉把昆德拉小说置于西方叙事传统、比较诗学中加以整体考察，并且对小说的历史、现在与未来展开了深入辨析，视野开阔，结论可信。

综上所述，我们不难发现，昆德拉小说诗学只是作为一个可能而有效的入口或诸多问题域的关节点，而以此发现、描述、诠释当代小说诗学、叙事学、文体学及其他人文学科在知识及思维方式的内在联系及其在当下与未来的反映，才是李凤亮进行昆德拉研究的真正目的所在。他从方法论和小说诗学建构上寻求创新与突破，

---

① 参见李凤亮《诗·思·史：冲突与融合——米兰·昆德拉小说诗学引论》，商务印书馆2006年版，第301页。
② 参见李凤亮《诗·思·史：冲突与融合——米兰·昆德拉小说诗学引论》，商务印书馆2006年版，第312页。
③ 参见李凤亮《诗·思·史：冲突与融合——米兰·昆德拉小说诗学引论》，商务印书馆2006年版，第30页。

有效地拓展和深化了昆德拉研究的空间，提升了昆德拉研究的学术水平，同时也为"当代小说何处去"提供了一条可能路径，为此赢得了学界的一致好评。如曾繁仁认为，李凤亮"将米兰·昆德拉的小说理论同其创作实践一起综合研究，带有创新意义"。朱立元指出，李凤亮的"论述较充分地体现出作者具有鲜明的现代意识和开阔的理论视野，对对象的思考和研究具有独创性"。林岗认为，"论文能将作品与理论对照探讨，见解允当，论证也比较周密，看得出作者是经过长时间的研究，在搜求了大量资料的基础上做出来的，所以论文的基本观点是很有见地的"。饶芃子认为，"论文运用跨学科、多视角的方法，以诗、思、史互证的论述架构和研究模式对研究对象进行透视性考察与整体性思考，在方法论上是一种创新与突破"。蒋述卓也指出，"这种将作品编译、资料整理、评传写作、国外研究成果译介与理论阐释相结合的做法，反映了一种相当扎实也较为成功的研究思路"，"从材料、方法到观点，均有不少创新之处"①。李凤亮的昆德拉小说研究具有"开拓之功"，已成为国内关注昆德拉最早、追踪时间最长、学术成果最丰的青年学者之一，被誉为米兰·昆德拉小说理论系统研究"第一人"。

（二）海外华人学者批评理论研究的垦拓

李凤亮介入海外华人学者批评理论研究，一方面源于与导师蒋述卓教授合编的《文化诗学：理论与实践》（2005），这本书上下编分别挑选了20世纪西方和中国的各6位批评理论家，包括巴赫金、韦勒克、弗莱、海登·怀特、厄尔·迈纳、詹明信和王国维、郭沫若、闻一多、朱光潜、宗白华、王元化，从文化诗学的角度介入20世纪中西批评理论；另一方面，长期受到暨南大学海外华人文学研究学术传统的熏陶，李凤亮发现过去的海外华人文学研究，对华人作家作品和华人诗学的研究比较充分，但对批评家及批评理论的研究还比较薄弱。与此同时，2001年，李凤亮在中山大学跟随程文超教授从事博士后研究，在开展题为"20世纪中国文学批评的现代性追求"的研究之初，他便发现这个课题绕不开海外华人学者。因为20世纪中国文学批评的现代性，是由海内外从事中国现代文学研究的学者共同建构的，于是他自觉地将其纳入20世纪中国文学批评现代性中加以整体考察。由此，经过近20年的垦拓，除了在《文学评论》《文艺研究》《文艺理论研究》《文艺争鸣》《南方文坛》等发表系列论文，他还出版了《彼岸的现代性——美国华人批评家访谈录》（2011）、《移动的诗学：中国古典文论现代观照的海外视野》（2012）、《二十世纪中国文学批评的海外视野——当代海外华人学者批评理论研究》（即将出版）3部著作。

---

① 以上几位专家评价文字均见于蒋述卓为《诗·思·史：冲突与融合——米兰·昆德拉小说诗学引论》一书所作的序言中。

整体意识、反思现代性视角和跨文化比较视野，构成李凤亮海外华人学者批评理论研究最重要的观念与方法论。2006年，他在《海外华人学者批评理论研究的几个问题》中认为，当代海外华人学者批评理论并非一个孤立的批评现象，而是全球化语境中当代跨国流散文化的一个重要镜像，是20世纪中国学术现代化的一个典型表征，也是审美现代性追求的一个独特语域，它隐含着跨文化、跨学科、跨语际的交流特征。对这种彼岸的现代性的挖掘，有助于我们进一步理解并推进全球华人学术研究的互动，厘清中国文学批评"现代性"的复杂面貌[①]。在2010年发表的《走向跨地域的"中国现代诗学"——海外华人批评家的启示》中，他又指出，"海外华人批评家的跨国批评实践，提供了一个考察当代西方批评理论、20世纪中国文学研究崭新而特别的视角，其对中国当代批评建设的借鉴意义格外突出"。因此，我们有理由相信，跨地域的"中国现代诗学"正以一种顽强的生命力弥散于不同语言和国家的华人学者之中[②]。海外华人学者很大程度上打破了过去中国文学研究的封闭单一视角，在某种意义上已经改变了20世纪中国文学研究的总体格局。李凤亮抱着以"20世纪中国文学研究整体观""重绘中国现代文学批评地图"、建构跨地域的"中国现代诗学"的学术雄心，投入了这项系统工程的研究中[③]。

从海外视野比较研究中国古典文论"传统之现代转化"，是《移动的诗学：中国古典文论现代观照的海外视野》最主要的入思理路与研究特色。该书根据不同的海外华人学者的专长与个性，以个案的方式集中对刘若愚、叶维廉、唐君毅、牟宗三、徐复观、杜维明、陈世骧、高友工、孙康宜、林顺夫、叶嘉莹、夏志清、王德威、黄维樑、张错等展开考辨，涉及跨文化对话中的道家美学、中国艺术精神、中国抒情传统、兴发感动等现代转换的核心命题。李凤亮认为，"海外华人学者以美感经验、艺术精神和生命情味为主线所发掘的中国古典文论体系，不仅具备了现代艺术体制所规定的自律性特征，更在与启蒙话语笼罩下的白话文学的张力中，以其'感性'气质所体现的人文价值获得了'现代性'意义的创造性转换"[④]；并指出，"从反思现代性的立场，重新挖掘启蒙叙事所压抑了的传统可能，潜在地构成了海外华人学者古代文论研究的基本脉络和追求，也因此构成了他们与近代中国文化保守主义间的继承关系"[⑤]。在李凤亮看来，海外华人学者返归传统所开拓的研究视野和理论构想，一方面以其论域的"边缘"性拷问西方现代性规划的普世预设，另一方面则以其"跨界"的双重身份对本土研究的稳定结构提出挑战和质询。因

[①] 李凤亮：《海外华人学者批评理论研究的几个问题》，载《文学评论》2006年第3期。
[②] 李凤亮：《走向跨地域的"中国现代诗学"——海外华人批评家的启示》，载《南方文坛》2010年第5期。该文被《新华文摘》2010年第24期全文转载后，引起较大学术反响。
[③] 李凤亮：《重绘中国现代文学批评地图》，载《中华读书报》2011年10月19日第7版。
[④] 李凤亮等：《移动的诗学：中国古典文论现代观照的海外视野》，暨南大学出版社2012年版，第303页。
[⑤] 李凤亮等：《移动的诗学：中国古典文论现代观照的海外视野》，暨南大学出版社2012年版，第301—302页。

此,从审美现代性的思维和他者的海外视野,来双向观照中国古典文论的现代化转换,突破了以往从单一封闭的视角进行研究的做法,揭示出过去曾被启蒙话语长期压抑的传统价值逐渐在文化特别是审美领域体现出独特的人文关怀和世界意义,为传统的创造性转化在阐发全球性价值和参与全球性对话中开辟了新的路径。

如果说《移动的诗学》着重于考察海外华人学者中国古典文论研究的话,那么《彼岸的现代性》与《二十世纪中国文学批评的海外视野》则集中对当代海外华人学者批评理论展开梳理与辨析。2007—2008年,李凤亮趁在南加州大学做访问学者之机,带着具体问题面对面地与夏志清、张错、王德威、刘禾、张旭东、唐小兵、鲁晓鹏、张英进、王斑9人进行了长篇的学术访谈。这些访谈先后发表在《文艺研究》《中国比较文学》《文艺理论研究》等刊物上,而后结集为《彼岸的现代性》于2011年出版,在学界引起较大的反响。《彼岸的现代性》的主要价值在于较为清晰地勾勒了一幅海外华人学者批评理论的"地形图",体现了李凤亮开阔的学术视野与敏锐的问题意识。实地的学术访谈,可以揭示作为亲历者的海外华人学者在海外中国现代文学学科建构过程中诸多隐而未彰的事实,从而见证(eyewitness)这一进程中存留于学术著作所未及的丰富历史细节。访谈内容大体涉及受访对象的研究历程,其所擅长的学术领域,海外中国现代文学研究的历史、现状与前景,新形势下海内外学术交流状况及其对广义"20世纪中国文学研究"的影响。这些访谈侧重于他们的学术贡献及对中国现代文学批评建设的启示,成为了解当代海外学界现状及反思我们自身学术研究的一个"窗口"。访谈议题则包括现代汉诗的海外经验、华语语系文学、20世纪中国现代文学研究的整体观、跨语际实践、全球化时代的文化认同、华语电影、视觉文化研究、性别批评、诗史互动、抒情传统、重写文学史等众多崭新的理论命题。目前这些命题已成为中国现代文学研究的热点,对推动相关学科的深化发展具有重要影响。

与《彼岸的现代性》侧重挖掘众多富于学术价值的问题不同,《二十世纪中国文学批评的海外视野》则将整体考察的落脚点放在相关专题上,两书点面结合,相得益彰。这些专题既是海外20世纪中国文学研究的学术热点,也是海内外对话甚至"交锋"的前沿阵地。像海外华人学者观测20世纪中国文学的"整体"观念、对"晚清"文学文化的重视、对张爱玲等一批作家的重估及"重写文学史"的实践、对"十七年文学"的"再解读"、对以上海为代表的"都市文化"及"现代性"的关注、对"华语电影"不同批评模式的探索及"华语语系"(sinophone)的争论……在在都构成了海内外热烈讨论的"批评场"[①]。该著作力求聚焦但又不限于上述"学案"的探讨,同时也不囿于对海外华人学者批评理论本身的分析,在呈现历史、反映过程、做出评判、提供启示的过程中,试图重绘中国文学现代性的

[①] 李凤亮等:《二十世纪中国文学批评的海外视野——当代海外华人学者批评理论研究》"后记",即将出版。

新版图。李凤亮自觉地通过海内外的比较分析与对话互动,来还原现场、透视异同、前瞻路向,以此提醒海外华人学者批评理论别有洞天,也试图为跨地域的"中国现代诗学"的形成与建构提供有益探索。诚然,海外华人学者批评理论并不是铁板一块,该著作也注意对其中的异质性做整体的揭示,并辨析现代性如何经由文学形成互动对话:文学性、审美性、历史性成为海外华人学者批评理论中念兹在兹的主题。更为重要的是,此书一方面自觉把海外华人学者纳入20世纪中国文学批评的现代性进程中加以整体省察,辨析他们"双重彼岸"的多元"现代性",又通过对近40年来海外华人学者诸多批评"学案"的检讨,彰显其对当代中国文学批评话语体系建构的可能性路径。

李凤亮对海外华人学者群体的系统研究,搭建了一个中西、古今文学研究对话的平台。海外华人批评家作为"理论中介"和"批评个案"的意义与价值体现在他们在西方理论中国化的过程中,并不是简单的西方理论执行者,而是"在用的过程中他们有很多独立的思考"[①],包括方法观念上的更新,还有他们本身作为批评个案的研究价值。海外华人学者一方面对西方的批评理论做近距离移植,另一方面又对中国本土的文学问题采取远观的姿态。这种"近取远观"的学术姿态与大陆学界的研究思路迥异,在互动对话中能够激发出诸多值得探讨的话题,如西方理论话语的移植如何能够转化为中国文学批评的有效资源,在"理论旅行"的过程中又产生了哪些误读与变异,以及国内学界对他们学术研究的接受与回应等。虽然学术背景、出场语境、问题意识、研究方法等存在差异,但在以对话与交流为主调的当代文学研究,打破观念性、时间性、空间性的自我设限,寻求跨地域、跨科际、跨语际的学术整合,早已成为一种必需而且可行的研究路向。

《彼岸的现代性》《移动的诗学》《二十世纪中国文学批评的海外视野》三者点面结合,相互联系,彰显出中西交融、古今对话、文史哲结合的研究观念,一起构成李凤亮的"重绘中国现代性新版图三部曲",对跨地域的"中国现代诗学"或"20世纪中国文学研究的整体观"的形成和建构具有重要推进作用。李凤亮多年耕耘于海外华人诗学研究领域,以一批丰硕的研究成果,不断拓展世界华文文学研究的疆域,博得了学界同行的赞赏,也赢得了"海外华人学者批评理论研究的拓荒者"的赞誉。2010年,年仅38岁的李凤亮开始担任国家一级学会中国世界华文文学学会的副会长,他也是该学会有史以来最年轻的副会长。目前,李凤亮仍在跟踪此领域的研究,承担蒋述卓教授担任首席专家的国家社会科学基金重大项目"华人学者中国文艺理论及思想的文献整理与研究"的子课题"华人学者中国现代文艺批评与理论建构的文献整理与研究",试图从现代、中国、世界、审美、文化5个方面,整体考辨海外华人学者批评理论之于20世纪中国文学批评现代性的价值与意义。相信假以时日,应该能够在此方面推出更为集中与深入的研究成果。

---

① 李凤亮:《彼岸的现代性——美国华人批评家访谈录》,广西师范大学出版社2011年版,第36页。

(三)从文化诗学到文化创意产业研究

不同于一般的文科学者,李凤亮以昆德拉小说诗学为学术生长点,形成由比较诗学研究向批评理论、海外华人学者批评理论研究、文化诗学、文化研究、文化创意产业研究等多角度拓伸的学术路向,思路不断开阔,影响也日益深远。在这一学术拓伸的背后,李凤亮越来越走向一条关注现实的路径,彰显出知识分子关注现实、叩问心灵、铭记历史的责任担当和人文关怀。

1. 文化诗学研究的新拓进

20世纪90年代以来,全球化浪潮不断加剧,消费社会、网络数字传媒文化迅速兴起及不断繁荣,国内外学界纷纷掀起了关于中国古代文论的现代转换、文学的终结与文学性蔓延、日常生活的审美化与审美的日常生活化、文艺学学科边界,甚至文论"失语症"等问题的热烈讨论。"文化诗学"也成为此次众多针对中国文学批评存在的问题或危机所提出的解困之途中的一种方案。

1995年,在《走文化诗学之路——关于第三种批评的构想》中,蒋述卓提出"文化诗学"的批评建构思想,成为国内"文化诗学"的首创者之一。他指出,"文化诗学"一方面"着重发扬中国传统批评理论与方法的优势,使传统文学批评理论与方法在现代化的转化过程中得到审美维度的再确立和审美意义的再开掘";另一方面也"使西方文学批评的各种新理论与方法在经过中国文化的选择、过滤与转化之后,归结并提升为审美性,从而成为文化诗学的有机组成部分"[①]。蒋述卓的文化诗学理路与其师王元化所倡导的"古今结合、中外结合、文史哲结合"的"综合研究法"一脉相承。1996—2001年,李凤亮随蒋述卓教授攻读硕士、博士学位,自然受到此观念的熏陶及影响。他不仅借此推进前述的昆德拉小说诗学研究,而且还积极地参与到此理论建构和批评实践中,如先后协助蒋述卓完成《文化视野中的文艺存在》(2003)、《批评的文化之路——文艺文化学论文集》(2003)、《文化诗学:理论与实践——20世纪中国文学批评的跨文化视野与现代性进程》(2005)、《传媒时代的文学存在方式》(2010)等著作,并负责其中相关章节的撰写。蒋述卓的文化诗学以文学批评为核心的学术特色在于对现实的强烈的关怀意识、对融合古今文论的学术追求。而李凤亮在此基础上更为突出批评的开放性、文化与学科的双重跨越,以及前述对海外华人学者批评理论的比较研究,从而完成了对文化诗学的某种拓进。

其一,在批评的开放与开放的批评之辩证中,敞开文化诗学的审美性坚守,迈向当代批评建构的文化之路。在《批评的开放与开放的批评——论当代批评建构的文化之路》一文中,李凤亮指出,"文学的文化批评的意义,就在于从文学的角度

---

① 蒋述卓:《走文化诗学之路——关于第三种批评的构想》,载《当代人》1995年第4期。

理解文化，从文化的视野阐释文学。而这两点，正映现了狭义的文化批评与广义的文化批评入思与取意的不同视角：前者注重的是文学的阐释功能，突出的是批评的弥散性，后者强调的则是深化对文学自身的理解。换言之，前者把文学理解当作手段，后者把文学理解当成目的"①。然而，当代文学批评存在于一个变化与开放的世界中，为了适应和理解这种变化与开放，批评必然要从内部和外部寻求突破，达成"批评的语境化"。在内部，批评的形式研究和内容研究、结构考察和文化分析形成了整合倾向；在外部，批评在努力突破自身的学科疆界和知识域限，通过学科与文化的双重跨越，谋求自身外延的扩张。但"文化诗学"又不限于新历史主义的知识视界，它"既是文化系统的实证性探讨与文学审美性描述的统一与结合，又是文学外在研究与内在剖析、感受的统一与结合"，努力达到"西方哲学化批评与中国诗化批评的化合"②。

其二，在文化批评多重指涉中重新理解文化诗学。李凤亮认为，文化批评具有三重不同的指涉：一是"泛文化批评"，具体指突破文学学科界限的跨学科批评，以及突破文学与其他艺术门类壁垒的跨艺术门类批评。与泛文化批评反向，文化诗学批评着意于发掘文学文本中所包含的丰富的文化内涵，这构成了文化批评的第二重含义。"文化诗学"批评的操作者们，看重的往往不是"文学是什么"，而是"文学可为我们提供什么"。三是文化研究，它比文化诗学走得更远，不仅改变了文化诗学的研究对象，而且在视野、方法、理论目标的设定上有了巨大变化。文化研究与泛文化批评及文化诗学批评最大的不同在于：在研究对象上，已从单一的文学艺术文本扩展到一般的社会日常生活领域；在研究方法上，呈现出混杂性、多样性、综合性，其批评指向更具现实性。在李凤亮看来，社会的变化及生活方式的演变，为学科内爆提供了合法性，也为当代文化批评的兴起寻找到了方法跨越与现实指涉的多种可能性③。从文化批评多重指涉的辩证中重新审视文化诗学，李凤亮则更加突出它的跨学科和实践性特征，为文化诗学当代本土建构的多元化寻求某种合法化依据。

因此，与童庆炳等人的"文化诗学"对"古代文论的意义阐释派"不同，在承继蒋述卓的"文化诗学"对审美性的坚守的基础上，李凤亮以更加开放的姿态乐见批评向跨文化、跨学科甚至跨语际和海外视野比较研究的倾斜，借以对批评现代性与批评学科现代化问题进行系统探讨，反思当代文化批评的实质、方法及问题。正是以此，李凤亮一方面回应了"文学死了""文学批评死了"等论调，重新打开当代批评建构的话语空间，另一方面也释放出"文化诗学"独特的实践性品

---

① 李凤亮：《批评的开放与开放的批评——论当代批评建构的文化之路》，载《福建论坛（人文社会科学版）》2004年第12期。

② 李凤亮：《诗·思·史：冲突与融合——米兰·昆德拉小说诗学引论》，商务印书馆2006年版，第34页。

③ 李凤亮：《文化批评的多重指涉》，载《学术研究》2006年第3期。

格、批判性取向和开放性特点,进而拓进一条面向现实问题的本土文艺理论建构的文化诗学批评之路。相对于故步自封、削足适履式的文学批评实践,李凤亮紧握时代发展脉搏,积极介入文艺现场,坚持"发展论"的文化观和"文化诗学"的跨界意识与整体观照,从而能够在不断变化的文学、文化现象面前找准自己的发声位置。

2. 文化创意产业研究的创新突破

21世纪初,还在暨南大学从事文化诗学、批评理论研究时,李凤亮就参与发起成立了暨南大学文化产业研究中心。2008年年底调任深圳大学副校长后,李凤亮结合国家和广东文化产业发展战略,于次年创办了深圳大学文化产业研究院,整合学校师资力量,引进优秀人才,立志将其打造成广东乃至全国有影响力的新型跨学科研究智库。10多年来,他积极投身文化产业研究、推广和实践,在文化科技融合、新型文化业态、文化创新、城市文化等领域取得了丰硕的成果。2011年,由他作为首席专家申报的课题"文化与科技融合创新的内在机理与战略路径研究"获得国家社会科学基金重大项目立项,这也是深圳市获得的第一个国家社科基金重大项目。该项目研究期间,李凤亮主编出版了包括"荔园文创译丛"(共4本,2017)、《文化科技蓝皮书:文化科技创新发展报告》(2013年起每年1辑,已出8辑)、《百年文创力——文化创意产业案例集》(2012年起,已出3辑)、《粤港澳台文化创意产业发展报告》(2015)、《中国特色新型智库建设研究》(2016)、《风起南山——文化与科技融合创新的深圳之路》(2017)等十余种研究成果,引起了学界的广泛关注。

21世纪以来,文化产业蓬勃发展,规模极大,给我们带来了很多机遇与挑战,也给理论界提出了很多思考问题。李凤亮敏锐地选择文化科技融合和新型文化业态进行突破创新,同时对数字创意、城市文化、艺术学理论等保持密切关注,迅速成为国内新型文化业态研究的领军人物。李凤亮认为,信息化、虚拟化、体验化、跨界化、国际化正成为当今全球文化产业发展的方向,文化产业研究也要因应这样的发展趋势,适时调整文化产业的策略。因此,在他看来,当前文化产业研究要积极推动文化科技融合,一是要推进文化科技创新体系建设,二是要促进公共文化领域科技创新,三是要推动文化产业业态创新与跨界融合,四是要加强文化创意的研发,突破原创性较弱的瓶颈,五是要培育特色文化科技消费项目,六是要注重培育文化科技航母,提升文化企业的国际竞争力。科技创新与文化创意的融合,是推动文化产业业态更新与经济转型的重要途径,也是参与全球文化产业竞争的关键。李凤亮的相关研究成果,如即将出版的《文化与科技融合创新:理论和实践》等论著,对推动文化产业研究的全面深化发展将大有助益。

文化产业研究本身具有很强的现实对策性,因此以文化科技融合与新型文化业态的研究为先导,李凤亮积极地为提升深圳文化软实力和国际城市综合竞争力建言献策,助推"深圳学派"的形成与建构。深圳是一个文化资源并不丰厚的城市,深圳文化产业的发展,充分利用了市场机制、金融资源、科技支撑和政府支持,形成了今天的良性生态。李凤亮指出，深圳文化产业发展也有自身的短板，如底蕴积淀的不足、原创内容的缺乏、集合众家而形成自身风格的欠缺，还有整合历史与未来的大局的构建不足。深圳不只是一个民资丰富的社会，也是一个民智丰富的社会。政府如何学会"隐形"，民间如何走向繁荣，这不仅牵涉到文化的发展，更关系到城市开放性的未来。深圳是中国最接近国际化的城市之一，虽然作为一个移民城市，她足够包容、足够现代，但其过于强大的工业化的基础也会在某些方面影响原始的、初生的、个性的艺术的生长。深圳文化产业的发展也是这样。而如何在传承传统中创造新质，如何在借鉴"外来"中增加"本来"，产生更多"深圳智造""深圳创意""深圳品牌"，是深圳文化产业在量的积累不断增长的同时，需要迫切面对的现实。对此，李凤亮认为，未来深圳文化产业的发展，除了坚持"文化+科技""文化+金融""文化+旅游""文化+创意""文化+电商"等新兴模式，还可以一种更加宏大的视野，从全球中找取镜鉴，在文化价值观念、文化发展模式、新兴业态路径、文化交流方式等方面加大力度、提升高度、拓展深度，形成文化产业发展的新的"深圳模式"。李凤亮积极以文化科技融合的学术姿态，回应深圳甚至全国城市文化发展的现实，在在体现其人文精神关怀的现实维度。

近年来，依托艺术学学科发展契机，李凤亮将研究重心慢慢向艺术学理论、艺术文化学、艺术原创等领域倾斜，并自觉将其文艺理论与文化产业、城市文化研究结合起来，出版了以《艺术原创与价值转换》（2014）、《跨界融合与文化创新》（2019）等为代表的一批新的学术著作，得到了业界的肯定。

2016年9月，与获得"广东省优秀社会科学家"称号的胡经之教授、蒋述卓教授合影

《艺术原创与价值转换》是第一批"深圳学派丛书"之一,其价值或特色在于从文化产业的角度来探究艺术原创与价值转换的问题,并由之反思文化产业发展所面临的现实困境,从而"为我国文化产业发展艺术原创动力不足寻找根源,寻找培植、加强、巩固艺术原创力的思路和方法"。艺术的本质是真理,而其核心则是原创。艺术原创不仅是艺术品市场价值得以兑现的前提,也是文化产业可持续发展的关键因素。李凤亮指出,考察文化产业时代下的艺术原创与价值转换,研究原创艺术的价值实现路径,除传统的销售、展览、拍卖、收藏等路径之外,还需要"进一步分析新文化时代政策调控、品牌策略、产品形象的符号渗透、艺术教育、传播、公共文化设施、市场渗透等价值转换路径"[1]。随着科技的快速发展,新条件下的行业结合与产业融合,通过优势互补必然开拓出新的文化发展空间。艺术原创是决定文化产业竞争力的核心要素,相反,文化产业也对艺术原创与价值转换产生了不可忽视的影响。艺术产业的市场结构、产制行为和市场行为不仅使艺术的价值形态发生改变,也全面支配着艺术价值的转换关系和可能途径。因此,"从价值学的角度来看,现代文化产业的发展方式就不能单纯地看成是'文化+科技'的二元组合模式,而应该是'文化+科技+市场运营'的三元结合体"[2]。在文化科技融合背景下,文化产业链条上的艺术原创与价值转换,不仅仅是一种简单的生产消费行为,更是一个蕴含无穷创意创造奇迹的过程。因此,面对这新一轮的产业浪潮,我们不仅要从理论上认知文化产业的特征以及原创之于文化产业的关键意义,更要在实践中以多方面的举措推动文化产业的发展,促进艺术原创向市场价值的顺利转换。这是国内第一本系统研究艺术原创与价值转换问题的理论创新之作,对指导我国文化产业的转型升级和艺术学理论的深化具有积极意义。目前,李凤亮仍在主持2018年度国家社科基金艺术学重大项目"习近平总书记关于文化建设重要论述研究"、中宣部文化名家暨"四个一批"人才课题"全球竞合背景下我国数字创意产业的战略与路径",相信后续还会带来更为深入与系统的研究成果。

从文化诗学到文化创意产业研究,李凤亮集文化研究的创新者、文化产业的推动者、学术文化的推广者于一身。在当今人文社科理论研究对策化、跨界化、国际化、技术化的趋势下,创新观念、创新内容、创新方法成为大势所趋。李凤亮自觉对"文化科技融合与新型文化业态"进行跟踪研究,聚焦"深化文化体制改革研究",关注"全球竞合背景下中国数字创意产业的发展",力图为推动作为国家"十三五"期间战略性新兴支柱产业之一的"数字创意产业"的健康发展贡献才智。在推动文化自信、建设社会主义文化强国的大背景下,李凤亮正着力探讨"构建实现社会主义现代化所需的文化体系"这一重大命题,并积极投身到粤港澳大湾区文化建设中,为推动中华文化走出去、提升国家文化软实力做出哲学社会科学工作者更大的贡献。

---

[1] 李凤亮等:《艺术原创与价值转换》,海天出版社2014年版,第16页。
[2] 李凤亮等:《艺术原创与价值转换》,海天出版社2014年版,第124页。

(四)学术理念与研究方法

以学术为志业的学者,都具有清晰的学术理念、明确的研究计划与系统行之有效的研究方法。李凤亮也清醒地意识到:"新时代的文艺理论建设,需要坚持现实关怀、问题导向、跨界思维和方法创新,要重视文化生产、传播、消费方式的急剧变化,树立一种'发展论'的文化观、文论观。文艺理论应直面创意发生、文艺创作的技术伦理、文化新体验、文化生产的机制、文化生态构建与维护等一系列现实而迫切的文化问题,因应当前人文社科研究的对策化、跨界化、国际化、技术化趋势,突破传统文论研究的学科樊篱,加强跨界研究,实现理论创新。"[①] 这样的治学理念与研究视界,在李凤亮各个不同阶段的研究中都可以得到清晰的印证。

一是系统的思维与整体的视野。这种思维与视野贯穿于李凤亮学术研究的始终。在昆德拉小说诗学研究中,他一开始就明确自己的研究规划,以对昆德拉作品的艺术研究与阐释为主要指向,配以作家的生平介绍和作品重译,构成一个对昆德拉重要作品、文艺观念、生平思想加以整理、翻译、评价和论述的系统整体计划。李凤亮借鉴韦勒克整体论,运用比较诗学理路,以文学与文化、微观与宏观、个案与专题等相结合的整体视野,从诗、思、史多个维度展开昆德拉小说诗学的系统研究,因而取得了突破性的研究成果。对海外华人学者批评理论的研究,李凤亮起初也设想有一个"系统工程",它包括资料编译、学术访谈、个案评述、专题研究等方面,显示出扎实沉稳、"深挖一口井"的研究姿态。文化创意产业研究更彰显着这种系统综合思维和宏阔视野,正是着眼于文化与科技融合不断加剧的时代趋势,李凤亮及其学术团队将研究聚焦于文化科技融合与新型文化业态,由此对文化产业视野中的艺术原创与价值转换、数字创意产业、城市文化与文化创新等展开多向面解读;倘若没有这种系统思维与整体视野,而只固守一端,往往会得出盲人摸象的片面之见。在不同的学术阶段,李凤亮都注意在各种言说中"行进",不断拓展、深化,做系统的"构建",力图在多向性和整体维度中深入地把握研究对象,故能立其根,固其本,成其大。

二是比较的意识与跨界的理路。比较意识不仅注重中西等不同国家地区异质文化之间差异的比较,更注重文学内部及文学与其他相关学科(文化)的跨界比较。在昆德拉小说诗学研究中,李凤亮既着眼于昆德拉小说的文本细读式的形式分析,又成功地引入对话复调理论、新历史主义、文化研究、后殖民主义、文化诗学等批评话语,在跨学科、跨文化的综合中透彻地捕捉到昆德拉小说诗学的实质,发前人所未发。海外华人学者身份特殊,其"近取远观"形成了批评理论的"交叉地

---

① 李凤亮在"新时代文艺理论的创新"学术研讨会暨中国中外文艺理论学会第十五届年会(深圳大学,2018年11月23日至25日)后的记者采访发言。

带"，既有比较的意识又有多重的研究方法，如果论者没有比较意识与跨界理路，就很难准确地剖析他们的得失，更不要说从中生发出对20世纪中国文学研究的借鉴启示。从文学审美到文化诗学再到文化创意产业研究，包括数字创意产业，李凤亮都在不断地做跨界融合，寻求新的突破，在在体现出开放包容的学术品格。其新著《跨界融合与文化创新》虽是对文化产业及城市文化发展的研究集合，但这一书名也恰好显示了李凤亮在学术方法选择上的鲜明特色。

　　三是自觉的创新意识和强烈的现实关怀。从昆德拉小说诗学、比较诗学、海外华人学者批评理论，到文化诗学、文化创意产业与城市文化研究，都源于对问题的追寻，得益于敏锐善思、把握前沿的"问题意识"。在昆德拉小说研究中，他引入比较诗学视角，建构出诗思史冲突与融合的"昆德拉小说诗学"，突破单纯作家论的研究范式。从20世纪中国文学批评的现代性着眼，探察海外华人学者批评理论，以多元的彼岸现代性为镜像"重绘中国现代文学批评地图"，李凤亮因而得以创造性地提出跨地域的"中国现代诗学"的学术构想。而对文化创意产业发展方向的把握，他则敏锐抓住文化科技融合、数字创意创业和新型文化业态等前沿核心问题进行研究，更是体现了这种不断自觉创新、寻求超越的内在诉求。实际上，李凤亮研究昆德拉小说不完全是因为文学的问题，而是涉及当代人思想困惑的问题，接触华人学者则涉及当代人的移民文化冲突、学术话语政治的问题，这些都昭示着鲜明的现实关怀和问题意识。文化创意产业有鲜明的对策性、实用性、决策咨询性等现实针对性，产学研用高度一体化，如果没有积极呼应历史，关注现实，回应当下的现实生活，就会变成向壁虚构的假学问或伪学问。因此，保持对现实的关注，尽可能为社会提供一些有价值的思考，通过不同的方式贡献知识与创意，已成为李凤亮学术研究的底色和品格。

　　需要指出的是，系统整体思维、比较视野、问题意识、跨界理路和现实关怀不是截然分开的，它们相互交融在李凤亮的研究领域中。这种鲜明敏锐的问题意识、比较诗学的海外视野和多元对话的跨界理路，在在昭示着李凤亮用思灵动、着眼宏阔、入笔精深的学术品格。

　　在新时期以来的文艺理论发展中，李凤亮从诗学审美出发，关注现实的问题，以微观探赜与宏观审视的学术姿态，积极参与到中国文艺理论话语体系的当代建构之中。他立足小说诗学，在米兰·昆德拉、海外华人学者批评理论、文化诗学、文化创意产业、文化创新等方面，以审美话语的寻索为据点，以文化的宏观视野为观照，以现实的人文关怀为旨归，拓进了一条力图中西对话、跨界融合、直面现实问题的本土文艺理论建构的文化批评之路。面对全球化进程中变化丰富的中国学术格局，李凤亮仍在以其坚实的学养与敏锐的思维进行观察和思考。李凤亮常说，坚持一种恒心、素心、平常心，学术方能还其本、成其大。相信假以时日，这位年轻的文艺理论家、文化批评学者将会给学界贡献更多新颖的研究成果，给相关学科建设、研究带来新的推动力。

三、要留清誉在人间

以至诚之心建构师德，以创造之心倡扬新识，以清廉之心勉力学政，以济世之心服务社会，这大概正是李凤亮近30年从教生涯的写照。他满身带着苏北乡土的清新质朴，时刻不忘立身处世的诚意初心，以辛勤付出赢得前辈、学生、同事、媒体、社会的一致赞誉。

（一）好老师：严慈相济，教书育人

教书育人是教师的天职，也是教师的基本使命和主要工作。李凤亮自始至终觉得，教育最美好，教书育人最美好，"教师"二字具有非常神圣的色彩。如果从1994年毕业于徐州师范学院中文系并留校任教，讲授"文学概论"开始算起，李凤亮执教已有26年；若是自1987年入读中师，多次到小学见习、实习算起，则教龄已超过30年。2001年，李凤亮从暨南大学博士毕业后选择继续留校任教，为文学院本科生讲授"文学概论"和"西方文论"，研究生课程则涉及"文艺学专题""西方文论专题"和"文学与文化前沿"等，至今仍然保留着当年留下的教学大纲和教案。令人称赞的是，2006年李凤亮被破格晋升为教授，2008年初担任博士生导师，成为暨南大学当时最年轻的文科教授和博导之一。李凤亮调任深圳大学副校长后，事无巨细都亲自过问，但他并未减少对教学的重视，尤其是在艺术学理论和文化产业专业人才培养上倾注了大量心血。他不仅担任深圳大学"制度创新与文化创意经济"二级学科博士点和"艺术学理论"一级学科硕士点带头人和导师，讲授"文化创意产业专题""创意经济学""文化研究"等课，而且担任了"文艺学"（中国社会科学院研究生院、暨南大学两家单位）、"创意经济与媒体科技"（Curtin University，澳大利亚科廷大学）、"文化产业与文化创新"（深圳大学）3个专业博士生导师。自2003年招收研究生以来，李凤亮一共培养（含联合培养）了14名博士、52名硕士和7名博士后。这些学生大部分已经进入社会工作，在不同岗位发挥重要作用。如"全国百篇优秀博士论文"获得者谢仁敏，在李凤亮指导下自深圳大学博士后出站后，先后在广西大学、广西艺术学院任教，目前担任广西艺术学院人文学院院长。2016年年底，李凤亮调至南方科技大学工作后，又担任"致仁书院"导师，每年培养1~2名本科生。可以说，言传身教一直贯穿于李凤亮工作的始终。

在教书育人的过程中，李凤亮十分重视立德树人。在他看来，教育的目的就是立德树人，为社会培养人才，尤其是要培养能够面向和适应未来社会发展需要的

人。在他的教育理念中,理想的未来教育应该具备"全人教育""快乐教育""创新教育""实践教育"和"全球观教育"5个品质。这些教育理念在他的执教生涯中早已开枝散叶,深深影响着每一位学生。李凤亮在学生时代就是"尖子生",两次获得"全国三好学生",还担任过许多学生干部、学术秘书等工作,业务能力突出。因此,他十分注重学生的综合能力培养,强调理论与实践相结合。他鼓励学生要多阅读经典,在阅读中交换思想,培养理论意识和问题意识。既要强化硬通识,夯实人文之基,还要催生新思想,培养批判性思维,将现实问题的观察和灵动的学术思考结合起来。他引导学生"求真""向善""寻美",倡导"文章合为时而著,歌诗合为事而作",要求学生有时代担当,关注时代变迁的需要,解决世道人心的问题。

李凤亮教学业绩突出,在暨南大学中文系任教期间,其教学测评成绩曾名列全校第二名,获得霍英东教育基金会"高校青年教师基金"和"高校青年教师奖",是全国文科极少的双奖获得者之一,彰显了其为人师表的魅力。身为"中师生",李凤亮很早就要考虑如何成为一名合格老师,他认为良好的师生关系应当立足于教学相长,平等交流,既非老板与打工者的互动,也不拘泥于传统的私塾模式中。李凤亮十分重视师承,博士期间曾主编出版了《世纪寄语——博士生导师谈治学》一书,邀请了28位博士生导师拨冗撰文,谈人生,谈学术,谈教育艺术,谈对青年学子的期望,成为暨南园师生之间一次次生动感人的"学术对话",提供了宝贵的治学与育人经验。在他看来,读书的过程,既是学习知识,更在学习做人,而身边的老师就是我们的楷模示范,教我们怎么待人、如何容人、怎样助人。

(二)真学者:不随时流,力倡新知

李凤亮20余年来致力于文艺理论批评与文化研究工作,其中西方小说诗学研究、当代海外华人学者批评理论研究具有开拓性贡献。他的第一本文学评论集《沉思与怀想——对话、想象与批评的现代性》出版后,便初露锋芒。洪治纲评价说,李凤亮主要立足于文化研究的开放性理论,同时又紧扣诗学的文艺本质,力图通过一种整合的思维,使文学研究获得某种有效性[①]。

李凤亮被誉为"米兰·昆德拉小说理论系统研究第一人"。其论著《诗·思·史:冲突与融合——米兰·昆德拉小说诗学引论》一经出版,便引起学界的广泛关注。该书借助透视性观念和整体论思路,从诗、思、史三维切入,对昆德拉小说诗学展开比较研究,成为国内米兰·昆德拉小说研究的重要代表性成果。其相关研究成果受到曾繁仁、朱立元、王杰、吴高泉、林岗、刘丰果、汤拥华等学者的中肯分

---

① 洪治纲:《现代视野中的文化整合与批评——关于李凤亮的文学批评》,载《南方文坛》2010年第5期。

析和评价。如其业师蒋述卓教授在序言中所说的,持续关注某一学术话题,相继出版资料汇编、学术评传、研究专著等系统性成果,不仅显示出方法论的新进,更有一种坚守"慢功"、沉潜治学的可贵态度。

在海外华人诗学研究领域,李凤亮提出"跨地域的'中国现代诗学'""二十世纪中国文学研究整体观"等主要观点,被誉为国内"海外华人学者批评理论研究的拓荒者"。先后有《彼岸的现代性——美国华人批评家访谈录》《移动的诗学:中国古典文论现代观照的海外视野》等著作出版,在海内外产生显著学术影响。特别是《彼岸的现代性——美国华人批评家访谈录》对9位华人批评家富有"力度"和"深度"的访谈,体现了李凤亮锐利的眼力识见、深厚的理论素养、广博的学术视野和智慧的语言表达。汪士廉、曾军、黄永健、黄轶等学者曾分别撰写书评给予高度评价,认为此书"横贯中西,视域融合",是"有力度的访谈"。《移动的诗学:中国古典文论现代观照的海外视野》是"中国古典文艺美学的现代价值研究丛书"中的一本。蒋述卓认为此书"深入而系统地研究了海外华人学者在中西、古今对接上的经验,为我们思考中国古典文艺美学的创造性转化提供了一个重要的参照"①。该书在大陆出版后不久,引起了台湾学者的注意,2016年被引进至台湾出版②,显示出海峡两岸学界同人对其在海外华人诗学方面研究成果的一致认可。

作为当代中国文化创新的理论"探路者",李凤亮坚持和倡导"发展论"的文化观,在艺术原创、文化创新、创意城市、文化软实力等研究领域有创新成果。其著作《艺术原创与价值转换》是国内第一本系统研究艺术原创与价值转换问题的理论专著之一,入选首批"深圳学派建设丛书"。该成果出版后,受到任剑涛、周礼红等学术界同行的积极评价和《深圳特区报》等媒体的关注。作为深圳首个国家社科基金重大项目"文化与科技融合创新的内在机理与战略路径研究"的首席专家,李凤亮围绕"一个团队""一个项目""一个论坛""一本皮书"为主线开展了广泛的学术交流活动,形成了"文化科技创新"的学术品牌。其主编的《文化科技蓝皮书:文化科技创新发展报告》已连续出版8年,"荔园文创译丛"成为国内了解全球文化产业的总体趋势的重要理论窗口。李凤亮的最新专著《文化与科技融合创新:理论和实践》一书将于近期出版,可望成为国内第一本系统研究文化与科技融合问题的理论专著。

因科研业绩突出,李凤亮获得诸多学术荣誉称号,包括国务院政府特殊津贴获得者、中组部"国家高层次人才特殊支持计划"("万人计划")入选专家、中宣部全国文化名家暨"四个一批"人才、人社部"百千万人才工程"国家级人选及"有突出贡献的中青年专家"、教育部"新世纪优秀人才支持计划"入选者、广东

---

① 蒋述卓:《中国古典文艺美学的现代价值研究丛书·总序》,载李凤亮等《移动的诗学:中国古典文论现代观照的海外视野》,暨南大学出版社2012年版,第3页。
② 李凤亮等:《中国古典文论现代观照的海外视野》,(台北)秀威资讯科技股份有限公司2016年版。

省第三届优秀社会科学家、广东省宣传思想文化领军人才、广东省委宣传部及省文联"新世纪之星(文艺评论)"入选者、广东省高校"千百十工程"培养对象、深圳市第三届"鹏城杰出人才奖"、深圳市国家级高层次专业人才(两次)等。论著和研究报告曾获得中组部全国组织工作重点课题调研成果优秀奖、国家社会科学基金项目结项优秀成果奖、全国文艺理论与评论论文奖、中国服务贸易研究优秀成果奖、中国社会科学院优秀皮书报告奖、中国文化产业20年学术贡献奖、第二届文化创意产业优秀论文奖(人大复印资料)、广东省哲学社会科学优秀成果奖(5次)、广东省文学评论奖、深圳市哲学社会科学优秀成果奖(两次)、深港生活大奖"年度学人奖"等。此外,李凤亮还担任国家一级学会中国世界华文文学学会副会长、教育部艺术学理论教学指导委员会委员(两届)、中国外国文论与比较诗学研究会副会长、海峡两岸文化创意产业高校研究联盟副理事长、中国文化产业管理专业委员会副会长、中国中外文艺理论学会常务理事兼文化创意产业研究会常务副会长、中国文艺理论学会副秘书长、中国比较文学学会常务理事、中国文学批评研究会常务理事、全国马列文论研究会理事、中国文联中国文艺评论基地(暨南大学)副主任、广东省学位委员会第六届学科评议组成员、广东社会科学发展基金专家委员会委员、广东省青年社会科学工作者协会副会长、广东省中国文学学会副会长、广东省文艺评论家协会副主席等多个学术兼职,积极服务中国学术发展,打造高水平学术研究和智库平台,积极组织和参加相关学术及文化活动,致力于通过多种途径传播学术文化,为社会经济发展和教育文化事业贡献力量,受到学界一致好评。

(三)改革家:革故求实,大学唯新

2008年,36岁的李凤亮被任命为深圳大学副校长,成为彼时"最年轻的大学校长"之一。李凤亮始终觉得,"大学无官",大学有别于机关,学政不同于行政;在大学从事管理事务不是当官,而是为教师、学生提供最好的服务;中国特色的现代大学制度的建设,应在坚持办学方向、遵循教育规律方面不断探索、勇于创新,走出一条自己的道路。10多年来,李凤亮在高校教育管理方面的探索,主要有以下几个方面。

一是助力教育改革。李凤亮致力于推动教育改革和现代大学制度的建设,在大学管理工作中以国际视野开拓了学科建设与科研管理的新局面。在人事制度这一大学改革最具难度的工作方面,他牵头起草了《深圳大学人事改革方案》,为借鉴国际通行的tenure-track(预聘—长聘)制度、实施"非升即走"开启了第一步。这一制度在深圳大学施行后,极大地激发了教师队伍的活力,推动学校教学、科研和学科建设水平不断提升。李凤亮的改革创新精神还体现在他所分管的文科、学生、校友等多项工作中,如其言"人文学科要融入当代社会""高校要发挥创新引擎功能""高校应加强智库建设,实现学术转型""加强文化育人,做强校友文化""学术创新与智库服务相结合回应社会需求""理工科大学怎么办文科教育"等观点，推进并加快了高校教育改革的新步伐，被赞誉为"教学科研的佼佼者""管理工作的实干家"。

二是开拓新文科。"新文科"建设是一场全球性的教育改革运动，源于新形势下对传统学科建设和人才培养模式的反思。早在暨南大学任教期间，李凤亮就协助学校做了不少学科建设工作，最多时担任博士点、硕士点、国家重点学科、省人文社科重点研究基地几个学术秘书。作为深圳大学主管文科的校领导，李凤亮坚持以人为本，突出跨界融合，强化实践导向，探索创新范式，为深圳大学打造了不少文科的学术增长点。作为南方科技大学分管人文社会科学的党委副书记，李凤亮积极探索理工科大学的新型文科建设路径，推动实施《思想文化建设五年行动纲要》，陆续建起了商学院、人文社会科学学院，并正在积极筹建创新创意设计学院等，推动筹建南科大文博中心，建立现代化艺术馆群落，着力发展交叉型、创新型、复合型文科，打造高品位校园文化，促进理工科大学科技、人文、社科在教学科研中的融合。

三是打造智库平台。李凤亮认为，随着时代的发展，高校也应及时实现学术转型，加强智库建设，使学者的学术研究能够回应社会需求。他提出转变高校知识生产方式，将"智力"优势转化成"智库"优势，打造一批新型特色智库，服务于国家和地方经济社会发展。在担任深圳大学副校长期间，李凤亮创办了文化产业研究院、基本法研究中心、创新型城市建设与治理协同创新中心、城市治理研究院、美学与文艺批评研究院、饶宗颐文化研究院，整合校内外力量，打造跨学科、综合性、对策化的智库平台和港澳研究、特区自贸区、文化产业、文化传承创新、社会治理、创新型城市等"新型特色智库"，成效显著。其创办并担任院长的深圳大学文化产业研究院入选广东省首批"重点智库"，由其领衔组建的"文化产业与文化创新研究"学术团队入选广东省高校创新团队。

四是推动人才培养创新。为适应国内外经济社会科学发展趋势，李凤亮十分重视人才培养改革。尤其是在文化产业人才方面，主张打破学科间、学院间、学校间的壁垒，学校和社会的壁垒，甚至是国境的壁垒。通过跨科融合、校企结合、跨校联合、跨境合作来培养创新型的复合人才。比如，针对人文社会科学正日益呈现"对策化、跨界化、技术化、国际化"的趋势，李凤亮在深圳大学整合20多个文化创意类专业界限，推动跨界人才培养。在南方科技大学，李凤亮探索推动对理工科人才的通识教育，着力培养具有"家国情怀、全球视野、综合素养、创新能力"的新型人才。结合南科大书院制特色，提出"做强学工、做精书院、做实院系、做好协同"的工作方针，着力构建新型学生工作体系，取得初步成效。

五是加强大学与社会互动。服务社会是大学之所以成为大学以及走向现代大学的本质特性。李凤亮担任深圳大学副校长期间，就强调"政、产、学、研、用"相结合，打造美术、设计、传媒、建筑、演艺、影视、旅游"七大创意部落"，创办创业学院，打造校园文化纪念品店，加强高校与社会的联系。此外，李凤亮积极参加中山大学、暨南大学、江苏师范大学广东校友会、深圳校友会的相关活动,在深圳大学和南方科技大学也分管校友工作,这些经历让他对培育校友文化十分关注,也形成了自己的一套工作思路。他认为高校要发挥原创引擎、人才引擎和智力引擎作用,应该成为政府、企业、社会的智库,并提供有价值的对策和建议。

(四)赤诚人:关怀现实,兼济社会

作为"70后"学者中的佼佼者,李凤亮学术眼光敏锐,具有强烈的"介入现实"意识。随着研究对象、工作岗位、生活城市的变化,李凤亮积极行走于学院与社会之间。与书斋式的纯学者不同,他倡导有补于世的学术创新。

在李凤亮看来,跟社会接触并不一定会让人变得浮躁,反而对做学问和人生有另外一种帮助。2009年,李凤亮结合国家和广东文化产业发展战略,主持创办深圳大学文化产业研究院。该院先后入选"深圳市文化创意产业研究基地""广东省高校人文社科重点研究基地""广东省委宣传部文化产业后备人才培养基地""广东省重点培育智库""文化部国家文化创新研究中心",获中央财政资助打造国家级的"文化产业科研创新平台",迅速成长为国内外有影响的文化产业科研机构和智库平台。十年来服务政府、服务企业,承担文化部"国家文化创新体系政策研究及运行设计""十三五文化科技发展规划研究"、国家开发银行"一带一路文化产业发展规划"、广东省"构建实现社会主义现代化所需的文化体系""深圳经济特区创新优势研究""粤港澳大湾区文化创新协同机制研究"等重要咨询课题,承办文博会深圳大学分会场,为国家、广东及深圳文化产业的健康发展建言。

随着媒体的发达,李凤亮通过各种媒介跟社会和公众保持良性互动,也成为一种常态。他认为,一个人所接受的教育、所获得的知识,以及所从事的专业领域,从小的角度来讲,是个人的事情;但从大的方面来讲,它又不完全是个人的事情。它有一种跟社会互动和反哺的关系。近年来,李凤亮致力于推动教育改革和文化创新发展,有关现代大学制度、文化产业发展、推进"三全育人"、打造新型特色智库、建设粤港澳人文湾区的相关观点,被《人民日报》《光明日报》《中国教育报》《中国文化报》《中国青年报》《中国社会科学报》《中华读书报》等以专版或长篇进行报道。在央视《新闻联播》、广东卫视、深圳卫视等电视平台,以及各类座谈会、讲座中,也常常能见到他思考的身影。

李凤亮在深圳工作期间,积极推动深圳文化创新发展,是深圳文化领域的重要"代言人"之一。2014年,李凤亮推动深圳加入并代表深圳出席"世界城市文化论坛"(WCCF),与来自全球近30个顶级文化城市的官员学者互动交流,在国际舞台积极推介中国文化。作为深圳本土的学者,李凤亮是推动"深圳学派"建设的倡导者之一。在他看来,深圳学派应从"现实"中寻找"问题",扎根本土,放眼世界,解决实际问题,确立学术文化建设的"现实导向"和"问题导向",成为与

传统"理论性学派"不一样的"实践性学派",逐步形成既有学理逻辑又有实践逻辑的学科体系。此外,李凤亮多次出席深圳市民文化大讲堂、文博会、读书月、设计周、创意十二月等社会活动,将自己的想法与市民分享。这些都充分体现了其作为新时代人文社科知识分子的社会担当和前瞻意识。

四、治学心得

第一,治学如掘井,越到深处越甘甜;治学又似开渠,及至宽处境界阔。学者治学,从来都是在广与精、博与约之间寻找着平衡。过广则不专一,治学难以精进;过专又易拘滞,学术气象有限。

第二,"文章合为时而著,歌诗合为事而作。"在我看来,似乎很难有绝然独立于世的"化外之文"。真正的学者,既要保持与世俗的距离,更要葆有一种济世的大爱。学问不只出于书斋,学者可以在更广袤的神州大地上著书立说、抒写心志。

第三,学术研究既是个体的事,也是集体的事。一项好的成果,需要个人多年沉潜往复地钻研,每有一得则有柳暗花明之悦,也需要打开胸襟,有"三人行,必有我师"的雅量,甚至要在争辩中走向更大的澄明之境。

第四,跨界灵动,一直是我推崇的治学理想状态。学府庄严,问题常常就在学科交叉的跨界地带。从这个角度讲,"问题意识"最重要,能否从跨界处发现问题线索、找寻思想端倪,便成为重要而有意思的事。做有意思的学问,不仅愉己,而且悦人。

第五,我时常记得马克思的一句话——"人的本质,在其现实性上是一切社会关系的总和"。从读书到工作,几十年的经历让我慢慢体悟到,个人事业要与集体事业有机结合起来,个人进步要与组织发展有机统一起来。就像鱼儿离不开水一样,学者个人学术方向的确立也要考虑所在学科的发展优长,从学科中汲取营养,也为学科壮大贡献力量。

第六,"传道、受业、解惑",传统"师者"的角色在现代社会面临着不断重新诠释的可能性。不管技术怎么发展,教师在思想引导上所扮演的角色无可替代。当然,时代在变,教书育人的方式也应与时俱进。古人常用"鱼"和"渔"的关系比喻师生授受的境界。而我觉得更重要的,是做学生的朋友。当老师时,我亲历过的一件事是:几句话的勉励,就曾给予一个学生无穷的力量,让一个别人眼中离经叛道的学子成长为一所知名大学的教授。

(南方科技大学讲席教授李凤亮、华侨大学讲师苏文健、深圳大学文化产业研究院助理教授宗祖盼整理)

广东省第三届优秀社会科学家

李庆新

历史学者李庆新,为广东第三届优秀社会科学家,国务院特殊津贴专家,广东省政府文史研究馆馆员,广东省劳动模范。现任广东省社会科学院历史与孙中山研究所所长、海洋史研究中心主任,广东历史学会会长,中国海外交通史研究会副会长。长期从事东亚海洋史、中国经济史、中外关系史、广东地方史研究,成就卓著,积极为国家发展和地方建设建言献策,为我国海洋史学发展作出了重要贡献。

一、童年、求学与学术历程

(一)童年向学

李庆新的家乡广东揭西县灰寨墟,位于粤东平原与山区的交界过渡地带。本地民众以客家为主,李、杨、温为大姓。灰寨水秀山清,良田沃壤,物产丰富,然地狭人稠,村寨延绵,谋生不易,自清代已有乡民漂洋过海、移居南洋等处谋生。灰寨墟依灰寨河而兴,为四乡物资、日杂百货集散之地。发源于大北山区的灰寨河穿流全境,汇入粤东地区第二大河流榕江,水陆交通便利。1960年代灰寨河上游山区未建水库，水流深大，尚有帆船电船航行，农资赖之水运。河道蜿蜒，风光旖旎，河岸绿林翠竹，河滩水草茂密，常见水鸟飞翔，是个"水中摸鱼虾，草丛抓蟋蟀"的好去处。李庆新1962年10月27日出生于灰寨墟米街一平民家庭，他从小就喜欢与玩伴到河畔玩耍，到河里戏水摸鱼。后离乡到外地工作，常念念不忘乡里一石一木，一山一水。

李庆新祖父李文两，祖母温编静。李文两兄弟三人合伙在灰寨墟经营生意，铺号"广合兴"，故家境富裕，诗书传家。李文两在三兄弟中最小，养育有三个小孩：长子胜得，女儿秋菊，次子开隆。李胜得从小谨遵家教，读书到初小。新中国成立后，到附近乡村教书，时年16岁，人称"小先生"，并与李瑞珍结婚成家。后来在向阳（陂洋）小学、灰寨中学等学校任语文教师，一心扑在教学上，桃李满园，为地方教育事业做出了贡献，曾被评为汕头地区先进教师。妹李秋菊、弟李开隆皆聪明勤奋，60年代分别以优异成绩考上华南师范学院数学系和中山大学数力系。一家姐弟二人皆考上大学，在当地传为美谈。

李胜得、李瑞珍养育有4个儿女，庆新排行第二。1970年9月，李庆新开始到新图学校读小学。学校学习的内容，除课本知识外，还学工学农，每周一天要到距离很远的农场垦荒种地。李庆新好奇心强，平时阅读兴趣很广，从《百家姓》《增广贤文》《看云识天气》《蛇岛》及乡村中草药，到古脊椎动物、恐龙之类杂书，最让他着迷的还是中国古典文学作品和历史小说。李胜得见儿子有心向学，识字渐多，有时会从橱柜里搜出一些私藏"秘本"供儿子阅读，叮嘱他看书要开动脑筋，要求反复读，强调"书读百遍，其义自见"。先拿出来的是《西游记》，其后是《水浒传》和《三国演义》。还有一本《红楼梦》，李胜得见小孩子不能看，以免影响学习，至于为什么"儿童不宜"，也没有多加解释。《西游记》《三国演义》这几部小说是人民文学出版社出版的经典版本，繁体竖排，兼有精美绣像插图，图文并茂，引人入胜。与一般横排简体书不一样，繁体字阅读起来不太习惯，稍不留神就会看走行。很难说看完一遍就能了解小说的内容和精义，也许几遍下来依然一知半解，但李庆新还是一本一本看了下来，看完一本，父亲就收回一本，锁回书柜。有一本书没有封面，也不知哪里出版的，收入马致远《天净沙·秋思》、关汉卿《窦娥冤》、"三言二拍"中的《杜十娘怒沉百宝箱》等元明经典戏曲小说，内容丰富。李庆新非常珍惜，用牛皮纸将书包了起来，反复翻动，以至于牛皮纸都发皱发黄变薄了。开卷有益，李庆新书看多了，知识、视野、见识也随之增广。在语文作业、作文时活学活用，搬弄一些华丽辞藻。作业经常被老师选出来表扬，被叫去抄黑板报，毛笔字也写了不少。

（二）中学时光

李庆新在新图学校读了5年，1975年7月毕业，9月升上初中。1977年7月初中二年级毕业，9月进入灰寨中学读高中。灰寨中学前身为1952年成立的揭阳二中分教处，以灰龙村原李氏宗祠为校舍，大革命时期是中共地下活动的一个据点，具有光荣的革命传统。1977年，全国历史性地恢复高考，为广大学子提供上大学、改变命运的机会。1978年为应对高考，揭西县在全县成立河婆中学、棉湖中学和北山中学3个重点班，号称"尖子班"，李庆新与灰寨中学的10多名"尖子"被集中到北山中学重点班。在北中，李庆新改不了"乱看书""看杂书"的习性。有一次在图书馆发现一套中华书局出版、后晋时人刘昫等著的《旧唐书》，共16册，上面布满灰尘，应该很久没有人翻看了。李庆新甚为好奇，以前看过《说唐》，对李世民、薛仁贵等英雄故事非常向往。翻了几页《旧唐书》，发现全为文言文，内容与《说唐》大不相同，虽然有标点，但文字枯燥乏味，也很难读懂，每卷之间更没有留下"且听下回分解"的悬念。当时没多少时间看下去，当然也意识不到中国传统文学与史学在学理上的分野和差异。

1979年，国家刚刚改革开放，"学好数理化，走遍天下都不怕"是最流行的口号。读书的目的就是参加高考，将来为国家现代化多做贡献，做个有用之才。7月，李庆新高中毕业，第一次参加高考，报的是理工科，结果只考了239.3分，连中专线都没有入围。

1979年下半年，李庆新转学到县里最好的河婆中学补习。他的数理化不太灵光，但文科有优势，各门功课比较平衡，老实跟班，暗中用劲，进步很快。1980年1月，河婆中学举行全校作文比赛，李庆新的作文《人无志不立》获得第一名，令人刮目相看。7月7—9日，李庆新再次迈进高考考场，这一次报考的是文科。7日上午考语文，下午考地理（理科考化学）；8日上午考数学，下午考政治；9日上午考历史（理科考物理），下午考外语（英语）。结果考了371分，其中，政治72分，语文62分，数学77分，历史73分，地理77分，外语28分（30%计），高考总分高于1980年广东高考文科录取分数线（326分）。8月初，李庆新收到广东省高等学校招生办公室的录取通知书。4日下午，李庆新到揭西县师范学校参加体检，随后填写报考志愿。李庆新填报了中山大学中文系、历史系、经济系，结果被历史系录取。

（三）考上中山大学

1980年中山大学新学年开学，李庆新带着中山大学录取公函，坐上前往广州的班车，来到珠江南岸康乐园的中大校区，从此开始4年的大学校园生活。中山大学是我国著名老牌大学，在华南地区拥有至高地位，历史系大师云集。李庆新入学后就听到了关于陈寅恪、岑仲勉、刘节、梁方仲等前辈学者的许多故事，见识了历史系老师们的才华与风采，学习历史专业课和英语、马克思主义哲学等公共课。专业课分为通史课和选修课，通史课"中国古代史"由张荣芳、曾琼碧老师授课，使用南开大学历史系刘泽华教授等编的《中国古代史》（上、下册），蓝色封面，人民出版社1979年版；"中国近代史"由廖伟章、钟卓安老师授课，使用《中国近代史》编写组编的《中国近代史》，黄色封面，中华书局1979年版；"中国现代史"由吴淑贞、陈永阶老师授课；"世界古代史"由李惠良、蔡鸿生老师授课；"世界近代史"由梁碧莹等老师授课；"世界现代史"由万柏连、吴美芬老师授课。对于其他课程，李庆新则选修了孔令平老师的"世界史前史""经典著作选读"、胡守为老师的"魏晋南北朝史"、陈胜粦老师的"鸦片战争前后社会思潮研究"、曾庆鉴老师的"中国史学史""历史文选"、文锡进老师的"历史地理学"、李始文老师的"考古学通论"、杨鹤书老师的"中国民族学概论"，以及"夏商周史料选读"等。

三年级后，李庆新开始选题写毕业论文。在黄启臣老师的指导下，1984年上半年完成了论文《明代广州海外贸易》，获得历史学学士学位，老师评语是："观点比较鲜明，材料也较充实，对明代广州对外贸易的原因、意义、影响也做了分析，有些地方提出了自己的看法。文章条理清晰，文字通顺。"后来这篇文章经过修改，发表在新创刊的《广东社会科学》1988年第1期，并全文转载于中国人民大学报刊资料中心编《明清史》1988年第7期，中国史学会主编《中国历史学年鉴》（1989年）摘登了文章的主要观点。

李庆新喜欢运动，当过一段时间的年级宣传委员。大二时体育老师发现他有中长跑潜力，将他召进学校田径队进行强化集训，跑步成绩果然提高很快。参加全校五项全能比赛，夺得第五名，进入前十，成为中大的一名运动好手。1982年4月，李庆新代表中山大学田径队参加广东省全国第一届大学生运动会选拔赛。11月参加广州地区高校运动会，结果800米破了校纪录，《中山大学校报》做了报道。此后，李庆新还参加过广州地区高校运动会、历史系运动会及广州市环市跑等赛项，速度过人，被同学戏称为"飞毛腿"。

（四）入职社科院

1984年6月，广东省社会科学院历史研究所计划从中大历史系引进一名应届毕业生，系里推荐了李庆新。7月，李庆新成为历史研究所该年引进的唯一"新兵"。

广东省社会科学院前身为成立于1958年的中国科学院广州哲学社会科学研究所筹备处历史研究室，历史研究室下设中国古代史、中国近代史、孙中山研究组。广州哲学社会科学研究所后改为广东省理论研究室。1973年改称广东省哲学社会科学研究所，1980年改为广东省社会科学院，下属各研究室提升为研究所，历史研究室升为历史研究所，在原有机构上增设港澳史研究室、明清经济史研究室。80年代，历史研究所学术氛围浓郁。当时张磊、方志钦、黄彦、蒋祖缘、叶显恩等先生已经是很有建树的史学名家,阵容相当鼎盛。

地方社会科学院的基本功能是立足地方,面向地方,开展基础理论与现实问题研究。历史研究所在创建之初即将广东史研究作为主体方向,20世纪80年代开始编纂《简明广东史》,1987年出版,这是我国最早出版的地区通史著作之一,广受好评,当时广东省委书记林若认为广东干部应人手一册。随后历史研究所以地方史研究室人员为主力,启动了多卷本《广东通史》编纂工作,方志钦、蒋祖缘先生领衔总主编,邀请广州地区相关领域专家参与,前后达30余人。李庆新加入了课题组,并担任秘书。他承担古代第一卷隋唐五代部分编写任务,1996年该书正式出版。随后接手第二卷明代商业贸易部分,并担任该卷副主编,2007年第二卷正式出版。

李庆新坚守岗位,从研究实习员干起,一步一个脚印,1992年被评为助理研究员,拿到中级职称。1987年,李庆新与中学同学蔡文雅结婚,1991年,女儿李劢出生,可谓成家立业了。1994年,李庆新加入中国共产党。1995年被破格晋升为副研究员。2000年晋升为研究员,成为历史研究所的科研骨干,也是全省人文学科最年轻的正高级研究人员之一。

2005年,广东历史学会在"十二五"规划总结与"十三五"规划展望中,列举广东史学界的发展成就,指出广东省原来在国内外学术界知名的老学者如蔡鸿生(中外关系史)、姜伯勤(中国古代史、艺术史)、邱树森(中国古代史)、张磊、黄彦、林家有(以上三人均为孙中山研究专家)、赵春晨(岭南文化史)等继续取得新成果,而李庆新(中国古代史)作为新

李庆新与家人合影,1998年

一代中青年学者,与陈春声(中国古代史)、刘志伟(中国古代史)、陈长琦(中国古代史)、桑兵(中国近现代史)、吴义雄(中国近现代史)、左双文(中国近现代史)、崔丕(国际关系史)、汤开建(澳门史)等,成为国内外有影响的学科带头人①。

---

① 邱捷:《广东历史学会"十二五"规划总结与"十三五"规划展望》,2005年(未刊稿)。

（五）负笈南开、复旦

李庆新深知学海无涯、学无止境的道理，自己的学术之路漫长。身在社科院，一直有重归大学深造的愿望。20世纪八九十年代，历史研究所有一些年轻同事前往中国社会科学院、厦门大学攻读在职硕士或博士研究生，还有年轻科研人员到澳门大学学习葡语，颇令李庆新心动。李庆新向所里提出申请，但未获批准。2000年，李庆新又提出申请，终于获得批准。经过考试，李庆新如愿考入南开大学历史学院，师从冯尔康先生攻读明清史方向博士学位。

李庆新与导师冯尔康先生和师母在扬州，2010年10月24日

李庆新抱着一切从零开始的观念"重新做人"，专心致志，上好冯先生开的明清史课，选修刘泽华、王敦书等老师所开的其他课程。2004年6月，李庆新完成约50万字的博士学位论文，复旦大学周振鹤先生，中国人民大学王思治先生，南开大学许檀教授、杜家骥先生、常建华先生出席答辩会。博士论文答辩期间，李庆新与周振鹤先生谈及博士毕业后接续研究的新方向、新考虑，甚至谈到去复旦做博士后研究工作的可能，获得周先生的赞许。该年9月，李庆新进入复旦大学历史地理研究所，在周先生指导下，以"16—17世纪华人南渡与越南社会"为题开展研究工作。此后，李庆新数次前往越南、广东雷州半岛和北部湾以及台湾地区进行田野考察和学术交流，收集到一批前人很少注意的汉喃文献和第一手田野资料。2007年3月，李庆新完成出站报告，复旦大学邹逸麟先生、葛剑雄先生等出席答辩会，皆予以肯定。2009年，李庆新被评为复旦大学优秀博士后。

李庆新与周振鹤先生（中）、葛剑雄先生（左一）在复旦大学博士后出站答辩会上合影，2007年3月

　　在南开、复旦期间，李庆新对来之不易的学习机会，倍加珍惜，学问大有长进，在学期间另一个重要收获就是收购了一批有价值的图书资料。南开大学邻近白堤路的市三宫（原李纯祠堂，今"庄王府"），为一大规模的旧书市场，各种各样的古旧图书琳琅满目，摆满三宫大院，常有"宝贝"掺杂其中。节假日里李庆新最喜欢骑旧自行车到这里转悠，当然，不会空手而回，几部大书如严可均校辑《全上古三代秦汉三国六朝文》、李焘著、黄以周等辑补《续资治通鉴长编拾补》，李昉等纂《太平御览》，李东阳等撰、申时行等重修《大明会典》（万历本），陈子龙、徐孚远等辑《明经世文编》，张学颜等撰《万历会计录》，郦道元注、杨守敬等疏《水经注疏》以及《二十五史补编》等，就是在这里淘到的。复旦大学北区学生公寓前、邯郸路南校区有多家书店，上海城隍庙也有很大规模的旧书市场。屈大均著《广东文选》，黄时鉴、龚缨晏著《利玛窦世界地图研究》、Donald Wigal著 *Historic Maritime Maps* 等名著居然可以低到两折买到，让李庆新喜出望外。韦庆远先生晚年关注晚明士人心态与社会心理，尤其是明清鼎革对知识分子的影响，清初"岭南三大家"之一的屈大均是一位反清复明的典型代表，他的著作有些被清朝列为禁书，包括《广东文选》。1983年以后，欧初、王贵忱先生等开始整理点校《屈大均全集》（全六册），1996年由人民文学出版社出版，但并没有收入《广东文选》。后来中共广州市委宣传部、广东省文化厅策划并组织编修《广州大典》才将其收录。复旦南区旧书店出售的《广东文选》为北京图书馆古籍编辑组编"北京图书馆古籍珍本丛刊"第117册，1989年由书目文献出版社公开出版。如此精装

珍本好书低价打折，恐怕是销售欠佳，或读者无缘见到。李庆新得悉情况，专门到复旦南区的旧书店又买了一本送给韦庆远先生。2007年，李庆新告别上海回广州，最费劲的就是搬运寄送这些图书。

（六）重返社科院

2007年3月，李庆新回到广州主持所务。2008年，他被任命为历史与孙中山研究所所长，兼任民国史研究中心副主任，2009年兼任广东海洋史研究中心主任。2011年被评聘为社科院首批二级研究员。李庆新"双肩挑"担当起部门主要负责人与学术带头人的角色，组织本所力量，在基础理论研究、特色学科建设上颇有成绩，应用决策研究成果也屡受省领导肯定。其间受邀担任中国社会科学院国家海疆智库学术委员会委员，教育部学位委员会评审专家，国家海上丝绸之路（中国段）申报世界文化遗产专家组专家，"全球史译丛"（中信出版社、首都师范大学）、《史学理论研究》（中国社会科学院）、《海交史研究》《丝绸之路》等丛书、杂志编委，Global History Network（全球史网络）国际指导委员会成员等学术职务，并兼任中国海外交通史研究会副会长、中国华侨史学会常务理事等学术职务。2019年，广东历史学会举行换届选举，李庆新当选新一任会长。

二、从区域史到海洋史：多方面的史学探索

李庆新的学术历程大体可以分为3个阶段：1984—2000年，主要研究方向为区域史（广东地方史）、社会经济史；2001—2007年，从区域史转向海洋史，拓展明代海外贸易与东南亚华侨史；2008年至今，主要研究方向为海洋史。总的来说，海洋史、区域史是李庆新史学研究的主要方向和学科领域，取得了多方面的丰硕成果。

（一）海洋史研究

20世纪90年代以来，国家高度重视海洋事业，广东提出建设海洋强省战略。海洋史学从专题研究到学科建设、理论体系建构等诸多方面都提出新的要求，达到新的高度。李庆新努力打通从唐宋到明清时期海外贸易发展轨迹及其管理制度的演变，思考我国海洋史学发展与学科建设等问题。李庆新承担了国家"十二五""十三五"重点图书出版规划项目、国家社科基金项目、国家文物局、国家海洋局委托项目等一批重大课题，主办《海洋史研究》集刊，在海洋史学探索之路上越走越

宽,越走越远。

1. 中国古代贸易制度研究

20世纪80年代,李庆新在中山大学念书的时候,已经接触到中国古代海外贸易历史。1991年初,李庆新参加联合国教科文组织"海上丝绸之路考察团"在广州的学术研讨会,提交论文《唐代广州的对外贸易》,利用唐代文献与碑刻材料,探讨唐代市舶使(院)派遣与机构建制问题,提出唐代市舶使差遣有一个变化过程,唐前期或以专官充任市舶使,较多以岭南地方长官兼领市舶;开元间始有以宦官充任市舶使,朝廷垂直插手贸易管理;中唐以后,时有以岭南帅臣兼任市舶使,但宦官更占上风,唐末以广州监军兼任市舶使,权势尤为显赫。而市舶使职能包括征管海外诸国贡物、掌管海路朝贡事务,其机构名称为"市舶使院",尚有涉外专属驿馆"海阳馆"。论文廓清某些传统误解和模糊认识,重构唐代海外贸易管理制度,与会学者认为是中国市舶制度研究的一大突破。会议推荐5篇优秀论文在大会上宣读,如:张难生、叶显恩教授的《海上丝绸之路与广州》,姜伯勤教授的《广州与海上丝绸之路上的伊兰人:论遂溪的考古新发现》,曾昭璇、曾新、陈权英教授的《广州:古代海上丝绸之路的起点城市》,黄启臣教授的《广州海上丝绸之路的兴起与发展》和李庆新的《唐代广州的对外贸易》。其后,李庆新以制度史研究为导向,把研究领域不断向后世延伸,以期打通从唐宋至明清时期中国海外贸易制度的演变历史,发表了多篇相关专题论文①。

进入21世纪,李庆新将研究方向下移到明代市舶司与贸易制度变迁上,从制度层面考察明代市舶司在选官制度、机构建置和职能发挥等方面的剧烈变动及其与市舶宦官机构的关系,揭示了明初市舶司制度"把贸易系统和进贡系统结合了起来"的"变态"及其政治文化意蕴②。1999年9月,南开大学历史系、北京大学历史系等单位在天津举办"14世纪以来中国社会变迁国际学术研讨会——纪念南开大学建校80周年暨郑天挺教授诞辰100周年",李庆新应邀出席会议并提交《明中期海外贸易的转型与"广中事例"的诞生》一文,系统探讨明中期朝贡贸易向商舶贸易转变的大势,在商舶贸易管理形成了一套新的运作机制,时人称之为"广中事例",为明后期国内海外贸易管理提供了一个制度样板,对沿海地区经济与社会发展产生了重大影响③。这些专题研究成果,为李庆新随后在南开大学攻读博士学位奠定了坚实的学术基础。

---

① 李庆新:《唐代市舶使若干问题再思考》,载《海交史研究》1998年第2期;《再论唐代市舶使》,见中国史学会编《世纪之交的中国史学——青年学者论坛》,中国社会科学出版社1998年版,第228—243页;《西安出土几方唐代墓志中之岭南资料》,见广东省博物馆编《广东省博物馆集刊》第二辑,广东人民出版社1999年版,第140—148页。

② 李庆新:《明代市舶司制度的变态及其政治文化意蕴》,载《海交史研究》2000年第1期,第72—83页。

③ 李庆新:《明中期海外贸易的转型与"广中事例"的诞生》,见南开大学历史系、北京大学历史系编《郑天挺先生百年诞辰纪念文集》,中华书局2000年版,第189—199页。

2003年,李庆新完成了博士论文《明代海外贸易制度》,经过修改,2005年入选"东方历史学术文库",2007年由社会科学文献出版社出版。该书以制度史研究为中心,兼及经济史、中外关系史、区域史,综合探讨明代海外贸易转型与管理制度演变,把贸易制度的演变置于明朝政治外交与经济发展大背景、现代世界体系建构的宏观视野中,进行系统的多维审视,重新描绘明代贸易制度的发展路径与全景,挖掘制度变迁后面所蕴藏的政治文化意义。该书指出,明前期统治集团把朝贡贸易纳入重建以大明帝国为中心、以海外诸国为藩属的外交体系之中,确立"勘合"制度、抽分制度等,传统的官方海外贸易被赋予政治功能而发挥到极致。15世纪以后,世界格局、海洋形势出现重大变化,明朝朝贡贸易萎缩,"弘治新例"出现,商舶贸易逐渐占据主导,显示朝贡体系正在走向崩溃。正德、嘉靖间广东率先实现贸易制度转型,官方自作主张,仿照宋元制度对贡舶和商舶实施抽分,确立新税收体制;澳门开埠,实施"澳票"制,出现"客纲""客纪"和"十三行"等商业组织,最终获得朝廷的认可,广州重返"中国第一大港"地位,澳门则成为唯一允许外国人居留贸易的港口,形成具有创新意义的"广中事例"。隆、万以后,福建准贩东西二洋,置月港督饷馆,征收水、陆二饷和加增饷。广州举办一年两次"交易会",允许葡萄牙商人上省交易,中国商人出洋往来;税收实施丈抽制,市舶司重新获得职权,"三十六行"参与贸易管理,允许"商人出洋往来",海外贸易出现全新局面。中外贸易在广州、澳门两地举行,澳门是商舶到埠丈量的地方,因而市舶提举司在澳设置行署,兼管澳门夷务。

该书采取比较研究方法,聚焦广东(含澳门)、福建这两个当时最重要的贸易省份,对两省贸易管理制度渊源、演变轨迹和区域特点进行深入辨析,廓清以往学界将两省贸易制度混为一谈的错误见解,揭示了明中后期主要贸易区域在制度转型中迥然不同的特点和路径。具体言之,闽省只准中国商人出海贸易,而不准外国商人前来通商,粤澳则相反,两地在贸易制度管理上存在重大差别,而且"广中事例"更多地为清朝所继承,是海关制度的主要渊源。

明中后期对外贸易是沿海地区的经济增长点,刺激并带动海洋经济及相关产业的发展,呈现出前所未有的活力与繁荣。江南和珠江三角洲等地农业商品化生产与海外市场联系日趋密切,部分手工业生产部门出现出口导向倾向,白银的大量输入引发了货币经济和赋役制度的重大变革,通商贸易增加了财富,而财富的增加又滋长了商贩逐利、竞尚奢华之风,改变了人们的行为方式与价值取向。然而,中国深层结构并没有大的变动,所有制度调适与社会变迁,基本上属于费正清所说的"传统内的变革"。从世界史范围看,16世纪以后正是现代世界体系的启动之时,欧洲挟其社会变革先机,在全球范围内推动资本主义;明朝及清朝基本上采取闭关锁国政策,被动应对复杂多变的国际形势,在全球现代化浪潮中最终落后于西方。

《明代海外贸易制度》是近几十年来我国学者关于明代贸易制度史研究的代表

性最新成果。冯尔康先生称赞该书是"明代海外贸易制度研究的基础性专著"①。韦庆远、叶显恩先生称赞作者具有崇尚实学的学风,严格遵守深、细、准、实的治学原则,在理论建构和方法上都有所创新,有所突破,见解令人耳目一新,既吸收了前人的研究成果,又超越前人,具有较高的学术价值②。德国著名汉学家普塔克(Roderich Ptak)教授注意到李庆新的方法与以往研究中国海外贸易和商业的著作截然不同,将目光集中在制度的架构上,试图考察这个架构如何与整个明代行政体系的全局发生关系,以及它为何能够适应(或者不适应)当时经济发展的需求。该书一个引人注目的地方,是在严密地勾勒出制度演变轮廓的同时,也能够在一些"小"问题上理出头绪。这是一部富于启发的著作,观点新颖,结构清晰。视野开阔,语言简练,同时也有助于我们加深对某些制度来龙去脉的认识。有心深入了解中国航海史、中国在东南亚的贸易,以及——更具体一点说——闽粤地区的国家体制对海外贸易发展的影响等问题的历史学家,将会从这部书中获得教益。毋庸置疑,它必将在此研究领域得到广泛认可③。

该书在国内外学界颇受关注,法国 *Archipel*(《群岛》)、*Fudan Journal of the Humanities and Social Sciences*、《中国社会历史评论》《中国史研究动态》《开放时代》及"新加坡文献馆"等有多篇评介④。该书也进入内地高校及香港岭南大学、树仁大学等"经济史"课程,成为经济史、中外关系史研究教学的参考书。

2007年,李庆新另一部著作《濒海之地——南海贸易与中外关系史研究》由中华书局出版,从制度史角度与多学科相结合,重点探讨以唐代广州市舶使为主导的贸易制度演变,南海贸易与中外关系以及岭南社会经济变迁,兼及岭南珠玉使、押蕃舶使、结好使等相关使职的差遣及其在唐代涉外诸使体系中的地位,对以往较少关注的南汉国对外贸易与外交也做了比较深入的讨论。此外,深入探究明代郑和下西洋与朝贡体系,海道副使及其职能演变,以浙江、福建、广东三海道为中心,考察因地情不同而出现的职能差异,因国内外海洋形势变化而产生的职能重构,反映明中后期海防形势与制度变迁的大趋势。对明代屯门地区的海防与贸易研究,揭示了明中叶广东海外贸易开始转型,珠江口东岸的南头私商贸易形成新的运作机制,在外围与广州贸易制度相配合,对广东贸易制度转型起着重要作用,李庆新称

---

① 李庆新:《明代海外贸易制度》冯尔康序,社会科学文献出版社2007年版。
② 韦庆远、叶显恩:《明代海外贸易史研究的巨大创获——评介李庆新〈明代海外贸易制度〉一书》,载《中国史研究动态》2008年第3期。
③ 普塔克:《从制度史视野探索传统中国的海外贸易机制——李庆新〈明代海外贸易制度〉评介》,载《广东社会科学》2008年第6期。
④ Xie Shi, Beyond the Explanation of the Overseas Trade of the Ming Dynasty, a book review on Li Qing Xin's The Overseas Trades System of the Ming Dynasty, *Fudan Journal of the Humanities cand Social Science*, Vol. 1. No, 3. Sept. 2008;单世联:《"大明烛扬今无外":海外贸易与中国资本主义问题——李庆新〈明代海外贸易制度〉读后》,载《开放时代》2008年第6期;王元林:《海外贸易制度史的创新力作——〈明代海外贸易制度〉书评》,见《中国社会历史评论》第11卷,天津古籍出版社2010年版。

之为"南头体制"。屯门地区的海外贸易从非法到合法,从无规例到有规则,逐渐被官方默许与接纳,后来事实上成为"澳门体制"的一个制度来源,也构成"广中事例"体制内的组成部分。该书还对大航海时代广南会安港的兴起、港口体系、管理制度、华商会馆组织等问题做了系统深入的梳理,推进了16—18世纪越南与东亚海洋贸易史研究。

该书出版后,李红岩先生认为该书"起跑点"在区域史范围内,但"具有宏大叙事的格局、气魄与力道,同时不乏深细的辨微考据",体现了当今中国区域社会史研究的一种趋势①。德国汉学家普塔克教授在著名汉学杂志 Monumenta Serica (《华裔学志》) 发表了德文书评,认为本书着眼于探讨中国南海地域特别是广东地区在历史长河中持续存在、纷繁复杂的中国对外贸易、对外交流关系史上所扮演的角色,厘清其内部结构与变迁,不少篇章属于"首屈一指且最前沿的"学术文章,是一部"少有的、优秀的、严谨的学术著作"②。中国经济史学会主办的"中国经济史论坛"认为:"青年史学家李庆新的这一论集,从区域史、经济史、海洋史、制度史、中外关系史等多学科相结合角度,以世界眼光与整体视野,探讨濒海地区社会历史发展轨迹,开拓了新的研究领域,在研究方法上多有创新。"对该书大部分篇章全文加以转载。《中国史研究动态》《澳门日报》《广东社会科学年鉴》(2009、2010、2011年合卷)等报刊亦对该书做了推介。

大航海时代改变了人类历史进程。16世纪中叶,葡萄牙人获准在澳门居留,大发东方贸易之财,令西班牙、荷兰、英国、法兰西、丹麦、瑞典等国羡慕不已,不断派出使团和船队前来中国,寻求打开中国市场,开拓全球性海洋贸易,揭开近代早期中西关系的第一页。2000年以后,李庆新关注近代早期中西关系,挖掘中文文献和欧洲各国东印度公司档案、航海日记等史料,在郑和下西洋、澳门与东南亚贸易等专题研究上均有收获,提出了有说服力的新见解、新内容③。对晚明至清初中国与荷兰在广东、澳门地区发生的一系列贸易与外交活动,包括万历年间范·内克(Van Neck)船队首次广东之行、荷葡争夺澳门、清初施合德尔(Frederick Schedel)等荷兰使团来华与中荷贸易外交等问题研究尤为深入,揭示了17世纪还没有在中国建立具有近代意义上的国际海洋贸易体系的时候,东西方世界无论在观念和制度上都存在巨大差异,源于意大利商业城市共和国的侵略性海权主义与受中国传统的重农抑商思想主导的闭关锁国政策难于调和,公开对等的自由贸易不可能建立起来,所以荷兰人只好接受中国的朝贡体系,在朝贡名义下维持中荷贸易,并

---

① 李红岩:《日渐升温的区域社会史研究》,载《中华读书报》2010年12月29日。
② Roderich Ptak, Li Qingxin. The Seaside World—Studies on the History of Trade in the South China Sea and Sino-Foreign Relations. , *MONUMENTA SERICA*, *Journal of Oriental Studies*, Vol. LVI, 2008.
③ 李庆新:《郑和下西洋与朝贡体系》,见王天有、徐凯、万明主编《世界文明与郑和远航》,北京大学出版社2005年版;《在广东发现"郑和"——以地方文献与民间信仰为中心》,见中国侨联编《郑和下西洋与华侨华人文集》,中国华侨出版社2005年版,第587—597页;《1550—1640年代澳门与东南亚贸易》,载《广东社会科学》2004年第2期。

偷偷摸摸地走私。2004年,台湾佛光大学主办的第一届清史学术研讨会在宜兰佛光山举行,李庆新提交了《17世纪广东与荷兰关系述论》一文,与会学者认为文章颇有分量,深化了早期中荷关系史与现代世界海洋贸易体系研究,经修订发表于香港《九州学林》,在香港、上海出版繁体、简体两种版本①。

2. 海上丝绸之路研究

19世纪70年代,普鲁士地理学家、地质学家李希霍芬(Richthofen,Ferdinand Von)在《中国旅行日记》(第1卷)谈到中国经西域到希腊、罗马的陆上交通路线,鉴于大量的中国丝和丝织品经此路运销西方,遂称之为"丝绸之路",学界将此概念推展至东西海上交通,则称为"海上丝绸之路"。1987年,联合国教科文组织推动"丝绸之路:对话之路"综合考察项目。1991年2月9日,"海上丝绸之路考察团"来到广州,10日举行规模宏大的考察调研与研讨活动,省社科院承担这次盛会的组织活动,历史研究所则具体负责会务。李庆新以专家代表和工作人员身份参与活动。省社科院等将会议论文结集为《广州与海上丝绸之路》出版,成为改革开放初期我国海上丝绸之路研究的一项重要成果。

联合国教科文组织此次考察活动唤起了国内各界对海上丝绸之路研究的重视,海上丝绸之路研究成为一个多学科交叉研究的热门学问,此后,李庆新一直用心探索,"从不离场",参加了蒋祖缘教授主持的"海上丝绸之路与广东水运"研究,获得广东省"十二五"社会科学规划立项资助。受黄启臣教授邀请,他又参与了《广东海上丝绸之路史》的编写工作。

2005年10月,在埃及考察

---

① 李庆新:《17世纪广东与荷兰关系述论》,《九州学林》2005年春季3卷1期,香港城市大学中国文化中心(繁体字版),复旦大学出版社(简体字版)。

2006年，受国家汉办委托，李庆新编写了一本面向海外读者的《海上丝绸之路》，以中英文双语出版，列入五洲传播出版社"中外文化交流丛书"。该书系统叙述海上丝路的发展历程及其对人类文明的重大贡献，兼具学术性、知识性和可读性，当年列入国家重点出口推广图书，入选国际孔子学院的教辅读物。

2008年10月，李庆新参加了中国中外关系史学会在山东蓬莱举行的学术年会，提交了《海上丝绸之路研究的几个问题》，对海上丝绸之路研究进行系统深入的思考，指出海上丝绸之路是古代世界文明交往的重要纽带，东西方不同民族文化、不同宗教传播的重要桥梁，促进了人类文明进步与文化交流，古代埃及、希腊、罗马、印度、波斯、阿拉伯、中国等沿线国家和民族都为海上丝绸之路发展做出了各自的重要贡献。2015年11、12月，李庆新先后在中国史学会第九届代表大会和广东社会科学学术年会上，介绍了国际学界对海上丝绸之路研究的状况和进展，进一步阐释了中国在海上丝绸之路发展史上的重要地位和作用，同时指出海上丝绸之路是千百年来沿线各国共同经营的成果。某种意义上，海上丝绸之路是一部专题世界史和专题海洋史，需要加强对海丝沿线国别史、地区史以及相关海洋史、海域史的整体性通盘研究。《中国社会科学报》《羊城晚报》等对相关问题做了深度专访报道。

2015年，李庆新对《海上丝绸之路》一书进行增订补充，纳入国家"十二五"重点出版图书规划项目，为"重走丝绸之路丛书"之一，2016年由黄山书社出版。该书阐述了海上丝绸之路发展的5个阶段及其主要特点和成就。第一章叙述海上丝绸之路发端期东西方国家的早期航海活动与经贸交流。公元前2世纪，连接东西方的海上航路在印度洋黄支国对接，标志着海上丝绸之路开始贯通。第二章以唐代"广州通海夷道"为主线，描述了东西方交流转向以海路为主的大势，各国商人将亚、非、欧各地商品运销到中国，促进中国丝绸、陶瓷大量出口西方，以及佛教、伊斯兰教的传播交流。第三章叙述了处于鼎盛时期的海上丝路沿线国家关系与相互影响。宋元朝廷进一步完善市舶司制度及贸易管理法规，鼓励海上通商与对外交往，西方和中国的航海家通过海路自由旅行，留下了不少记述异域风土人情的经典名著。第四章叙述早期全球化时代东西方海洋贸易与文化交流，揭示了伴随着新航路的开辟，传统的海上丝绸之路被纳入早期全球海洋贸易体系的历史过程。中国沿海地区先后诞生了"广中事例""月港体制"、海关、洋行、广州对欧美"一口通商"等制度体系，沿海民众移居海外，在东南亚地区出现"华人世纪"。西方传教士在带来近代科学技术的同时，也将中华文化介绍到欧美。对于近年东亚海域沉船考古新进展、新发现，本书也做了比较详细的分析介绍。

该书被誉为"读通海上丝绸之路历史的绝佳读物"，在海内外颇有影响。2017年，该书入选第四届中国读友读品节推荐图书，《人民日报》《中国文物报》、香港《大公报》等发表了读者书评。同年香港三联书店出版了该书繁体字版。2018年，国际知名出版机构皇家柯林斯（印度）出版公司（Royal Collins India Company）出版了英文版。韩国海洋大学西洋史专家玄在烈教授将该书翻译成韩文,由韩国 Sunin Publishing Co., Ltd 出版韩语版。目前该书已有中文简体、中文繁体、英文、韩文等 3 种语言 6 种版本问世。

3. 小海域空间与海洋信仰研究

海洋文明是人类社会的基本文明形态之一。濒临海洋、江海交汇的平原三角洲—河口湾区(港湾)与港口、伸入海中的半岛、隔海相望的海峡、海上岛礁—岛链—群岛、海上主航线主要区间或其他海洋活动区域,是涉海民众生存发展的重要空间。人类的海洋活动赋予各类海洋地理空间以人文的属性与文明的意义,这些海洋空间成为人类海洋文明的发祥地。2010 年,李庆新与德国学者普塔克、廉亚明(Ralph Kauz)教授等合作推动"海峡历史研究",从功能与历史地位思考海峡这类小海域空间对人类海洋文明发展的作用。李庆新认为,"通道"与"障碍"是海峡在海上交通功能的两个相对应的基本关系,决定着海峡在海洋体系中的位置,当然不能忽略人的因素,应该关注人地(海洋)及其互动关系。海洋史视野下海峡空间有其相对的独立性,但不能脱离陆地历史,必须密切关注陆地—海峡—海洋之间 3 个层面的相互关系。2011 年,"Asian Sea Straits: Functions and History (c. 500 to 1700)"(亚洲海峡:历史与功能)国际学术研讨会在德国波恩大学举行,来自德国、比利时、日本、中国、新加坡、英国、法国、葡萄牙、伊朗、印度的 20 多位学者出席了会议。李庆新作为中国代表参加会议,阐述己见,受到与会学者关注,论文后来在德国 Journal of Asian History 发表①。

2019 年 7 月 20 日,与德国慕尼黑大学普塔克教授(右二)、波恩大学廉亚明教授(左二)、香港大学钱江教授(右一)、福建师范大学谢必震教授(左一)在波恩大学

---

① 李庆新:《琼州海峡区域涉海人群及其海洋信仰——兼谈海峡历史研究的一些问题》,见《冯尔康先生八十华诞纪念文集》,天津人民出版社 2013 年版。

"海峡研究"视角,为海洋史研究开启一条通向幽深的门径,对拓展其他小海洋区域空间研究、推进海洋历史研究有重要理论启示和方法论意义。结合中国雷州半岛与琼州海峡、北部湾历史,2013年5月15日,李庆新在广东海洋大学做了《半岛与海洋文明》的专场报告,揭示雷州半岛濒海民众倚海为田,靠海吃海,不仅具有与珠三角不一样的半岛农耕系统,而且形成独特的海洋产业——海洋渔业与采珠业——当然也是富有冒险精神的涉海人群——华南"海盗"的故乡,因而雷州半岛也是中央王朝海疆控制的南方前沿和南海海防前线。雷州半岛在海洋区位与海上交通上具有诸多优势,更是"小地中海"(北部湾)的核心区、南海北岸国际性海上交通的要冲、南海丝绸之路的重要孔道。

2019年10月,李庆新在"大航海时代珠江口湾区与太平洋—印度洋海域交流"国际学术研讨会上发表主题报告,从制度变迁与区域/海域发展角度出发,探讨了16世纪50年代至17世纪40年代广州、澳门与珠江口湾区的发展历史。珠江口湾区是南海北岸海港城市发育最早的濒海区域之一,湾区顶部的番禺(广州)是海上丝绸之路的重要发祥地,中国传统的海外贸易中心区域。明中叶,澳门在湾区西部横空出世,迅速崛起成为珠江口湾区具有举足轻重地位的中心城市之一,而且是东亚地区具有全球影响力的海运交通枢纽和海洋贸易中心之一,从此打破千百年来广州"一城独大"的珠江口湾区历史。在"广中事例""广州制度"框架下,广州—澳门构成珠江口湾区"复合中心",开启湾区城市发展与对外贸易的"黄金时代",为后世粤港澳大湾区城市群成长开局。

中国传统海洋活动中,海洋神灵、宗教传统和地方崇拜一直受到国内外学者关注,观音、关帝、妈祖信仰等是海洋史上一个反复出现的热门话题。2004年,李庆新在越南会安调研,发现海南华侨信仰的神灵与众不同,他们崇拜的神灵是"本地制造的"保护神"兄弟公"(昭应公)。李庆新一直留意追踪,发现海南涉海人群的兄弟公崇拜,早期以祭祀孤魂、海厉的原始形式,后来混杂入佛教、道教普度"无祀鬼神"的盂兰盛会,复受明清侠义小说故事影响,摄入越南遇难琼商显灵神化的传说,终于创造出本岛渔民商众情有独钟的海洋保护神,形成有别于陆地社会的兄弟公信仰圈。随着清代海南人"下南洋",兄弟公崇拜随之传播到东南亚地区,吸收了一些本土信俗因素,成为所在国家或地区民族(华族)文化的组成部分,在东亚海域交流与海洋文化史上占有一席之地①。这类区域性"小众信仰"研究对拓展中国海洋信仰与海洋社会生活史具有特殊价值和学术意义。2009年,李庆新出席第四届海外华人研究与文献收藏机构国际合作会议,将这篇文章提交讨论,后来加以扩充,在《海洋史研究》上公开发表,在华侨史、东南亚史研究领

---

① 李庆新:《海南兄弟公信仰及其在东南亚传播》,见《海洋史研究》第10辑,社会科学文献出版社2017年版,第459—505页;亦收入《师凿精神忆记与传习——韦庆远教授诞辰九十周年纪念文集》,科学出版社2019年版,第683—723页。

域引起反响。普塔克教授认为,这篇以近 5 万字的长文关注一个"不太知名的地方崇拜"是非常有价值的,"兄弟公信仰"之所以重要,是因为它涉及当地渔民,尤其是文昌渔民以及定期航行到南海中部海域的渔民①。海神信仰体系后面其实蕴藏着一个丰富多彩的海洋群体和海洋社会。

海洋信仰植根于沿海乡村社会与涉海人群,具有极强的草根性、遗传性和海洋特色,研究海洋信仰,需要深入民间信仰赖于成长的民间社会。李庆新对妈祖信仰及其粤海地区的传播与流变做了深入研究,探讨妈祖信仰与南粤文化的融合,呈现其在粤地"被创造"及变异的过程。研究显示,妈祖信仰的两大系统——官方系统和民间系统,在国内及海外传播、变异过程中形成了"三个面相"——原乡妈祖、他乡妈祖与海外妈祖。研究妈祖,需要关注其一致性,更需要看到她在传播过程中的差异性、多样性,注意她在传承或传播过程中的变化或变异——变异主要产生于民间系统。

2016、2019 年,李庆新先后参加了德国慕尼黑大学、波恩大学、孔子学院等机构主办的有关妈祖/天后、福建民间海洋信仰等国际研讨会,讨论明清时期民间航海针路簿、更路簿及其他民间文书,揭示出沿海地区和涉海人群的海洋崇拜内容极为庞杂丰富,海洋神灵名目繁多。举凡制造船只、出海渔猎、越洋经商、返回家园、维修船只等民间事项,民众均举行各种祭祀仪式,祈求神灵保佑。沿海地区民情习俗信仰不一,祭祀的神灵自然也大不相同,各地存在各种各样的海洋神灵,构成大大小小的海神信仰网络和祭祀圈,在各自海洋小社会中起着不可替代的重要作用。而记录民间海洋活动、海洋知识与海洋信仰、具有航海指南性质的航海针经、更路簿等民间文献,是沿海地区民众海洋意识、航海智慧、航海经验与技术的结晶,值得重视②。

4. 海洋人群流动与越南华侨研究

2000 年以后,广东省社科院与越南国家社会科学院开展合作交流,李庆新开始有计划地前往越南河内、庯宪、会安、顺化、边和、胡志明市、河仙等地开展华侨与海港发展历史调研。2001 年 4 月 26—28 日,世界海外华人研究学会(ISSCO)主办的第四届世界海外华人国际学术研讨会在台湾举行,会议议题涉及"移民、华商与经贸""文化、教育与认同""妇女、参政与地区研究"等诸多领域。李庆新参加了此次海华研究盛会,提交了论文《明中后期广东商民在南洋的活动》,感触

---

① 普塔克:《〈海洋史研究〉:对其过去和将来的一些看法》,罗燚英译,见《海洋史研究》第 15 辑,社会科学文献出版社 2020 年版。
② 李庆新、罗燚英:《广东妈祖信仰及其流变初探》,载《莆田学院学报》2012 年第 1 期;李庆新:《再造妈祖:华南沿海地区妈祖信仰再认识》,妈祖/天后国际研讨会,慕尼黑大学汉学研究所,2016 年 3 月 18—19 日;Li Qingxin, *The Maritime Belief in the Marine Zhenlu*(针路)*and Genglubu of South China Sea*(更路簿)*during Ming and Qing Dynasties*,福建海洋联系与地方民间信仰研讨会,波恩大学,2019 年 7 月 18—25 日,该文将收入会议论文集,在德国出版。

到东亚地区海上人群流动与东南亚华侨史研究的前沿动态与发展前景。2003年4月13日,香港中文大学、美国俄亥俄大学联合举办第二届海外华人研究与文献收藏机构国际合作会议,李庆新在会上做了关于越南华侨与越南社会的研究报告。2012、2015年,李庆新参加在越南举办的阮朝与东亚交流、越南南方地方文化国际研讨与调研活动,收获尤为丰富。

　　17世纪中叶明清易代之后,大批不满清朝统治的中国民众播迁海外,进入越南者尤多,在近世中越关系史、华侨史、中南半岛多国历史留下了不可磨灭的历史印记。李庆新从中国及越南史料入手,在中国北部湾、雷州半岛和越南沿海实地调研中,探寻南明海上武装势力的反清活动及其对湄公河三角洲的开发,越南的"明香人""明香社"(后改"明乡人""明乡社"),鄚玖、鄚天赐父子南渡河仙及其"港口国"的建立,港口国的海上交通与海洋贸易,港口国与越南阮氏、高棉王国、暹罗大城王朝的政治关系、军事纷争等系列问题。

2009年12月9—16日,访问越南国家社会科学院历史研究所

　　李庆新对以鄚氏"港口国"为代表的东南亚"非经典"政权的理论思考尤其有见地。在东南亚"贸易时代","港口国"类型的非经典政权甚为多见,鄚氏"港口国"在18世纪中叶中南半岛上拥有相当程度的政治、军事、经济等独立性,对地区国际关系、海洋局势都产生了重要影响,不仅仅是河仙的区域史,也不仅仅

是河仙曾"臣服"的某个"宗主国"（如柬埔寨、越南阮氏）的国别史或地区史。然而郑氏"港口国"两传就走向消亡，归根结底是因为该地区缺乏长期立国的基础，经济结构相对单一，过于依赖海洋与海外市场，多种族、多宗教的多元社会—文化结构使郑氏"港口国"很难建构起像"经典政权"那样同质化的大一统政治文明、社会结构与文化传统，并作为政权的"立国"基础。缺乏坚实稳固基础的政权实体经不起国际政治风云变幻的冲击。东南亚多数"非经典政权"都有这样的共性和大体相同的命运，郑氏"港口国"也不例外①。这些研究重写了越南史、华侨史乃至东南亚史不少旧问题和新领域，将相关研究推进到新境地和新水平。中国是个海陆兼备的古老帝国，但海洋因素在传统政治、社会、经济中始终处于非主流地位，海洋文明只在某些沿海地区有优势发展的可能，因而区域性是中国海洋文明的另外一个特点。历史上带有一定"海洋特色"的政权在江南、闽广等沿海地区也曾经出现过，如春秋时期的吴国、越国，秦末汉初的南越国，五代时期的南汉国、闽国、吴越国，以及南宋等。李庆新关于"非经典政权"的理论建树，对探索中国"海洋性"政权乃至海洋文明也有启示。

在古代海外贸易中，书籍经常被认为是捎带出去的商品而受忽视，然而书籍不是一般商品，具有一般商品不可比拟的政治文化价值。李庆新在研究清代中越文化交流中，发现中越之间通过华商海洋网络，广州及附近的南海、顺德等地书坊为越南代刻汉籍，构成"广州（佛山）刊刻，嘉定发售"的书籍刻印—销售体系。在广东执行公务的越南使臣、官差乃至宗教人士等，也经常到广州书坊购买图书。这些国际间书籍刻印与交易活动，成为中越交流的"海上书籍之路"②。2015年6月间，应关西大学东西学术研究所松浦章教授邀请，李庆新参加该年度第5回研究例会，做了《从广东到嘉定：中越交流的"海上书籍之路"》的专题报告。以往学界关注东亚海域书籍交流与知识传播，多集中于中日韩之间，而面向东南亚的中越交流研究不多，学者认为这一研究开拓了东亚海域交流与海上丝绸之路研究的新领域。

5. 海洋考古研究

现代史学有所谓两重证据法、三重证据法，其中一重证据就是建立在考古发现新材料的基础之上，可见考古学对历史研究的重要性。李庆新对考古学一直怀有浓

---

① 相关专论文章有《鄚玖、鄚天赐与河仙政权（港口国）》《东南亚的"小广州"：河仙（"港口国"）海上交通与海洋贸易（1670—1810年代）》《鄚氏河仙政权（"港口国"）及其对外关系——兼谈东南亚历史上的"非经典政权"》，分别发表在《海洋史研究》第1辑、第5辑、第7辑，社会科学出版社2010年、2013年、2015年版；《清初粤西沿海的南明武装》，见《姜伯勤教授八帙华诞颂寿史学论文集》，广东人民出版社2019年版，第266—292页；《越南明香与明乡社》，见《中国社会历史评论》第10辑，天津古籍出版社2009年版；《"海上明朝"：鄚氏河仙政权（"港口国"）的中华特色》，载《学术月刊》2008年第10期；《有船自广州来——从越南金瓯沉船看十八世纪南海贸易》，载台北《故宫文物月刊》第362期，2013年5月，第3—10页；等等。

② 该文刊发在日本《关西大学东西学术研究所纪要》第49辑，平成二十八年四月（2016年4月），第597—616页；亦刊于《学术研究》2015年12期。中国人民大学书报资料中心《出版业》2016年第4期全文转载。

厚兴趣，关注考古研究动态，发现新问题，利用新材料，将考古学、历史学研究相结合，融会历史学与考古学，成为他研究历史的基本功和学术特色。他在秦汉六朝时期岭南与海上交通、"南海Ⅰ号"沉船、明前期南海考古出水外销瓷、钱币、金属制品、南海海洋考古等一系列研究中，取得了令人瞩目的成果①。

1987年，"南海Ⅰ号"宋代沉船在广东台山川山群岛海域被发现，2007年成功打捞出水。李庆新从海洋考古以及海洋文化遗产保护与研究角度，多次前往海陵岛"南海Ⅰ号"发掘现场考察学习。2010年，李庆新应五洲传播出版社之邀，编写了《"南海Ⅰ号"与海上丝绸之路》一书，由五洲传播出版社出版中英文版；2014年，该书入选国家"丝路书香"工程；2018年以后，由北京语言大学出版社出版了汉德、汉法、汉意、汉俄、汉日、汉泰、汉阿文等版本，向世界介绍中国，也向世界介绍"南海Ⅰ号"。

2019年11月11日，与李伯重教授（左二）、李锦绣教授（右三）、廉亚明（Ralph Kauz）教授（右二）、萧婷（Schottenhammer Angela）教授（右一）、孙键教授（左三）等考察"南海Ⅰ号"沉船发掘现场

---

① 相关研究成果如《略谈南海海洋文化遗产及其当下价值》，载《南海学刊》2017年第4期；《有船自广州来——从越南金瓯沉船看十八世纪南海贸易》，载台北《故宫文物月刊》第362期，2013年5月，第3—10页；《南宋海外贸易中的外销瓷、钱币、金属制品及其他问题——基于"南海一号"沉船出水遗物的初步考察》，载《学术月刊》2012年第9期（创刊55周年纪念号之五）；《货币、贵金属与外销瓷：从考古发现看明前期南海贸易》，载《澳门理工学报》2012年第1期，人大报刊复印资料《明清史》第11期全文转载；《海洋考古与海洋史研究》，见南开大学、北京大学、中国社科院编《纪念郑天挺先生诞辰一百一十周年——中国古代社会高层论坛文集》，中华书局2011年版；《从考古发现看秦汉六朝时期岭南与海上交通》，载《史学月刊》2006年第10期。

2012 年，李庆新发表了《南宋海外贸易中的外销瓷、钱币、金属制品及其他问题》一文，从"南海Ⅰ号"出水的外销瓷、钱币、金属制品等考古发现，探讨南宋时期中国瓷器生产、货币流通、金银铁器生产及出口贸易等问题[①]。2015 年，李庆新参加了韩国海洋大学举办的"东亚海港与海洋丝绸之路"国际研讨会，做了关于"南海Ⅰ号"沉船与海上丝绸之路的专题报告，后以英文在韩国发表[②]。

越南海域自古以来就处在东亚、东南亚海上交通的要冲，从中部的大占海到南部的昆仑洋—暹罗湾，海况复杂，海运频繁，也成为海难频发区域。20 世纪 90 年代以来，越南海域打捞了多艘 15—18 世纪的沉船，如广南省岘港附近的占婆岛沉船、巴地—头顿省槟榔礁沉船、建江省海域沉船和平顺省藩切沉船、金瓯省金瓯沉船。"金瓯沉船"发现于 1998 年夏，是一艘在雍正年间（1723—1735）从广州开出的商船，出水遗物 13 万件，有中国陶瓷、锌条、"康熙通宝"钱币、衣物、船骨、金属制品（如发夹、铜锁、铜盘、铜盒）、石质印章、辟邪、砚台，等等，其中，中国瓷器最多。李庆新认为，这艘沉船发现遗物反映了 18 世纪江西、福建、广东瓷器生产及外销实况，多件瓷器盘内或底部刻书"祖唐居""梁齐号""裴溪若深珍藏""若深珍藏"等字样，是广东佛山石湾、江西景德镇民窑工场或商号专门为海外市场订制生产的，对了解清前期各主要瓷器产地的外向型生产方式、面向海外的运输、销售网络提供宝贵的实物资料。船载遗物"潘廷采印"及封泥对了解清代十三行早期行商、康熙开海以后至"一口通商"之前中国与东南亚贸易颇有价值。结合沉船年代，正值鄚氏"港口国"统治河仙地区时期，对探索 18 世纪 30 年代河仙政权及其与清朝关系也有参考价值。

2018 年 10 月，李庆新赴日本参加"东亚海洋交流和货币流通"学术调研与研讨会，考察了岛根县益田市中须东原遗迹、冲手遗迹、中世金市遗迹，益田市收藏古文书"梅津文书""原馨氏所藏增野家文书""原屋邦司氏所藏文书"及古钱币，大田市世界文化遗产石见银山遗址及银矿遗址资料馆，温泉津考古遗址，战国大名毛利氏时期银山物资进出与海军基地冲泊，16 世纪前半叶松浦家族故居"鞆馆"等，其间李庆新做了题为《海洋贸易、货币流通与经济社会变迁——东亚海域沉船发现古代货币及相关问题思考》的专场报告，指出 20 世纪 70 年代以来，东亚海域发现的数十艘古代沉船出水大量来自世界各国的金银货币、铜钱及锡、铅等其他钱币，反映了东亚海域流通货币呈现国际化、多元化的特点，中国铜钱尤受欢迎，并充当了国际通用货币的角色，日本、朝鲜、越南等国长期流通并仿制中国古钱，东亚地区形成以中国钱制为主导的东方货币文化圈，成为构筑"大中华区"共同文化——包括朝贡体系、儒家文化圈、汉字文化圈——的重要基础。历史上，"南金"

---

① 李庆新：《南宋海外贸易中的外销瓷、钱币、金属制品及其他问题——基于"南海Ⅰ号"沉船出水遗物的初步考察》，载《学术月刊》2012 年第 9 期（创刊 55 周年纪念号之五）。

② Li qingxin, "Nanhai I"（南海Ⅰ号）Wreck on the Maritime Silk Road, *The Maritime Silk Road and Seaport Cites*, published by Sunin publisher, Jun 2015, Korea.

"夷钱""洋钱"等流入中国东南沿海市场,形成杂用多样货币的区域性特殊通货区。近世大量美洲、日本白银从海路进入中国,在持续性"银进钱退"浪潮中中国确立银本位制度,消解了传统的东方货币文化圈。与会各国学者反应热烈,认为李庆新的报告资料宏富,在全球史、海洋史的开阔视野下打通了前近代东亚地区国际经济、地区金融、海域交流等多方面跨领域的宏观历史,见解精到。

(二)广东历史与文化遗产研究

20 世纪 80 年代初,得改革开放风气之先的广东史学在地方史、社会经济史研究上也领风气之先。历史所启动的《广东通史》是广东第一部大部头的地方通史,在国内处在区域通史研究的前列。该书古近现代各一卷,每卷上、下两册,全面、系统地叙述了远古至民国时期广东地区政治、经济、文化等的发展历史,结构宏大,连续被列入广东省社会科学"七五""八五""九五"规划重点研究项目。李庆新承担了《广东通史》古代上册隋唐五代部分的编写。1996 年,古代上册由广东高等教育出版社出版。皇皇巨著,学界反响很大。中山大学姜伯勤教授认为,这是"一部大长志气的好书","从广大读者来看,这是一部了解国情乡情,增长爱国主义见识的好书;从专业工作者来说,这是一部确立学术自尊心、自信心的佳作;以出版界而言之,这是一部编审考究、纸质精良、印刷精美的具有精品意识的出版物"。他十分赞赏李庆新执笔的隋唐五代部分,认为"体现了近十年来中国学者对于唐代广东的研究已大为改观,研究水平已有了耳目一新的进展";南汉部分也"很有特色,对南汉制度的梳理颇见功力,南汉的节度使制度与唐末和五代各国节度使相比较,已经发生了质的变化,这是南汉政治的主要成就,也是本书的一项成就"①。张荣芳教授认为《广东通史》古代上册"具有开创意义,有筚路蓝缕之功,填补了广东学术史的一大空白"。陈长琦教授指出《广东通史》古代上册是一部体例完备、内容充实、富有学术价值的著作,开创了广东史研究的新局面,建立起广东通史的科学体系,改写、深化了广东史的许多内容,反映和代表了广东史研究的最新水平,体大思精,是广东史研究的一块壮丽的里程碑②。曹旅宁教授也肯定了《广东通史》古代上册是一部区域历史文化研究的佳作,而李庆新执笔的唐五代时期的广东历史是本书论述的重心内容,史料丰富、论点新颖是其显著特点③。黄汉平教授认为《广东通史》古代上册的问世,填补了广东偌大一省无"通史"的空白,可以毫不夸张地称之为"广东古今第一书"④。

---

① 姜伯勤:《一部大长志气的好书——读〈广东通史〉古代上册》,载《学术研究》1997 年第 6 期。
② 陈长琦:《广东史研究的里程碑——读〈广东通史〉古代卷上册》,载《广东社会科学》1998 年第 5 期。
③ 曹旅宁:《岭峤春秋,斐炳南疆——〈广东通史〉古代上册读后》,载《岭南文史》1998 年第 2 期。
④ 黄汉平:《广东古今第一书——〈广东通史〉古代上册读后》,载《暨南教学》1997 年 10 月 25 日。

《广东通史》古代上册出版后,李庆新再接再厉,承担古代下册明代海外贸易、城乡商业、澳门贸易、华侨等部分的编写,并担任本册副主编。2007年,该册公开出版,共90余万字。古代上下册出版,建构起完整的广东古代史体系,获得广东省第二届"五个一工程"精品图书奖。德国汉学家普塔克在 Monumenta Serica Journal of Oriental Studies(德国《华裔学志》)发表书评,认为架构极其清晰,可以作为详尽的指导性纵览阅读,可以当参考书使用,是一部具备权威特征的著作。随着近现代分册的完成,它极有可能成为一部中文版"剑桥广东历史大全"①。

20世纪八九十年代,李庆新除了承担《广东通史》的编写任务,还参加《广东省志大事记》《广东百科全书》(历史分编、中外关系分编)、《广州通史》(古代卷)等大型学术项目编写,在地方史研究上打下相当厚实的基础,成为广东史研究中年轻的"老行尊"。他个人承担的广东省"七五"社科规划青年项目"唐代岭南研究"发表了多篇阶段性专题论文。2003年,该课题大体完成并形成《3—9世纪南海贸易与岭南社会》书稿,从长时段考察六朝至隋唐时期岭南地方建制与政局演变,岭南区域开发、经济增长与社会结构变迁,着重探索交广地区与南海—印度洋海上网络建构与"南海海洋贸易圈"的形成,深入思考岭南古代地区政治特性与发展特征、中央王朝统治与地方体系的博弈与互动、海洋因素对陆海地域空间经济发展与运行机制的影响等问题,对濒海型政权南汉王朝的兴起及其与东南亚国家的海洋互动、岭南地区经济的新进展与社会文化发展,也进行深度考察,成为李庆新深耕区域史并向海洋史学跨越的前期成果。

2018年是中国改革开放40周年。为系统总结广东改革开放40周年的历程和经验,2016年,广东省委部署启动了《广东改革开放史(1978—2018年)》的编纂工作。李庆新带领历史研究所的同人承担了具体编纂任务,坚持实事求是、论从史出原则,发掘利用大批权威的档案、方志、年鉴、统计资料,广泛吸收前人研究成果,客观呈现了广东改革开放以来经济、政治、文化、社会、生态文明建设和党的建设各个领域的重大事件和重大变化,成为我国第一部反映改革开放辉煌历史的地区通史。全书73万字,内容丰富,体系严整,结构合理,主题鲜明,脉络清晰,在改革开放史编纂学上也有"发凡起例"的开拓创新之功,是广东改革开放史研究的里程碑,在当代中国改革开放研究中也占有一席之地。该书入选国家"十三五"重点图书出版规划项目、2018年主题出版重点出版物,列入2018年广东庆祝改革开放40周年的"八大工程"之一,2018年由社会科学文献出版社出版,受到各界广泛好评和欢迎。

2003年,广东省出台加快建设文化大省的决定。2004年,广东省社会科学院以历史研究所为主要班底组成了"广东历史人文资源调研"课题组,李庆新带领

---

① 普塔克:《一部权威的地方史巨著——简评《广东通史》(古代上、下册)》,冯令仪译,载《图书馆论坛》2011年第3期。

全所科研人员，历时两年多，对广东历史人文资源的"家底"及存在问题进行全面调研。结果显示：广东历史人文资源"家底"丰厚，国家级文物在全国居中上水平；海洋文化遗产、华侨文物、革命文物、名人资源等在国内地位显著；名城、名镇、名村数量在全国名列前茅；非物质文化遗产相当可观。存在问题主要有：全民文物保护意识比较薄弱，城市基本建设中"人为破坏"情况严重，文物保护经费偏低，走私猖獗等。在历史人文资源的开发中，存在各地政府开发指导思想不明确、规划滞后、缺乏监管、"建设性破坏"屡见不鲜、专业人才缺乏等问题。研究报告提出，应该像对待生态环境和生存资源那样高度重视历史人文资源的保护与开发，将历史人文资源保护纳入全省社会经济发展规划与建设文化大省战略部署，统筹安排，建立完善的保护体系，同时合理开发、利用，构筑经济发展的新增长点，实现历史人文资源保护开发与社会经济可持续的均衡发展，以创新思维发展文化产业，促进历史人文资源保护、开发与全球文化资源的互动，提升广东文化在国内外的影响力和文化产业的竞争力。该报告得省领导的好评，2007年该报告获得广东省第二届社科优秀成果一等奖。其后课题组将报告及相关资料加以充实整理，2008年由社会科学文献出版社公开出版。历史文化遗产保护、文化传承与经济发展，乃至将来相当长时期仍是经济社会与文化发展中必须处理好的战略性重要问题。

2007年，"南海Ⅰ号"宋代沉船成功打捞出水。李庆新对"南海Ⅰ号"考古进行跟踪研究，认为广东是我国海洋大省，拥有极为丰富的海洋文化遗产，应该以"南海Ⅰ号"沉船考古为契机，大力发掘海洋文化遗产，整合全省海洋文化遗产资源，发展海洋文化旅游与海洋文化产业，使之成为构筑新时期海洋文化的重要资源，增强广东文化软实力，推动海洋强省建设[①]。2009年研究报告发表后颇受各界关注，《高校哲学社会科学文摘》予以转载。其后，李庆新对南海及其周边海域遗存的海港城市、濒海聚落、海岛生活遗存、海洋生产遗迹、遗址等海洋文化遗产进行全面收集研究，南海北岸珠江口湾区南越国及汉代番禺都会文化遗存、南海西南暹罗湾扶南国俄厄海港文化遗存、南海北部西沙群岛甘泉岛居住遗址都见证了南海早期海港城市、濒海国家发展和西沙群岛开发的历史，对研究海上丝绸之路的发展历史，了解涉海人群的社会生活具有重要意义[②]。

2012年，李庆新带领一个课题组前往粤东、粤西和粤北调研，发现这些经济发展相对滞后的地区，在文化积淀、文化传统等方面反而具有优势。借鉴国内外经验，树立新的发展理念，挖掘粤东、粤西和粤北后发片区的本土文化潜力与自然生态优势，因地制宜，构筑植根于深厚地域文化土壤、体现自然与人文和谐发展理

[①] 王经伦、李庆新、游霭琼等：《广东海洋文化遗产保护、开发与利用思考》，载《广东社会科学》2009年第2期。

[②] 李庆新：《以海为纽带：南海丝路及其文化遗产》，见陈丽碧主编《东西汇流：十三至十八世纪的海上丝绸之路》，香港海事博物馆，2018年，第24—29页；《略谈海洋文化遗产及其当下价值》，载《南海学刊》2017年第4期。

念、传统与时尚相互交融的、可持续发展的现代文明"桃花源"目标和发展路径①。年底,李庆新又主持完成《广东民国特色建筑调研报告》,通过对现存广东民国特色建筑的初步调研,对其历史文化价值进行初步评估并提出相应的保护开发建议②,获省领导同志的肯定批示,对往后相当长一段时期广东省历史建筑保护、城乡"三旧"改造产生积极作用。

(三)佛学与中国学术研究

佛教是古印度的宗教,始创于公元前6世纪,汉哀帝元寿元年(前2)确信已传入中国。随着海上交通的发展,海路逐渐成为佛教向东亚传播的主要渠道。20世纪90年代,李庆新探索中古时期佛教海路传播与交流,对真谛、慧能、希迁、慧寂等高僧大德及禅宗流变多有关注,详细考察惠照、希迁禅系的传人大颠和尚及其在岭南东部沿海传法、与大文豪韩愈交往等禅门故实,展示了中唐以后禅教合流的思想倾向。宋人将大颠录入《祖堂集》《景德传灯录》等僧史之中,清人小说《后西游记》把大颠塑造成接续玄奘、率门徒往西天求真解的圣僧,可见其在中国佛教史上占有一席之地,影响颇为深远③。

六朝以降,不少中国僧人络绎不绝地远适印度,西行求法,梁启超先生称之为"留学运动","乃使我国文化,从物质上精神上皆起一种革命。非直我国史上一大事,实人类文明史上一大事也"④。李庆新通过对西行求法的中国僧人和东来传教的天竺高僧的考察分析,展示唐代海路已成为东西方佛教交流的主要孔道,海上丝绸之路可说是"佛教传播之路"。唐代佛教经过"中国化"不断发扬光大,并通过海路向日本、新罗、高丽、越南传播,对东亚佛教交流起了积极作用⑤。

清末民初,一批先进的知识分子掀起一股仿效西方宗教改革、复兴佛教以救国富强的思潮。李庆新注意到,文化巨人章太炎博通经史、语言文字诸学问,佛教造诣高深。甲午战争以后,章太炎鼓吹维新思想,从佛学新知中汲取养分,利用佛教改造国民道德,构筑其救国富强理论。戊戌变法失败,章太炎政治思想从赞同维新转向主张革命、推翻清政府,提出革命两大要务:第一"用宗教发起信心,增进国民的道德";第二"用国粹激动种性,增进爱国的热肠"。他把佛学义理与西方哲学相参证,从哲学根本构筑起以法相唯识学为宗、融汇中西的佛学体系。光绪三十

---

① 李庆新等:《再造桃花源——经济后发地区文化发展理念与路径思考》,载《广东省社会科学院专报》2012年第22期。
② 李庆新等:《广东民国特色建筑调研报告》,载《广东省社会科学院专报》2013年第17期。
③ 李庆新:《唐代高僧大颠事迹考述》,见《六祖慧能思想研究——慧能与岭南文化国际学术研讨会论文集》,澳门大学、澳门佛教出版委员会等,1997年,第526—543页。
④ 梁启超:《千五百年前之中国留学生》,见《中国佛教研究史》,三联书店1988年版,第26—27页。
⑤ 李庆新:《唐代南海交通与佛教交流》,载《广东社会科学》2010年第1期。

四年（1908）前后，章太炎经历了痛苦的人生和事业上的波折，学术旨趣转向老庄，彻底告别宗教。章太炎晚年回归儒术，融儒、佛、道于一炉，以真儒自居。章太炎是近代中国革命史、宗教史、思想史上有多方面建树的重要人物，他与梁启超、欧阳竟无、德清等佛学大师对法相唯识学的研究弘扬，形成了一股慈恩绝学复兴热潮，影响深广。他以居士身份弘扬佛法，亦为"居士佛学"赢得了荣誉和地位①。

梁启超先生在《清代学术概论》中指出，晚清思想界存在一"伏流"，"晚清所谓新学家者，殆无一不与佛学有关系"②。20世纪杰出的史学家陈寅恪先生，学识渊博，贯通中西，很早就接触佛典，与佛学结下不解之缘。李庆新研究发现，20年代末30年代，陈寅恪先生以国际梵佛之学"预流者"姿态跻身学术前沿。40年代，佛学研究仍然是陈先生治学与教学的重要内容，大体分为3个方面：一是佛教义理的研究。二是佛经研究，三是佛教与政治、经济、文化关系的研究。这些研究构成了陈寅恪先生博大精深学问的组成部分。陈寅恪先生主张"一方面吸收输入外来之学说，一方面不忘本来民族之地位"，佛陀智慧和佛法精义成为他人生哲学的重要思想源泉。陈寅恪先生精研佛法，是与佛学大有关系、大有贡献的著名学者之代表③。

三、传承与创新：致力建构具有国际影响、区域特色的海洋史学体系

了解李庆新的人都知道，他不是一个很善于言辞和喜欢交际的人。读大学时已经佩戴高度近视眼镜，活脱脱一个"两耳不闻窗外事，一心只读圣贤书"的书生形象。他又是个沉着严谨的人，做事执着，勤于任事，勇于担当，用心尽责，有很好的团队意识和奉献精神，在同事同行中有良好的口碑。2015年，李庆新被评为广东省劳动模范、广东省宣传思想文化战线领军人才，这是对他为人处事、工作能力与业绩贡献的肯定。

2007年，李庆新从复旦大学回到社科院，很快接手主持所务。根据院部的部署，在主体功能与学科建设、队伍建设上进行转制调适，在保障基础理论研究、保

---

① 李庆新：《从转俗成真到回真向俗——章太炎与佛学》，见李德超主编《章太炎与近代中国学术研讨会论文集》，台北里仁书局1999年版，第109—163页。
② 梁启超：《清代学术概论》，见朱维铮校注：《梁启超论清学史二种》，复旦大学出版社1985年版，第81页。
③ 李庆新：《陈寅恪先生与佛学》，见中山大学历史系编《陈寅恪与20世纪中国学术——纪念陈寅恪先生诞辰一百一十周年》，浙江人民出版社2000年版，第378—406页。

持优长学科持续发展和学科优势的同时，提高应用决策的能力，李庆新称之为"两个轮子一起转"，与此相适应，建设一支与主体功能相适应、能够拉动"两个轮子"的均衡运转的科研团队。在院部支持下，历史研究所陆续从北京大学、复旦大学、南开大学、中山大学、澳门大学、暨南大学引进了一批经过严谨的史学专业训练，具有博士学位、博士后或海外留学经历的青年学者，队伍不断壮大。目前全所现有科研人员15人，其中，研究员6人，副研究员5人，助理研究员2人；科研人员中博士12人，博士后3人，留学归国人员2人。这支以年轻人为骨干的研究团队，各怀长技，各具优势，获得学界高度肯定。

李庆新用心地带领着这支年轻的团队，弘扬艰苦奋斗、献身科学、积极进取、同舟共济的精神。2008年，历史研究所成立50周年。8月，刚履任所长的李庆新主持成立所庆50周年筹备组，编辑出版纪念文集。全所经过3个月的紧张奋斗，11月，《广东省社会科学院历史与孙中山研究所建所50周年纪念文集（1958—2008年）》由香港银河出版社出版，共111万字，收录了本所在职、离退休、曾经工作过的同事代表作或新作，多位与本所关系密切的海内外知名学者的力作，以及本所大事记、重要研究成果、对外学术交流、研究生培养等资料，记录了历史研究所半个世纪以来艰苦创业、奋发图强的历程，鼓舞了全所士气。2018年，历史与孙中山研究所成立60周年，也是历史研究所已故客座研究员韦庆远先生诞辰90周年，李庆新主持举办了"史学传承与创新：历史与孙中山研究所成立60周年座谈会"，编辑出版《学海扬帆一甲子——广东省社会科学院历史与孙中山研究所成立六十周年纪念文集》《师凿精神忆记与传习——韦庆远先生诞辰九十周年纪念文集》，弘扬优良传统，缅怀、学习前辈学者坚持真理、潜心学术、甘坐冷板凳、严谨认真等优良学风和治学风范。2019年12月28日，这两本纪念文集由科学出版社公开出版，在北京首发。

在学术研究上，李庆新要求全所科研人员坚定信念，保持定力，咬定青山不放松，紧紧抓住广东地方史、孙中山研究等特色优长领域，大力开拓海洋史、海上丝绸之路、南海—南太平洋海岛地区等新学科、新领域研究，构筑海洋史学研究新增长点和学术高地。10余年来，历史研究所从传统的政治史研究发展成为兼具政治史、经济史、海洋史、地方史于一体的多学科并进的学术重镇，取得了令人瞩目的成就。2019年，历史研究所入选中国历史研究院统筹领导下的全国首批32家主要史学研究与教学机构联席会议成员单位之一（广东另外一家为中山大学历史系）。11月15日，《山东社会科学报道》"地方社会科学院名所巡礼专栏"整版刊发长篇报道《扬帆学海一甲子，扎根南国枝叶繁》，详细介绍了历史研究所/中心的发展历程与成就。

广东学术素有关心"海事""西学"、关注"夷情""洋务"之传统。现代史学大师梁启超、岑仲勉、陈序经、朱杰勤等先生在南海史地、中西交通史等领域研究上各有开拓性贡献，成为岭南学术的突出特色。20世纪80年代以来，广东省社科院历史研究所地方史、经济史、港澳史3个研究室的研究方向均有鲜明涉海取向。方志钦、蒋祖缘先生主编的6卷本《广东通史》，十分注重海洋发展历史，充分体现广东是中国海洋文明与海上丝绸之路的重要发祥地，中国海洋开发、海洋管理与南海经略的主要省份。叶显恩、蒋祖缘先生主编的《广东航运史》（古代、近代），海洋发展与航运是主体内容。金应熙、邓开颂先生等倡导的港澳史研究，叶显恩先生对广州与海上丝绸之路、明清珠三角社会经济史的研究，谭棣华教授对明清珠江三角洲沙田开发的研究，都很有影响。90年代以后，李庆新将研究方向转向海洋历史。2009年6月，在院部支持下，国内第一个海洋史学专业研究机构——广东海洋史研究中心挂牌成立，李庆新被任命为中心主任。主要研究方向为华南与亚太海域经济社会史、南海诸岛史、中国海洋贸易史、东西方文化交流史、海外华侨史、海洋考古、海洋信仰与海洋文化遗产等，大力推进对外学术交流，致力于建构具有区域特色的国际海洋史学交流平台。7月20日，中心举行成立典礼暨首届"海洋广东"论坛，著名学者蔡鸿生、姜伯勤、叶显恩、科大卫（David Faure）、滨下武志、范岱克（Paul A. Van Dyke）、李塔娜、刘石吉教授等60余位作为海内外嘉宾代表应邀出席会议，在学界引起了很大反响，《中国海洋报》专门发布了中心成立的消息。

2010年，海洋史研究中心主办的《海洋史研究》（*Studies of Maritime History*）正式由社会科学文献出版社结集出版，这是国内唯一的海洋史学专业刊物，甫一面世，即令人刮目相看。刘苏里先生列举2011年度热门学术思想类图书，期许《海洋史研究》"或许可以成为中国海洋史研究的新起点"。

在李庆新悉心经营和团队的共同努力下，《海洋史研究》越办越好，在众多学术期刊和专业集刊中脱颖而出，成为国内外广受瞩目的海洋史学专业刊物，至今已出版16辑。2014—2018年，连续5年获评社会科学文献出版社人文社会科学优秀集刊。2017年入选中国社会科学研究评价中心"中文社会科学引文索引（CSSCI）"来源集刊，成为唯一一份海洋史学专业核心集刊。2019年入选社会科学文献出版社CNI名录集刊。

作为主编，李庆新把《海洋史研究》作为事业的寄托，有其明确的信念和高远的追求，视质量为生命，在专业、高端、国际化上凝聚志同道合的团队力量与学者共同体之智慧，用心组稿，严格把关，为学术界推介纯粹精湛的学术成果。广东海洋史研究中心成立时，聘请了国内外19位知名专家为学术顾问和《海洋史研究》编辑委员会委员，他们为集刊贡献了不少有分量的专业论文，而且在中心、集刊与国内外同行中起到穿针引线的联络作用。《海洋史研究》发表文章以中文为多，亦发表英文、日文等语种论文，作者来自中国大陆和港澳台地区，以及德国、澳大利亚、日本、新加坡、越南、韩国、印度、美国、葡萄牙、比利时，国内、境外作者比例大体上各占一半，使《海洋史研究》不仅成为"国内海洋史研究的一面旗帜"，而且是"一本在世界上具有重要学术影响力的国际化刊物"。

2019年，德国汉学家普塔克教授有感于《海洋史研究》所取得的成就，专门写了一篇名为《〈海洋史研究〉：对其过去与将来的一些看法》的文章，其中谈道：

我要确认，《海洋史研究》是一份重要的期刊，在广东、全中国乃至国际上都享有良好的声誉。迄今为止，我尚未遇到过一个学者告诉我相反的情况，或者说他不曾从阅读这本集刊中获益。相反，在私下谈话、正式会议或教学中，人们的反应过去、现在仍然是很热烈的。

在《海洋史研究》创刊后，……广东省社会科学院推开了一扇新的大门，来自广东和其他地方的学者现在可以利用一个新增的且非常有效的平台来传播他们的研究成果。这一作品萃集丰富了海洋史特别是中国海洋史的研究。

当我首次到访广东省社会科学院时，我的印象是，当时从事海洋史研究的学者们（大多是一群年轻的学者）决心全力以赴。换言之，着手创办该集刊的团队很清楚，它必须提供新的想法，提交高质量的论文，并且必须吸引各地的作者提交更多的文章。很明显，该团队在这方面非常合格，否则就不会取得如此成功。

质量是一个重要的方面。到目前为止，《海洋史研究》能够发表结构严谨、内容丰富、结论良好的文章。从与朋友和同行的谈话中，我可以看出，几乎每个人都认同这一观点。然而，正如要一直在甲级联赛踢球并不容易一样，要在几十年内保持同样出色的业绩水平，就必须付出巨大的努力。迄今为止，团队以令人钦佩的方式完成了这项艰巨的任务；因此，我们应该祝贺李庆新及其辛勤工作的团队。①

著名隋唐史、中外关系史专家、《丝瓷之路》主编李锦绣教授认为，现在专业刊物并不罕见，但有主旨、有学术理念的刊物不多，很多是同类的论文集而已。《海洋史研究》强调于海洋本位和国际视野，致力于构建具有区域特色的海洋史研究体系，难能可贵，在现今学术刊物中，属凤毛麟角，成果和影响都不可限量。

李庆新深知学术交流的重要性，加强与国内外海洋史学高等学府、研究机构及相关学者的合作，推动了一系列高水平、有影响的学术活动，为我国海洋史学发展与学科建设做出了重要贡献。2008年以来，所/中心坚持主办"史学前沿论坛"，邀请国内外海洋史专家学者介绍最新成果和前沿动态，至今已经举办50多期，成为广东史学界有影响的学术讲坛。

---

① 普塔克：《〈海洋史研究〉：对其过去和将来的一些看法》，《海洋史研究》第15辑，社会科学文献出版社2020年版，第3—10页。

2010年9月7日，澳大利亚国立大学朱迪丝·卡梅隆（Judith Cameron）教授（左五）、李塔娜教授（右三）、中山大学滨下武志教授（右四）等访问广东海洋史研究中心

2010年，海洋史研究中心与中国社会科学杂志社合作，邀请知名学者撰写海洋史理论文章，在"世界海洋日"为《中国社会科学报》策划《海洋与海洋时代》特别栏目。6月8日，《中国社会科学报》刊发了冯尔康先生的《大力开展海洋史研究正当其时》、普塔克教授的《从"地中海模式"到"海上丝绸之路"》、李塔娜教授的《东南亚"水疆"研究探求新视角》和李庆新的《亚洲海洋史研究新趋向》系列文章，在海洋史学前沿概况、发展态势、理论思考上提出新颖见解，影响很大。

2012年，海洋史研究中心与社会科学文献出版社合作，承办了全国首届人文社会科学集刊年会，在编撰、出版、评价、推广等方面形成"广州共识"，推进我国集刊规范化发展，成为我国集刊发展、学术园地建设和学术繁荣的里程碑。

2014年，海洋史研究中心与中国经济史学会等学术机构联合举办"海上丝绸之路与明清时期广东海洋经济"国际学术研讨会，这是近年来国内规模最大的国际性海洋史学盛会之一。

2015年，海洋史研究中心承办了第五届全国社会科学院世界历史研究联席研讨会。

2016年，海洋史研究中心与广州海关合作举办"粤海关与海上丝绸之路"学术研讨会，成为全国海关系统少见的高水平海关史学术研讨会。这些学术活动在国内外学界产生积极影响。

海洋史研究已经成为热门显学，而青年学人已成为主力。2018年，海洋史研究中心、《海洋史研究》编辑部在阳江海陵岛举行"海洋史研究青年学者论坛",旨在培养青年,传承学术,同时为国内青年学人搭建学术研讨、思想碰撞的平台,受到国内青年学者的积极响应与学界的热切关注。2019 年"海洋史研究青年学者论坛"在中山市成功举办,2020 年 11 月,青年论坛在上川岛顺利举办,已经成为颇具影响力的学术交流平台。在院部支持下,这一论坛将作为海洋史研究中心常规任务,每年举办一届。

2019 年,广东海洋史研究中心成立 10 周年。12 月 28 日,历史研究所、海洋史研究中心联合科学出版社历史分社在北京举办了座谈会,来自首都高校、科研、文博、出版机构的学者、嘉宾 30 余人出席会议。与会学者充分肯定了海洋史研究中心所取得的成就和所做的贡献,称赞海洋史研究中心"不仅是一个广东的海洋史研究中心,也是一个全国的海洋史研究中心"。著名经济史学家、北京大学历史系李伯重教授不无感慨地说,国内高校科研机构建立了不少历史学研究中心,但消亡的实在也不少,广东海洋史研究中心坚持了下来。我们说十年树人,十年前是个小孩,现在已经活蹦乱跳了。如今学术界比较浮躁,海洋史又是一个热门,在这样的环境下,海洋史中心还能坚持,还能做实学,实在不容易。

四、执着追求,宁静致远:史学"不归路"上的治学理念与学术情怀

2017 年 12 月 31 日晚上 9 时,广东电视新闻频道《权威访谈》栏目"岭南文化大家"系列播出一辑李庆新的专题,编导陈玺问:"做学问是一条不归路,是什么支撑您一直在这条路上走下来的?"李庆新答:"我觉得理想和信念还是起很大作用的,还有事业心,更重要的,我觉得是钱锺书先生说的素心。自己认准一个方向,就要尽量排除私心杂念,宁静才能致远。"从 20 世纪 80 年代初"入行"史学以来,经历了八九十年代的"下海潮""出国潮"等冲击,李庆新始终没有离开史学岗位,数十年如一日,"把青春献给了历史",有所为有所不为。现在看来,确实有一种力量在支撑着他近乎固执地一路走来,那就是人生的理想、志向和追求。

1. 求真务实,专心致志

历史学是一门追求真实、还原真相、揭示规律、启示未来的古老学问。郑天廷先生在南开大学给历史系学生上课时强调,学习历史的目的有三:一求真,二求用,三真用结合。求真就要详细占有材料,研究事件是怎样发生的,经过及结果如何,不是想象,不是道听途说。① 冯尔康先生在不同场合多次表述他的治史理念和

---

① 郑天廷:《漫谈治史》,见《及时人谈丛》,中华书局 2002 年版,第 464 页。

方法，强调历史研究要重视史料收集，要用史料说话，"于史料中觅求历史的真相"，先生受乾嘉学派和实证史学影响很大，他的书房就叫"顾真斋"①。

傅衣凌先生在《治史琐谈》中指出，治史没有别的法门，必须不怕艰难险阻，刻苦钻研，不可急于求成，更不可轻浮自满，要"做一个老实的读书人"②。钱锺书先生则说："大抵学问是荒江野老屋中二三素心人商量培养之事，朝市之显学必成俗学。"③ 在李庆新看来，前辈学者所说的"老实人""素心人"，就是要求做到真心向学，努力做到超凡脱俗，做纯粹学问。"老实""素心"在本质上是一种追求本真的初心和平常心。真心即素心。真心做学问是一种静心修为的过程。专心致志，宁静致远，保持"素心"，排除杂念，心无旁骛，甘坐冷板凳，是杜绝"俗学"、做好学问的基本理念和治学态度。

2013年，应《澳门理工学报》主编刘泽生学长之约，李庆新写了一篇关于学术集刊发展取向的文章：

> 无论集刊还是一般刊物，其共同目标都指向发表高水平学术成果，追求高品位学术境界。有所不同的是，一般刊物以综合见长，集刊则以专精取胜。集刊不惧"曲高和寡"，最忌平庸趋俗；集刊人应该有"素心人"情怀，在专业高端专心致志，凝聚志同道合的研究团队与学者共同体之智慧，向学术界推介纯粹精湛的学术成果，为学术创新、学科建设、学术流派发展多做贡献。《海洋史研究》坚守专业根本，高端定位，特色发展，国际视野，不仅是中心同人耕耘的田园，也是向海内外同行开放、用心灵共建的精神家园。笔者相信，这也是学术集刊追求的基本目标和发展取向。④

李庆新以主编《海洋史研究》的实践经验与治学体会，道出他对专心致志做学问、对"老实人""素心人"治学境界的理解与追求。

2. 讲求史识，开拓视野

唐人刘知幾在《史通》中提出史学家应具备史才、史学、史识，谓之"三才"，清人章学诚在"三才"之外增加了"史德"。一个优秀史学工作者首先是一个出色的专家，具备史才；同时更应该具备史识，具有卓越的史观、思维和见识，是一个思想家。"三才"中史识最为紧要，是史家的认识论、方法论和理论思维，有才无识或有学无识皆难成为优秀史家。

李庆新从中大到社科院，再到南开、复旦，经历了南北不同风格的学术传统的

---

① 冯尔康：《顾真斋文丛》自序，中华书局2003年版，第2—4页。
② 傅衣凌：《傅衣凌治史五十年文编》，厦门大学出版社1989年版，第37页。
③ 罗厚辑注：《钱锺书札书抄（64，与郑朝宗）》，见钱锺书研究编辑委员会编《钱锺书研究》第三辑，文化艺术出版社1992年版，第314页。
④ 李庆新：《学术集刊发展取向浅议——以海洋史研究为例》，载《澳门理工学报》2013年第4期。

熏陶训练。在南开研习明清史过程中，注意了解掌握国内外史学理论与流派、学术潮流，融会贯通，取其所长，运用到明代海外贸易制度研究之中，既注意制度的具体运作与变迁，也注意制度运作过程中的区域差异，清醒认识明代制度演变的局限性，在全球史与国际视野下思考中国传统社会经济变动、区域结构变迁以及早期全球化、近代化问题。冯尔康先生对李庆新的理论思考十分支持，激励他大胆探索，勇于创新，"学术观点，仁者见仁，智者见智，在争鸣中求其接近于历史实际，或者说接近于真理，不参与，怎么去'接近'"，从而使得《明代海外贸易制度》这部以实证为主的制度史著作带有理论思维和体系重构的味道。

著名历史学家韦庆远先生晚年从中国人民大学荣休回到广东，受聘为历史所客座研究员。作为晚辈，李庆新经常向韦老请益学习，讨论问题。先生谆谆教诲，循循善诱，教导后学做学问要勤动手，多动脑，博学慎思。研究断代史要注意"瞻前顾后"，研究专题史要懂得"左顾右盼"，研究整体历史要有"眼观六路，耳听八方"的大视野，令李庆新终生受用。中山大学蔡鸿生先生也教导，要切实训练基本功，反复操练历史考察的基本路数——前后、左右、表里、动静，即在纵向分析、横向分析、形式内容和动态静态等诸多方面进行思维操练。

李庆新与韦庆远先生（中）、王贵忱先生（左二）、叶显恩先生（右二）、陈忠烈先生（右一）合影，2005年2月17日

梁启超先生在20世纪初发表过一篇题为《世界史上广东之位置》的文章，其"从世界看广东"的独到视角和开阔眼光，对李庆新颇多启发。20世纪80年代以来，区域研究作为社会经济史乃至文化史研究的基本路径，颠覆了以往那种由天下一统、文化一体观念所造成的居高临下的"只见国家，不见地方"的思维定式和研究模式，然而如何跳出传统地方志框架下的地方局限，把地方纳入区域体系，进行政治、经济、社会、文化全方位的区域体系建构，同时以全球眼光考察区域体系在整体——例如大区域、跨区域、国家——乃至世界史中的地位，是区域研究需要考量和解决的顶层设计问题。李庆新认为，区域史研究立足点和出发点是区域，研究对象是区域历史，目的是发现历史时期区域发展脉络、基本内容、特点，总结规律，但最终目的还要走出区域，把它放在更广阔的空间加以比照，确定其区域特性及其在整体中的地位。把区域史、整体史和世界史融会贯通，以小见大，外向视野、全球眼光非常重要①。

北京大学历史系赵世瑜先生关注到，40年来，特别是近20年，明清史与整体性世界的直接关系，导致了跨区域的，甚至涉及全球联系的新思考，从而出现从区域史转向全球史的新潮流。在近年来兴起的"海洋史研究"中，这种全球史的认识框架开始体现出来，特别集中地体现在李庆新主编的《海洋史研究》中。这份期刊刊载的文章大多是讨论明清时期的，作者无论中外，都很少采用某种两国双边关系的角度，而往往选择一个具体的区域，城市或乡村、港口或内地、海岛或海峡，由此观察它们与外部世界形成的网络，这样，每一个小的地方都是一个大的区域或世界的有机组成部分。这些文章采用了来自域内和域外的商业、外交档案，地方民间文献，考古发掘和实物资料，涉及中外不同人群及其社会的各个方面，形成了一批建立在实证基础上的高水平个案研究，由此区域史转化为全球史②。

3. 读万卷书，行万里路

清代学者章学诚有"六经皆史"之说，这是把"六经"（《易》《书》《诗》《礼》《乐》《春秋》）当历史看，也当史料对待。较之传统史学，现代史学无论在理念、方法、理论等方面都有诸多进展，史料的内容、形式十分丰富。经史子集外，各类官方档案、民间文书、考古材料、图像资料乃至非遗记忆，中国史料之外的域外史料，极其纷繁复杂。傅斯年先生说过一句名言："上穷碧落下黄泉，动手动脚找材料"。说明史料的重要和搜寻史料的艰难。

学术研究需要遵循实证精神，练就扎实深厚的基本功，充分掌握史料，尽量多地了解前人研究成果，把握国内外研究动态，在前人研究基础上进行前沿性、开拓性研究。在中大读书期间，图书馆、资料室是他长时间逗留的地方。当时的学生很

---

① 李庆新：《区域经济史研究的外向视野》，载《学术月刊》2007年第1期，《中国社会科学文摘》2007年第3期转载。

② 赵世瑜：《改革开放40年来的明清史研究》，载《中国史研究动态》2018年第1期。

好学，在图书馆和课室自修经常要预先"霸位"，否则找不到位置。1984年6月，李庆新即将从中大历史系毕业到社科院工作，方志钦、蒋祖缘两位前辈约他到越秀北路的社科院历史研究所面谈，他们对他甚为满意，临别之际，两位前辈要求李庆新入职前先做一件事：把中山大学图书馆藏有关广东历史的古籍做一份目录。李庆新有点意外，但找古籍、读古书、做目录并非难事，他在以往学习研究中已经熟悉如何查阅古籍，用心花时间即可，估计是为检查他的专业功底和文献功夫，为到岗后尽快进入地方史研究角色做准备。7月，李庆新带着这份目录跨进社科院历史研究所，被安排到古代史研究室，所里将这份目录打印，作为资料存档。

20世纪80年代社科院的学术氛围相当浓郁，学风严谨，与大学没有多大区别。李庆新的工作也是从基础做起，第一项任务是收集整理国内有关广东古代史的研究成果。社科院图书馆藏古籍相当丰富，专业性强，古籍在广州地区图书馆排名第三，仅次于省中山图书馆和中山大学图书馆。李庆新住在越秀北路本院四人一间的集体宿舍，图书馆与宿舍一路之隔，每天不外乎就在图书馆、办公室与宿舍之间，周而复始。一天下午，李庆新在院图书馆一楼书库埋头查阅资料，忘记下班时间了，管理员离开书库，把大门锁上了，待他觉察已经晚矣，书库里没有电话可以呼救，只好在书库里等候有人路过，利用黑夜来临前的余光，边看书边等候。一个多小时，始有同事从书库窗边经过，大呼小叫才被解放出来。大概半年功夫，李庆新终于将馆藏民国以来重要学术报纸杂志翻阅一遍，对广东历史研究成果进行摘录、分类、编排，做了一大堆卡片，最终完成了32页的《广东古代史资料目录索引》，分政治（含军事、农民起义、中外关系）、经济（总论、商业、农业、工业、海外贸易）、民族（少数民族、风俗、历史地理、考古）、文化（哲学宗教、艺术、文学）等类目。11月，经所长批准，将这份目录打印成册，供同事研究参考，他交出了入职后的第一份科研成果。这类基础性工作，对初出茅庐的新手很有好处，不仅可以检验年轻人坐冷板凳、下死功夫的专业定力，而且可以夯实基本功，提升研究技能和文献功夫。完成这项任务，李庆新初步把握了广东史的基本文献、史料线索、前人研究成果和学术动态，对广东历史发展脉络和特点都有了一定的了解，拓展了视野，增长了见识，为确定以后的研究领域和主攻方向奠定了扎实的基础。1987年年初，中国社科院历史研究所《中国史研究》编辑部向本所约稿，希望写一篇介绍广东历史研究新成果、新动态的文章，室主任蒋祖缘老师将此项任务交给李庆新。由于有上述研究基础，李庆新很快写出了《近年来广东地方史研究概述》一文，在《中国史研究动态》该年第5期发表。

在区域史与南海交通研究中，李庆新以"穷尽史料"功夫，上溯汉魏南朝，下及五代宋元，几乎把官私史书、诗文小说、碑铭、水下考古资料等都网罗殆尽，用自己微薄的薪水购买了《全上古三代秦汉三国六朝文》《全唐文》《全唐诗》《唐代墓志汇编》《金石萃编》等大部头典籍，同时关注国内外考古发现，大量引用考古资料，与文献史料相印证。20世纪八九十年代以来，东亚海域发现"勿里洞沉船""印坦沉船""井里汶沉船",均与唐、南汉时期的广州有直接关系,这些沉船都是从广州起航,回国途中沉没的,对探讨9、10世纪广州与南海贸易是很有价值的实物资料。而唐代宦官杨良瑶神道碑的发现,揭示了在郑和下西洋600多年前,唐王朝已经派遣使臣从南海海路出使西亚国家。

相对于区域史料,区域外资料的收集利用也值得重视。以古代岭南研究而言,岭南本地及周边地区史料固然需要关注,与岭南遥不可及、看似毫无关系的地区史料,也需要关注。例如在敦煌出土的天宝《地志残卷》记录了天宝年间岭南诸郡公廨本钱的情况,对探讨岭南地区商业与金银货币、铜钱流通情况,具有极重要的史料价值。1972年,新疆吐鲁番阿斯塔那出土了《仪凤度支式残卷》,涉及陆路和海路番国贡道诸州承担"报蕃物""诸驿赐物"等情形,为正史所不载,具有独特的史料价值。

海洋史、中外关系史研究更要关注域外史料,7世纪以后印度、阿拉伯、波斯商人、探险家不断循着海路来到广州等口岸,留下了不少关于这些港口的珍贵记录,填补了中国文献的空白。9—10世纪苏莱曼的《中国印度见闻录》、伊本·胡尔达兹比赫的《道里邦国志》、马苏第的《黄金草原》等阿拉伯文献对研究唐代广州与海上丝绸之路的价值早已为海内外学者所熟知,而广州也借助这些名著扬名世界。《马可·波罗游记》《伊本·白图泰游记》对元代泉州贸易研究的价值更是众所周知,没有这些著作,"泉州印象"将严重残缺不全。

对于李庆新来说,读万卷书,行万里路,是一种人生的取态,更是做学问的常态。傅衣凌先生在20世纪30年代末研究中国社会经济史时,很重视社会调查,从地志学研究方法,先从收集史料入手,同时必须扩大眼界,广泛地利用有关辅助科学知识,以民俗乡例证史,以实物碑刻证史,以民间文献(契约文书)证史[①]。改革开放前,一般学者到田野考察收集资料并不容易,到国外调研找史料几乎是不太可能的。80年代以来,李庆新在珠江三角洲、粤北山区、雷州半岛、北部湾乃至海南岛、西沙群岛等处调研,并且有机会前往香港、澳门、台湾地区乃至越南、日本、新加坡、马来西亚、欧洲和非洲国家,进行学术交流和考察研究。2015—2018年,李庆新3次前往西印度洋、南太平洋岛国进行深度调研,涉及岛民社会、华人社群、会馆社团、日常生活、文化习俗、文物遗迹等专题内容。漂洋过海,奔波于海岛,真正体验到"行万里路"的苦与乐、艰辛与收获。

4. 经世致用,建言献策

汉代史学家司马迁说过,历史研究要"究天人之际,通古今之变,成一家之言"。经世致用是中国史学的优良传统。李庆新认为,史学研究对象是过去,历史研究要面对现实,面向未来,用历史的经验与真知启迪未来,为社会发展、时代进

---

① 傅衣凌:《我是怎样研究中国社会经济史的》,见《傅衣凌治史五十年文稿》,厦门大学出版社1989年版,第38—44页。

步提供历史启示和借鉴。

2016年,《海洋史研究》拟出版1—10合集,李庆新邀请了多位前辈学者题词,分别是:

蔡鸿生:海洋史研究要以人为本,从人出发,向人回归。
Claudine Salmon(苏尔梦):De la mer faisons un trait d'union!(以海为纽带)
杨国桢:追寻海洋历史,弘扬蓝色文明。
冯尔康:研究海洋史,推进海洋资源利用与维护。
周振鹤:研究海洋史,助力强国梦。
叶显恩:追寻和重建海洋中国文明,乃时代赋予的使命。
Roderich Ptak(普塔克):im Strom der Zeit, das Meer ein Band; unendlich weit, und doch ein Land?(时间永长流,海洋一丝带;遥远天无际,变成一大地?)
滨下武志(Hamashita Takeshi):全球视野下展望海洋亚洲,广州视野下瞭望亚洲海域网络。
安东尼·瑞德(Anthony Reid):应该注重中国历史的海洋性、相互联系的特性,就像中国"一带一路"倡议,将注意力重新转向中国海上历史一样。

前辈学者的鼓励鞭策,各具深情大义,为海洋史学发展开示了通向未来的门径和进路,也为历史研究在面对现实、面向未来的进境中如何发挥社会功能、发挥更大作用提供依归和方向。

2013—2017年,李庆新担任广东省第十一届政协委员,多次参与省政协关于历史建筑、文化遗产的调研,呼吁加强对历史文化遗产的保护,弘扬中华传统文化,传承岭南文化,像珍视我们生存环境、生存资源那样善待祖宗遗留下来的文化环境与人文资源。作为海上丝绸之路研究资深专家,李庆新还参加全国政协、省政协"海上丝绸之路文化遗产保护与利用"专题调研座谈会,参与地方政协各种活动。2016年,李庆新被聘为海上丝绸之路·中国史迹申报世界文化遗产项目组专家,为国家海上丝绸之路文化遗产申遗建言献策。2018年,主持完成了国家文物局水下考古研究所委托项目"水下考古与海洋史文献资料收集与整理"。2021年,李庆新受聘为羊城晚报报业集团文化顾问,这些都是李庆新学以致用,把自己的专业知识贡献给社会,贡献给时代的体现。

广东省第三届优秀社会科学家

李宗桂

    中山大学文化研究所所长、哲学系博士生导师、国家第四批马克思主义理论研究与建设工程高等学校哲学社会科学重点编写教材《中国文化概论》课题组首席专家李宗桂，是国内学术界在中国传统思想文化研究和文化哲学研究领域内颇有建树的学者之一。20世纪80年代中期以来，他以中国古典哲学、中国文化与现代化、当代中国文化、现代新儒学4个研究方向为阵地，着力探讨以古典哲学为重心的中国传统文化的特质、传统文化与现代化的相互关系问题，努力探索当代中国新型文化体系的创建，受到国内外同行的瞩目和肯定。在一定意义上，如果说《中国文化概论》是在文化"热"中的"冷"思考，《文化批判与文化重构》是在文化"冷"中的"热"展望，那么，以上两部个人专著典型地凸现了李宗桂在其学术研究领域"从传统观照现代、从现代反思传统"的学术风格。这一学术风格同样也在其"中国哲学思潮的文化审视"和"社会转型期的人文关怀"两大问题视域中有着鲜明的体现，并且逐渐浓缩为对文化学学科建设的理性期盼。进而追踪学术前沿，效力中华文化的伟大复兴，立足当代，依托传统，面向世界，弘扬中华优秀传统文化，坚守中华文化立场，传承中华文脉，守正创新，构建当代中国新型文化，成为李宗桂自觉的文化使命，同时也呈现了他古今观照、史论并重、中外兼顾的鲜明特色。

一、从知识青年到文化研究专家

李宗桂1952年出生于四川省眉山县（今眉山市东坡区）一个工人家庭，父母都是文盲。他1959年开始读小学，1965年进中学，按照这些年社会上的划分，他属于"老三届"（1966、1967、1968三届初、高中毕业生）的中学生，是"老三届"中年龄最小的一届（初中1968级）。

李宗桂经常说，他们这一代是跟共和国一道成长的，既经历了光荣、梦想和骄傲，也饱尝了辛酸、悲伤和哀痛。读小学的时候正长身体，却遭遇了"三年困难时期"，一度饿得头晕眼花。好不容易熬过"三年困难时期"，国民经济好转，生活改善，进入中学，应当好好学点知识了，没想到"文革"爆发。1968年年底，毛泽东号召知识青年到农村去，"接受贫下中农的再教育"，他于1969年1月以16岁多的年龄，下乡到农村，成为当时最小的知识青年之一。1973年，大中专招生由推荐改为推荐加考试。四川省在眉山县试点，当年考政治、语文、数学3科，青年李宗桂以"老三届"中的最低学历（初中一年级），考取了全县总分第一名，政治、语文单科第一名。本来北方一所大学的哲学系已拟录取他，由于当时社会环境下的种种原因，他最终只能进入一所中等师范学校读书。两年学习结束，被分配到眉山县三苏中学教书，先后担任语文课、社会发展简史课老师，兼任班主任和学校团支部书记。

1978年，青年李宗桂参加全国高考。当年的招生简章规定：为了稳定中小学教师队伍，公办中小学教师一律只准报考师范院校。因此，他的高考志愿填写的全部是师范院校，最终被录取到四川师范大学政教系，继而成为该校高校哲学师资班的学生。1982年，大学毕业，考入中山大学哲学系，师从李锦全教授攻读硕士研究生。1985年，研究生毕业留校工作，担任助教，为本科生讲授"中国哲学史"课程；1987年，晋升为讲师；1991年，破格晋升为副教授；1992年，破格晋升为教授；1994年，成为中国哲学专业博士生导师。1991年，被国务院学位委员会和国家教委授予在工作中"做出突出贡献的中国学位获得者"称号；1992年，获得国务院政府特殊津贴；1994年，被授予"广东省优秀中青年社会科学家"称号；2019年，被授予"广东省优秀社会科学家"称号。他是人民日报社向海外介绍的中国文化研究专家之一。2001年3月24日，《人民日报》海外版介绍了其文化研究成果，并配发了他的照片。

多年来，除了个人著作（下文会分别谈到），李宗桂主编了3套文化丛书：一是"中国文化与现代化丛书"（5本，陕西人民出版社1992年版），二是"大思想家与中国文化丛书"（17本，已出16本，贵州人民出版社1996—2002年版），三是"中华民族精神建设丛书"（7本，广东人民出版社2007年版）。从哲学的角度研究文化、推动文化，发表大量论文，出版数部个人著作，主编3套文化丛书，主持国家和省部级文化研究课题近20项，获得国家和省部级奖励近20项，在欧美日、中国港澳台地区、东南亚和韩国讲学、访问、研究、出席会议，凡此种种，无不表明李宗桂是在国内外有相当影响、颇有成就的文化研究专家，而这一切又跟他从知青时代开始以来的坚韧追求密切相关。

早在知青时代，李宗桂就对中国古典哲学和文化怀有浓厚的兴趣。下乡当天，别人带的都是各种生活用品，而他除了两套已经比较破旧的换洗衣服，其余全是书！当场就有高中同学调侃他："你以为你是去读书啊？你搞清楚，你是去修地球！"他不为所动。下乡后，大多数知青都感到前途渺茫，他却始终坚信"将来的天下，必然是有本事的人的天下"，挚信"知识就是力量"，清醒认识到自己作为一个初中一年级程度的学生的严重不足，坚持学习。《中国历代哲学文选》《中国文学史》《中国通史简编》《世界通史》，很多哲学、经济学的专著、教材，绝大多数中外文学名著，基本都是在4年多的知青时期读完的。同时，还阅读过《鲁迅全集》两遍。每天劳动之余，他都会挑灯（煤油灯）夜战。正是这种坚持不懈的学习精神，使他逐渐获得了很多书本知识，弥补了"文革"给他造成的损失。也正是这种坚韧不拔的学习精神，使他把读书变成了一种本能，一种生活方式，一种休息方式。后来，上中师，教中学，读大学，以及读研究生，他始终保持着高度、饱满的学习热情。读大学期间，在确保高质量完成政教系（实际上是政史系，开设了整整两年的中外历史课程）和高校哲学师资班的学习任务的前提下，他到中文系修了"古代汉语""现代汉语""中国文学史"课程，到历史系修了"中国历史文选""古文字与古代社会"课程。还到四川大学哲学系和中文系修了"中国哲学史""文心雕龙"等课程。在中山大学哲学系攻读硕士研究生期间，他还到中文系修了"古文翻译""古代汉语"等研究生课程，并取得了学分。同时，他还到图书馆系修了"目录学""版本学""校勘学"等研究生课程，并取得了学分。他明确说过，他的目的是要形成一个以后从事中国哲学史研究的合理的知识结构。留校工作以后，更是潜心研究，心无旁骛，一有时间就伏案苦读，以致臀部一度磨出了一层厚茧！

要问李宗桂为什么有这么大的劲头，他曾经回答说："文革"那样的年代，耽误太多！今天应当珍惜，"忘记过去就意味着背叛"。他永远记得当知青时，一个要好同学的父亲（一个"老革命"）手抄赠送给他的"毛主席语录"："聪谓多问多思，实谓实事求是。持之以恒，行之有素，总是比较能够做好事情的。"

有道是：功夫不负有心人。李宗桂从知青时代就具有的对中国古代文史哲的爱好，长期激发着他的学习精神，使他持之以恒地在思想文化的精神园地里耕耘。大学三年级的时候，他在学校的《四川师院学报》发表了生平第一篇学术论文，题目是《试论王安石的哲学思想》。该文被中国人民大学"报刊复印资料"的"中国哲学史"专题全文转载。此事给予他从事学术研究的志趣极大的鼓舞。读研究生期间,他在《学术月刊》《中山大学学报》《文汇报》等报刊发表了10多篇论文。其中,发表在《四川师院学报》1984年第1期的《孔子天命观辨析》一文,被人大"报刊复印资料"的"中国哲学史"专题全文转载。发表在《中山大学研究生学刊》1985年第1期的《评"中国哲学史史料学概要"》一文,被《中国出版年鉴》转载。他修习"周易研究"课程的作业论文《对关于周易的两个传统观点的质疑》,是向冯友兰、张岱年先生献疑的,得到了丁宝兰、李锦全、陈玉森等教授的充分肯定,丁宝兰教授主动写信推介给《中山大学学报》。而当年《中山大学学报》是明文规定不发表学生论文的,但鉴于哲学系的名教授大力推荐,破例发表了该文。当年的李宗桂,就是凭这篇论文被教授们推荐出席了1984年在武汉东湖宾馆举行的首届中国周易思想学术研讨会。大会主席、武汉大学著名教授萧萐父先生在会上说,我们邀请的中山大学哲学系的3位教授丁宝兰、李锦全、陈玉森都因故没来,派了研究生李宗桂作为代表来开会。

2014年6月,在希腊雅典考察

正是由于李宗桂这一代人是沐浴着改革开放的春风成长起来的,因而具有特别浓厚的家国情怀。他大学入学之初"摸底测验"的作文题目就是《为中华之崛起而读书》。此时,胡耀邦同志提出的"实现四化,振兴中华",成为激励全社会团结一致向前看,奋力实现现代化的强大精神动力。青年李宗桂正是在这样的时代氛围中成长起来的,经过多年的努力,最终成长为文化研究专家。2019年,在广东省表彰优秀社会科学家大会上,他作为获奖者代表发言,他发言的题目就是《感恩改革开放的伟大时代》。他在发言中饱含深情地说:"我入大学不久,党的十一届三中全会胜利召开,开启了改革开放的新时代、新征程。我的求学经历和学术成长经历,与我们党改革开放的伟大觉醒、与中华民族伟大复兴的宏伟壮阔的历史图景相伴随。""改革开放的伟大时代哺育了包括我在内的整整一代人!""通过教学、科研、人才培养、社会服务等途径,运用自己的文化研究专长,用学术的方式,'阐旧邦以辅新命',传承民族优秀传统文化,构建当代中国新型文化。""感恩改革开放!感恩伟大的时代!感恩伟大的祖国!"

二、《中国文化概论》:文化"热"中的"冷"思考

20世纪80年代初中期,伴随着改革开放的深入和思想解放的春雷激荡,一场以"走出中世纪,迈向现代化"为标志的文化反思热潮席卷神州大地。当时参与文化讨论的学人,大多来自传统的文史哲领域。文化热的不断升温,既激发了知识分子的历史使命感,又促使哲学研究工作者在治学方式上从哲学史的"纯化"研究转向文化史的"泛化"探索。置身于这种时代背景与文化氛围中,李宗桂很自然地走上了文化哲学研究之路。

1988年10月,李宗桂在中山大学出版社出版了其处女作——《中国文化概论》。这本书是他毕业后3年多在中山大学讲授全校选修课"中国文化概论"的理论结晶,是他在风景秀丽的校园内一间潮湿、阴暗的地下室里,连续数月夜以继日的呕心沥血之作,更是他对整个中国文化历程和当时文化讨论热潮进行独立思考的理性产物。

1949年之后,文化史研究很少有人问津,一直处于冷落状态,系统的文化研究专著更是凤毛麟角。李宗桂的《中国文化概论》,作为当时国内第一部从宏观上、总体上对中国文化进行探讨的通释性著作,作为第一部高校中国文化概论教材,受到广泛好评并产生轰动效应。美国夏威夷大学安乐哲(Roger T. Ames)教授担任主编的《东西方哲学》杂志,中国的《哲学研究》《学术月刊》《人民日报》《澳门日报》和中央电视台等共60余家报刊、电台、电视台报道和评介了该书。该书先后荣获1988年度"中国图书奖"、第三届"全国优秀图书奖"、国家教委第二届优秀教材奖中青年奖,分别在中国台湾、韩国出版了繁体字本和韩文本,现已多次再版重印(2002年12月,广东人民出版社出版了该书修订本《中国文化导论》),国内百余所高校以及韩国多所高校均将其作为教材使用。毫无疑问,《中国文化概论》显示了李宗桂"博采众长,独出己意"的研究能力,也确立了他在国

内文化哲学研究领域应有的学术地位。2009年，该书被国家新闻出版署评为"新中国70年优秀图书"。2019年，该书入选中宣部出版局主办的"书影中的70年·新中国图书版本展"。

《中国文化概论》站在现代文化发展的基线上，以专题研究形式和史论结合方式，对当时文化讨论中涉及的几乎所有重要问题都做了深入全面的探讨。信息量大是该书的显著特点之一，它体现了李宗桂一以贯之地注重学术动态、追踪学科前沿的治学风格，使得该书成为我们今天回顾、反思当时文化热潮的一部必不可少的著作。对当时的讨论热点进行哲学的提炼与文化的观照，则是《中国文化概论》更为显著的特点。传统的理想人格、价值观念、思维方式、文化类型、基本精神是什么，换言之，如何从整体上把握传统文化的主体内容与基本特点，是当时讨论的热门话题。李宗桂认为，传统的理想人格是君子人格，而不是学术界多数人所说的圣贤人格；传统的价值取向主要表现为崇古、唯上、忠君、道义；传统的思维方式表现为事实判断、价值判断、道德判断三者相互涵摄、相互渗透、相互转换的态势，具有整体直观、类比外推、比喻象征、追求形上的显著特点；传统的文化类型属于"趋善求治的伦理政治型文化"；中国文化的基本精神即中华民族的基本精神，主要表现为自强不息、正道直行、贵和持中、民为邦本、平均平等、求是务实、豁达乐观、以道制欲。这些观点以其系统综合性和理性思辨性，特别是以当时年轻学人少有的冷静客观态度和现实主义品格，在20世纪80年代后期和90年代前期的思想学术界和大学校园中产生了较大的影响。

整个80年代的文化讨论，情况比较复杂，一般而言，可以分为前、后两期。前期主要表现为对传统进行批判反思。尽管《中国文化概论》在总体上属于"前期主题"，但它着重于实事求是的科学认识和立足于面向未来的文化重建，显然与当时流行的情绪化批判、功利化心态有所不同。文化重建则是20世纪80年代的"后期主题"，其情形远比前期复杂。由于写作体例和成书年代的限制，《中国文化概论》在这方面并没有过多涉及，但是，该书也对"传统文化与现代化"提出了自己的看法，认为应该保持和发扬传统文化中与现代化要求相适应的一面，扬弃和重铸不适应的一面，从生动丰富的现实生活中建立现代新型文化，从经济增长中生发文化繁荣。

《中国文化概论》体现了李宗桂的两个研究特点：一是在治学风格上，特别注重在积累中创造，通过创造带动积累，在把握学术动态的基础上提出个人的独立见解；二是在理论立场上以爱国情怀和学者良知超越情绪化、功利化的态度，用理性、客观的态度进行文化批判与文化重构。作为文化哲学研究的阶段性成果，《中国文化概论》固然没有也不可能解决所有问题，本身也有所不足，但以上两个特点促使李宗桂超越《中国文化概论》本身，进一步探讨书中没有来得及深思的"文化重建"主题。而对这一问题的思考，集中体现在其90年代初期出版的《文化批判与文化重构——中国文化出路探讨》（以下简称《文化批判与文化重构》）一书中。

三、文化"冷"中的"热"展望

1989年夏季之后,文化"热"急剧降温,出现了几年的文化"冷",但李宗桂秉持一贯的文化理念,坚持文化研究,深入思考着文化重建的问题。此时,他承担了国家哲学社会科学"八五"规划项目"近现代中国的文化批判与价值重构——建构社会主义新文化的探讨"。经过3年多的努力,1992年6月,该项目的最终成果《文化批判与文化重构》由陕西人民出版社出版。该书作为李宗桂主编的"中国文化与现代化丛书"之一出版后,《哲学研究》《光明日报》《学术月刊》《中国图书评论》《博览群书》《瞭望》(海外版)等近20家重要报刊发表了评介文章,学界名家龚书铎、萧萐父、方克立、张立文、方立天等给予高度评价。该书先后获得国家社会科学基金项目优秀成果奖、教育部全国高等学校人文社会科学研究优秀成果奖、北方15省区市哲学社会科学优秀图书奖、广东省优秀社会科学成果奖、广东高校系统人文社会科学优秀著作奖等5项省部级以上奖励。书中相当部分内容凝练成单篇论文,在报刊发表,并被广泛转载引用,仅中国人民大学复印报刊资料就全文转载了9篇,《新华文摘》全文转载了3篇。

就李宗桂的思想文化和文化哲学研究看,《文化批判与文化重构》可视为《中国文化概论》的姐妹篇。两书都紧扣"传统文化与现代化"这一时代课题,但侧重点又有所不同。《中国文化概论》侧重传统文化,是从传统观照现代,辨析传统文化与现代化的关系;《文化批判与文化重构》立足当代中国文化建设的现状,是从现代反思传统,探讨中国文化出路,提出建立社会主义新型文化的战略性意见。两书"从传统观照现代,从现代反思传统",典型地体现了李宗桂在传统思想文化研究和文化哲学研究中形成的学术风格。联系特定的时代背景看,《中国文化概论》可以说是文化"热"中的"冷"思考,即对中国传统文化的清醒认知和客观思考;《文化批判与文化重构》可以说是文化"冷"中的"热"展望,即对民族文化出路的热忱关心和殷切期望。要指出的是,李宗桂对"文化批判与文化重构"的思考,早在1987年酝酿写作《中国文化概论》之际便已开始,其时还属于文化"热"时期。在文化"冷"中能够对文化问题进行执着、理性的思考,充分表明李宗桂业已形成自身独立的学术人格。这种独立的学术人格,对社会转型期的思想文化研究和文化哲学研究相当重要,也是一个学者能够在这一领域长期坚持研究并取得丰硕成果的内在动力。

之所以说《文化批判与文化重构》是文化"冷"中的"热"展望,最重要的原因还在于它是国内第一部从宏观上、整体上系统探讨中国文化发展道路和当代出路的理论专著。对中国文化在近现代的发展道路所做的"史"的勾勒、"论"的提炼，以及对当代中国文化发展出路的批判性、总结性、前瞻性的理论阐释，两者相辅相成、相得益彰，使得全书气势宏大、结构严谨、经纬交织，成一家之言。

对近现代中国文化发展道路进行"史"的勾勒，是该书的重要内容。李宗桂认为，中国近现代的文化发展虽历经坎坷，但始终在告别古典主义、增强现代意识、追赶世界潮流、逐渐现代化的道路上前进着。从文化变迁看，近代走的是一条由器而道的渐进变革路径，现代走的是一条道器并举的激进变革道路。在这幅新旧交锋、社会嬗变的复杂图景中，从心理状态看，出现了守旧、改良、革命三足鼎立的文化态势；从学术流变和营垒归属看，存在着西化、马列、新儒家三大学术思潮；从社会变革、文化批判与价值重构的结果看，基本上是采用"以反求正"的方式即用激进手段达到渐进改良来实现文化变迁的目的。以上观点可谓李宗桂对近现代中国文化发展道路所做的宏观概括。在微观分析方面，该书考察了近现代以来特别是改革开放以来的诸多文化批判思潮和文化建构理论，以及中国港台、海外学者关于中国文化出路的种种构想，对中体西用、以夏变夷、全盘西化、西体中用、中魂西体、回归传统、复兴儒学、综合创新以及"海洋文化的新儒学"等观点都做了详尽的阐析，尤其是对80年代文化讨论中的诸多主张进行了严肃认真的剖判。李宗桂将种种主张划分为四派，即持"彻底重建论"的激进派、持"复兴儒学论"的倒退派、持"中魂西体论"的折中派和持"坚持马列"的综合创新派，并认为，对民族文化传统的开新，对新文化体系的创建，以张岱年先生为旗手的"综合创新论"成为激浊扬清、继往开来的主导思想。今天，张岱年先生首创的文化建设的"综合创新论"，已经为学术界广泛接受，并逐渐形成了学术领域的"综合创新派"。而李宗桂则是第一个正式肯定并明确提出"综合创新派"的学者。

对当代中国文化出路所做的"论"的提炼，则是全书的重心所在。对近现代中国文化发展进行历史回顾与反省，使得李宗桂确立了文化批判与文化重构的变迁史观，树立了坚持马列、综合创新的发展史论，把当代中国文化出路探讨与创建现代新型文化体系看作同一问题不可分割的两个方面，进而对创建现代新型文化体系

2018年10月，在敦煌莫高窟考察

的许多前沿性问题提出了自己的战略性视域见解。他认为，建构现代新型文化体系必须坚持四个思想原则，即发展商品经济与更新文化传统相统一、拓展价值领域与提高国民素质相一致、文化批判与文化重构两不偏废、物质文明建设与精神文明建设并重。立足于这一思维原则，李宗桂强调，从当代中国文化建设的实际看，从理论思维的高度着眼，从长期以来的接受心理考察，应该把现代新型文化体系看作一体三元的多维文化系统。所谓一体，指社会主义的价值系统；所谓三元，指政治、经济、文化三个虽不相同但又密切联系的特定领域。当代中国的文化批判和文化重构，说到底是要建设一个中国特色、社会主义性质、现代化的新型价值系统。为此，必须对文化成熟的基本要求和标志有着高度明确的认识，即对社会制度的创建、价值系统的奠定、文化模式的确立、文化大传统的形成等基本要求和标志有一前瞻性、战略性的把握。新型文化体系的创建又是一个漫长且坎坷的历程，因此，面对文化发展的古今、中西、内外等基本矛盾，有必要树立立足现实依托传统的古今融合论、以我为主兼取众长的中外互补论，创造转化充满活力的文化发展观；唯有如此，才能在现代化的历史条件下，真正找寻到当代中国文化的出路。在李宗桂看来，立足现代依托传统而融合古今，以我为主兼取众长而熔铸中外，是传统与现代、中国和外国的辩证统一、双向互动，是精英文化与大众文化的并行不悖、有机融合，是科学文化与人文文化的交相渗透、比翼双飞，是古典精神与现代意识的交相辉映、相辅相成。

值得注意的是，李宗桂在该书中明确提出了近现代中国的文化批判与文化重构给我们的当代文化建设提供的启迪：

其一，中国共产党人的新民主主义的文化重构观，代表了近代以来文化批判与文化重构的最高成果，是文化批判与文化重构的创造性综合。中国共产党人的新民主主义的文化建设理论，是在批判继承近代以来文化反思的经验教训的基础上，以现代中国的实际为基础，超越以往文化批判和文化重构的种种局限，提出了完整的新民主主义的文化体系，从而在理论与现实的科学结合的高度上，完成了近代以来文化批判与文化重构的历史重任，科学地解决了中国文化的出路问题。

其二，现代化并不等于西化；建设现代中国文化，必须破除旧的思维格局，超越学究式的中西古今之争、体用道器之辩。整个近代时期，中国文化的更新有着十分明显的"向西走"的特征。凡是主张更新中国文化的进步人士，无不认为中国文化要实现近代化，只有变法维新；而要变法维新，只有学习西方。因此，从洋务运动以学习西方物质文明为宗旨的中体西用论，到戊戌变法以模仿西方制度文明为旗帜的君主立宪论，再到辛亥革命以师法西方制度文明和精神文明为标榜的民主共和论，都是以西方文化为参照、为榜样的。其间，关于中西文化优劣、古今地位孰重的论争，贯穿始终。于是，由崇古到重今，由迷中到向西，中国人的价值取向一步步向西方倾斜。但是，事实证明，不从中国社会的实际出发，片面地学习西方文化的皮毛，是无法从根本上医治封建文化的病体的。五四以后，人们从文化建设的痛苦经历中，逐渐认识到只有现代化才能挽救中国文化的危机，而不是简单的西化。而要从根本上走出困境，就只有全方位地实行物质、制度、思想诸方面的全面变革。这个经由数十年文化探索实践所证明的道理，迄今仍然有着借鉴意义。

其三，复兴伟大的中华文明，是近现代中国社会变革的主旋律；而民族独立是中国文化复兴的必要前提，新型价值系统的创建是文化重构的基本保证。梁启超、胡适等人都曾明确地提出过"再造文明"的响亮口号，并且为此做出了巨大的努力。应该承认，这是他们的民族主义文化情感外化的结果，并非只有消极意义。但是，他们都不懂得民族独立是文化重构的必要前提，不了解立足现代中国的实际情况是复兴中华文明的重要基础，因而导致了错误的文化取向。结果，梁氏提倡开明专制，文化复古，胡氏鼓吹全盘西化，进退失据。事实证明，只有首先争得民族的独立和解放，才有新型文化建设可言；只有从中国社会的实际情况出发，建设中国特色的文化价值系统，确立民族文化的主体精神，才是唯一正确的文化重构之路。新民主主义文化理论对现代中国各阶层人士的价值整合作用，对人们行为的导向作用，以及由此带来的社会秩序的良性更替和人们精神面貌的焕然一新，便是明证。

其四，文化变革非一日之功，文化的变迁是一个渐进的自然历史过程，用激进方式进行文化批判和文化重构，即使不出大的偏差，最多也只能换来渐进的改良，必须坚持循序渐进的原则，反对急于求成的冒进思想。平心而论，五四以来的文化批判和文化重构的历程，确实带有某种"激进"的情绪和色彩。这种激进情绪的产生，源于对根深蒂固的封建文化传统的强烈悖反心理，对帝国主义侵略之下民族文化危机的忧思，特别是对落后现实的极度不满。人们渴望尽快走出中世纪，尽快摆脱内忧外患挤压之下的文化困境，赶上世界文化发展的历史潮流，因而在与旧文化价值观决裂的问题上，言辞激烈，态度决绝。这种文化心态，有它产生和发展的逻辑必然性和合理性，不能一味指责。近年有些人打着反对激进主义的旗号，从根本上否定五四运动的精神方向，否定五四运动是"彻底地不妥协地反对帝国主义和彻底地不妥协地反对封建主义"的运动，否定它是"伟大而彻底的文化革命"，是极其错误的。有的人片面认同某些海外学者的观点，把马克思主义在中国的传播，中国革命的胜利，甚至"文化大革命"的发生，都归结于"五四以来的激烈的反传统主义"，更是荒唐至极。李宗桂在该书中总结的这些"历史启迪"，今天看来仍然具有深刻的意义。如果我们对照20世纪90年代到现在的国学热、传统文化热以及文化建设中的种种非理性主义观点，就更加容易看出李宗桂在近现代思想文化研究、当代文化建设和文化哲学探讨方面的深刻见解和前瞻性思考。

依据以上论述，不难看出，正是因为对近现代中国文化发展历程，特别是20世纪80年代文化讨论的批判性总结，对"一体三元"的现代新型文化体系的战略性思考，决定了《文化批判与文化重构》在当代中国文化思想史上承前启后的重要地位。学术界不少名家评论，该书在理论深度和现实意义上极大地超过了《中国文化概论》，是李宗桂在近现代思想文化研究和文化哲学研究方面步入深层次、进到新境界的重要体现。已故著名学者萧萐父教授当时指出，该书"扬榷百家，自立权衡，涵盖面广，可说是10年文化讨论的一个小结"。如此，说《文化批判与文化重构》一书是李宗桂和国内学术界在近现代和当代思想文化研究、文化哲学研究领域的代表性著作，当不为过。

四、中国哲学思潮的文化审视

国内20世纪80年代以来的文化哲学研究，具有哲学之"纯化"和文化之"泛化"密切结合的显著特点。换言之，学者们大多是哲学研究与文化研究交错进行，并在综合的基础上形成自己的文化哲学研究思路及成果，研究方式和学术成果也往往是哲学折射出文化、文化内蕴着哲学。中国哲学专业科班出身的李宗桂亦不例外。在对中国传统文化和近现代中国文化发展历程进行宏观把握的同时，他也长期致力于包括董仲舒思想和现代新儒学在内的哲学研究。从服务于其文化哲学研究看，从它是文化哲学研究必不可少的理论准备和重要组成看，李宗桂的中国哲学思潮研究具有从文化审视哲学、以哲学丰富文化的内在品格。

1. 董仲舒与中国文化

董仲舒思想研究是李宗桂学术研究进路中的重要步骤，也是其整个学术研究在方法探索和理论创造方面的重要实践。1985年，他在知名学者李锦全先生的指导下，完成了题为《董仲舒——秦汉思想的统一者》的硕士学位论文。该文后来收入知名中青年学者杨玉圣主编的"中国人文社会科学博士硕士文库（1981—1994）"（浙江教育出版社1998年版）。1990年，他承担了国家"七五"哲学社会科学规划项目"董仲舒与中国文化"。迄今为止，他在海内外发表了董仲舒专论近30篇，而《哲学研究》1986年第9期、1987年第9期先后发表的《相似理论、协同学与董仲舒的哲学方法》《秦汉医学与董仲舒的天人感应论》尤为代表作。其呕心沥血之作《董仲舒与中国文化》，以董仲舒思想为点，以汉代思想文化为面，以整个中国传统文化的发展为线，点面线结合探讨思想家与中国文化的关系，探讨思想家本身的思想特质、贡献及其局限，进而探讨中国传统文化的特质，并给董仲舒思想与中国文化的关系以富有创见的定位。该书的写作，从初稿到最终定稿，反复修改、完善，历经20余年的沉潜，即将最终定稿，并将由高层次的国家级学术出版社出版。作为董仲舒研究专家，他曾被推选为河北省董仲舒研究会副会长。日本东京大学池田知久教授不仅向日本学术界介绍其董仲舒研究成果，而且在中国台湾讲学研究期间，专门推荐台湾研究董仲舒和汉代思想的青年学者到广州来拜访他。美国哈佛大学的杜维明教授，也向自己指导的博士生桂思卓（Sarah A. Queen，现为哈佛大学康涅狄格学院教授）介绍其董仲舒研究成果。1995年，桂思卓和李宗桂曾在哈佛大学面对面探讨董仲舒和汉代思想研究问题。

注重从社会思潮嬗变和民族文化发展来审视中国古代哲学，是李宗桂研究董仲舒思想的基本方法。例如，其硕士论文指出，董仲舒把前人探索过而未实现的王霸结合的统治术和思想统一的宏大理想具体落实到社会制度和行为规范上，完成了思想统一的历史重任，从而开创了自汉代以来的思想面貌和学术风气，中国封建社会灿烂的文化自此之后形成；但是，思想统一也统死了思想，学术文化的发展由此受到不良影响。又如，他在《孔子研究》1991年第3期发表的《董仲舒道德论的文化剖析》一文中认为，董仲舒的道德论以三纲五常为核心，以天人感应为依托，以加强社会控制为目的，继孔孟道德修养论之余绪，折中荀韩治国方略，使思想强制灌输与自我反省熔铸为一，从而确立了封建道德的总原则，建构了封建道德的基本体系，在理想人格、价值取向和社会心理等文化学深层结构方面，影响了中国社会两千年；在实现中国文化从传统向现代创造性转化的今天，我们对董仲舒思想应从文化价值论的层面给予理性的阐析，从而为现代文化建设提供思想鉴戒。

进入21世纪以来，国内政学两界在弘扬中华优秀传统文化方面取得共识，形成合力。其中，董仲舒儒学思想的研究成为一个重要关节点。李宗桂很早就注意到董仲舒儒学思想对中国古代思想文化的价值体系及其思想传统的作用，并从大思想家与中国文化的关系的发展战略高度肯定董仲舒思想的历史价值，进而阐发其对当代文化建设的启示作用。他指出：董仲舒作为汉代大思想家，对创建当时的新型文化价值系统做出了创造性的贡献，构建了以三纲五常为核心的传统社会的基本价值观，开创了全新的思想文化局面，对思想统一、价值整合、人心凝聚起了极为重大的作用。在建设现代新型文化价值体系的今天，应当有一个董仲舒式的大思想家群体出现，勇于担当，勇于创造，立足中国的现实，传承古代思想文化精华，吸纳西方文明优长之处，整合价值，凝聚人心，创建新型文化价值体系（李宗桂：《由董仲舒谈思想家群体的建设》，载《社会科学报》1993年11月4日）。他还指出，在建设当代新型文化价值体系的新时期，有人"呼唤"孔子，希望有孔子一样的大思想家出来解决价值整合、文化认同、人心凝聚的问题。他认为倡议者用心良苦，但与其呼唤孔子，不如呼唤董仲舒。应该创造一个能够培育出董仲舒式的大思想家的环境，给予董仲舒式的思想家群体发挥作用的空间，从而构建一个扎根当代中国社会实际而又批判继承历史文化传统、立足本国而又放眼世界的充满社会主义时代精神的新型文化价值体系。在这个认识的基础上，李宗桂近年结合弘扬中华优秀传统文化的价值主题，进一步参与董仲舒儒学的研究。他指出：董仲舒作为有汉一代伟大的思想家，秉承了先秦孔孟荀儒家救世济民的思想传统，以及努力与政治家合作的传统。但是，我们都知道，由于历史条件的客观限制和孔孟荀思想的某种局限，儒家匡时济世的理想在先秦时期并没有在全社会得以全面实现，儒学没有成为整个社会的指导思想。儒家仅仅是百家争鸣中的一家，是与墨家并列的显学而已。

董仲舒适应西汉中期的历史需求，与汉武帝这样的政治家合作，努力把儒家思想变成国家意识形态，成为全社会的指导思想，然后通过制度建设和核心价值观的构建，通过行政系统的中介，把儒家思想落到了实处，使先秦儒家孔孟荀的理想在汉代变成了现实。董仲舒3次对策汉武帝，其提出的以天人感应为核心的天人合一思想体系，特别是其极具创意的"三纲五常一体"的思想文化建设构想，以及德主刑辅礼法合用的治国方略，期盼建立"正心以正朝廷、正朝廷以正百官"的皇帝行为规范，以德化民以正风气以升境界的人文理想，最终实现天经地义的"大一统"理想，都与政治家的治国安邦宏愿相契合，与汉武帝"永惟万事之统"的理念相一致，从而使得儒家思想在社会政治实践中取得了空前的成效。这些都彰显了那个时代的文化自信和文化自觉，形成了思想家与政治家的合作传统。诚然，思想家与政治家的政治合作传统，从源头看，并不起于董仲舒，但真正将其落到实处，并且锻铸为后世认可并践行的文化传统的，是董仲舒。西汉刘向之所以推崇董仲舒为"群儒首"，便是因为董仲舒在"遭汉承秦灭学之后，六经离析，下帷发愤，潜心大业，令后学者有所统一"。李宗桂还认为，从传统政治和思想文化的发展进程看，董仲舒完成了思想统一的历史重任。其实，董仲舒只是设计了一整套统一思想的方案及其实施路径，真正要落实到社会政治和经济发展的现实中，要变成治国安邦的实践方略，还需要政治家的认可和合作。西汉中期思想统一的完成，是依靠思想家董仲舒们和政治家汉武帝们的双方合作才实现的，缺少任何一方，都不可能完成。正如汉代礼治的形成一样，从高祖立国到文景时期，是礼治孕育阶段；从武帝到昭帝宣帝时期，是礼治确立阶段；东汉章帝时期，是礼治成熟阶段。这几个不同阶段，始终有着思想家和政治家的合作，而且并不仅仅是某一个思想家与某一个政治家的偶尔合作，而是思想家群体和政治家群体的长期合作，所以李宗桂使用"董仲舒之类的思想家们"和"汉武帝之类的政治家们"的提法，是用复数而不用单数，以彰显实现思想统一大任的艰巨漫长。董仲舒一生的所作所为，体现了中国传统知识分子的一个重要传统，就是政治合作的传统。其实，在漫长的中国古代社会，知识分子特别是思想家们既有政治批判的传统、精神独立的传统，也有政治合作的传统，还有文化保守的传统、文化变革的传统。而政治合作的传统、文化保守的传统以及文化变革的传统要实现，要由思想方案转化为现实社会的力量和具体现实，就必须得到政治家的理解和支持，双方协同，方能完成。而"董仲舒们"这些汉代思想家和"汉武帝们"这些汉代政治家，他们的合作形成了两汉时期的盛况。因此，我们今天要在同情的理解的基础上，用多元开放的视角看待思想家与政治家的合作。既要有批判精神，又要有合作精神，二者相得益彰，不可偏废。（李宗桂：《不再误读董仲舒》，载《北京日报·理论周刊》2019年6月10日）他在《董仲舒思想历史作用之我见》（载《衡水学院学报》2019年第2期）一文中指出，董仲舒思想的历史作用或者说他在中国政治史、中国思想文化史上的贡献，主要体现为：

其一，构建了以三纲五常为核心的价值体系，为封建社会的长期稳定发展创造了条件。无论如何改朝换代，无论朝廷是谁家的，刘家的汉朝、李家的唐朝、赵家的宋朝、朱家的明朝，都得按照礼治的要求，都得按照仁义一体的价值准则来实行礼治，而这个是由董仲舒奠定的。

其二，构建了礼法结合的治国方略及其思想传统。荀子开启了儒家"以礼为体、以法为用"的礼法结合的礼治模式。这个模式由董仲舒在西汉中期新的历史条件下，创造性地继承发展为天人合一思维模式下的德主刑辅（阳德阴刑）的政治哲学模式，成为此后历代统治者治国理政的基本方略。可以说，礼法结合的治国方略的创生，来自荀子。而礼法结合模式的系统构成及其完善，并最终具有实践的操作性，则归于董仲舒。汉宣帝自称的"汉家自有制度，本以霸王道杂之"，既是刘汉王朝的内心直白，也是对董仲舒构建礼法合用治国模式的肯定。从中国政治制度史和中国政治思想史的发展历程看，董仲舒构建的礼法合用的治国方略，不仅成为西汉中期至清末历朝历代统治者前后相继的基本模式，而且演变为一种思想传统。

其三，完成了思想统一的历史重任。从春秋时期周王朝政治权威崩解而出现的思想解放，到战国时期的百家争鸣，再到西汉中期罢黜百家，独尊儒术的出现，及至东汉时期《白虎通义》的编订，中国社会的思想文化经历了由合到分，再由分到合的历程。其间，伴随着从战国到西汉武帝时期由军事统一到政治统一再到思想统一的进程。董仲舒根据时代需求，创造性地构建了天人合一的思想体系，以先秦孔孟荀儒家的思想为主导，吸纳了道家、法家、阴阳家、名家、墨家诸家的思想，以性善情恶的人性论为基础，大力推行以三纲五常为核心的价值观教化，形成了适应当时国情民性的新型价值系统，完成了思想统一。思想统一的完成，促进了作为一个实体的多元一体的中华民族的发展，促成了多元一体的中华文化的发展。统一的国家，统一的民族，统一的文化，在西汉中期以后成为现实。

其四，铸造了思想家与政治家合作的传统。董仲舒作为有汉一代伟大的思想家，秉承了先秦孔孟荀儒家救世济民的思想传统，以及努力与政治家合作的传统。但是，我们都知道，由于历史条件的客观限制，以及孔孟荀思想的某种局限，儒家匡时济世的理想并没能实现，仅仅是百家争鸣中的一家，与墨家并列的显学而已。董仲舒适应西汉中期的历史要求，与汉武帝这样的政治家合作，努力把儒家思想变成国家意识形态，成为全社会的指导思想，然后通过制度建设和核心价值观的构建，通过行政系统的中介，把儒家思想落到了实处，使先秦儒家孔孟荀的理想在汉代变成了现实。

在重申并在新的角度和层面阐发董仲舒思想的上述价值之后，李宗桂从文化价值论和历史发展论的角度，揭示了董仲舒儒学的精神实质。他在《董仲舒儒学的精神方向》（《衡水学院学报》2019 年第 5 期）一文中，明确提出董仲舒儒学的精神方向是使人向前、向上、向善、向实。董仲舒儒学是真正地实现创造性转化、创新性发展的新儒学。董仲舒是对先秦儒学进行创造性转化、创新性发展的一个思想大家，他所创建的儒学是真正的"新儒学"，董仲舒儒学的精神方向可以用4个词、8个字概括——"向前、向上、向善、向实"。

"向前"，就是不后退，不守旧。它要依托于传统，但是它并不是僵化地固守传统，而是要更新传统。它要创造性发展，在守成中创新，构建新型的价值系统，开辟新局，真正做到继往开来。大家熟悉的董仲舒的"更化"主张，三纲五常核心价值观的构建，就体现了"向前"。

"向上"。董仲舒思想非常重视大一统。"《春秋》大一统者，天地之常经，古今之通义也"，是他的名言，也是他的基本政治观和文化观。董仲舒重视国家统一、民族融合、民族团结，重视社会风尚的提升，重视国家治理、社会治理的价值原则，指导方向的正义性，重视礼乐教化的化民成俗功能，这些都是"向上"的表现。董仲舒《春秋繁露》中有一段话，很典型地反映了"向上"之风，即"故为人君者，正心以正朝廷，正朝廷以正百官，正百官以正万民，正万民以正四方。四方正，远近莫敢不壹于正，而亡有邪气奸其间者"。君主首先要端正自己的思想，端正自己的价值观，然后才能正天下。如此，天下无不认同、归服于"正"，不端正的风气、邪气奸气就无法存在，这叫作正气，就是"正心"的作用所在，就是"向上"的凝练体现。此外，《天人三策》中说："道者，所繇适于治之路也，仁义礼乐皆其具也。故圣王已没，而子孙长久安宁数百岁，此皆礼乐教化之功也。"什么是道呢？道是适合治理天下、治理社会的正确道路，这样，人就坚持道，善用仁义礼乐这些工具。即使圣王已经不在了，但是子孙后代长治久安。什么原因呢？就是因为施行礼乐教化，实现了长治久安。这是更为深厚、更为长久的"向上"。

"向善"，追求善治、善道、善人。善治就要求统一思想、统合价值、长治久安，包括调均。调均不仅仅是调节财富，使其均衡，使其相对合理，还要调节政治，使不同阶层的人享受到政策的实惠、享受到君主的恩泽。还要构筑思想道德的堤防，引人向善。董仲舒强调的更化，更是自觉地与"善治"的目标直接联系起来，他明确说过"更化则可善治"。他还说，"夫仁义礼智信五常之道，王者所当修饬也"，首先君主要去培育、掌握、践行仁义礼智信五常之道，如果能够这样，你就可以"受天之佑，而享鬼神之灵，德施于方外，延及群生也"。如果王者懂得这些道理，他就要以教化为首要任务："立太学以教于国，设庠序以化于邑，渐民以仁，摩民以谊，节民以礼。"仁义礼都是用来引导民众向善的。如果这样，则"教化行而习俗美也"。美就是一种善。西北政法大学赵馥洁教授写过《中国传统哲学价值论》，该书提到中国传统哲学有六大思想特色，其中一条就是"善统真美"，真和美统一服从于善，而董仲舒的儒学思想也是一种真善美结合而又"善统真美"的思想。

"向实"。重视实际，解决现实的社会治理问题，不是空谈道理、概念。这是很重要的一点。董仲舒的大一统观念、更化思想、调均主张、关于性三品的教化论，关于学校教育与社会教育相结合以解决人的素质的提高和社会良好治理问题的观点，以及以儒学治国解决思想统一的问题、价值整合的问题、民族融合的问题，等等，都是在面向社会现实，解决实际问题。董仲舒不仅仅是坐而论道，而是面向社会，思考如何把先秦孔孟荀儒家的价值理想落实到社会实践中去，变成实际的精神动力和价值支撑，这是很重要的一点。但是学者只能用学术的方式去参与社会的建设，参与社会的发展。于是，要通过行政架构，通过行政力量的中介，即思想家和政治家合作来实现。董仲舒正是通过与政治家的合作，把理论变成了现实，解决了儒家的社会关切，这是一种"向实"。《北京日报·理论周刊》于2019年7月22日第11版以《董仲舒儒学精神可以概括为"四向"》为题，介绍了李宗桂的上述观点。

2. 现代新儒学与中国文化

现代新儒学是当代中国哲学文化思潮中极富冲击力的一个学派，1985年前后进入国内学术界的理论视野。1986年，毕业留校刚一年的青年学者李宗桂成为方克立、李锦全教授主持的"七五"国家重点研究课题"现代新儒学思潮研究"课题组的重要骨干。第二年，他参加了著名的宣州会议，并受课题组委托撰写了《"现代新儒学思潮研究"的由来和宣州会议的争鸣》一文，向海内外澄清了关于课题研究的实际情形。1991年，在德国慕尼黑召开的第七届国际中国哲学大会上，他宣读了《新儒学的形上追求及其现代意义》，该文后来发表在台湾辅仁大学主办的《哲学与文化》杂志。他多次参加过在台湾和香港举行的现代新儒学研讨会，还承担了国家教委"八五"人文社会科学规划博士点项目"现代新儒学与中国文化"。其论文自选集《传统文化与人文精神》（广东人民出版社1997年版）共分3篇，其一就是"新儒学篇"，比较系统地表达了他对现代新儒家的历史把握和理性认知。2004年，他应台湾现代新儒学重镇淡江大学的邀请，在该校做了为期2个月、以"当代新儒学与中国文化的发展"为主题的访问研究。诚如著名学者方克立、李锦全教授当年所说，李宗桂是国内现代新儒学研究领域颇有建树、富有影响的少数青年学者之一。

国内新儒学研究，存在3种不同的思路：一种是从所谓"文化生命"的角度研究，这种方式及其结论容易出现简单地为现代新儒学评功摆好，忽视甚至否定马克思主义研究方式的倾向；一种是片面强调意识形态斗争，对现代新儒学持彻底否定态度，忽视现代新儒学在学术上的贡献，容易导致简单化；一种是从文化哲学的角度去探讨，重在解析现代新儒学的文化特质，为撰写客观持平的现代文化史、哲学史提供依据，为建设当代中国文化提供思想资源。李宗桂赞成第三种思路和方法，并在研究实践中自始至终践履着文化哲学的研究方式。

在《人民日报》1989年3月6日发表的《现代新儒学：由来、发展及思想特征》一文中，李宗桂指出，民族本位的文化立场、花果飘零的文化心态、我族中心的文化观念、多维开阔的文化视野、强烈的主体意识、鲜明的独立人格、保守主义的政治立场，是现代新儒学的显著思想特征。长期以来，尤其是20世纪八九十年代，他坚持认为，从近现代中国文化发展的逻辑进程看，现代新儒学的产生有其历史必然性，但它追求"返本开新"的文化价值观，以返回传统儒家心性之学为根本，试图开出现代科学与民主政治，则不符合近代以来中国社会发展的逻辑进程，其所期盼的复兴儒学以解决中国现代化的构想以及"海洋文化的新儒学"的蓝图，也只能是一厢情愿。进入21世纪，他在《文史哲》2003年第2期发表了《当代新儒学发展的若干难题》一文，强调指出：兼容天下的开放意识与守道护统观念的纠结、复兴儒学的宏图大志与儒门淡薄的落寞现实的差距、"返本"的传统价值准则与"开新"的现代意识的矛盾、批评精神与自我反省意识的脱节、儒学现代化意图与边缘化现实的悖反、儒学价值理想载体的整体性缺失，正是当代新儒学发展面临的六大难题。

当然，在"从传统观照现代，从现代反思传统"这一基本原则和学理范式的导引下，李宗桂也一直主张努力借鉴现代新儒学的可取之处，并对当今在台湾、香港和海外为中华文化复兴而努力的当代新儒家给予积极的评价。譬如，在《哲学研究》1989年第3期发表的《评唐君毅的文化精神价值论和文化重构观》一文中，他认为：唐君毅的文化精神价值论和文化重构观反映了中国知识分子传统的忧患意识和文化参与意识，反映了对民族文化的执着之情和爱国之心，因而，其对民族文化精神价值的张扬和对中国文化重构的设想，有益于我们立足现实去培养自尊自信之心，以开放的心灵去迎接西方文化的挑战并吸纳西方文化的长处，进而建构当代中国的新型文化体系。又如，在现代新儒学重要人物之一李杜教授主持、现代新儒学重要阵营香港新亚研究所2001年于香港举行的"传统儒学、现代儒学与中国现代化国际学术研讨会"上，以及担任主席之一（另一主席是中国台湾辅仁大学校长黎建球教授）、2004年于澳门举行的中青年哲学家学术论坛上，李宗桂明确指出："从当代新儒家学者的诸多学术表现来看，儒学也能适应现代化，自身也能现代化。他们对现代民主政治、科学精神的认同是一致的，对中国社会的现代化进程是认同的，而且是积极推动的，甚至对五四精神也是肯定的。即使是复兴儒学，力图实现儒学第三期发展的努力，实际上也蕴含着现代化的用心。"正因秉持着客观理性的学术立场来进行现代新儒学的研究，又持守着"君子和而不同""万物并育而不相害，道并行而不相悖""君子群而不党"的和谐共生原则，所以，尽管李宗桂对现代新儒学有若干批评意见，有颇不相同的学术立场乃至政治理念，但长期跟中国台湾、香港以及海外的现代新儒学群体保持着良好的学术友谊，从而能够更好地理解现代新儒学、认识现代新儒学，更好地研究新儒学。

现代新儒学发展到当今，已经是连通海内外并且在大陆自成一体的思想文化流派。对于大陆的现代新儒学学者，李宗桂一直秉持和而不同的理念与其探讨相关学术问题。2018年，他应时任《孔子研究》主编王钧林教授之约，在该刊第4期头版发表了题为《儒学发展态势和前景展望——以2004年以来为范围》的文章。他一方面肯定最近10多年来儒学正面价值受到官方、学术界和民间越来越多的肯定，儒学研究队伍日益壮大，流派纷呈，成果丰硕；另一方面，他也如实指出，对儒学研究、儒学发展的质疑之声和警惕之心始终存在，并列举了刘泽华、方克立、陈先达、葛兆光等著名学者对某些现代新儒学学者观点和思路的批评、质疑。他强调指出，儒学发展的未来前景，是在民族复兴中实现儒学复兴，而不是相反。毫无疑问，现代化是全方位的。儒学作为民族历史传统资源，在现代化进程中也要与之相适应，要与现实文化相融相通，与当代文化相适应，与现代社会相协调。因此，儒学自身也要融进现代化，也需要现代化。我们应当按照时代的新进步新进展，对儒学的内涵加以补充、拓展、完善，增强其影响力和感召力。否则，儒学就会被边缘化，生命力就会萎缩。他最后鲜明地表示："中华民族的复兴必然伴随民族文化的复兴，而民族文化的复兴必然内蕴着儒学的复兴。反映着中华民族深沉的精神追求的儒学，在中国的进一步崛起中，必将大放异彩。我赞同并期盼着儒学的复兴。但需要强调的是，儒学复兴不是罢黜百家独尊儒术，不是儒学成为垄断性的国家意识形态，不是儒学成为儒教，更不是儒教立国，而是经过创造性转化创新性发展后的焕然一新，承载着以爱国主义为核心的中华民族精神，充溢着以改革创新为核心的时代精神，成为当代中国文化的有机构成，成为治国理政的重要历史文化资源，中华民族共有精神家园构建的价值支撑，以及个人安身立命之道的精神来源。总之，儒学复兴的前景可期，但需要有合理的边界。"

3. 从"儒家主干""哲学核心"到"多元互补"

早在1985年12月，在湖南湘潭举行的全国老子思想学术讨论会上，李宗桂（当时还是助教）就提出中国传统文化主干由儒道两家共同构成，亦即儒道共同主干说。这一观点后来清晰地表述在其1988年出版的《中国文化概论》中："儒道两家，有着不同的思维方式、心理框架和价值系统，相互颉颃，相互刺激，相互吸收，推动着民族精神的演进，从而共同构成中国传统文化的主流。"但是，就其学术研究的进路而言，李宗桂的切入点和着力甚多的地方，还是儒家主干。

重视儒家文化在历史上的地位、价值及其现代影响，是李宗桂着力研究董仲舒思想并由此辐射到秦汉文化史，又从文化史逐渐深化到思想家（特别是大思想家）与中国文化相互关系探讨的理论依据。关于秦汉文化研究，他已在《哲学研究》《中国哲学史》和台湾《中国文化月刊》《鹅湖月刊》等重要刊物上发表多篇高质量的学术论文，还计划撰写一部《汉代思想文化史》。关于思想家与中国文化的研究，他主编的国家"八五"重点图书规划项目"大思想家与中国文化丛书"，选取中国文化史上具有代表性的19个大思想家（孔子、孟子、老子、庄子、墨子、荀子、韩非、董仲舒、王充、王弼、慧能、程颢、程颐、朱熹、陆九渊、王阳明、王夫之、戴震、黄宗羲），分别从其思想出发，旨在探讨中国古代大思想家与中国文化的内在关联。全套丛书共17本，由贵州人民出版社出版（除了由于特殊原因目前还有1本没有出来，其余已经出版）。在《哲学研究》1993年第8期发表的《思想家与文化传统》一文中，李宗桂尤其集中地阐释了其"大思想家观"，认为思想家促成了中国文化传统中的文化保守、文化变革、文化批判、服务政治等四大传统，改革开放时代需要自己的思想家群体，应该依靠思想家重建传统。当然，即使21世纪以来身兼广东省儒学研究会会长一职，李宗桂依然认为，对学术界普遍流行的"儒家主干说"应做历史的辩证的分析，因为儒学虽然是中国传统文化的主干，但并非现代新型文化体系中的主干；即使在中国传统文化的结构中，也并非只有儒家才是主干，而是儒道两家共同构成主干。

　　如果说中国传统文化的主干是儒学，那么，其核心则是哲学。回顾进入21世纪前后学术界热烈讨论的中国哲学"合法性危机"问题，我们现在也许应当重读《中国文化概论》第10章第2节。因为李宗桂早已从哲学的价值与功能、中国古代哲学的特点与功能、文化的概念与结构、参与文化讨论者的学科背景等层面，学理地证明了古老的中华民族"有"自己的哲学，而且其特点是着眼伦理本位、关心现实政治、高扬主体意识、富于辩证思考、强调整体观念、偏重直觉思维、流于经学态度、重视人际关系。他还发表过《驳"中国无哲学"论》（《四川师范大学学报》1988年第3期），该文被国内多家重要报刊转载，受到学术界广泛关注。2008年4月7日，李宗桂又在《光明日报》（国学版）撰文指出，中国哲学"合法性"问题就其实质而言，不过是研究中国哲学究竟应当采用何种范式的问题；在中国哲学研究上，与其生硬地去迁就西方哲学的范式，勉强地将其"哲理化"，不如遵从中国历史的实际，承认其伦理化、政治化的特质，在文化价值论的层面给予合理的定位和评价。该文以《中国哲学"合法性"问题的实质》为题，被《新华文摘》2008年第11期论点摘编。同样，对于学术界普遍流行的中国文化"哲学核心论"，李宗桂也提出了自己的看法：就中国传统文化而言，哲学核心亦即儒学主干，但在当代中国文化发展和现代新型文化建设过程中，儒学不再是文化主干，哲学核心论被赋予了崭新的时代内蕴，即马克思主义哲学和社会主义价值体系成为当代文化中的核心与枢纽。这一新时代的"哲学核心论"，是李宗桂长期以来能够运用马克思主义的综合创新观来探讨传统文化与现代化这一时代课题的立论基础。

　　值得注意的是，李宗桂在其后的研究中对于中国传统文化的结构和功能提出了进一步的见解。1999年，在北京举行的一次国际学术会议上，他提交了《论中国传统文化的多元互补》一文。2000年，他在给赖美琴博士的《韩非与董仲舒政治哲学研究》（广东人民出版社2000年版）一书作序时，针对"儒家主干说""儒道互补说""儒法互补说""道家主干说"等，明确指出："儒家主干说"侧重于社会政治影响，"儒道互补说"侧重于人生境界和进退出处，"儒法互补说"侧重于统治方略，"道家主干说"侧重于哲学框架的构建、哲学概念范畴的确立以及西方人对中国哲学的认可；其实，"从人生境界和进退出处来看，中国传统文化的主干是儒道佛互补；从统治方略来看，是儒道法互补；从哲学框架的构建和哲学概念范畴的确立来看，是儒道互补"。

显而易见，对"儒家主干说"的现实扬弃，对"哲学核心论"的抽象继承，尤其是从"儒家主干说""哲学核心论"创造性地转化到中国传统文化结构和功能的"多元互补论"，是对中国传统文化的内容、结构和功能以及对传统文化与现代化相互关系进行理性思考的结果，是"从传统观照现代、从现代反思传统"这一思维方式的逻辑必然。总的说来，李宗桂对中国哲学思潮进行文化审视，是跟历史地、辩证地对待"儒学主干论"与"哲学核心论"密切相关的，并且逻辑地成为其文化哲学研究的重要组成部分，对其文化哲学研究的价值取向与思维方式产生了重要影响。这种研究方式及其结论，对当今的文化哲学研究不无重要的启迪。

2019 年 7 月，在青海湖考察

在此，我们还有必要特别提到《二十世纪中国哲学研究的审视和新世纪的展望》一文。该文的雏形是《中国哲学史》1998 年第 1 期发表的《中国哲学研究的回顾与展望》，全文约 1 万字，比较简括，多有未尽之意。两年多后，苏州大学主办的《东吴哲学》约请李宗桂做了进一步发挥，以 1.8 万字的篇幅发表于该刊 2001 年卷（安徽人民出版社 2001 年版）。其后，又经过较大的修订、扩充，连载于《学术界》2002 年第 1、2 期（约 3.8 万字），日本的《伦理学》杂志将其全文翻译，发表于该刊 2002 年第 19 号（2002 年 12 月出版）。在这篇长文中，李宗桂通过详尽的史料梳理和切实的理论分析，挚信中国哲学研究在新的世纪中将出现新的气象，认为中国哲学研究的未来进路可以分为 3 种：一是参与生活，干预现实，以精神文明建设、当代中国文化建设为切入点，以中西对比、古今观照为基本方式，阐释自己的中国哲学观，推动社会进步；二是注重学理，用全球眼光看问题，把中国哲学研究纳入国际学术研究的规范之中，重视与国际学术界接轨；三是倡扬主体意识，提出独特的哲学见解，建构自身的哲学体系。如果说李宗桂对中国哲学思潮的文化审视,主要关联着第一种进路,那么,也正是这一点,深刻地折射了一个中青年学者在社会转型期依托理性资源来重建新型文化形态的当下关切。

五、社会转型期的人文关怀

20世纪90年代以来,如火如荼的市场经济改革和引人注目的以"国学热"为特征的文化研讨热潮,有力地推动着当代中国的社会现代化与文化现代化。然而,这一从传统迈向现代的社会转型又是异常复杂、艰难的。人们普遍认为,社会转型需要民族精神的深层支持,越是社会转型期越需要人文关怀。李宗桂近年来的文化哲学研究,也从一个侧面体现并适应着这种时代需要。

譬如,李宗桂承担并主持了国家教委"七五"规划项目"当代中国人价值观与传统价值取向——建构社会主义新型价值观的研究"、国家哲学社会科学"九五"规划重点项目"坚持建设有中国特色社会主义文化的基本目标基本政策与文化建设实践研究"、教育部"十五"重大课题"当代中国文化建设研究"、教育部特别委托重大项目"新时期校园文化建设的理论和实践"等项目,发表了《优秀文化传统与民族凝聚力》(《哲学研究》1992年第3期)、《民族文化素质与人文精神重建》(《哲学研究》1994年第10期)、《经济全球化与民族文化建设》(《哲学研究》2001年第1期)、《文化全球化与当代中国文化建设》[《南开学报》(哲学社会科学版)2002年第5期]、《人文精神建设之若干难题》(《学术研究》2003年第2期)、《文化自觉与文化发展》[《中山大学学报》(社会科学版)2004年第6期]、《国学与时代精神》(《学术研究》2008年第3期)、《国学与中华民族精神家园》[《中山大学学报》(社会科学版)2009年第3期]等论文,主编了《儒家文化与中华民族凝聚力》《中华民族精神概论》《文化精神烛照下的广东——广东文化发展30年》《广东文化改革发展40年》(依次为广东人民出版社1998、2007、2008、2018年版),策划、主编并出版了"中华民族精神研究丛书"(广东人民出版社2007年版),近40万字的专著《当代中国文化要论》也即将出版。另外,从1995年开始,李宗桂在中山大学哲学系一直招收着"中国文化与现代化"研究方向的博士研究生,2003年还新增了"当代中国文化"方向,并且经常利用报刊、电视、互联网等大众传播媒介,向社会呼吁必须大力加强人文建设。2000年以来,他在人民日报社主办的《人民论坛》上发表的10多篇文化时评,如《"恶搞"背后的文化失落》(2006年第21期)、《山寨流行何必"喊打喊杀"》(2008年第22期)、《都是"泛精英"情结惹的祸》(2007年第9期)、《国际惯例与民族文化尊严》(2007年第3期)、《提升软实力重在文化民生》(2007年第21期)、《文化创新应重视主体的培育》(2009年第10期)、《政坛生态重构:超越单一价值观》（2009年第12期）、《网络时代谣言传播的特点及其危害》（2010年第1期）、《段子舆情与社会思潮》（2010年第12期）、《不同群体地位变迁的动力逻辑》（2010年第34期）、《病态成功观催生当代迷思》（2011年第9期）、《警惕文化血统论的泛滥》（2011年第20期），融思想性与批评性于一体，集学理性与通俗性合一身，尤其鲜明地昭示了人文在市场经济时代、网络文化时代、大众文化时代中对精神文化建设、政治文化建设、通俗文化建设的特殊重要性。

不仅如此，李宗桂还较早注意到市场经济负面因素对社会发展和价值观培育的影响。1995年，他应《羊城晚报》理论部之约，在该报理论版开设《社会转型期的人文精神探讨》专栏。这是《羊城晚报》自创刊以来第一次在理论版为学者开设专栏。在该专栏中，李宗桂阐释见解时犀利的眼光、流畅的文笔、典型的事例，吸引了众多读者。仅从这些文章的题目，我们便可窥见一斑：《穷得只剩下钱：价值理想的失落》《帝皇气派：理想人格的扭曲》《及时行乐：现世主义思维的怪胎》《物质主义：伦理精神的背叛》《文化垃圾：文人操守的反讽》《三点式包公：审美情趣的变形》《"鬼文化"：反文化现象的泛滥》《只发（8）不死（4）：封建迷信的沉渣泛起》《游戏人间：假黄色新闻的背后》《现代化并不等于物化：人是要有一点精神的》。这些文章，全部被中国人民大学报刊复印资料全文转载，有的被光明日报社主办的《文摘报》转载。时任新华社香港分社的领导、广东省委宣传部部长等，专门找李宗桂要了这些文章。

李宗桂最近从事的两个文化研究课题，尤为值得我们彰显。其一是"当代中国文化研究"。学术研究不是为了发思古之幽情，不是为学术而学术、为知识而知识，而是要与国家发展、民族兴亡、人民安康这样的价值主题结合起来。因此，《文化批判与文化重构》出版以后，李宗桂的文化哲学研究有意识地转向当代中国文化层面，目前已产生两项（类）代表性成就。第一项代表性成就是作为国家哲学社会科学"九五"重点课题和教育部"十五"重大项目之最终成果的《当代中国文化要论》（结项名称为"文化建设的理论与实践"）。书中从文化学的角度入手，就文化内涵与文化功能、文化理论与文化实践、文化建设与意识形态、文化建设的根本任务等问题阐述了自己的见解，对新中国成立以来特别是改革开放以来文化建设的基本目标、基本政策和文化建设实践在反思和总结的基础上进行了前瞻性的探析，进而以专题的形式对文化建设的生态环境、当代中国的法律文化、文化建设与民族精神支柱的锻造、"中国特色"的文化诠释、中华民族精神与当代文化建设、当代中国文化价值体系的建构、文化建设与中华民族凝聚力、全球化时代的中国文化等问题给予了别具特色的探讨。第二项代表性成就是关于广东文化建设的成果。其中，又可分为他主持的集体著作和个人著作。集体著作是《文化精神烛照下的广东——广东文化发展30年》（广东人民出版社2008年版，以下简称《30年》）和《广东文化改革发展40年》（广东人民出版社2018年版，以下简称《40年》）。《30年》作为"广东改革开放30年研究丛书"之一，立足于文化事业的创造性探索、文化产业的跨越式发展、大众文化的兴盛、企业文化的拓展、城乡文化的新开展、岭南文化的传承与开发、精神文明建设的丰硕成果、新时期广东人精神的培育与弘扬等方面,全景式地叙说了改革开放30年来广东文化发展的心路历程,并从创新发展模式、创新文化精神、创新和谐文化、创新文化软实力、创新精神家园、创新人格追求的理论高度,描绘了广东文化未来发展的美好愿景。《40年》是在《30年》的基础上,对广东文化发展进程中的"改革"属性、特质、动力、成就和前景进行新的研究,阐发了广东文化在改革创新的时代精神引领下所走过的历程,以及取得的成就。书中以专题形式对"改革开放焕发广东文化的生机""文化事业的创造性发展""文化产业的跨越式提升""思想道德建设的价值凝练""文学艺术的繁荣发展""新闻媒体引领潮流""优秀传统文化的传承发展""先行一步的文化体制改革""别具一格的对外文化交流""新时期广东文化精神的形成"等文化建设的重要问题进行了史论结合的现代阐释。在以集体著作形式对广东文化进行研究的同时,李宗桂还通过报刊论文、学术讲座、社会公共讲座、学术文化访谈等形式发表自己对广东文化的研究见解,参与现实的文化建设。其中,31万字的《广东文化的多维思考》(花城出版社2012年版)便是他这些成果的集中体现。该书共分4编,第一编是"从文化大省到文化强省的价值追求",第二编是"'广东精神'的培育与弘扬",第三编是"文化学层面的理论探讨",第四编是"文化专访答客问",集中系统地表达了他对建设当代中国文化思维框架中的广东文化建设的思路和观点。

以上两类代表性成就,前者属于大中国叙事,但又大中见小,后者属于广东叙事,但又以微知著,两者相互呼应、相得益彰,共同烘托了文化中国的当代演进、中国文化的当代展开。

李宗桂文化研究的另一着力点是"中华民族精神研究"。早在1999年年底,他就应人民日报社主办的《人民论坛》之约,撰写了《经济全球化与文化的民族性》,发表在该刊2000年第3期。他还在《哲学研究》2001年第1期发表了《经济全球化与民族文化建设》一文,明确提出经济全球化并非一体化、同质化,更不可能导致全球文化一体化、同质化,民族文化、民族精神照样存在,甚至民族精神、民族主义可能高涨,而不是消解。这篇文章受到广泛关注,中国社会科学院网站给予了特别介绍,《人民日报》摘介了其核心观点。在《中国高等教育》2003年第10期发表的《中华民族精神的历史发展和时代意义》一文中,他认为,改革开放以来,以开拓创新为基本特征和思维旨趣的当代中华民族精神正在初步形成,它是对既往民族精神的批判性继承与创造性超越,是对当代中国现代化进程的积极推进,是对当今世界和平与发展时代主题的正确回应。应《人民日报》之约,他撰写了《重视传统文化的民族性》一文,指出:"建设社会主义先进文化,应当注意发掘中国传统文化的正面价值,从文化发展的连续性和继承性的一面对待民族传统文化","在经济全球化时代,我们应当注意保持并努力发展文化的民族性,尊重自己民族的传统文化,合理利用传统文化这个重要资源","正确解决文化的民族性问题,正确解决中国传统文化的当代价值问题,'自主'精神值得学习和弘扬"。该文和金冲及、汤一介、方立天等知名学者的文章构成一组,被《人民日报》2005年2月4日以"特别关注：现代视野中的传统文化"为主题,作为重点文章推出,受到学术界和社会舆论的特别关注。

正是基于上述认识,从1995年年底开始,李宗桂及其领导的中山大学文化研究所启动了对当代中华民族精神建设的学理研讨。经过多年努力,"中华民族精神建设丛书"作为广东省哲学社会科学规划课题"中华民族精神研究"的最终成果,并在广东省哲学社会科学规划基金的资助下,2007年3月由广东人民出版社出版。这套丛书包括总论性的《中华民族精神概论》(李宗桂等著),以及分论性的《中国哲学精神》《中国法律精神》《中国教育精神》《中国伦理精神》《中国经济精神》《中国文化精神》等,旨在证明中华民族精神不愧为激励全民族不懈奋进的道义力量,不愧为规范、引导全民族进步的价值标准,不愧为建设、发展先进文化的思想原则,不愧为凝聚海内外中华儿女的心灵纽带,不愧为正确回应全球化挑战,坚持文化民族性、独立性、自主性,使中华民族自立于世界民族之林的精神支柱。正如李宗桂在"丛书编写出版说明"中所说："回顾丛书编写这10年来,我们的学术追求,是和中华民族精神的建设同步的,是和改革创新的时代精神一致的,是和社会主义核心价值体系的建构过程一致的,也是和'阐旧邦以辅新命'的优秀文化传统相衔接的。"

在李宗桂的"中华民族精神研究"中,如果说"民族精神"是其多年来侧重的研究视角,"国学"则是其近年来关注的思维视野。21世纪以来再度兴起的"国学热"深刻关联着"儒学热",为此,《光明日报》(国学版)2006年7月4、18日刊登了李宗桂与武汉大学郭齐勇教授的《对话:儒家哪儿错了?》(上、下)。李宗桂强调:仁爱作为一种价值追求和理想,并不是不能实现的,而是必须提倡,我们都应该这样去做。他在《学术研究》2008年第3期发表了《国学与时代精神》,在《中山大学学报》(社会科学版)2009年第3期发表了《国学与中华民族精神家园》。前者指出,如果抛开成见,以平和之心参与讨论,我们就可以在国学的范围问题上取得大致相近的意见,亦即："近年所谓国学,本质上就是传统文化。就时限而言,包括古代传统文化和近现代传统文化(不包括当代文化);就学科门类而言,包括人文社会科学和自然科学;就国别而言,相对于西学而言是中学,相对于世界而言是国学;就内容而言,《十三经》《诸子集成》《黄帝内经》《本草纲目》《周髀算经》《孙子兵法》《孙膑兵法》,以及"二十四史"等是国学,民俗风情、元宵节、春节、清明节、端午节等也是国学。道理很简单,这里所谓传统文化,是广义的说法,既包括思想文化、制度文化、物质文化、行为文化,也包括生活方式、风俗信仰,而不仅仅是某家某派学说。"后者认为,国学文化中有着深厚而丰富的关于精神安顿、心灵休息的文化价值理念,主要表现为关于和谐的思想、关于个人安身立命的思想、关于仁和礼的思想,由此,建设中华民族共有精神家园所要弘扬的中华文化,是整个中华民族从古到今的优秀文化,其中,以近代到五四特别是改革开放后的新型文化为重心,而不仅仅是古代文化,不仅仅是儒家文化,不仅仅是汉族文化;"共有"精神家园不能片面追求"特有",而是有一个文化价值底线,这就是对中华文化的基本价值、基本理念的认同,对做一个中国人的基本价值要求和操守的认同;认同并光大中华文化的精神价值,在精神家园的层面落实中华文化的价值,发展壮大中华民族,复兴伟大的中华文明,是我们应当努力的方向。前者已被《中国社会科学文摘》2008年第8期重点转摘,后者已被《新华文摘》2009年第16期论点摘编,足见李宗桂以重建精神家园、振奋时代精神为旨趣的国学观,亦是与时俱进的思想理论结晶。

如上所述表明,李宗桂以"社会转型期的人文关怀"为主题的文化哲学研究,目前正在朝着"当代中国文化研究"和"中华民族精神研究"两翼汇聚,而且因其深刻的理论思辨性、鲜明的时代色彩、强烈的历史使命感,越来越受到知识界与一般民众的关注。弘扬优秀文化传统、增强中华民族凝聚力、提高民族文化素质、重建人文精神是近年来为推动社会转型而特别受到重视的时代性课题,对此做出积极回应和努力探索,显然是知识分子学术良知与历史使命感的体现。在此意义上,不妨说力图表达社会转型期之人文关怀的"当代中国文化研究"和"中华民族精神研究",是李宗桂在文化哲学研究领域中继《中国文化概论》《文化批判与文化重构》之后的又一新境界,也典型地代表了当代文化哲学研究较高的理论水平和应然的努力方向。

六、为文化学的学科建设鼓与呼

自从1985年毕业留校以来,李宗桂已经在现代中国文化学研究先驱朱谦之、陈序经、黄文山曾经工作过的中山大学执教30多年。无论对于时代还是个人来说,这段时期似乎都是属于文化的。从时代看,20世纪80年代文化讨论的基调是批判、否定、激进,90年代文化讨论的标识是清理、肯定、保守,21世纪文化讨论的特征是诠释、构建、理性,在这个正—反—合命题的历史进程中,从辨析现代化并不等于西化到确认现代化的终极目标是人的现代化,从肯定文化对经济社会发展的重要意义到开掘中国传统文化的价值资源,业已表明复兴中华文明、实现现代化的时代诉求得到了充分体现。从个人看,李宗桂的学思历程首先是以董仲舒研究、《中国文化概论》为代表的传统文化研讨,然后是以《文化批判与文化重构》为标志的近代文化批判、现代新儒学研究,现在是以《当代中国文化要论》为重心的当代文化探索。时代发展与个人经历的有机统一,足以表征一个在改革开放的时代潮流中成长起来的中青年学者既倾情学术理想，又关注社会人生的心灵追求。

当然，李宗桂对20世纪80年代以来此起彼伏、歧路坎坷的文化讨论热潮，始终保持着清醒的批评立场。譬如，他坚信经济全球化、政治多极化、文化多元化是这个时代的世界性特征，从来就不苟同"21世纪是中国文化的世纪""全球文化将走向一体化"之类的"高论"。在《学术研究》2003年第2期发表的《人文精神建设之若干难题》一文中，他认为，目前人文精神建设存在的主要难题是市场经济条件下经济取向与人文取向的悖反、理想主义与实用主义的冲突、民族文化素质现状与人文精神建设目标的距离、对传统资源的现代价值的认知差距、古今思维偏向对文化建设的损毁，其解决既须知识阶层的忘我投入，又待广大民众的价值认同，更要决策部门的科学抉择。他还多次强调指出：文化学基础理论的研究和建构相当薄弱，文化学专业人才的教育和培养没有受到应有重视，这是若干年来文化讨论中存在的明显不足。早在发表于香港《明报月刊》1997年12月号的《世纪之交中国大陆文化研究的新气象》一文中，他就尖锐地指出："80年代的文化研究，其显著弱点之一，就是理论准备不足，缺少应有的规范。……文化学作为一门独立学科的特性还没有得到充分的揭示。由于这个弱点的存在，整个80年代和90年代前期的文化研究缺少应有的学术规范，主要表现为研究对象不够明确，研究范围不够确定，研究目标比较盲目，学科界线比较模糊。"他认为，应当"把'文化'作为一门'学'来建设，创造出中国特色的文化学体系。有了科学意义的严整的'文化学'，文化研究的规范才能真正确立"。李宗桂较早注意到并强调文化学学科建设的意义，因而，我们还可以依托《社会科学论坛》2005年第8期发表的《文化研究的反思与前瞻——答〈社会科学论坛〉记者问》和《中山大学学报》（社会科学版）2005年第6期发表的《"文化学"建设与文化现代化》等文章，更为深入了解他是如何为文化学的学科建设鼓与呼的。

作为研究文化的科学，文化学是一门综合性、边缘性、交叉性的新兴社会人文学科，是基础研究和应用研究并重的应用性基础研究学科。文化学研究的是文化的生存环境，文化的地域、民族、时代等属性，文化的积累与变迁、继承与创新、传统与现代、大传统与小传统、民族化与世界化、多样性与统一性的关系，亦即旨在探讨文化的要素、特征、性质、动力、结构、功能、价值、生命，研究文化各系统的类型、形态、机制、历程（发生、发展、成熟、衰变），以及不同文化系统之间的传播、选择、涵化、交融、转型、整合的特点及其规律。文化学的研究对象，从构成上看，既有纵向的历史文化、现实文化，也有横向的不同地域、民族或国家的文化；从层次上看，既有理论文化，也有实践文化。

不过，与文化学研究的"学科性目标期待"相反，文化研究在某种意义上却一直陷于"现实性理论困境"。表现之一是"文化学从业群体的极度宽泛"。多年来，千军万马都在研究文化，各行各业都在谈论文化，以至有人讽刺说："文化是个大箩筐，什么都可往里装。"譬如，全国几乎所有省（市、区）都在建设"文化大省"或"文化强省",但真正有文化理论支撑、真正把文化作为一种事业来看待的,到底有多少呢?另外,全国高校招收博士生、硕士生的专业研究方向,许多挂有文化之名,诸如"中国文化与现代化""中国传统文化与现代化""中国传统文化""中国现代文学与文化""近代中国文化思潮""当代法律文化""管理文化"等,但其授予的学位还是原来的哲学、文学、史学之类。表现之二是"文化学研究成果的过于贫血"。20世纪80年代文化研究热潮兴起以后,文化理论方面的论著出版了不少,但要么是西方文化人类学理论的翻译或移植,要么是历史唯物主义理论的翻版(加上几个文化名词而已),要么是在各自原有学科的基础上增加若干文化名词或者代之以文化名号的东西。表现之三是"文化学学科建设的严重滞后"。现行的学科专业设置是根据过去的社会需求和学科传统设立的,要么是传统基础学科,要么是现代应用学科,但处于二者之间的文化学学科却至今没有受到应有的重视。从国务院学位委员会的学科设置,到教育部学位办公室的学科设置,再到全国高校本科专业的设置,不独一级学科的设置,甚至连类似二级学科的挂靠性设置,都没有文化学的一席之地。

文化学从业群体的极度宽泛,文化学研究成果的过于贫血,文化学学科建设的严重滞后,显然是三面一体的,但个中关键又在于如何切实地在大学教育体制中落实文化学的学科建设。一方面,文化研究的泛化,甚至文化研究的泛滥,不仅不会促进文化研究的开展,反而会伤害文化研究自身,因此,纯化文化研究,加强文化学基础理论的建设十分必要,也大有可为。另一方面,没有专业人才的教育和培养,也就难以真正科学地建设文化事业,也就难以有学科体制的设立和学科建设的成长,因此,不仅要大力提高政府决策部门的文化自觉意识,将文化学学科建设纳入体制之中,而且各级各类学校的相关领导以及从事文化研究的专家学者也要立足长远,把文化学学科的设立当作一种社会责任,当作现代化建设的重要推动力量。总之,在李宗桂看来,从目前的情况看,无论是历史地展开文化学的专业建设和人才培养,还是逻辑地实现文化研究的科学性问题,都与体制瓶颈的突破密不可分。因此,当代中国的文化学学科建设何其任重而道远也!当然,《中国文化概论》入选国家第四批马克思主义理论研究与建设工程高等学校哲学社会科学重点编写教材、李宗桂被聘为课题组首席专家,我们有理由期待当代中国的文化学学科建设将因《中国文化概论》的成功编撰而获得美好的未来。

七、传统与现代之间的文化哲学省思

李宗桂30多年来的传统思想文化研究,有一个显著的特点,就是在传统与现代之间保持适度的张力,努力寻找传统与现代之间的接合点,并对从古代到近现代的传统思想文化的现代化进行理性的哲学省思。他被收入北京师范大学出版社出版的"当代中国哲学家文库"里的著作，便是其代表作。该书的书名《传统与现代之间——中国文化现代化的哲学省思》，已经开门见山地宣示了他的研究对象的范围和特质，特别是他所要做的工作。

《传统与现代之间——中国文化现代化的哲学省思》是李宗桂20多年从哲学反思和文化建构的立场研究中国文化及其与现代化关系的成果之一，是主题鲜明、论述集中的个人著作。他从已经发表的近200篇学术论文中精心选出40篇结集而成，集中地反映了他的代表性观点和成果，典型地体现了他的治学思路、研究方法和文化价值观。

从20世纪80年代中期进入学术研究领域以后，李宗桂教授坚持马克思主义文化观，以强烈的时代精神和使命感，采用专题研究、史论结合的方式，紧扣"传统文化与现代化"这一时代课题，坚持文化批判与文化重构并举，立足现代，依托传统，以我为主融合中西，综合、创新、创造、转化，致力于中国特色社会主义新型文化体系的建设，追求学术性、思想性、现实性、实践性的统一。该书是作者继《中国文化概论》（1988年）、《文化批判与文化重构——中国文化出路探讨》（1992年）、《传统文化与人文精神》（1997年）、《中国文化导论》（2002年）、《中华民族精神概论》（合著，第一作者，2007年）、《文化精神烛照下的广东——广东文化发展30年》（合著，第一作者，2008年）等一系列成果之后推出的又一力作，清晰地展示了作者在不同研究方向中的追寻和反思，为读者呈现出一个既相互关联又相互区分的学术文化图景。

该书在结构上分为3部分（上、中、下3篇），分别是文化篇、哲学篇、儒学篇。3部分内容各不相同，但都统合在"从传统观照现代，从现代反思传统"的学术理念和文化自觉之中，聚焦于中国文化与现代化的关系，贯穿于实现中国文化的现代化这个现实的任务之中，落脚于弘扬中华优秀文化、建设中国特色社会主义文化、实现中华文明的伟大复兴这个宏伟的时代目标之上。

李宗桂在书中认为，中国传统文化是趋善求治的伦理政治型文化，以人生和人心为观照，具有人本主义、重道轻器、崇古重老、重整体倡协同等特点；就基本精神而言，中国传统文化以人文主义为内核，主要表现为自强不息、正道直行、贵和尚中、民为邦本等方面。中国传统文化的价值系统形成于西汉时期，由董仲舒为代表的思想家群体和以汉武帝为代表的政治家群体合作构建，其具体的理论提炼和体系构建则是由思想家群体完成；就中国思维方式而言，经历了古代的唯伦理思维、近代到"文革"结束的唯政治思维、改革开放后的唯经济思维三个发展阶段，这三个阶段的三种思维方式利弊皆有，应当扬长避短，创建新型思维方式；中国传统文化与现代化之间，既有适应的方面，也有不适应的方面，要用改革创新的时代精神扬弃、转化传统文化，为今所用。国学与当代中国文化建设密不可分，要重视国学的精神价值和历史资源，既要关注历史传统，更要张扬时代精神。儒学应当而且可以适应现代化，但儒学的现代化面临两难，亦即它越要现代化，就越是边缘化，而不现代化，就会逐渐衰退。文化研究应当提升问题意识和学科意识，应当设立作为国家一级学科的文化学学科，在高校设立文化学系，以促进文化研究的科学性，并为大规模高层次培养文化研究和文化管理人才创造体制机制方面的条件。经济全球化并不会也不可能消解民族文化及其精神，文化的民族性会更加彰显，民族主义在特定条件下会进一步高涨。百年来的中国文化发展，其根本动力是充溢于全社会的家国意识、民族情怀，家国意识和民族情怀超越阶级、政党、学派和特定的历史阶段，是振兴中华、实现中华民族伟大复兴的"最大公约数"，是增强中华民族凝聚力、团结海内外中华儿女的伟大旗帜。

在上述文化认知的框架中，李宗桂教授从文化哲学的层面、从多维开放的视角阐释了自己对于中国文化现代化的见解，主要表现在以下方面。

第一，现代新型文化体系是一体三元的多维文化系统。所谓"一体"，是指社会主义的价值系统；所谓"三元"，是指政治、经济、文化三个虽不相同但又密切联系的特定领域；当代中国的文化批判和文化重构，说到底是要建设一个中国特色、社会主义性质、现代化的新型价值系统。（《文化批判与价值重构——中国文化出路展望》《现代新型文化体系的模式和特征》等）

第二，文化成熟的基本要求和标志，在于社会制度的创建、价值系统的奠定、文化模式的确立和文化大传统的形成。其中，思想家与文化传统的形成、巩固、发展和转化，有深厚的关系。思想家的精神活动和社会实践，促成了中华民族文化传统的化生。文化批判、价值重构与文明复兴，都与思想家的精神活动和社会实践密切相关。因此，建设新型文化体系，就要使精英文化与大众文化并行不悖、有机融合，要使科学文化与人文文化交相渗透、比翼双飞，要使古典精神与现代意识交相辉映、相辅相成。（选自《思想家与文化传统》《文化自觉与文化发展》《文化成熟的基本要求和标志》等）

第三，研究中国传统文化，要以传统哲学的研究为起点，探讨哲学与文化的关联，从文化审视哲学、以哲学丰富文化，是深化和拓展中国哲学、中国文化研究的内在要求。中国哲学"合法性"问题就其实质而言，不过是研究中国哲学究竟应当采用何种范式的问题；在中国哲学研究上，与其生硬地去迁就西方哲学的范式，勉强地将其"哲理化"，不如遵从中国历史的实际，承认其伦理化、政治化的特质，在文化价值论的层面给予合理的定位和评价。在这一基点上，辨析传统文化与现代化的关系，立足当代中国文化建设的现状，从现代反思传统，提出建立社会主义新型文化的战略性意见。（选自《中国文化的类型和特点》《求善与求真：中西哲学的分野》《儒家哲学的特质与中国哲学的拓展》等）

第四，重视从社会思潮嬗变和民族文化发展来审视中国古代哲学，尤其是董仲舒哲学、秦汉哲学。该书指出，董仲舒把前人探索过而未实现的王霸结合的统治术和思想统一的宏大理想具体落实到社会制度和行为规范上，完成了思想统一的历史重任,从而开创了自汉代以来的思想面貌和学术风气,中国封建社会灿烂的文化自此之后形成;但是,思想统一也"统死"了思想,学术文化的发展由此受到不良影响。董仲舒的道德论以三纲五常为核心,以天人感应为依托,以加强社会控制为目的,继孔孟道德修养论之余绪,折中荀韩治国方略,使思想境界培养方面的强制灌输与自我反省熔铸为一,从而确立了封建道德的总原则,建构了封建道德的基本体系,在理想人格、价值取向和社会心理等文化深层结构方面,影响了中国社会两千年;在实现中国文化从传统向现代创造性转化的今天,应从文化价值论的层面给予董仲舒思想以理性的阐析,为认识董仲舒在中国文化史上的地位和影响做出符合历史理性的结论,为现代文化建设提供思想借鉴。应当重视思想家在建构文化传统方面的不可替代的作用,改革开放时代需要自己的思想家群体。(选自《董仲舒的政治哲学》《秦汉医学与董仲舒的天人感应论》《〈淮南子〉与〈春秋繁露〉的思想异同》《汉代礼治的形成及其思想特征》《思想家与文化传统》等)

第五,从文化哲学的角度去探讨现代新儒学,重在解析现代新儒学的文化特质,既为撰写客观持平的现代文化史、哲学史提供依据,也为建设当代中国文化提供思想资源。在作者看来,民族本位的文化立场、花果飘零的文化心态、弘道在我的主体意识、多维开阔的文化视野、强烈的主体意识、保守主义的政治立场,是现代新儒学思想的显著特征。从近现代中国文化发展的逻辑进程看,现代新儒学的产生有其历史必然性,但它追求"返本开新"的文化价值观,以返回传统儒家心性之学为根本,试图开出现代科学与民主政治,则不符合近代以来中国社会发展的逻辑进程,其所追求的复兴儒学以解决中国现代化的构想以及"海洋文化的新儒学"的蓝图,只能是一厢情愿的主观愿望。其中,兼容天下的开放意识与守道护统观念的纠结、复兴儒学的宏图大志与儒门淡薄的落寞现实的差距、"返本"的传统价值准则与"开新"的现代意识的矛盾、批评精神与自我反省意识的脱节、儒学现代化意图与边缘化现实的悖反、儒学价值理想载体的整体性缺失等,乃是当代新儒学发展面临的六大难题。(选自《儒学的现代化与边缘化》《"现代新儒家"的学派诠释》《现代新儒家的"返本开新"说》《新儒学的形上追求及其现代意义》《当代新儒学发展的若干难题》等)

第六,在当代中国文化发展和现代新型文化建设过程中,儒学不再是文化主干,哲学核心论被赋予了崭新的时代内蕴,即马克思主义哲学和社会主义价值体系成为当代文化中的核心与枢纽。中国哲学研究在21世纪将出现新的气象,中国哲学研究的未来进程可以分为三种:一是参与生活,干预现实,以精神文明建设、当代中国文化建设为切入点,以中西对比、古今观照为基本方式,阐释中国哲学观,推动社会进步;二是注重学理,用全球眼光看问题,把中国哲学研究纳入国际学术研究的规范之中,重视与国际学术界接轨;三是倡扬主体意识,提出独特的哲学见解,建构自身的哲学体系。(选自《文化的民族性、时代性与世界性》《经济全球化与民族文化建设》《文化全球化与当代中国文化建设》《20世纪中国哲学研究的

审视和 21 世纪的展望》等)

第七,重视优秀文化传统的发掘,建设中华民族精神,建构新型人文精神。社会转型需要民族精神的深层支持,越是社会转型期越需要人文关怀。要建设民族精神,培育人文精神,对优秀文化传统和思想文化必须有一正确认识与整体把握。这是社会转型期的人文关怀必不可少的理论要求。一方面,优秀文化传统在当代社会转型过程中,具有激励进取、价值导向、民族凝聚、文化认同的重要作用。自强不息的奋斗精神、和谐统一的博大胸襟、崇德重义的高尚情怀、整体为上的价值取向,是优秀文化传统的主体内容与当代表现;另一方面,思想文化在优秀文化传统中占有特别重要的地位,因为从文化类型学和文化发生学的角度考察,任何文化都是一定民族的文化。思想文化作为特定民族文化系统中的深层结构,有其独特的主体和整体结构;思想文化作为民族凝聚力的重要构成,对中华民族的发展,有着其他因素所不能取代的价值整合功能和行为规范作用。而思想文化中既有优秀的方面,也有消极甚至糟粕的一面,我们应当重视优秀思想文化的历史挖掘和时代创新,弘扬和培育中华民族精神,重构中国人文精神。(选自《中国文化的基本精神》《中国传统人文思想》《民族文化素质与人文精神重建》《中国文化精神与中华民族精神的若干问题》等)

第八,弘扬时代精神,建设文化学学科,是促进中国文化现代化的内在要求。20 世纪 80 年代的文化研究,其显著弱点之一,是理论准备不足,缺少应有的规范。文化学作为一门独立学科的特性还没有得到充分的揭示。由于这个弱点的存在,整个 80 年代和 90 年代前期的文化研究都缺少应有的学术规范,其主要表现为:研究对象不够明确,研究范围不够确定,研究目标比较盲目,学科界线比较模糊。只有创造出具有中国特色的文化学体系,才能为中国文化现代化提供有力的学术支撑。只有有了科学意义的、严整的"文化学",文化研究的规范才能真正确立。一方面,文化研究的泛化,甚至文化研究的泛滥,不仅不会促进文化研究的开展,反而会伤害文化研究自身,因此,纯化文化研究,加强文化学基础理论的建设,十分必要,也大有可为;另一方面,没有专业人才的教育和培养,也就难以真正科学地建设文化事业,也就难以有学科体制的设立和学科建设的成长,因此,不仅要大力提高政府决策部门的文化自觉意识,将文化学学科建设纳入体制之中,而且各级各类学校的相关领导以及从事文化研究的专家学者也要立足长远,把文化学学科的设立当作一种社会责任,当作当代中国文化现代化建设的重要推动力量。(选自《文化学建设与文化现代化》等)

第九,国学研究应当高扬改革创新的时代精神,弘扬中华文化要以社会主义核心价值体系为导向。国学论争中问题甚多,主要表现为概念不清、内容和范围模糊、思路不清。所谓"国学",是指本国之学,既指传统文化,也指传统文化研究。近年所谓国学,本质上就是传统文化。百年来特别是最近 20 年的国学论争,其实质是如何实现中国的现代化。国学反映着时代精神,时代精神推动、引领着国学。国学研究和应用,应当在改革创新的社会主义时代精神的引领下进行。简单否定排斥国学固然不妥,盲目推崇迷信国学也缺乏理性。应当发掘国学中具有合理的民族性特别是人民性、现代性的一面,转化为当代中国文化建设的合理成分。弘扬中华文化,建设中华民族共有精神家园,应当重视国学的合理发掘和创造性转化,要重视国学中关于精神安顿的思想。(选自《国学与时代精神》《国学与中华民族精神家园》)

该书的主要理论创新和学术价值主要表现为从改革创新的时代精神的高度、从传统与现代的双向贯通和反思的层面、从建构现代新型文化体系的战略立场、从复兴伟大的中华文明的宏伟目标着眼,以中国文化的现代化为问题主轴,探讨中国传统文化与现代化、当代中国文化建设等重大问题。

第一,具体提出了现代新型文化体系的模式和特征,明确提出要建设以人文精神为内核的新型文化价值体系,提出了文化成熟的基本要求和标志、建设文化学学科体系以促进中国文化现代化的独创性见解,诠释了中华民族精神的内涵、特质和功能。

第二,从文化研究和建设的宏阔视野切入,对中国传统哲学做了宏观和微观相结合的探讨,特别是对具有代表性的秦汉时期的思潮和人物做了文化建构层面的哲学研讨。对于儒家哲学的特质与中国哲学的拓展、孔子从道思想与传统人文精神的当代价值、汉代礼治的形成及其思想特征、董仲舒思想的内涵和特质及其影响等,做了文献考辨和理论分析相结合的阐释,提出了若干独特的见解。

第三,对于儒家文化与中华民族凝聚力、儒家文化与当代人文精神建设、儒学与现代中国思潮、儒学的现代化和边缘化等既有历史意义更有当代价值的问题做了探讨,并对现代新儒学思潮和人物做了个案分析,进而引申出应当如何建设当代中国社会主义新型文化的见解。

该书中的文章,都发表在重要学术杂志和报纸上,一半以上文章被《新华文摘》、中国人民大学《复印报刊资料》《中国社会科学文摘》《哲学动态》《人民日报》《文汇报》等报刊全文转载、摘编或介绍。其中,《新华文摘》全文转载4篇,论点摘编3篇;被中国人民大学《复印报刊资料》中的《中国哲学史》《中国哲学》《文化研究》《伦理学》等专题全文转载近20篇。该书出版以后,受到学术界的重视,以及社会上关注文化问题的读者的关注和好评。该书被《广东社会科学年鉴》(2009、2010、2011年合卷,蒋斌、田丰主编,广东人民出版社2013年版)在"学术前沿"哲学著作类中专题介绍。2012年,该书被批准为国家社会科学基金"中华学术外译项目",翻译为英文出版。英文版 *Between Tradition and Modernity: Philosophical Reflections on the Modernization of Chinese Culture* 已由英国牛津查特里奇图书公司(Chartridge Books Oxford)于2015年出版发行。该书于2015年12月获得教育部"第七届高等学校科学研究优秀成果奖(人文社会科学)"二等奖,于2015年12月获得广东省哲学社会科学优秀成果奖一等奖。

八、中华优秀传统文化的弘扬

李宗桂认为，对优秀文化传统和思想文化必须有正确认识与整体把握，是社会转型期人文关怀必不可少的理论要求。原因在于，一方面，自强不息的奋斗精神、和谐统一的博大胸襟、崇德重义的高尚情怀、整体为上的价值取向，是优秀文化传统的主体内容与当代表现；优秀文化传统在当代社会转型过程中，具有激励进取、价值导向、民族凝聚、文化认同等重要作用。另一方面，思想文化在优秀文化传统中占有特别重要的地位，因为从文化类型学和文化发生学的角度考察，任何文化都是一定民族的文化，思想文化作为特定民族文化系统中的深层结构，有其独特的主体和整体结构；思想文化作为民族凝聚力的重要构成，对中华民族的发展有着其他因素所不能取代的价值整合功能和行为规范作用。要言之，以上观点是站在文化基本精神的理论高度来把握优秀文化传统，可谓"从现代反思传统"。

之所以要认识、把握优秀文化传统和思想文化，在李宗桂看来，目的在于提高中华民族文化素质，增强中华民族凝聚力，重建人文精神，努力实现社会转型期的人文关怀。民族文化素质是一个民族精神风貌的显现，是该民族在思维方式、价值取向、理想人格、国民品性以及审美情趣等方面综合素质的反映；民族文化素质中的"文化"，本质上就是"人化"，是精神追求的探讨、提升，是对民族文化兴衰存亡的"终极关怀"和自觉奉献。民族文化素质、民族凝聚力、人文精神对现代化建设至关重要，它们不是从天上掉下来的，而是可以而且应该从优秀文化传统和思想文化中去探寻。中国传统文化是当代文化建设的重要资源。要言之，以上观点是站在价值系统论的理论高度来探讨当代文化建设，可谓"从传统观照现代"。

细读李宗桂在《哲学研究》等重要期刊上发表的一系列著论，我们还将发现，他相当注重从多维、互动的角度来审视优秀文化传统、思想文化、民族文化素质、民族凝聚力、人文精神重建之间的网状联系。例如，对于优秀文化传统与民族凝聚力，他认为，前者是后者形成并发挥作用的必要基础和思想内核，后者是前者的结构和功能的内在要求与必然表现；前者是增强并推动后者不断更新的精神力量，是维系后者的精神纽带，后者是巩固前者的社会基础和文化心理条件；二者互为条件、相济相成、同步发展，是整体与部分的关系；只有把握了优秀文化传统，才能把握民族凝聚力的精神方向，只有把握了民族凝聚力，才能更深刻地理解优秀文化传统，创造新的优秀文化传统。又如，对于民族文化素质与人文精神重建，他指出，人文精神是民族文化素质的核心内容，文化素质包含着人文精神，人文精神体现着文化素质，一个文化素质低劣的民族不可能具有高尚的人文精神，具有高尚人文精神的民族必然具备优秀的文化素质；因此，我们在大力提高民族文化素质的时候，应当高度重视人文精神的建设，并以此促进民族文化素质的增强。

在今天的中国，大力弘扬中华优秀传统文化，创造性转化、创新性发展中华优秀传统文化，为社会主义核心价值观提供精神滋养，以增强文化自觉和文化自信，正在逐渐成为全社会的共识。李宗桂在弘扬中华优秀传统文化方面，既是先觉者之一，更是先行者之一。

早在20世纪90年代初，李宗桂教授就在《光明日报》发表了《民族凝聚力的现代意义》一文，肯定中国传统文化中的优秀内容及其对于增强中华民族凝聚力的作用。1992年，他在《羊城晚报》理论版发表了《要善于吸取优秀文化传统》《优秀传统文化的特征》。1993年，他在《光明日报》发表了《中华民族凝聚力的路程内涵及现代走向》。这些文章，都充分肯定民族传统文化具有优秀的成分和积极的历史作用，并且在今天仍然具有促进现代化建设的价值，鲜明地体现了李宗桂教授在传统思想文化研究中具有的民族文化自尊、自觉和自信。特别是他发表在《哲学研究》1992年第3期的论文《优秀文化传统与民族凝聚力》，具体阐释了何谓优秀文化传统、优秀文化传统的范围、内容和特质，对于中华民族凝聚力的巨大促进作用，也是今天它存在的意义。该文受到学界和宣传文化理论部门的广泛重视，中国人民大学复印报刊资料《文化研究》1992年第3期全文转载了该文。

值得特别提出的是，李宗桂主持的教育部哲学社会科学重大课题攻关项目"中国优秀传统文化的现代价值研究"，李宗桂于2012年通过了教育部组织的全国性竞争，获得该课题。经过数年的切实努力，课题组顺利完成了研究任务。其间，课题组在李宗桂的强有力组织下，团结协作，各擅所长，在CSSCI期刊发表论文50余篇，其中，仅《哲学研究》就有6篇。课题的最终成果《中国优秀传统文化的现代价值》，54万字的专著，被人民出版社列为重点图书，已于2019年11月出版。该书在绪论部分阐释了中国优秀传统文化的内涵、中国优秀传统文化的评价标准、中国优秀传统文化与中国梦、中国传统文化的价值凝练与体系建构，进而分别对传统思想文化中的儒墨法佛诸家思想的合理内核及其现代价值做了史论结合、既有深厚历史感又有强烈时代感的阐发。同时，对仁爱精神、刚健自强精神、以民为本思想、家国情怀、礼法融合、贵和尚中、大同思想等优秀传统文化的主体内容及其现代价值做了各具特色的阐述和分析。该书还专列一章，阐扬近代优秀文化传统的基本理念，突出了民族忧患意识与爱国情怀、改革与革命精神、科学与民主精神、平等与自由精神等具有近代性质的价值观念，并给予具有时代精神和价值理性的高度评价。最后，该书总括性地揭示了优秀传统文化的现代价值所在，认为优秀传统文化是民族文化认同与构建民族精神家园的思想基础，是马克思主义中国化的文化桥梁与"中国特色"的历史依据，是中华文明对世界文明的独特贡献。

（杨海文、张倩整理）

广东省第三届优秀社会科学家

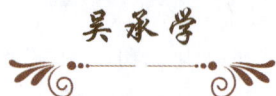

在中国文学研究领域，以往人们提到俞平伯，会立即想到"红学"；提到游国恩，会立即想到楚辞学；提到朱东润、罗根泽、王运熙，会立即想到中国文学批评史……今天学界提到吴承学，也会立即想到中国古代文体学。这种将某一位学者与某一门学问、某一种学科连在一起的联想，是对一位学者的认同，对一种学问格局、学术气象的致敬！

吴承学是改革开放以来中国文学领域代表学者之一。数十年来，他为建设有现代意义的中国文体学开疆拓土，实事求是回归中国传统文体语境"发现"中国文学自身的理论与历史，深受海内外学界推重，2006 年入选教育部"长江学者特聘教授"，是中国古代文学学科全国首位入选者；2010 年入选中山大学"逸仙学者"讲座教授；2019 年获"广东省优秀社会科学家"称号。

一、1956—1977 年：潮州文化孕育的读书种子

（一）祖父："过番"教书与书香门第之养成

1956 年，吴承学出生于潮州一个书香门第，父亲吴显齐先生民国时期毕业于

国立社会教育学院。中国现代大学教育史迄今百余年,很多家庭直到20世纪末才出现第一代大学生,在远离国家政治文化中心、人称"省尾国角"的潮州,民国大学生堪称凤毛麟角。吴承学的家乡枫溪以出产陶瓷著称。但在旧中国,陶瓷业的帮补十分有限,枫溪人也同其他东南沿海地区百姓一样,不得不"过番"(出国)到较为地广人稀的东南亚谋生。故而一个潮州书香门第的养成,往往须历经几代人"过番"、经商等多方面的努力。这也在一定程度上造就了潮州人在文化追求上执着坚韧而又开放进取之品格。

吴家是以"过番"起家,由侨转文的潮州书香门第之代表。吴承学的祖父吴长仁先生1965年在泰国撰成的《吴氏家庭传略》记载有这一历史:由高祖父到安南当苦力,至曾祖父时家庭实现小康,祖父始有读书机会,成为吴氏家族第一代读书人。生于1897年的长仁先生虽未能一举成为家里的第一代大学生,但已可凭文化谋生。他20岁开始三度到新加坡,40岁后又到泰国曼谷,主要工作是教书和代人写书信、侨批(海外华侨通过海内外民间机构汇寄至国内的汇款暨家书,是一种信、汇合一的特殊邮传载体)。所得收入除维持个人在国外的基本生活,还通过源源不断的侨批,支持在国内家人的生活,尤其是儿女们的读书求学。可以说"过番"的跨地域信息沟通需求,使潮州读书人有了新的营生之道,书信侨批也增进了潮州老百姓对文化人的尊崇。

在《吴氏家庭传略》中,长仁先生表达了对于家乡的感情以及回归家乡的愿望:"三十年往事如烟,每当月白风清,未尝不怀祖国家乡及儿辈。……古人云:树高千丈,落叶归根。谁无祖国,谁无家乡?海外华侨,无不人同此心,心同此理。乃中华文化伟大成就,愿诸儿女为中华文化而奋斗!"随后便不顾"文革"间旅途的艰难险阻,毅然回到家乡。吴家祖父的浓重桑梓情怀里蕴含的守护中华文化伟大成就之热忱,也体现在吴承学的父亲显齐先生的身上。

(二)父亲:从民国文化界回归潮州基础教育

显齐先生(1920—2000)幼承庭训,文化基础更为扎实。但要受到现代大学教育,仍十分不易。民国时期高校集中在北京、上海、南京、广州等大城市,而且多是高校自行招生,上大学须先到该大学自设考点应考。1938—1941年,教育部曾实行公立院校统一招生,但广东唯一招生区设在省会,且全省正遭日军侵略。幸运的是,1941年1月,教育部正式筹设全国唯一的最高的社会教育人才训练与学术研究机关——国立社会教育学院,为求效率的提高与人才遍及全国,采取一部分学生由各省教育厅局考选保送的办法,使边远省区有志于社会教育事业的优秀青年,不致因道路的遥隔、不及赶赴考试而有向隅之叹。时值韶关战事稍安之际,显齐先生当即从潮州奔赴临时省会韶关应考,一举考中。

1941年8月,国立社会教育学院开学,显齐先生从潮州启程入蜀,在电化教育专修科电影组学习。1945年，大学甫毕业，先生便进入电化教育专修科主任李清悚主持的教育部中华教育电影制片厂工作，并得负责中国学典馆的杨家骆器重，先参与其《世界学典》编纂工作，接着又成为其组织的"大足石刻考察团"正式成员，承担撰写考察日记等重要工作。

1945年4月25日，考察团在北温泉公园启程，27日到达大足，28日至5月4日共7天时间实地考察石刻。回北碚后，显齐先生除与摄影师冯四知合作摄制《大足石刻》电影外，还在当年7月的《新中华》3卷7期发表的《介绍大足石刻及其文化评价》，给时已大名鼎鼎的顾颉刚留下深刻印象。《顾颉刚日记》的1945年下半年的日记中有五处提及先生，如十二月八号星期六（农历十一月初四），记"看吴显齐记大足石刻文"，十二月十号星期一（农历十一月初六），记"摘钞吴显齐文"，表明顾先生连着几天看显齐先生记大足石刻文并摘抄备用，可见对显齐先生考察大足石刻的表现与成果之认可。

抗日战争胜利后，显齐先生即随中华教育电影制片厂回到南京，不久又到上海参与杨家骆所主持的《四库全书学典》《世界辞典》等书之编纂。1949年，显齐先生离开上海，回到潮州，担任过金山中学的语文教师和教导主任。他有守护潮州文化的强烈自觉。1945年抗日战争刚刚胜利之际，人在重庆的显齐先生就写下题为《谈潮州歌谣》的长篇论文，高度评价潮歌"是潮州民间艺术形态中最生动最有力量的表现艺术""是潮州人的诗篇和舆论""是潮州社会的镜子"，在指出沦陷以来潮歌处于"无声"状态后表达了对潮歌在抗战胜利后如"间歇的喷泉"再度"喷发"的期许。新中国一成立显齐先生即回潮州，希望全身心投入家乡潮州的文化建设。

（三）母亲：向学之家的庇护人

1966年，"文化大革命"开始了。才上小学三年级的吴承学，忽然被告知父亲是"特务"；而此前为侨胞写信而备受乡人敬重的爷爷，在历尽千辛万苦从泰国回乡后，被打成"地主"。孩子的压抑自不必说，满心期待着创新潮歌的显齐先生，"在环境的感应下，从热烈进取的精神，变成冷静怀疑的声音"，个人的文化学术进展几乎"入于无声的状态"。吴承学记得，那时学校废弛，孩子们无所事事，就依家藏颜真卿、柳公权字帖学写毛笔字，却遭到写得一手好字的父亲反对，说"写得多好也是替别人抄写东西"。当时父亲被调离金山中学，到偏远的凤凰镇中学任教，很久才能回家一次。吴承学回忆说："温馨的家庭与丰富的藏书给我以最大的慰藉与保护。善良而有主见的母亲总是勉励和支持孩子们读书向上，不因世乱而自弃。对我来说，这种印象是刻骨铭心的。"（《近古文章与文体学研究·后记》）初中毕业时，吴承学是全年级成绩最好的学生，却因家庭成分没能获得推荐上枫溪中学的资格。

吴承学常说"母亲的聪慧、善良、达观、坚毅的天性,给我的影响最大",在他的记忆中:

母亲天性善良孝顺。"文革"中祖父从国外归来,不久就生病了,得的是有传染性的肝病。母亲为了避免其他人被传染,独自一人承担照顾祖父的所有工作,一直到为他送终。

母亲是位慈母,她一辈子都在默默地为子孙操劳。年轻时母亲曾参加过工作,但是为了照顾孩子,她辞去工作,当了全职母亲。母亲从来就非常重视教育孩子,培养他们善良、正直、好学的品德,我们家人口多,仅靠父亲一人几十元工资,生活相当困难。但母亲省吃俭用,尽可能让孩子读书。我们兄弟姐妹有两个中学生,两个大学生,一个博士,一个硕士。在80年代,这是很少见的。由于母亲在操持家庭上成绩突出,我们的家庭在1982年被潮州市与广东省妇联评为"五好家庭"和"文明和睦家庭"。母亲的一生是奉献的一生,她一辈子都在为孩子操劳,孩子长大了,为了支持孩子的工作,又帮忙带孙辈。她带过的孙辈有内孙、外孙共8人,其中不少孙辈是从出生一直带到大的。

我从母亲身上体会到了传统潮州女性的品格,她们有一种牺牲和奉献精神。现在时代已经变化,潮州年轻女性的生活也与传统女性绝不相同了。我们今天如何评价潮州传统女性?这可能见仁见智。但是,可以肯定的是,潮州传统女性对家庭乃至社会的贡献是无可替代的,是不可忽视的。她们对潮州人文化品格的塑造也起了非常重要的作用。潮州传统女性的那种善良慈爱、与人为善与奉献精神,在当代社会文化建设中,仍是有意义的。

如果说潮州是一个港湾,出门求取学问的显齐先生,应是那如潮有信的舟船,而显齐夫人必是那坚强恒定的灯塔。从吴家祖父到父亲,一代代的潮州男儿,在最好的年华扬帆启程,为省尾国角的潮州乡土,带来远方的消息;而吴家祖母与母亲,一代代的潮州女性,则坚定而温柔地守护着家园,令行得再远的舟船都不至于迷途忘返。潮州文化兼具传统安稳与开放活力的双重特性,吴承学就成长于这样的地域与家庭中。

(四)走向古典人文之路的青少年

1956年出生的吴承学,自小与父祖的丰富藏书为伴。虽然10岁后遭遇"文革",但有母亲的庇护坚守,藏书仍在。他曾回忆道:

我从小就喜爱中国古典诗文,在读中小学时,正碰上轰轰烈烈史无前例的"文化大革命"……当时在学校已经是读不上什么像样的书了,幸而家里尚有比较丰富的藏书,尤其是古籍。所以在"文化大革命"十年中,我倒是断断续续看了一些古书。虽然读书毫无系统,但还是培养了读古书的兴趣。"文化大革命"之后,上了大学,在大学期间最感兴趣的也还是古代诗文。后来攻读硕士、博士学位,专业是中国文学批评史,研究方向主要是诗文批评,自然也就接触了大量的古代诗文。(《晚明小品研究心得》)

由于父亲的所谓历史问题,吴承学只能到距家较远的古巷中学读高中,他非常珍惜,每天凌晨起床,沿路小跑一个多小时去上学。高中毕业后又到小学当代课教师,不久又从小学代课教师"晋升"为初中代课教师。代课教师其实是临时工。而他的理想就是有一天能够成为小学的民办教师。

这一对教师职业的爱好,固然源自父祖辈的垂范,但也受到潮州民众重文传统的影响。现当代潮州的文化名人很多,其中对吴承学有特别影响的,要数詹安泰先生。詹先生是我国20世纪著名的词学家和文学史家,也是著名的诗人、词人和书法家,他的诗词创作渊源有自而能独具面目,与夏承焘、龙榆生、唐圭璋并称为现代"四大家"。他的文学研究依托于深厚的国学根底和不断充实的新理论与方法,呈现出涉猎面广、体系性强,兼具开拓性和总结性的特色。他在词学、《诗经》、楚辞以及文学史研究诸方面,成就巨大。像许多正直而有才华的知识分子一样,詹先生在"反右"运动与"文革"中也未能逃脱厄运。自1958年至1967年逝世这10年,他生活在悲愤和抑郁之中。难得的是,在艰难的处境中,詹先生忍受着精神与肉体的双重折磨发愤著书,许多成果在晚年写成,为20世纪学术史留下了一笔丰厚遗产。吴承学小时候听前辈竞说詹安泰先生之道德文章,即生敬慕之情,"文革"后考入詹先生长期执教过的中山大学中文系,虽然进校时詹先生已仙逝10多年,但与詹先生有过密切交往的人还在,詹先生的好友卢叔度先生成为吴承学的本科毕业论文指导老师,詹先生的弟子邱世友先生则是吴承学的硕士学位论文指导老师。2004年,中山大学建校80周年,出版"中山大学杰出人文学者文库",其中的《詹安泰文集》就是吴承学和彭玉平所编。2011年上海古籍出版社出版的《詹安泰全集》把该书的前言作为序文,可见其影响。出生于潮州的饶宗颐先生更是吴承学的仪范。这些乡贤的故事与著述,进一步引导了他对古典人文的志趣。

在家乡成长的20年,吴承学不仅得韩山韩水之滋养,还习染于潮州文化的灵气、悟性与创意,体悟着潮州学人的细致、周密与开放。饶宗颐先生善用所处环境之天时、地利、人和,以特大的格局与气魄汲取古今中外一切文化精华成就世所罕及的学艺高峰,更给予吴承学"来自潮州,而超越潮州;从精致走向浩瀚,从潮州走向世界"的启示。

二、1978—1989年：改革开放春风中成长的青年学人

（一）恢复高考：兄弟同年考进大学

1977年10月21日，《人民日报》头版头条报道《高等学校招生进行重大改革》，并发表了长达半版的社论《搞好大学招生是全国人民的希望》，正式宣告恢复高考制度，并允许往届学生参加高考。其实，恢复高考的讨论在1977年8月就开始了。8月4—8日，中共中央邀请30多位科学家和教育工作者在北京座谈，邓小平发表了《关于科学和教育工作的几点意见》的讲话，做出恢复高考的重大决策。在信息灵通的地区，很多人已经开始为高考做准备，而僻处潮州乡间的吴承学，到10月底才知道高考的消息。当时距高考只有不到两个月的时间，他和孪生弟弟吴承士毫不犹豫报名赴考。

当年高考安排在12月11—12日举行。吴承学所在考场设在枫溪镇农村中学，开考当天，人头涌动，1966年以来的历届高中生，以同等学力报考的历届初中毕业生，提前报考的1978届优秀高中生……考生年龄跨度之大、数量之众、考试准备与心态之多元，堪称空前绝后。

考试是开卷的，可以自带参考书。语文、数学开卷还说得过去；而历史、地理居然也开卷，出乎很多人的意料。不过那时开卷也形同闭卷，一是应考时间紧张，考试范围未知，大家全凭个人理解与能力准备应考；二是绝大多数考生家里无书可带，有些人胡乱带去几本书也不知道怎么抄。而对于自小就用功读书的吴承学，语文考卷并不难：作文题目"大治之年气象新"，已经规定了应有内容、思路和答案；古文阅读与翻译，考的是《愚公移山》，正是他给学生上过的课文。当时他甚至认为考题过于容易，无法考出水平，成绩难以拉开差距。后来才体会到试题无论深浅难易，认真的老师都是可以看出考生水平的。

1977年，广东省报考人数53万多人，最终录取8752人，录取率仅1.63%，堪称"百里挑一"。吴承学和弟弟双双上榜，吴

1978年大学期间摄于白云山

承学被录取到中山大学中文系,弟弟被录取到华南师范大学哲学系。有人以为兄弟俩得到了父亲的辅导,却不知道,吴承学虽然报名高考,却对政治审查仍心有余悸,不敢抱太大希望,也不敢辞去代课老师的工作。"当时代课任务很繁重,一天也没有参加复习,全凭平时的积累。我是在完全没有准备也没有什么压力的情况下参加高考的。"40 年后,吴承学如是说。

(二)康乐园的学业与爱情

1978 年 3 月 8 日,潮安县安排考上中山大学和华南理工大学的 20 多名同学包车前往广州。那时交通十分不便,汽车颠簸 13 个小时才抵达中大。到校已是夜晚,康乐园一片黑灯瞎火,据说是电力供应不足,各单位轮流停电所致。而对于吴承学和他的同学们,内心却点燃了一片光明。

作为恢复高考的第一批幸运儿,1977 级的大学生对知识的追求如饥似渴,上课认真程度自不待言,到图书馆和自习室也要早早去抢座位。大家信奉鲁迅先生说的:"时间就像海绵里的水,只要愿意挤,总还是有的。"晚上熄灯了,有人打着手电筒在被窝里看书,有人干脆到宿舍走廊借光看书,凌晨五六点便起床跑步然后早读。那时中大的学生饭堂很少,许多人边排队打饭,边背英语单词。"这种勤奋固然可贵,但回想起来也是蛮心酸、蛮无奈的。"吴承学后来回忆道。

1979 年,读本科时与中文系同级潮州同学合影(左一吴承学,左二陈平原)

教授们时隔多年重上讲台,也同样兴奋和珍惜,全身心投入备课和教学中。不过由于刚从"文革"中恢复过来,许多课程仍不免留有意识形态印记,如"文学理论"课程叫"毛泽东文艺思想",一个学期就只学《在延安文艺座谈会上的讲话》。当时，除了古代文学和古代汉语、文字学的著名教授，如容庚、商承祚、王起等上的课，不少课程仍受"文革"残余思想的影响。而由于学生来源多样，基础参差不齐，老师们也很难把握讲授的深浅程度。比如外语课要分快慢班，上课时发一张纸，能写出 26 个字母的就进快班。

值得一提的是，吴承学在大学本科阶段很快就遇到了一位引导他入门的好老师卢叔度（1915—1996）。卢先生是先秦文学研究专家，在"反右"运动中被错划为"右派"，之后再也没能上讲台。睽违 20 年方重拾教鞭，给 1977 级讲先秦文学。该门课本来就有难度，加上卢先生口音重，有的同学听不懂，就找系领导告状。吴承学却不以为然，他回忆道："我读大学时，最喜欢的科目是先秦文学。究其原因，是喜欢任课老师卢叔度先生。他是刚从系资料室解放出来的老'右派'，性豪爽，喜品藻，任诞简傲，恍若《世说新语》中人。"卢先生也很快发现这个学生与众不同。有一次，几位同学一起到卢先生家里座谈，他家壁上一幅清代著名学者吴荣光手书对联，上联是"快雪时晴书绝妙"，座中同学只有吴承学说出这是指王羲之的《快雪时晴帖》，深受卢先生赞赏。吴承学因为卢先生讲授先秦文学而喜欢上先秦文学，主动选修了卢先生的"诗经""楚辞"选修课，并在卢先生指导下写出题为《〈诗经·大雅〉中的周民族史诗》的本科毕业论文，堪称吴承学中国古代文体学研究的发轫之作。

当时，中文系同学创办了著名校园刊物《红豆》，1980 年第 1 期刊发了吴承学的古典文学随笔《谁会凭栏意》，他的同学江艺平则发表了散文《梅子》。后来在同年级老大哥的牵线之下，他们逐渐加深感情成为恋人，大学毕业不久即结为夫妻。

2018 年，与爱人江艺平在深圳

江艺平祖籍陆丰，出生于干部家庭，她父亲是新中国成立后海丰第一任县委书记，也是当时全省最年轻的县委书记。后被"反地方主义运动"波及，受到撤职、留党察看等处分，一家老小被发配到粤北山区，直到1979年才得到平反。江艺平高中毕业后当过知青、工人，1977年恢复高考，她考上第一志愿中山大学中文系，大学毕业分配到南方日报社，做过记者和编辑，1995年被任命为南方日报社社委，兼任《南方周末》主编，《南方周末》新年献词《让无力者有力，让悲观者前行》即出自她的手笔。2006年，她被提拔为《南方日报》副总编辑，先后分管《南方都市报》《21世纪经济报道》《南方农村报》等。2013年9月申请提前退休，获得批准。

江艺平既是职业女性，也是贤妻良母。吴承学经常说，他所取得的成绩，很大程度要归功于妻子的大力支持。她默默承担了所有家务，照顾和教育孩子，使吴承学得以全心全意投入学术研究，毫无后顾之忧。她还尽自己所能为丈夫的写作提供帮助。吴承学曾在随笔集《冰壶秋月》的后记中写道："我的妻子江艺平并非学术中人，只因长期从事编辑工作，对文字养成特别的感觉。她不但了解本书作者和所写的事与人，更是书中许多文章的第一读者。我一贯对文字颇为较真，但写出文章，经其过目，仍能发现可改之处。往往删一字即显简练，增一字顿见韵味。"从中可以感受到这个家庭温馨的文化氛围。

吴承学的独生子吴任天出生于1983年，和父母亲一样，本科考进中山大学，并且与同年级一位优秀女生成为恋人，2006年双双从中山大学生物系毕业，考上香港科技大学研究生，2011年获得博士学位，随后到美国梅奥医学中心做博士后，现在波士顿从事生物医学研究，育有两子，在大洋彼岸续写着康乐园的学缘和情缘。

2020年夏，在波士顿儿子家拍的全家福

（三）随黄海章、邱世友先生读研

1982年春，吴承学大学本科毕业。当时百业待兴，人才稀缺，每个毕业生都有不少职业可供选择。吴承学从自己的爱好和特长出发，选择了报名考研。

那是"文革"后第一次招收研究生，中大中文系有近200人报考，最后只录取了4人。吴承学的潮州同乡陈平原先生考到吴宏聪、陈则光先生门下攻读中国现当代文学硕士学位。吴承学则听从本科论文导师卢叔度先生的建议，考到黄海章（1897—1989）、邱世友（1925—2014）先生门下攻读中国文学批评史硕士学位，和从郑州大学考来的孙立老师一起成为黄海章、邱世友先生的开门弟子。当时黄海章先生已经85岁，人称"海老"，是第一次也是最后一次招生；邱世友先生58岁，按当时的说法，仍属"中年"教师。

吴承学第一次拜访海老，是在考上研究生后。他一直记得，那是一个融融的春日，他穿过康乐园绿竹繁荫的小路，来到一幢门牌号为"中大西北区522"的寂静小红楼。上楼，穿过摆满书架的过道，来到海老的卧室。卧室八九平方米，又兼书房，十分简朴逼仄。室内弥漫着浓烈的旧书气味。卧室三面开窗，窗外绿竹绕屋，寒风萧萧。室内竹影参差，幽静而昏暗。海老用浓重的客家口音和他交谈。海老虽然形容枯瘦清癯，身着黑布旧衣，却隐然透露出一种少见的脱俗超迈的气质。这使吴承学突然想起苏东坡的诗句："布衫漆黑手如龟，未害冰壶贮秋月。"此后3年，海老的全部心血几乎都倾注在吴承学和孙立两位爱徒身上。

当时导师们通常让研究生自学或者讨论，很少正规授课。不少年纪大或名气大的导师更是挂挂名而已，有些学生甚至难得见导师一面。以海老的名气和资格，完全可以选择很轻松的指导方式。但年近九旬的海老仍亲自给学生授课，每周4节，一直坚持2年之久。他总是说："我带研究生不能仅有空名，误人子弟。"海老尽管有60多年的教龄，上课内容可以倒背如流，但仍然一丝不苟地写好教案提要，严格按计划上课。每次上课，是在海老的卧室里，师生相对而坐。海老便把一口时钟放在书桌上，时间一到，就准时开讲。上完45分钟，宣布休息一会。这时海老夫人便端上几杯酽酽的铁观音茶，供师生们一边呷茶，一边海阔天空地聊天。15分钟一过，海老又看看钟说："继续上课吧。"吴承学他们毕业那天，海老高兴地说："这3年来我一直担心突然死去。我90岁了，并不怕死，唯一担心的是我的死会影响你们的学业。如今你们终于顺利毕业了，我再也无牵挂了。"海老此后便正式退休。

海老是近代著名诗人黄遵宪的后人，幼年家境贫寒，中小学课本几乎全靠手抄心诵。到了耄耋之年，海老仍博闻强记，一般诗文几乎过目成诵。上课时从先秦到近代的各种重要文献，随口背出，几无漏误。平日向他请教问题，他总是马上答复，某问题可参考某书某卷，绝无差池。对于爱徒，海老的要求十分严格。他认为治学首先需要高尚的人格，牵于名缰利锁见风使舵的人不可能有真正的学术成就。

海老喜欢用韩愈的话来勉励学生："无望其速成，无诱于势利，养其根而俟其实，加其膏而希其光。根之茂者其实遂，膏之沃者其光晔。"这话也可看作海老的夫子自道。海老的学生遍布全国各地，其中不少已是文化界教育界的专家教授；但对很多不相识的青年读者来信，海老仍是有信必复，有求必应。晚年海老一目失明，视力严重衰退，但对学生的每篇文章还是逐字逐句地修改。后来更是听力益衰，甚至借用助听器也无济于事。每次吴承学到海老家，海老便取出纸笔，铺在桌上：吴承学以手为口，将要说的话写在纸上；海老则以目代耳，看吴承学所写文字了解来意，师生两人在无言之中，默默地交流。

邱世友先生长得端方厚实，慈眉善目，一脸佛相，却不善言辞，迟缓的语言追不上跳跃的思维，往往造成表达上的断裂和空白，甚至有点小结巴。吴承学在追忆邱先生的文章中写道，每读到孔子"刚毅木讷近仁"一语时，往往就联想到邱先生。他1925年出生于粤北连县，1944年考入因战乱转移到粤北山区办学的中山大学师范学院国文系，1948年毕业留校任文学院教师。1954—1955年，邱先生被派到北京大学师从苏联文艺理论家毕达可夫与中文系主任杨晦先生学习文学理论。同班有蒋孔阳、胡国瑞、张文勋、蔡厚示、王文生、王士博、郝御风等，后皆为我国著名学者。学术界有"毕达可夫派"之说，但从邱先生的著述中，似乎看不到苏联理论的影响。中山大学古代诗文研究有两个重要传统：一个是中国文学批评传统，从陈钟凡、方孝岳、黄海章诸先生到邱世友先生；另一个是词学传统，从陈洵、詹安泰、黄海章诸先生到邱世友先生。邱先生在文学批评史与词学领域都渊源有自，造诣独到，30岁时已经是中山大学中文系的讲师。但1958年之后，他的学术却陷入沉寂，直到1980年，他在《文学评论》上发表《张惠言论词的比兴寄托》，才焕发出光彩，广为学界关注。1981年评上副教授，此时邱先生已经当了整整27年讲师。这一年，他又在《文学遗产》《哲学研究》《古代文学理论研究丛刊》等重要学术期刊上发表论文，几十年的学术积聚一时喷发，尤以词学、《文心雕龙》方面的成就享誉海内外。而在此亟须夺回50年代后因政治运动、思想改造与下乡劳动所浪费的时间之际，他也如海老一样认认真真给两位研究生上课：专题课主要是《文心雕龙》与词学，内容是他已撰写或准备撰写的学术专论。刚一接触，内容颇感艰深难解，久而久之，吴承学逐渐习惯以课前预习、课后补习的方式，去弥补先生在讲课中的空白，竟大有所得。他还亲自为两位爱徒开专业外语课，读本有一篇是艾略特（T. S. Eliot）的《传统与个人才能》（Tradition and the Individual Talent）的原文版。他一直很强调学习和借鉴西方的文学理论。

在邱先生他们这一代研究古代文学与文论的学人中，他是少数非常重视理论素养者，思想比较开放，眼界比较开阔。他的论文如《"温柔敦厚"辨》（1983）研究一个儒学命题的审美内涵，清晰地梳理了理论的发展线索，而且逻辑严密，有理论新意与深度，为学生树立了撰写现代学术论文的典范。

1984年春,吴承学在两位先生的指导下写成硕士学位论文《严羽〈沧浪诗话〉研究》,顺利通过答辩,获得文学硕士学位,随后进入中文系古文献所工作。古文献所的学科方向主要在俗文学,吴承学的学术兴趣不在俗文学而在传统诗文与诗文批评研究。那时中山大学的文学批评史专业还不能招博士生,而复旦大学则是海内外首屈一指的批评史研究中心,吴承学想报考王运熙先生的博士,邱先生甚为支持。他比王先生大一岁,两人是好友。1987年,吴承学考上复旦大学王先生的博士生,便从中山大学古文献所辞职去上海。

(四)博士论文成为成名之作

1986年,吴承学去安徽参加"《文心雕龙》学会年会",第一次见到王运熙(1926—2014)先生。此前吴承学已读过王先生的所有著作,极为敬佩。会议期间,王先生的君子之风和书卷之气,更让吴承学如坐春风。次年他便报考了王先生的博士生。

博士入学笔试的内容大抵是《庄子》《文心雕龙》《沧浪诗话》等。面试时,王先生问起《四库全书》,又举一本类书问应该属于哪一部,问是不是看过《四库全书总目》,有什么看法,又问"二十四史"是哪些书,又问《资治通鉴》为什么不属于"二十四史"等。如高考一样,吴承学感觉王先生不以偏题难题为难考生,考场提出的问题看似很平常,谁都能回答,但理解的深浅、悟性的高低又能看得出来。吴承学顺利通过考试,1987年9月便到上海复旦大学,师从王运熙先生继续学习中国文学批评史。

2003年,陪同王运熙先生和师母到珠海

读博士期间，王先生主要指导学生读书，开列书目，让学生读后谈心得。王先生待学生很和气，绝无呵斥之语，偶有批评也是非常委婉。学生却很敬畏，这就是不言而威的师道尊严吧。那时王先生年届六十，在博士生导师中算年龄小的。他年轻时读书太用功，此时视力已经很弱，只有白天光线明亮时能够看书写作。学生写的论文都靠念给他听的方式指导：他静穆端坐，微闭双目，只要皱皱眉头，学生就知道其中必有问题，要好好反省和检查了。王先生很少对学生传授什么治学之道，也从不叮嘱要用功，但大家不敢偷懒，他不断推出的论著本身就是榜样的力量和无言的鞭策。

当时王先生正和顾易生先生一起带领复旦大学的青年教师们撰写中国文学批评通史，全面系统研究批评史上的名家、名著，也非常关注中国古代文论中的"体"的问题，并撰写了《中国古代文论中的"体"》一文，发表在1988年出版的《中国文艺思想史论丛》上。

吴承学已从《沧浪诗话》研究中初尝中国古代文论中"体"的丰富，因此与王先生商量，博士论文继续探研相关问题，定名为《中国古典文学风格学》。"风格"是一个富有现代美学色彩的词。1958年，人民文学出版社出版的朱光潜译黑格尔《美学》第一卷，即定义"风格一般指的是个别艺术家在表现方式和笔调曲折等方面完全见出他的个性的一些特点"。这确与中国古代文论名篇论不同作家之"体"可相对译。如鲍照有《学刘公干体》诗五首，《学陶彭泽体》诗一首，就是分别学习刘桢、陶渊明个性的诗篇表现方式和曲折笔调。吴承学也注意到，中国古代的"风格"一词，不那么切合现代文学风格的含义。虽然《文心雕龙·议对》评应劭、傅咸、陆机三人的作品"亦各有美，风格存焉"，是以"风格"品文，但指的是文章的风范格局。与现代美学所指的作家个性与其表现方式的统一还有所区别，而且"体"是带普遍性的风貌，不带褒贬之义。而古代"风格"一词往往用于褒义，并不是泛指艺术总貌特点的风格。吴承学博士论文是系统研究中国古代文论中的"体"，但仍选择在现代意义的"风格学"名下展开。

这与80年代的中西文化比较氛围有关，王朝闻《美学概论》（人民出版社1981年版）、牟世金《刘勰论"图风势"》（《文学遗产》1981年第1期）等论著涉及中西方文论中风格与体的对译。1982年，文坛名家王元化摘译德国文论编成《文学风格论》，在上海译文出版社出版；詹锳先生也在人民文学出版社出版《〈文心雕龙〉的风格学》。因此用"风格"来对应古代文论中的"体"的概念，在当时没有疑问；而且方便在中西方文论比较视野下凸显中国古典文论的特色。顾易生先生评价吴承学博士论文时也说道："作者在研究中采用历史分析与现代意识相结合的方法。作为历史文化研究，首先必须力求客观地揭示历史，这就要求作者以历史的观念来看问题……但作者并没有停留在恢复历史面貌的阶段，而是力图对历史现象做出富有当代意识的解释。"从中可见《中国古典文学风格学》的理论特色。

王运熙先生在《中国古典文学风格学》一书的序中说：

新中国成立以来,学术界对古代文学理论批评颇为重视,有关著作、论文发表很多,近十多年来更是如此。研究的领域在拓展,程度在深入,这是很可喜的。但对古代文学风格学这一重要课题,却显得注意不够。……吴承学君这本著作,可说填补了这方面的空白,饶有意义。全书内容丰富,视野宽阔,涉及面颇广,举凡作家风格、体裁风格、时代风格、地域风格、流派风格等,均有专题论述。在论述每一专题时,究源竟委,考察其渊源和历史演变,做出深入细致的分析。他勤于学习,敏于思考,在搜集、分析材料的基础上往往能提出自己独到的见解,惬人心意。他还注意到学习、运用新的文艺理论,多角度多层次地进行分析,因而使人感到不但材料相当充实,而且观点比较新颖。在我所看到的近年来青年同志所做有关古代文学的论著中,这是一部很有质量的书。于今出版有日,为之欣喜。

承学此书是他于 1987 年至 1990 年在复旦大学攻读"中国文学批评史"专业博士研究生时所作的毕业论文。当此期间,不少学生忙于找寻好的经济出路,学习情绪不安定,但他仍能专心钻研,甘于坐冷板凳,终于写出这部著作。韩愈曾说:"业精于勤,荒于嬉。"(《进学解》)又说:"无望其速成,无诱于势利。"(《答李翊书》)我很喜欢这两句话。承学在研究方面取得好成绩,使我更加相信这两句话包蕴着真理。

介绍吴承学在"风格学"领域取得的创获,还切近说明了吴承学在复旦读书探研的情状。《中国古典文学风格学》对我国古典文学风格理论进行了系统的研究,复旦大学顾易生教授认为该书"构筑了一个较为完整的中国古典文学风格学体系,这对于研究中国古代文学批评和文学创作,对于建立有民族特色的当代文学风格理论,都很有参考意义"(《文学遗产》)。这篇博士论文也成为吴承学在学术界站稳脚跟的成名之作。

三、1990 年以来:学术殿堂的朝圣者

(一)治学:渐入佳境的学术攀登

1978 年,吴承学入读大学时,《文学评论》复刊,第 1 期也刚好出版,吴承学从此成为《文学评论》的忠实读者。1981 年该刊第 1 期发表的钱锺书《诗可以怨》,甚至影响了吴承学《诗可以群》《诗人的宿命》等文的撰写。而专门发表中国古典文学研究成果的《文学遗产》,更是吴承学每期都购读的学刊。至今他书架

上有 1980 年复刊以来的全部《文学遗产》。吴承学正式发表的第一篇学术文章《"新妇"用典之我见》，就是刊登在《文学遗产》1985 年第 3 期上，那时吴承学硕士才毕业，署的还是笔名吴观澜。

在吴承学的学术文章发表上，1989 年是一个特别的分水岭。此前他虽发表过文章，但都是用笔名。至 1989 年《文学遗产》第 3 期发表的《唐诗分期的几个问题》和《学术研究》第 5 期发表的《从破体为文看古人审美的价值取向》，才开始正式署名吴承学。这两篇文章，一篇属于文体史研究，一篇属于文体理论研究，"吴承学"这个名字，自此在中国文体学领域打下鲜明的标识和印记。

1989 年 10 月，他又从刚刚完成的博士论文中抄写了《江山之助——中国古代文学地域风格论》一章投给《文学评论》。此前学界已注意到中国文学批评中"南北文风不同论"，该文进而从《文心雕龙》中提取"江山之助"这个在中国古代文论中更具普适性和理论意义的重要命题，并溯流追源，进行系统的理论阐释。当时能在《文学评论》上发表论文的，基本都是前辈名家。没想到稿子投出去不久就收到回音，编辑部来信告知《江山之助》一文已被采用，安排在《文学评论》1990 年第 2 期发表。从寄出到见刊不到半年时间。吴承学收到样刊时还惊喜地发现论文被排列在当期古代文学栏的第一篇。

第一次给《文学评论》投稿便获得出乎意料的成功，对吴承学来说是很大的鼓舞。此后若干年，正当壮岁的吴承学撰写论文进入欲罢不能的痴迷状态和"井喷"阶段，研究工作也日益受到学术界关注。1990 年，吴承学获得复旦大学中国文学批评史博士学位后，回到中山大学中文系工作。从 1990 年至 1998 年 9 年间，吴承学在《文学评论》连续发表了 8 篇论文，在《文学遗产》发表了 10 篇。1994 年，他凭借在《文学评论》《文学遗产》发表的论文数量，以全校文科教师在权威刊物发表论文上排名第一的业绩，破格晋升为教授。1995 年 9 月 26 日，中国古代文学理论学会第五届理事会换届，王运熙先生当选副会长，邱世友先生和吴承学当选为理事。其时吴承学 39 岁，是 42 名理事会中最年轻者之一，和自己的硕士导师、博士导师同为中国古代文学理论学会理事会成员，既是佳话，也反映出当时学术界对吴承学开拓文体学研究领域的认可和鼓励。

在完成博士论文之后，吴承学已经越来越明确，中国古代文论中的"体"，不能相当于所谓"风格"。因为当古人选择用"体"字来指称文章存在时，是含有把文章存在比拟为生命存在的思维的。如《文心雕龙·附会》说："夫才童学文，宜正体制，必以情志为神明，事义为骨髓，辞采为肌肤，宫商为声气。"就是用人的生命体构成来比拟文章体制构成。不仅如此，"体"（體）还与"礼"（禮）密切相关。《释名·释言语》曰："礼，体也，得事体也。"我们日常看文章，尤其是应用文，也多用"得体"或"不得体"来评议，得体就是符合应用场合的礼仪。"体"字这种微妙的指涉，是"风格"一词无法包含的。

在《中国古典文学风格学》终章"从风格品评看古代文学批评的思维方式"

中，吴承学已经意识到，古人用"体"来指陈文章这一存在，是一种以人的生命形式比拟、隐喻艺术结构形式的艺术思维。后来吴承学进一步聚焦古人以人体比拟、隐喻文体的相关说法，写成《生命之喻——论中国古代关于文学艺术人化的批评》发表在《文学评论》1994年第1期上。"生命之喻"不仅精确揭示出中国古代文学艺术批评的话语方式，更反映了人类文学艺术创造的深层心理机制。此文一出，随即引起了文学领域的关注，"生命之喻"成为一个学界认同的命题。至今仍有不少学者继续对"生命之喻"展开多角度阐释与研究。

中国古代把文章存在视为生命体的思维及其批评、创作实际，决定了研究中国古代文学本色必须从"体"的视角切入，而非"风格"。进入90年代，吴承学更自觉地把文体学作为一个学科领域来研究。1993年，吴承学在《文学遗产》第4期发表《集句论》，树立自己的中国文体形态研究范式。接着研究"盟誓""谣谶""策问""判文"等在古代比较常见而难以进入现代文学史视野的文体。相关成果2000年结撰成《中国古代文体形态研究》出版，傅璇琮先生在该书"序"中评论该书"对过去长时期不受重视而实有文化含义的包括文学文体和实用性文体，从文体体制、渊源、流变及各种文体之间的相互影响，做历史的描述和思考。我觉得这样做，对当前的学科建设来说，有方法论的启示意义"。在那之后，这种回归中国文体传统的研究日益繁盛，古代各种文章文体可以不受偏见地进入当代学者的研究视野，大大拓展了文学史研究领域，比较真实全面地反映出古代文章的原貌。

在此基础上，2005年吴承学在《文学遗产》上发表《中国古代文体学学科论纲》，提出"中国文体学学科"，认为应该予中国文体学以独立和独特的地位，并加以学理性的、有体系的研究，建构现代意义的中国文体学体系；在《中山大学学报》主持"中国古代文体学之内涵与前景"专题研讨，并发表《中国古代文体学研究展望》，指出古代文体学是一门传统悠久的学术，随着时代的推移和学术的发展，亟须从文学研究的一种手段和视角发展为一门现代学科。

吴承学认为，中国古代文体学不仅是文学体裁问题，更是中国古代文学的核心问题乃至本体性问题，是基于政治、礼乐制度与实用性目的之上形成、发展起来的"文章学"视域下的文体学。"文章以体制为先"是古代文学创作与批评的基本传统与原则。然而，这种源远流长的文体学传统，至近代开始日趋衰微，几乎成为一种"断裂的知识与传统"。这主要表现在两个方面：一是受庸俗社会学的影响，文学研究沦为哲学、政治学、历史学、社会学等的附庸，作为文学本质要素的文体形式，几乎完全被忽视；二是受西方现代文学观念的影响，文学史研究中所谓纯文学观占据主流地位，文学体裁主要限定在诗歌、散文、小说、戏剧之中，离本土传统"文章"实际越来越远，许多在历史上产生过重要影响、具有本土特色的文体和作品被搁置甚至排斥，由此影响了对中国文学史的整体把握与文本阐释。故而吴承学持续倡导对古代文学本体、古代文学原始语境的回归，注重把文体和文体学的发生、发展置于传统文化与文章学的背景之中，以历史的、动态的眼光考察文体和文体学理论,在研究文体体制的基础上进一步阐释文体和文体理论所反映出来的人类感受世界的方式、审美心理以及文学史意义。2011年出版《中国古代文体学研究》,从研究内容到方法,充分体现了中国文学的本土性、民族性特征以及作者鲜明的学术个性。中国文学理论学会会长胡晓明教授认为该书发现了中国古典文学生命力所在极为重要的"源头活水",大大改写了五四时期西方文学观念所主导的以虚构类、以诗歌小说戏剧散文四分法所限定的文学认知图式,因而重新激活了中国古典文学所蕴含的中国思想与中国智慧。

2015年,吴承学又在《文学评论》发表《建设具有现代意义的中国文体学》一文,更为系统地论述自己对当代中国文体学研究的想法,指出建设具有现代意义的中国文体学是这一代学人的学术责任。2019年,吴承学在香港三联书店推出新专著《中国早期文体观念的发生》,2020年在广东高等教育出版社推出《近古文章与文体学研究》,在中国古代史的一头一尾,示范了他开掘与拓展文体学研究疆域的努力与成果。中国文体学这一回归中国本土与文学本体的研究,正在吴承学的引领中更行、更远、更生。

吴承学以学术精当且谦逊勤勉而著称。他曾说:"学问做得越久,越感到浩瀚无边,唯有敬畏如初,唯有谦卑如故。"迄今他在《文学评论》上发表了19篇论文,在《文学遗产》上发表了23篇论文,在当代的学者中,居于前列。据王兆鹏先生的一项统计,自2000年以来,吴承学发表在《文学评论》上的论文,是全国古代文学研究者中数量最多的。虽然论文发表量不足以说明作者水平之高下,但至少表明,吴承学学术上"功成名就"之后,仍保持高度自律,学术要求从未有丝毫松懈。

(二)为师:传承发扬中国古典优秀传统

吴承学1984年留在中文系古文献所工作时,就曾担任古代汉语的教学工作。1990年回到中文系古代文学教研室工作,先任讲师,两年后晋升副教授,1994年破格晋升教授,初期主讲"中国文学批评史"课程,兼教"魏晋南北朝唐代文学史"课程,同时上古代文学和文学批评方面的选修课。后随着文体学研究的发展,又逐渐开出"中国古代文体学""古代文学研究与学术规范"等新课。成为"中国古代文学"学科带头人后,他申请恢复了该学科国家重点学科的名誉和地位,并担任国家级教学团队、国家级精品课程"中国古代文学史"的负责人。

他上课与学术研究一样,既重博实,又兼灵动。博实表现在对关键知识点的深透讲解上,如关于《诗经·采薇》、陆机《文赋》之"怀霜"、古代人物并称如"王谢""李杜"等的疏解,甚至形成读书札记在学刊上发表;灵动表现在启发思路和传递观点上,记得有一回"学术研究与学术规范"课,吴承学提出他对学术境界的期许,是掣鲸鱼于碧海的阔大之美,而不满足于停留在翡翠兰苕之细美,同时把自己在南太平洋观鲸时所拍摄的视频传给同学们看，给同学们留下了鲜活的印象。韩国留学生李头恩甚至在课堂结束后寄来一首诗《未掣鲸鱼碧海中——看到吴承学老师的鲸鱼视频之后》，分享他的听课感受。而今，带着鲸鱼碧海的理想，李头恩正在北京大学攻读博士学位。

　　吴承学还注重在课外活动中培养学生。中华民族历史悠久，中国传统文化博大精深。他认为，古典诗词是传统文化的精华，最集中、最凝练地体现了中国人文精神的高贵和中国语言文字之美妙。五四以来，在西方文化的冲击下，古典诗词成为一种断裂的传统，但没有灭绝，就像一棵大树被拦腰斩断，而由于它根脉深远，所以还会长出新芽。近年来，随着中国国际地位的提升，大家逐渐明白，中国要成为世界上受人尊敬的国家，必须有自己独特的文化。挖掘中国本土文化，就是目前国内的文化与学术潮流，而诗词正是中国本土文化的精华。吴承学主持成立中山大学中国文体学研究中心后，特别向美国岭南基金会申请成立"中国文学的传承与实践"项目，资助学生成立中山大学岭南诗词研习社，进行旧体诗词的传承与实践教育，吸引了许多同学参加诗词的研读、吟诵和写作，让学生们不仅了解古代文学的传统，还要去实践；不但知道古代有什么优秀诗人和作品，还要通过具体的诗词写作，去模仿古人。在此基础上编辑《粤雅》，刊登师生研习旧体诗词成果；2006年以来每年主办粤港澳台大学生诗词大赛，引领了古典诗词文化复兴潮流，至今已发展为"中华大学生研究生诗词大赛"，具有全球影响力。不少学生在这项活动中成长为中国古典文化的优秀传承人和研究者，如吴承学指导的本科生顾一心，便是参与岭南诗词研习社、编辑《粤雅》的干将，本科毕业后获推荐到复旦大学攻读中国古代文学硕士学位，现在美国普林斯顿大学攻读中国古代文学博士学位。2008年6月，中华诗词研究院为中山大学岭南诗词研习社颁发了"传灯奖"和奖金，这是全国唯一的特殊奖项（全国大学的诗词社团中只奖励一个）。

　　1992年，吴承学任硕士生导师，1996年任博士生导师，迄今已指导近百名研究生，其中在海内外高校任教的学生近50名。他也指导许多本科生。在中文系《2001级本科生优秀毕业论文集》扉页的"导师寄语"中，吴承学写道：

　　5月份是高校教师的大忙季节，一个令人疲惫不堪的季节，也是一个收获的季节。年复一年，我们就是从文字上看着同学们成长的。从百篇到书评，从学年论文到学位论文，一路看下来，好像是看着亲手浇灌着一棵棵树，从亭亭的小苗慢慢长成茁壮的大树。

　　作为老师，每当这个时刻，会有一种成就感油然而生，同时也伴随着一种喜悦之情。孟子说，"君子有三乐"，其中一种人生快乐的境遇就是"得天下英才而教育之"。教师确是一种快乐的职业，不辞长做教书人！

　　吴承学培养研究生的方式主要有两个：一是"无言之教"。在未兼任《中山大学学报》（人文科学版）主编之前，他只要不上课，都到图书馆看书写作。中山大学图书馆四楼古籍部的一位图书管理员说，她在古籍部工作的十几年来，最常见的就是吴承学。吴承学总是喜欢坐在陈寅恪先生纪念室边的书桌上。他说："我每天都要经过陈先生的跟前，向他行注目礼。"在图书馆四楼古籍部，中文系的学生应该是最多的。吴承学所指导的本科生、硕士生、博士生、博士后，都是图书馆的常客，以至于被人问"是不是吴老师要求你们都到图书馆来的"。一位博士后坦言："吴老师作为一位成功的学者，他还天天到图书馆来读书，这种无言之教对我的影响是很大的。如果我不发愤读书，我就会觉得很歉疚，对老师对自己都觉得很不好意思。"而另一名博士生则说："现在哪天不来图书馆就觉得缺少了什么一样，无所适从。"其实，不仅吴承学名下的学生，许多文史方向的同学都跟着养成了天天到图书馆古籍部读书写作的习惯。吴承学到图书馆，不仅是为自己做研究查资料，更主要是为了方便和同学们交流。后来吴承学兼任《中山大学学报》主编，课后要兼顾学报事务，便主要在办公室工作。但为了保持和学生们交流，他便每天下午5点多到图书馆后面的空地打太极拳，学生们在图书馆读书倦了，就出来跟老师一起打太极拳，既能交流学习，也锻炼身体，放松心情。另一个方式是与学生合作写论文，以合作的方式手把手教学生写论文。每一次与学生合作，吴承学都要花费远比自己写一篇文章更多的时间和心血，从选题的确立、资料的收集，到行文结构，乃至语言打磨，皆殚精竭虑。学生不仅在吴承学手把手的教导下学会写论文，而且通过此过程切身感受到学术的庄严与快乐。

（三）主编《中山大学学报》：树立学术史识与学术价值观

2007年，吴承学兼任《中山大学学报》（社会科学版）主编，至2018年卸任。吴承学任主编与其治学一样，追求学术品格的尽善尽美。从上任之始，即采用严格的专家审稿制度，并杜绝接收一切论文版面费。为了扩大学报的学术含量，《中山大学学报》（社会科学版）从2008年起扩版，由原来的128页扩版到208页，根据实际需要，适当刊发优秀的长篇大稿；从尊重学术惯例、服务作者和方便读者出发，2008年起采用新的文献注释规范。同时采用新的封面改版设计。扩版之后的学报，给人面目一新的感觉，受到同行的关注和赞赏。

作为一位学者，吴承学有自己独特的办刊理念。2009年，他在接受《光明日报》记者采访时说："学术期刊编辑所做的工作是为学术研究服务。如果编辑把用不用稿作为一种个人权力和资源，那是很危险的。我们要求编辑对作者绝不能有一种居高临下的心态，不要妄谈'引领学术'，而是要敬畏学术，理解学术，服务学术。""学术发展有其自身的规律，作为编辑，就是应该能认识和把握这种规律；编辑最理想的境界是达到能与第一流学者交流和对话的水平，能够为发表第一流的学术成果服务。我们只需要重视稿件的学术质量，而不要去讲什么引领学术潮流，更不要去迎合什么潮流。"

他认为学者有学风，刊物亦有刊风，尤其注重《中山大学学报》的"中山大学性"，尽力在学报上展现现代中国视野中的中山大学学术。2008年开始设立《中山大学与现代中国》专栏，以刊登深度研究中山大学校史、学科、学人的论文，如首期刊登曾宪通先生所撰的《容庚与中国青铜器学》，以学理方式呈现中山大学与现代中国学术发展的关系，至今仍在不定期推出。除了表彰中山大学历史和前辈学人，吴承学还邀请学校代表性学科的领军学者在学报主持专栏，2008年第3期先推出历史学桑兵教授主持的"近代中国的知识与制度转型"，后陆续有历史学刘志伟教授主持的"贡赋经济体制研究"、哲学陈少明教授主持的"经典与阐释"等20个栏目设立，既服务最优秀的学者引领学术，也使得学报成为人们了解相关学科进展时无法忽视的前沿。吴承学自己也发挥主持"中国古代文体学之内涵与前景"专题研讨的成功经验，2009年开始主持"中国文体学"专栏，此后至少每年推出一期，已编发海内外文体学研究者的大量优秀成果，为推进中国文体学的发展尽了一分力量。

四、优秀文化传统之继承与开拓

（一）文体学：建设具有现代意义与学术高度的新学科

吴承学认为，传统的人文学，主要是学术的积累与阐释，有些研究对象是亘古话题，并非无中生有的"创新"。要"开拓学术之区宇"，必先"承续先哲将坠之业"。文化创新的同时，需要文化保护。优秀传统需要有人保卫，有人呵护。

在中国文学史上，先人创造了形式众多的文体，除了今人熟悉的诗、词、曲、小说等，还有在古代曾经兴盛但后来边缘化的文体，如先秦的盟誓、汉代的策问与对策、唐代的判文、晚明的清言等。围绕这些文体的创作与批评，形成具有中国本土特色的文体学学问。如刘勰《文心雕龙》的文体学内容已颇精深且具体系，其中提出的"原始以表末，释名以章义，选文以定篇，敷理以举统"（《序志》）研究方法与基本观念，是传统文体学的经典研究模式。

现代学界对中国本土文体学有所关注，如：1981年，郭绍虞先生发表《提倡一些文体分类学》，提出"希望文体分类学能成为一种独立的学科"；1984年，褚斌杰先生出版的《中国古代文体概论》更被认为是"学科层面上文体学研究的全面展开"之标志。吴承学在这些前贤研究的基础上大力开拓，深度掘进，主要体现在如下3个方面：

第一，传统文体学的知识考古，包含文体学理论、文体形态与文体史、文体学文献与文体学史的整个传统文体学学问体系的挖掘与建构。

首先是宏观理论上的突破。早在20世纪80年代末，吴承学就抓住文体学学科的基点——"辨体"展开研究。1989年发表《从破体为文看古人审美的价值取向》，分析以诗为词和以词为诗、以文为诗和以诗为文现象，论证文体正变、品位高下的观念。迄今形成3组极具阐释力的理论概念："辨体与破体"（1991）、"分体与归类"（2009）、"命篇与命体"（2015），传统文体学世界里纷繁的文体类型、批评话语、作品名目都可从这3组概念去获得解释。

辨体是文体生成的前提，在创作上，对前贤始篇的辨析、学习、沿用，促成的类型创作，塑造出某一文体内在质的规定性，形成文体；在批评上，辨体是通过对某一文体内在质的规定性之掌握，划分各文体之间的内外界限，比较各文体内部不同作品之间的源流正变，并赋予高下优劣的价值判断和价值评价。辨体确立了文各有体，即每种文体都有自己独特的审美特性和表现手法。在特定文体下展开创作，大致都遵循这种审美特性和表现手法，是为尊体。但创作过程中又有作家自觉不自觉的突破行为，是为破体。新作的体貌改变其原初文体的基本要求，文体的性质或亦起变化乃至于另立新名。如钱锺书先生所言："名家名篇，往往破体，而文体亦因以恢弘焉。"可以说，辨体是文体稳定性与创新性的动力。辨体之后的尊体带来文体的稳定，辨体之后的破体带来文体的创新。有关辨体、破体的评说，贯穿整个中国古代文学批评史。至今"辨体与破体"仍作为中国古代文学的核心议题得到学界重视，蒋寅先生《中国古代文体互参中"以高行卑"的体位定势》（《中国社会科学》2008年第5期）、曾枣庄先生《中国古典文学的尊体与破体》［《清华大学学报》（哲学社会科学版）2009年第1期］、罗宗强先生《寻源、辨体与文体研究的目的》（《学术研究》2012年第4期）等文章续有申说。

在辨体的基础上，产生了文体的分类和命名问题。如前引郭绍虞先生文所示，文体分类一直是中国古代文学研究中的繁难问题。现存最早最完整的中国文学总集《昭明文选》分立有39类，宋人编《文章正宗》则仅列4类，到明人编《文体明辨》更分立127类。如何认识这样或繁或简的分类现象？吴承学提出"分体与归类"观之。分体期尽可能详尽地把握所有文体的个性，故重在精细化；归类期尽可能归纳出相近文体的共性，故所长在概括性。《文选》是分体学的代表，而《文章正宗》则开创了归类学的总集传统。古人说"文本同而末异"，文体分类就是辨其"异"；文体归类就是求其"同"。由是得出中国古代文体分类学包括"分体学"与"归类学"，基本可以解释古人文体分类的主要问题。而文体的命名关联着文体观念的发生。文献从无篇名至有篇名，篇名的出现从偶尔到普遍，经过了一个相当漫长的过程。为文献加上标题具有强烈的文献整理、储存与传播目的，而且也是文体认定与命体的前提。命篇首先要对该文献结构的完整性有比较清楚的认识，或者理解每一段文献的独立性、有将某一段文献标志出来或区分彼此的需要，才能为有独立文意的文献加上标题。标题设置在文献上标志了篇的独立性，也反映了时人对篇的内容、结构乃至其文体的认识。对篇章的命名与命体，是文章学与文体学发展的重要标志。要之，辨体是打开中国古代文体学大门的钥匙，吴承学为我们找到了这把钥匙。

其次，在文体形态上，吴承学突破了西式"纯文学"观念的束缚，从我国传统的原生态去展开考察，2000年出版的《中国古代文体形态研究》，至今已经再版3次。该书中盟誓、谣谶、策论、判文等文体就是一些未能进入现代形态文学史的"非文学"文体；而对一些属于"纯文学"的诗文文体研究，也别开生面，注意到其中与古代诗人实际生活联系密切的挽歌、唱和诗、宴饮诗、集句、檃括词等，深入探究这些文体的内部结构、审美特征以及文体之间的影响交融、文体发展规律等，进而揭示文体所反映出来的人类感受方式和审美心理及文化心态。如从先秦的盟誓中，发现先民社会生活中神权与强权、蒙昧与理智、诚心与猜疑的文化心理，对我们认识人类文明与人性的发展很有启发；说古人的题壁、题树等题诗，"实际上已经成为古代的一种特有的文化氛围，一种富有艺术色彩的人文景观"；对一向被视为臭文的八股文，说它是"对中国古代知识分子生存状态影响最大的文体之一"，不局限于研究体裁形式的渊源流变，而是将之放到文学、语言学，乃至哲学、美学的背景下，并与之交汇融合，大大拓展了传统文体学的研究领域。

在扎实的传统文体原生态考察成果基础上，吴承学进一步明确提出，中国文学与西方文学的重要差异，在某种程度上就是不同文体体系的差异。中国文学其实是"文章"体系，它是在礼乐制度、政治制度与实用性的基础之上形成与发展起来的，迥异于西方式的"纯文学"体系。这种差异决定了中国文学样式及其发展的特色，也决定了中国文学的研究范围、研究方式之特点。中国传统文体学建立在中国人独特的语言文字与独特的思维方式之上，是最具本土特色的理论话语和学术资源。他开启了全面系统的中国文体学研究，成果结集成《中国古代文体学研究》（2011）、《近古文章与文体学研究》（2020），探索了自两汉迄清代文体史的几乎所有关键节点，中国古代文体学的理论体系和民族特征、中国古代文体学原生态的复杂性和丰富性，于兹得到切实的呈现。

第二，有现代意义的中国文体学学科规划。2005年，吴承学在《文学遗产》上发表《中国古代文体学学科论纲》，提出"中国文体学学科"，建构现代意义的中国文体学体系。同年，又在《中山大学学报》发表《中国古代文体学研究展望》，指出古代文体学是一门传统、悠久的学科，随着时代的推移和学术的发展，亟须从文学研究的一种手段和视角发展为一门现代学科。中国古代文体学研究应该立足本土的特殊性，同时要适当引入其他学科以资比较、参照，以期在与古代文学史、古代文学批评史的互动中，获得自身应有的学科身份，在与西方文体学的互动中，彰显自身鲜明的民族特色。

2011年出版的《中国古代文体学研究》一书，是吴承学在建设现代意义的中国文体学方面的示范。尤其提醒年轻学子不要把文体学片面地理解为文章体裁或文类,进而在传统文体之中刻意地寻找一些偏僻的文体来研究。要防止文体学研究走上烦琐与生僻之径,应向往更为通达开放的学术胸襟、更高的学术境界、更开阔的学术视野。指明中国文体学的研究是开放的,具有很大的学术研究空间。提倡在继承《文心雕龙》所代表的古典研究范式基础上"鉴之以西学,助之以科技,考之以制度,证之以实物"的系统研究方法,同时举了"中国古代文体谱系的形成与结构、方法与观念""文体价值谱系""跨学科的文体研究(如文体学的礼乐基础、诸言体与哲学思维等)""中国传统文体的现代转化""中国文体对域外文学的影响"等例子对当前古代文体学学术空间展开富有启发性的说明。

2015年,吴承学又在《文学评论》发表《建设具有现代意义的中国文体学》一文,更为系统地论述他对当代中国文体学研究的想法,强调建设具有现代意义的中国文体学是这一代学人的学术责任。提倡文体学研究"现代意义"的目的是获得古今中外之间的平衡与对话。在当今学术研究情景下,要平衡学术自信与学术自知、科学技术与人文价值的关系,要超越纸文本形态,重视对文体的实物形态与非物质形态研究。建设现代意义的中国文体学,要不断开掘与拓展文体学研究疆域,如文体史源学、文体观念发生学、文体分类学、文化文体学以及历史文体学等,才能在继承传统文体学的基础上,有所超越。

第三,21世纪以来的文体学疆域拓展。近年吴承学的研究重心放在早期文体观念的发生上。2019年出版的《中国早期文体观念的发生》,提出中国文体学是层累形成的,而最深层的就是"早期文体观念的发生"。它是中国文体学理论及体系形成的基础,是中国文体学本质与特色形成的"基因"。通过文体观念发生的研究可以看到,中国古代文体学的特性,是基于中国人独特的语言文字与思维方式之上,其形成有早期社会制度、典籍生成的背景。该书从中国早期的语言文字、制度、诗乐、典籍归类、文献称引、命篇与命体等考察文体观念发生,有效地推进先秦两汉文体学的研究,也是在继承《文心雕龙》所代表的古典研究范式基础上"考之以制度,证之以实物"的新文体学研究方法的一次典范实践。

如果说中国古代文体学是一座大厦,吴承学的文体学理论研究,是找到拼砌复原这栋大厦的设计原理图;文体学史研究,是提供不同学者对这栋大厦的建构想象;文体学文献发掘,是给今天拼砌这栋大厦提供建筑原料;文体形态研究,是立体呈现出大厦内各个各具形态、功能、美感与人的活动的房间,都属于地面建筑的复原。那么,早期文体观念的发生,就是深入这个建筑的地下部分,为今日重建这栋大厦,摸清和打造更稳的基础。

(二)批评学:阐明中国文学的集体认同

吴承学治学的起点是中国古代文学批评,这是一个传统的学科,而其研究角度颇与众不同,他提出一个全新的理论命题与研究领域:"中国文学的集体认同"。

这个命题有两个关键词：一是"集体"。他认为，中国文学批评的各种形态，就其本质而言，可以分为个人的理论与集体的观念两大类。以往的中国文学批评史主要是研究批评史专著与批评家个人的理论，吴承学着眼处则在于考察"集体"性的观念。他认为在中国古代文化语境中，集体性的文学观念极为重要但被忽视了。如果说研究个体的文学理论是求异，研究集体认同则是求同。在文学批评研究上，求同也有重大的意义。它代表的是大多数人，甚至是沉默的大多数的观念。第二是"认同"。"认同"形态与理论形态不同，它往往是一种话题，表达的是一种感觉，而不是系统的理论阐释。集体认同不是从事实推导出来的，是对众多事实的选择，甚至可以改写事实，改写历史。所以，文学的"集体认同"表达的不是事实，而是文学的信仰与理想。吴承学指出，中国文学集体认同的重要性，就在于它们表达了中国人集体的文学信仰。

他在《"诗能穷人"与"诗能达人"》（2010）一文中指出，"诗能穷人"与"诗能达人"在中国古代是共同存在、不可分割的两个诗学论题，将二者放到一起考察，相互印证，对中国诗学的理解才会比较全面和深刻。虽然"诗能达人"与"诗能穷人"在中国古代诗学话语中都具有真实性与合理性，但人们还是倾向于选择"诗人薄命""诗能穷人""穷而后工"之说，而"诗能达人"之类表述则被遗忘或被遮蔽，从而形成中国文学批评中"诗人薄命化"的理论倾向。对于"诗能穷人"与"诗能达人"的现象、理论的选择与接受，表现出一种基于传统诗学观念与价值判断之上的集体认同。诗是诗人的精神寄托与神圣信仰，"诗人"是一个被赋予了悲剧色彩的崇高名称，这种集体认同体现了人们对文学使命的期待。

在《身份的焦虑》（2020）一文中，他指出古人"文人无行"等话题具有深刻而丰富的理论内涵。在中国古代，文人与文章从不具备完全独立的地位，只有在经世致用的人文传统中，它们才能获得尊重。对文人的污名化与为文人辩护两种倾向相反相成，都反映了对文人的社会责任感和文章经世致用的要求。这种要求是古代社会对文人的期待与古代文人的自我期许，也是士人在当时的社会体制与儒学价值谱系下的必然选择。这一社会期待与自我期许隐含着深刻的矛盾：文人与文章经世致用的实用品格与独立自由精神的矛盾，文章之学与道统、体制的矛盾。如何平衡与纾解这种矛盾，解决文与道的冲突，成为中国传统文学批评的一个永恒主题。古代文人话题是一个历时性的演变过程，一部中国文学史，也深刻反映了这一过程的复杂性。

《诗可以群》（2001）一文，从魏晋南北朝诗创作形态考察当时集体的文学观念。魏晋南北朝诗学批评大力倡导诗歌创作的个性化与抒情作用，历来为人熟知。然而当时大量新起的诗歌创作形态却反映出更为深层的文学倾向和风气：追求集体性、功利性与交际功能，充分体现了儒家"诗可以群"的美学观念。这两种倾向在当时并行不悖且水乳交融，诗歌既成为抒发个人性灵的工具，同时也成为公共社会关系的润滑剂。"诗可以群"的倾向是诗歌创作走向普及与繁荣的巨大驱动力之一,也是中国古代文学所固有的民族特色之一。从创作形态来研究文学集体认同,揭示了魏晋南北朝文学另一种颇受忽视的倾向。

中国文学批评上一些比喻也具有集体认同的性质。吴承学对此研究也有颇多创获。除了《生命之喻——论中国古代关于文学艺术人化的批评》(1994)一文揭示的中国文学批评人化比喻中的文体观,还有《古代兵法与文学批评》(1998)一文中研究古人"以兵法喻文体文法"的相关话语,揭示中国古代文学批评常以人们熟悉的军事理论来比拟、解释文学现象,阐明其中有行文之径、完文之法、习文之道、用文之境的内涵,对当下的文章写作也有助益。近年来学界对中国文学批评美食比喻中的文学鉴赏观、建筑比喻中的篇章结构观的研究,不无受到吴承学的兵法与文学批评研究之启发。

吴承学的"中国文学的集体认同与想象"理论命题的整体贡献,并不在其文体学研究之下,其理论价值将逐渐受到应有的重视,并可能形成一个新的学术领域。

(三)经典学:剖析中国文学经典的形成机制

在文体学和批评学的研究过程中,吴承学发现,文体史上的典范作品,与文学史上的名篇,很多时候并不对应。边缘文体的典范作品,往往未能成为后世传诵的名篇,而文学史上的名篇,往往也算不上是文体史上的典范之作。因而他也对中国古代文学经典学展开探究。

2004年,吴承学与沙红兵合作的《中国古代文学的经典》,是大陆学界研究中国古代文学经典学较早的杰作。该文回应美国著名批评家哈罗德·布鲁姆的《西方正典》一书关于中国和西方的文学传统不同之说,从"正典学"的角度对中国古代文学经典加以研究,系统地论述了经典的形成、经典的品质、经典的类型、经典的影响等问题,认为成熟、广涵性、普遍性、中心性、标准、可重读性是文学经典的基本特征。接着吴承学以贾谊《过秦论》为例,《过秦论:一个文学经典的形成》(2005)考察贾谊该文在不同历史时期或以史识,或以文心获得推崇的实况,进而提出文本固有的史论价值与文学价值是经典形成的基础,而史学家与文学批评家的推崇以及后世审美风尚、社会风气等外在因素,对文学作品经典地位的形成也产生了重要的作用。

此后,吴承学继续注意古代文学中的经典现象:一方面,文学经典的意识起源甚早,文学经典的观念贯穿始终;另一方面,文学经典以及对经典的阐释也会随着社会、时代等各种因素的不同组合、不断推移而发生变化,出现"反经典"现象。反经典使经典的原有地位发生动摇,同时又可能使经典的内涵得到必要的补充,重新激发经典的活力。他在2010年发表的《中国古代文学的经典与反经典》中指出:

古代文学经典与反经典是一对相反相成的共生现象，经典从不同的角度遭到反叛与背离，既是反经典的活力，也是经典的潜力，还可以说是经典与反经典共同构成的合力。班固《汉书·扬雄传》云："赋莫深于《离骚》，反而广之；辞莫丽于相如，作四赋；皆斟酌其本，相与放依而驰骋。"可见扬雄的"反"即继承、依法、反而广之，引申发挥之意也。在古代文学与文学批评中，最富于启发意义也最值得重视的，还在于将经典与反经典的"正反"关系，扩大到一个更具综括性与超越性的"正反合"的关系与过程之中，使经典与反经典从正题与反题走向"合题"。

这说明中国古代文学史上的经典与反经典在后来往往于更高的层次上实现了辩证统一。如南朝文坛主流重文采而忽载道；中唐古文先驱者则重载道而轻文采，至韩愈、柳宗元、欧阳修、苏轼逐渐实现"文""道"兼备，文质彬彬。由此带出了对五四新文化运动剧烈颠覆传统文学经典的反思：

既要超越现代，真正认识传统经典，同时又不能阻断现代意识。反之，既要对经典加以必要的现代阐释、引申和发挥，又不能将之彻底颠覆。这些辩证的立场和认识，是古代文学经典与反经典数千年历史所给予我们的启示，也是经过了五四激烈的反经典革命以及对五四近百年以来的历史反思，我们对于经典与反经典所应具有的合理态度。如果说经典与经典阐释是中国文化、中国文学与文学批评的核心问题，那么这一问题在今后依然会延续下来，因为唯有借助于经典以及经典的阐释，我们才能真正将"传统"与"现代"贯通起来，使传统成为与现代切身相关的一部分。

这样的研究就不仅是斤斤计较于还原文学史真相，而且是进一步阐明文学史的经验智慧，为当前的文化建设提供借鉴。

《中国古代文学的经典》《过秦论：一个文学经典的形成》《中国古代文学的经典与反经典》3篇专论，点面结合、正反辩证地揭示出中国古代经典学的整套机制及其当代启示，其意义已超出了古代中国文学与文学批评的研究疆域。植根于中国古代文学传统脉络和现代语境之中的古代文学经典，一方面固然有着自身的鲜明特色和历史具体性，另一方面也将有助于调整和补充西方经典研究的盲点和缺失，和西方经典学一起构筑更合理、更完善的经典学研究的学术结构，同时也为共同面对和处理现代学的各种复杂问题提供借鉴和思考。在此意义上，吴承学这3篇论文堪称中国经典学研究史上的"经典三论"。除此之外，他还采用经典学的眼光研究文学作品与文体，比如，在研究类书时，考察类书与经典认同与经典形成之关系（2012）。在《论宋代櫽括词》（2000）中，指出古代被櫽括的作品，多具有经典性；在讨论《古文关键》时，指出文章选本与唐宋八大家经典形成之关系

(2003);从《梅花诗》的传播,研究"无名氏的经典"(2010)。这些角度都在经典学研究方法上给人以启发。

(四)乡邦文化研究:寄寓桑梓情怀

如父祖辈一样,吴承学有着浓重的桑梓情怀。治学过程中一直关注自己生长于兹、生活于兹、工作于兹的岭南,有机会便不遗余力地参与其人文建设。

2007年,他和弟子翁筱曼合撰《"岭南学"刍议》,倡导建立"岭南学"学科,以现代学术眼光研究岭南,使之进入科学的、自觉的发展阶段;之后又主编《全粤诗话》,2020年与程中山合撰《岭南诗话与岭南诗学》,提出岭南诗学是中国诗学有独特价值的一部分。在《"岭南学"刍议》中,吴承学从学科渊源、可行性分析、概念界定、学科体系和研究展望几个方面对岭南学进行了简明扼要的阐述。作为一个有张力、有弹性的概念,"岭南学"的内涵与外延并非一成不变。随着研究的深入,依据不同的学术观念,或受研究条件的影响,以及研究者自身的个性和理解,对"岭南学"会有不同的阐述。随着文物和文献资料的发掘与利用,随着研究者认识水平的提高和思维方式的变化,未来"岭南学"的内涵与外延必将得到丰富和扩展,生发出更多的学术生长点,使这门学科更加丰富和活跃。在《岭南诗话与岭南诗学》中,吴承学指出现存岭南诗话尤其是早期诗话只是遗存的部分文献,《全粤诗话》大致可以反映出明清以来岭南诗学的一些重要问题及发展线索。岭南诗话所涉及的内容相当广泛,其中最重要的是对岭南诗史的建构和岭南诗学传统的自我认同及其阐释。雄直近古,是明清以来诗坛对岭南诗学审美理想的认定,也是岭南诗人的自我认同。岭南独特的审美风尚,除了地理环境原因,与明清以来的宗唐传统相关。近代以来,岭南诗话开风气之先,大力推崇和阐释"诗界革命"以及一批表现新事物、新观念的诗人,在海内外产生重要影响,这是近代岭南诗话的亮点。岭南诗话在文体及著述形态上,也颇有创体并影响了学界,《全粤诗话》即将由中华书局出版,相信将大力推动岭南诗学乃至"岭南学"的发展。

吴承学的中山大学研究也颇为可观。2004年主编"中山大学80周年校庆学人文集"之《詹安泰文集》;2011年主编"中国大学文化百年研究系列丛书"之《山高水长——中山大学文化研究》;2014年主编《中山大学与现代中国学术》,2016年为《红楼叠影——中山大学近代建筑群的人文解读》作序,还表彰中山大学出版社在校庆90周年时出版的《康乐芳草》一书对中大校园草木和中大先哲吟诵校园草木的诗章之存录,可以说从学人校史、学术校史到建筑校史、植物校史诸方面,努力去构筑中山大学的多维形象。

潮州文化是岭南学的重要组成部分,吴承学对自己的乡邦自然是寄寓深情,在《我所感受的潮州文化》一文中,吴承学不仅以自己的家族史为线索归纳出潮州文化重文重商、齐家合性(男女分别立业持家,角色高度互补、互依存)的地域特征，还介绍了自己小时候所熟悉的潮州男性文娱"闲间"文化和女性文娱"潮州歌册"，得出"文化不是抽象的东西，而是非常具体的，与我们每个家庭、与我们日常生活息息相关"这一中肯之论，由此提出"而我们每个家庭、每个人正是潮州文化的建设者"，不能不令人动容。最后吴承学还致敬了以饶宗颐先生为代表的潮州学人，倡导在建设潮州文化时，要学习饶公，抛弃小家子气，要有涵盖宇内的大家气魄，要敢为天下先，要有大团队的精神。回顾吴承学之学术人生，可以说在在体现着潮州文化之精光。他把这种敢为天下先的气魄和大团队精神运用到学术建设之中，围绕着文体学凝聚了一批优秀的中青年人才，将中国文体学研究中心打造成国内领先水平的文体学研究重镇，并在不断精益求精，以学科发展为基础，将科研、人才培养与社会服务等各方面的工作推进到更高水平。

就学术成就而言，吴承学是"文革"后走上学界一代学者的代表之一。他曾多次谈到他们这一代人的局限与长处：

从纯学术研究而言，我们与前辈和后代学人相比，无论先天还是后天，都有明显不足，这是一种时代的局限。但是这代人的确有比较独特的人生阅历与生活体验，对于人性的良善邪恶，世事之白云苍狗，所见甚多。这既是不幸，也是大幸。其中，确有一些杰出者，他们曾生活于社会底层，在磨难中成长，对中国社会有深刻认识，故具有家国情怀与经世致用的理想。他们在混沌中觉醒，而具有独立的思考能力，有强烈的质疑精神。他们能在这纷纷扰扰的世界中，练就一双辨善恶真伪如辨苍素的慧眼。这种思考与慧眼用到学术研究上，便是具有高超的学术识力、敏锐的学术感觉和独到的学术判断。识力与见地，气魄与格局，正是这代学者中真正优秀者之所长。

他对一代学人的总结非常精彩而准确。他对其中"杰出者"的概括也正是他本人的写照。吴承学在学术研究上的"识力与见地，气魄与格局"，治学上的精当与宏通，正是他之所以能成为这一代中国文学学者的代表性人物之一的主要原因。

五、"学、识贯通，才、情融合"

（一）荣誉与奖励

曾获得国务院政府特殊津贴专家（1999）、教育部"长江学者"特聘教授（2006）、中山大学"逸仙学者"讲座教授（2010）、"广东省优秀社会科学家"等荣誉称号（2019）。

历任兼职有：中山大学学术委员会委员、中山大学学位委员会委员、中山大学中文系学术委员会主席，广东省人民政府参事室参事、广东省文史馆馆员、《中山大学学报》（社会科学版）主编、《文学遗产》《文艺理论研究》等学刊编委，教育部重点研究基地中国古代文学研究中心（复旦大学）学术委员，国家社会科学基金学科评审组专家，广东省第六、七届社会科学联合会委员（主席团成员），第四、五、六届广东省学位委员会学科评议组成员，中国古代文学理论学会副会长、中国明代文学研究会副会长、广东省古代文学研究会会长，中山大学中国文体研究中心主任等。

重要的学术荣誉和奖励有：

（1）全球华人国学成果奖1次：专著《中国古代文体学研究》获第四届"全球华人国学成果奖"（2020）。

（2）《中国古代文体学研究》入选全国哲学社会科学规划办公室2010年"国家哲学社会科学成果文库"。

（3）荣获教育部一等奖1次、二等奖2次：《中国古代文体学研究》获第七届高等学校科学研究优秀成果奖（人文社会科学）一等奖（2015），《中国古代文体形态研究》获第四届高校人文社会科学研究优秀成果奖二等奖（2006），《"诗能穷人"与"诗能达人"——中国古代对于诗人的集体认同》获教育部第六届高等学校科学研究优秀成果奖（人文社会科学）二等奖（2013）。

（4）荣获广东省一等奖6次：《历史的观念》获广东省第5次社会科学优秀研究成果一等奖（1994），《中国古代文体形态研究》获广东省政府首届哲学社会科学优秀成果奖一等奖（2005），《过秦论：一个文学经典的形成》获广东省2004—2005年度哲学社会科学优秀成果奖一等奖（2007），《宋代文章总集的文体学意义》获广东省2008—2009年度哲学社会科学优秀成果一等奖（2011），《中国古代文体学研究》获2010—2011年度广东省哲学社会科学优秀成果一等奖（2013），论文《命篇与命体——兼论中国古代文体观念的发生》获广东省第七届哲学社会科学优秀成果奖一等奖（2017）。

（5）《文学评论》优秀论文奖2次：《江山之助》获中国社会科学院文学研究所《文学评论》1990—1996年优秀论文奖（1997），《论〈四库全书总目〉在诗文评研究史上的贡献》获中国社会科学院文学研究所《文学评论》1997—2003年优秀论文奖（2003）。

（6）《文学遗产》优秀论文奖1次：《唐代判文文体及源流研究》获中国社会科学院文学研究所《文学遗产》1998—1999年度优秀论文奖（2000）。

（二）前辈与同行评价

自20世纪90年代以来，吴承学的学术研究赢得许多学界前辈与同行的广泛好

评，兹举数例：

古人诗云："每逢佳士辄心许，老见异书犹眼明。"读竟欣佩欣佩，甚盼全书早日出版也。（南京大学程千帆教授评博士论文《中国古典文学风格学》）

我读《中国古代文体形态研究》，以及读《中国古代文学风格学》《晚明小品研究》，曾于灯下默想，承学先生治学有怎样一种路数？于是得出八个字，这就是：学、识贯通，才、情融合。再演绎为四句话：学重博实，识求精通，才具气度，情含雅致。我认为，博实、精通、气度、雅致，确是这些年来吴承学先生给学术同行的一个总印象，也是承学先生一辈中的前列者这些年来在其著作成果中所显示出来的艺术才能和精神素质。（中华书局原总编辑、清华大学傅璇琮教授）

吴承学在文体研究上有着完整的思路，他不仅着眼于文体研究中的某一领域，而且对文体学作为学科有着整体的思考，学术视野开阔，而功力扎实。对文体学史料的广泛搜集与解读，展开了一个更为宽广的研究领域。在已经取得的成就的基础上，有可能为我国文学的民族传统问题的探索，做出更大的贡献。（南开大学罗宗强教授）

吴承学教授治学严谨踏实，目光犀利，既擅长理论思考，又具有扎实的文献功底，两者相合而能引领一时学术风气，他在长期从事的中国文体学、中国文学批评、明清诗文研究等领域，能够努力清理本土学术资源，回归中国古代文学本体，尝试构建具有汉文学民族特色的理论体系，在当代文史界卓然成家。特别是他的《中国古代文体学研究》一书，用"鉴之以西学，助之以科技，考之以制度，证之以实物"的学术胸襟，开启了文体学研究的重要路径，站在了我国文体学研究的学术最前沿。吴承学教授又注重团队合作与梯队建设，他带领的中山大学古代文体学研究团队，无论在成果产出还是人才培养方面，都取得了很大成绩，为中国古代文学研究的深入与发展，贡献了重要力量。（复旦大学王水照教授）

吴承学教授积20多年的愿心与功力，长期聚焦研究中国文体学，从文体史的个案与专题，到文体理论的梳理挖掘，再到学科体系的重新建构，掘井及泉，深入中国古典文学的根源之地，发现中国古典文学区别于西方文学重大的历史经验与思想源头，发现中国古典文学由丰富的文体实践而产生的众多文学现象的"天光云影"，原来大都可以从文体的角度来寻找原因，做出解释，以及生发新义。我认为，吴承学教授这一系列的研究关键意义在于：发现了中国古典文学生命力所在极为重要的"源头活水"，大大改写了五四时期西方文学观念所主导的以虚构类、以诗歌小说戏剧散文四分法所限定的文学认知图式，因而重新激活了中国古典文学所蕴含的中国思想与中国智慧。他的研究，是代表我们这个时代最具特色的研究成果。我相信，他所发展出来的一套论述，其学术创新的时代意义与文化思想前瞻的重大意义，必将越来越显示出来，被更多的研究者认识。（中国古代文学理论学会会长、华东师范大学胡晓明教授）

六、治学心得：学术永远是我们安身立命之本

（一）仰望大师

关于"大师"，可以借用陈寅恪先生《王静安先生遗书序》里的一段话："自昔大师巨子，其关系于民族盛衰、学术兴废者，不仅在能承续先哲将坠之业，为其托命之人，而尤在能开拓学术之区宇，补前修所未逮。故其著作可以转移一时之风气，而示来者以轨则也。"大师必有崇高的思想与学术的境界，必有开山之功，开拓新领域，建立新学科，发凡起例，树立典范。

我们一直在追问我们的大学为什么培养不出大师。我想追问的是：大师能不能培养出来？所有的伟大都是自然的，而非人工的。旷野中的狮虎、森林中的参天大树、海中的巨鱼、凌霄的雄鹰，它们都不是靠人工培养出来的。人才也是这样，出于需求靠人工培养出来的那不是真正的大师。说得俗一些，大师是野生的，不是人工养殖出来的。人文领域的大师，不但要有天才，还要有像鲸鱼碧海那样自由和宽广的水域。

就人文社会科学而言，现在不缺钱，不缺硬件，学者也不缺学术，最紧缺的是自由而独立的思想。许多看来似乎很"深沉"的思想，不过是从西方贩卖过来的，是二手货，甚至是山寨版的。只有学术没有思想是出不了大师的。所以，如果没有"独立之精神，自由之思想"的环境与氛围，而只是投入大量的金钱，引导大家按一种模式、规范去竞争和发展，用这样的方式培养大师，无异于缘木求鱼。好的学术生态与学术体制比投入金钱不知要重要多少倍。

（二）学者要以学术为本

学术永远是我们的安身立命之本。我们应该有更高的自我期许。"通古今之变，成一家之言"，这可以说是古往今来学者的最高理想。真正的学者都有名山事业的追求。曹丕《典论·论文》说："盖文章，经国之大业，不朽之盛事，年寿有时而尽，荣乐止乎其身，二者必至之常期，未若文章之无穷。是以古之作者，寄身于翰墨，见意于篇籍，不假良史之辞，不托飞驰之势，而声名自传于后。"我一直很喜

欢这段话。人文学科应具有超越性，可以超越当下，超越自我。人文学者的学术贡献、学术影响及其意义，常常需要许多年以后才能真正显现出来，为世人所认识。人文学者不是演员，不可能一夜之间爆红，所谓学术"明星"，往往只是"流星"。人文学的高峰，是由一石一土慢慢积累起来的。人文学者真正有价值的学术成就与地位，并不在于他的头衔和帽子，不在于他发表论著的数量，不在于其成果发表在什么刊物上、由哪家出版社出版，不在于获得何种级别的奖励，而在于其成果能否抗御时光的淘汰，并传之久远。

（三）学术研究是一条孤独的道路

当我们进入学术研究时，要有思想准备，这是一条非常孤独的道路，层次越高的研究，真正能懂、能准确判断的人很少。学术研究的基本素质，除了智力，恒心、定力与淡泊名利之心也非常重要，有时甚至比智力还重要。理想的学者兼有聪明与执着，如果不能得兼，则起码应该有执着的精神。我接触过一些聪明过人的学者，但终于没有做成学问；而有些资质平平的学者朝着一个目标，钻研不辍，持之以恒，最终却取得令人叹服的成就。一个人做点学问并不难，难的是以学术为终身的追求。有此追求者，虽非天才，也定会有所成。

学术境界说到底也是人生境界。我曾觉得，治学犹如马拉松长跑，不能急功近利，应该有计划，有节奏，持之以恒地一步步跑下去。现在我认为，治学和马拉松长跑大异，它根本不是一场竞赛，它没有什么规定距离、规定路线、规定终点，也谈不上有对手。选择了治学，也就是选择了一种生存方式。既然如此，我们不妨从容些，优雅些，快乐些。东坡词曰"何妨吟啸且徐行"，"也无风雨也无晴"，夫子言之，于我心有戚戚焉。

（四）治学的方法与路径

治学六如：如朝圣，如悟禅，如登山，如采铜，如筑室，如治狱。

可以肯定，信息时代的学术研究不是以文献的丰富来取胜，对文献的分辨、选择与解释更为重要。所以对于研究者来说，细读，细读，再细读，永远是必不可少的。

严羽说："学诗者以识为主。"其实治学也是"以识为主"，在学术研究中创造性与学术意识最为重要，优秀的学术论著都有强烈的问题意识。优秀的学术研究应该有新识见、新材料、新观念，给人以耳目一新的感觉。退而求其次，则是大家熟悉的文献，能看出新问题；大家熟悉的问题，能谈出新见解。我的选题力图于人们所习焉不察处发现有意义的问题，或于人们已有成说者体察出新见解，努力做到新而不僻，奇而能正，给读者提供某些新的有价值的学术资源。

说到学术研究的方法，要说的太多，无法一一道来。在我们选择研究对象的时候，要有一种清晰的学术意识。哪些选题是有价值的？价值如何？通常我们说，大家都站在同一起跑线上。一旦进入研究的时候，情况就不同了。学术研究如登山，选择合适的起点是相当重要的。有些起点很高，就像在珠峰的大本营，还没有开始登山已是海拔五千多米！我们心中也要有一个"学术海拔"的观念。我们了解学术史，了解海内外学术界的现状，就是要尽可能站在前人的基础上，更快进入学术前沿，在更高的"学术海拔"上开始进取。

（五）对新一代学者的寄望

新一代学者，要超越吾辈，先要自我超越。一代有一代之所长，一代亦有一代之局限。这一代人，大多以独生子女之身，处安适裕如之境，浸淫于应试之学，应付乎考核之制，这就使一部分学者容易产生以自我为中心、急功近利之心态与标准化思维。这是新一代学者可能的局限。他们的各种条件虽然比我们优越许多，但所面对的困难和承受的压力，反而比我们当年大得多。这是特定时代环境所产生的问题。易地而处，我们也难以避免。但新一代学者中必有一批"非常之人"能超越此局限，抗御此压力：澄怀静虑、从容淡定。他们具有崇高的思想境界，宏大的学术格局，开阔的学术胸襟。他们不以一时之誉、一事之荣为重。他们最在乎的不是发表多少论著，而是能否在某个领域有大的创见，能否自成一家、独树一帜；他们不汲汲于项目的大小、人才的等级，而在乎成果是否能传世，是否能在学术史上留下一席之地。这就是我们所期待的这一代学者中真正的"非常之人"。我相信，他们必能超越吾辈，而且将创造出世界一流的中国学术。

（李晓红整理）

广东省第三届优秀社会科学家

何自然[1]

一、经历：历尝艰困，刚毅自强

何自然，中国语用学研究的开拓者，现虽已八十有余，但仍笔耕不辍，学术论文不断见诸报端，学术会议上也常见到他"年轻"的身影！与多数事业成功者相似，何自然的求学和治学之路并非一帆风顺，而是充满了很多不确定。

何自然1937年出生于广东中山。外祖父母和祖母都是中山翠微村人。外祖父年轻时经营茶业生意，经常奔走外省，但他十分注意儿女的学业，对儿孙辈的行为举止也十分重视，要求甚严，连饭桌前用饭也必须讲究礼仪。1942年，在何自然5岁入读正式小学前夕，外祖父坚持要他在离家不远的一个教书先生那里（时称"私塾"）先行"受戒"，跟读和背诵《三字经》《朱子治家格言》。外祖父还专门送给他一本《幼学故事琼林》，让他认字、阅读。何自然的小学时光在香港度过，当时从香港返乡度假时，外祖父还总是让他根据尺牍课本的格式用小楷毛笔写文言

---

[1] 编者按：本文根据何自然教授自己撰写的多篇文章、不同作者对何先生的访谈以及收入《语用人生——何自然教授八十华诞庆贺文集》中的多篇与何先生交往的回忆录整理而成，所摘取的内容均来自文后提供的参考文献，参考文献的作者均为本文的共同撰稿人。

信,禀告回乡收获:"外祖父大人膝下敬禀者,孙男昨日已平安抵家……""孙男"二字还得用小号字体,以示谦卑。当年外祖父对何自然的这些点滴要求,对他后期的求学和治学都有很大的影响。

1948年小学毕业后,何自然一家搬到澳门居住,在那里他开始了初中阶段的学习。当时上的是教会中学,英文是主课,学的是 Step by Step English Readers(《循序英文读本》)和奈斯菲尔德(J. C. Nesfield)的 English Grammar Series(《纳氏英文文法》);每逢周日,在学校的礼堂举行"主日崇拜",唱英文圣歌和听老师用英文讲述给他们派发的图片里关于耶稣基督的故事。这段学习时光也为何自然的英文打下了扎实的基础。1950年,父亲供职的公司停业,家境发生变化,母亲回到广州生活,何自然也不得不辍学。为了生计,年少的何自然时常奔走于粤港两地,在广州时还要协助母亲和弟弟做流动小贩和在市场摆摊卖菜以维持家计。为了不让他荒废学业,父亲找出家藏的一本集有各书法大家字体的《法帖字典》,指导他临摹颜真卿体。在一块一尺见方的地砖上,何自然用毛笔沾水练字,当地砖过度吸水,书写字样难辨时,就将它移出屋外晒干,换上另一块备用方砖继续练习。父亲年轻时学过美术,也擅长书法,写得一手漂亮的康有为体,何自然则写得一手漂亮的颜体,偶尔他也会给家里写上几帧挂轴,供家人欣赏。在澳门读初中的日子虽然短暂,但是当时植物课老师让同学们在郁郁葱葱的校园里按图采摘树叶标本,动物课老师让他们在实验室里看解剖兔子,音乐课老师要求他们用五线谱视唱,这些美好的求学时光至今都时常在何自然的脑海里回荡,终生难忘。

1952年,何自然和父亲从香港回到内地定居。父亲希望他早点走上社会,于是他考进广州的一所会计职业学校,靠政府的助学金完成了3年中专学业。但遗憾的是何自然的兴趣并不在财经、金融上,而是钟情于音乐、俄语。在会计学校学习期间,他便利用课余时间分别给私人教授音乐和俄语的两位家庭教师沿街张贴招生广告,获得的报酬是张贴任务完成后可以在老师家里享受一顿免费晚餐,可以无偿借用音乐老师家的长号练习演奏,自由旁听俄语老师教授的课程。通过这两项学习,何自然感觉到音乐和外语似乎有某些相通的地方:通过学习音乐的调式变化,特别是长号演奏要以拉管伸缩确定音准,能有效地提高辨音能力,从而有利于学习外语;同时,通过外语训练,模仿能力、节奏感都可以得到提高,而且也有助于加深对音乐符号的领悟和提高反应能力。1955年,艺术高校提前招生时,何自然报考了中南音专器乐专业,顺利通过了专业科目初试。但由于父亲不赞同他以音乐作为终生职业,他只好放弃音专的文化科目复试,参加了当年高校的统考,最终以俄罗斯语言作为第一志愿被当时的西北俄专(今西安外国语大学)录取。这样,18岁的何自然远离家乡父母弟妹,独自负笈北上西安求学了。从此音乐便成了他的业余爱好,他加入学校当时享誉西安高校的管弦乐队,成为队里唯一的长号手,毕业时他还和另外一位吹奏单簧管的同学一同被陕西省管弦乐团看中并希望可以吸收他们到那里工作，但他们都因为不愿放弃自己喜爱的外语专业而婉拒了。

广东人学俄语是有一定难度的，因受方言的影响，发音关不好过。好在何自然在来俄专前因有过课余旁听俄语的经历，加上他学习特别努力，所以进俄专后学起来还比较轻松。为了多抽些时间用于学习专业，何自然就"偷着干"，搞"地下"。他用传统的方法学习俄语：凡学过的课文他都要求自己背诵下来，到要说或写的时候，他就根据表达的需要将背得出来的语句和篇章引进来，揉进话语里，为己所用。由于大量背诵，脑海里已经储存了大量原文，口语自然就会流利，写的东西也很少出错。何自然还把这种语言实践方式从课内延伸到课外。那时在农村劳动或者搞社会活动时，常常会"触景生情"地联系已学过、读过的俄语材料，并多方面加以综合，最后选择适用的内容串在一起，对着一同劳动的老师和同学，用俄语表达出现实的环境和事物。这种学以致用的方法，不仅使学过的知识更容易掌握，而且还不易遗忘。因此，期末考试时只要对所学稍加总结、归纳，几乎不用复习就能轻松取得高分，因为那些内容何自然早已烂熟于心。4年的外语专业学习，何自然体会最深的是打好外语基本功和进行大量的语言实践非常重要。有了扎实的基本功，就能敏锐地觉察到语言的使用规律，注意语言的用法和它在不同使用场合中的变化，加速提升语言学习的成效。

但是，在那个年代，政治运动一个接一个；勤工俭学、生产劳动等，也耽误了不少学习时光，内心尽管为浪费的时间感到可惜，但何自然觉得从中也得到了锻炼，有助于端正学习目的和提高工作能力。其中还有一些趣事：

还在大学三年级时，在老师的指引下，何自然就对留意语言现象、从事翻译等学术性活动产生了兴趣。何自然常常将自己观察到的语言现象，写出一些短文，投到哈尔滨的《卫星》俄语小报、北京的《中华俄语》以及后来的《俄语学习》；或者尝试翻译一些散文、小说，投到当时的报刊。大学毕业时，何自然就用俄文撰写了一篇关于中国学生要学习俄语实践修辞的论文，获得导师的肯定，并受到当时苏联伊尔库茨克外语师范学院一位教授的来信嘉许。那篇论文讲的实践修辞，用现在的眼光看，正好涉及语用学，是对中国学生使用俄语的动态研究。从事科研、发表文章是处于"大跃进"年代的青年们的向往和追求。当时大学毕业走上工作岗位前夕，同学间的道别祝福都是"杂志上见"，意为互相期待在新的岗位上继续学术研究和从事翻译实践，让成果见诸报刊。

勤工俭学活动也是那个时代大学生活的特色之一。何自然的专业是俄语，英语是第二外语。因为他在中学已有一定英语基础，在报读二外时就被编入了"英语高级班"，以英美作家作品的简写本作为教材。在勤工俭学的活动中，他还被安排到西安市第一人民医院给青年医生和护士上英语课。他们按对方的需要编写了一些与医学有关的课文作为教材，教学效果明显，受到医生、护士们的欢迎。那是一种无偿的教学活动，没有课酬，也没有编务费、交通费，但年轻的何自然感到那是一种难得的锻炼，乐意承担。大学毕业时，学校主持勤工俭学活动的业余教学部送给他一本原版的由苏联科学院编写的《俄语语法》，作为他们课余教学活动的唯一奖励。

从大专到本科，何自然各方面的表现都很出色，每年都享受全额助学金，不用父母在经济上操心，最终以全优的成绩完成本科毕业考试，留校任教。他在大学学习期间就培养起了从事科研和教学的兴趣，积极积累各种经验，初步尝到做学问和教学生的艰辛和欢乐。

1959年，何自然作为一名大学俄语教师开始了他的教书生涯。在俄语系一年级教授俄语仅一个学期，就被选拔到学校的助教进修班，由苏联专家夫人及校内老教授给他们讲授苏俄文学、语言学理论和俄语实践课程，并且和伊尔库茨克外语师范学院的一位语言学教授保持学术上的往来。一年后专家回国，进修班停办，何自然被安排到俄语系三年级教授精读课。1963年，因成功主讲了一次校级公开课，再加上参加工作后对科研和教学的一贯优良表现，被破格提升为讲师，成为当时西外最年轻的讲师。

1964年，当何自然正处于从事俄语教学与研究取得成就的事业高峰期时，正当他踌躇满志，要进一步提高自己时，学校突然找他谈话，让他转行教英语。何自然觉得自己只懂得英语皮毛，虽然有第二外语的成绩和勤工俭学教授英语的经历，但感觉基础不牢，不敢担此重任。经过学校的反复劝说和自我深入思量，何自然才诚惶诚恐地答应下来，决心从头学起，夯实基础。学校决定派英语系从小在美国生活、后来回国任教的梁居峰教授给他做单独指导，同时还请到曾在英语环境下成长的祁佩仙教授以及复旦大学毕业、基本功深厚的杨伟钧教授帮他纠正发音，练习会话。何自然还每天主动完成一份英语作文或课文的书面复述。为了增加练习机会，何自然还轮流在几位老师的家里创造一个全英语对话的环境练习口语。他还花了一年的时间，修完许国璋、俞大絪先生编著的英语教材1—6册。1965年，他又获得赴上海外语学院（现上海外国语大学）英语系进修两年的机会，学校要求学成后从事英语教学。在上海外语学院他插班到英语系三年级学习，师从李观仪、顾绍熹、钱维藩、温征德、章振邦、许天福和澳籍教师格林先生，同时参与同学的学习小组，一起练习口语，听述北京电台英语广播和课余听读300遍灵格风唱片。这样的强化学习是相当辛苦的，再加上受俄转英的影响，学习起来更为吃力。好在语言之间有很多互通的地方：掌握了俄语的严格语法规则，在学习英语语法时就会发现它们之间有很多类似的地方，从而无须花费太多的精力就能掌握英语遣词造句的技能。

本来，随着时间的推移，对英语的语感和语法刚刚有所适应，可是到了1966年5月"文化大革命"爆发，西外来急电把他召回"接受教育"，这样两年进修机会还未到一年就不幸戛然中止。从1968年起，他又受到一系列的冲击。

然而接下来，正常的教书生活并没有重新开始，而是被安排到农村接受再教育，被派往西外设在陕北的干校——"窑洞大学"，在那里开荒、挖窑洞、养牧牲畜长达两年。在农村，何自然一边劳动，一边捡起以前勤工俭学时接触过的医学常识，做起"赤脚医生"，为农民针灸，治伤疗病。在"窑洞大学"度过了相当漫长的两年岁月。不过现在谈起，何自然觉得那些日子还是很值得追忆的：当时，学生来"窑洞大学"劳动锻炼时，他们这些老师就给他们教英语口语，还开展"上山一句话，下山一句话"英语口语学习活动；另外，何自然之前学过会计，还被选派去干校饭堂管理账务，为此还得以被免去随集体下地开荒劳作，改为单人进山放牛、牧羊。借此机会，他偷偷地阅读英文资料和练习汉英翻译，还自问自答地练习英语口语。在陕北那些日子，每逢被派去山上放牛时，何自然便借机偷闲，面对群山，手头一部《英汉袖珍词典》，一遍遍地做英语说写练习。他将当时《人民日报》上登载的"军拥民，民拥军"的故事大意，先口头后笔头转述成英语。还以报刊中的一些小故事作为原始资料，面对山地、草丛用英语做口头、笔头的复述翻译训练。"窑洞大学"两年，积存了厚厚的一叠纸片，竟不知不觉地完成了十多万字的英语习作。在当时只讲体力劳动改造思想的氛围下竟然出了这样的成果，何自然自己都没有想到。1972年学校开始招收工农兵学员，教学秩序逐渐恢复，他被调回西安校本部给1972级学生上英语课。回到学校后，他把在"窑洞大学"期间的译述练习打印出来，请系里的前辈学者周龙如先生批改。1973年，何自然调回广州外语学院之后，还请王宗炎先生再次为他修改这些作业。王先生一心扶掖后学，很乐意地接受了。他花了数月时间，用红笔写的英文字密密麻麻地遍布何自然的原稿。在评语中，一方面肯定了何自然的刻苦治学精神，赞扬了他比较扎实的基本功，另一方面也语重心长地指出，汉、英不同文字的转译必须着重文意，避免呆板的硬译，要以符合英语的习惯表达为归宿。从他们批改的字里行间，何自然又学到了很多，英语表达能力也得到了进一步提高。从那时起，只要有机会，何自然就把写的文章、书稿送给王先生批改，让王先生帮忙修改、润色，直到今天，何自然对王宗炎先生的提携和帮助依然感恩在心。何自然也深深地体会到，能否向名师学习到一些东西，关键还在于自己是否勤奋，是否有所领悟。王先生的指导也更加坚定何自然研究语言使用的信心和决心。

人在一生的悠长岁月里，不会总是一帆风顺的，何自然初中未读完就辍学，小小年纪就做流动小贩，沿街叫卖来帮补家庭。为了升学，天天蹲新华书店、旧书摊档"蹭书读"，考上能靠助学金完成学业、走向社会的会计职业学校，后又考取俄语专科学校学习俄语，毕业不久又不得不根据学校需要放弃俄语转学英语，再经过"文化大革命"以及"上山下乡"再教育的种种曲折。一路走来，虽无比艰辛，但何自然都能够苦中作乐，坚持学习，抓住一切机会提高自己，从未放弃。

何自然画像（北外刘润清作品）

二、成就：探言之意，究语之蕴

经过多年的努力，何自然终于在 1973 年成功调回老家广州，执教于广州外语学院（现广东外语外贸大学）英语系。当年，他只经过一节课的试讲，就被委以重任，接手杨琇珍教授任教的班级，给工农兵学员上精读课。几年后迎来第一批恢复高校录取的 1977 级学生，学校又让他负责一个入学成绩优异的班级；一年后又给全年级学生开设语法课。当时在桂诗春先生的影响下，何自然对现代语言学理论产生了兴趣，加之大学期间就学过语言学，还曾随最后一批"苏联专家"学过语音学、语法学、词汇学等语言学理论，使他越来越深刻地认识到语言学知识不仅有助于深化对语言的认识，还有助于外语教学。于是，他开始大量阅读当时能找到的语言学方面的书籍。从英语语法流派开始，接触到乔姆斯基（Norm Chomsky）的转换生成语法，后来又结合教学，读完了夸克等学者（Quirk et al.，1972）编写的一千多页的 A Grammar of Contemporary English（《当代英语语法》），并将读书笔记编成语法讲义，先后给学生开设了"英语实践语法"和"英语理论语法"两门课程。这期间，原有的外语学术刊物如北外的《外语教学与研究》复刊，新的刊物如广外的《现代外语》创刊。从 1978 年起，何自然已经开始在外语学术刊物上发表关于英语语法、修辞及语用问题的论文。以今天的尺度衡量，它们大都是语用语言学领域与英语用法有关的课题。何自然根据自己学习英语的体会反复告诉学生注意英语的习惯表达，要求他们查阅葛传椝先生的《英语惯用法词典》，注意夸克等人编写的语法书中有关语言用法的注释。正是注意语言用法，使他开始接触到当时国外刚刚发展起来的语用学，从此便开始了他的语用人生。从"引介语用""普及语用"到"发展语用"，40 多年来，何自然的探索从未停歇。

何自然的语用探索开始于研读柯尔（Cole, 1978）主编的 Syntax and Semantics: 9 Pragmatics（《句法学和语义学：9 语用学》）、柯尔和摩根（Cole & Morgan，1975）主编的 Syntax and Semantics: 3 Speech Acts（《句法学和语义学：3 言语行为》），以及莱昂斯（Lyons, 1977）的 Semantics，Vols. I & II（《语义学》，第 I、II 卷）等书中有关语用学的课题。除这些原著之外，他还学习了许国璋在社科院语言所编的《语言学译丛》（1979 年第 1 辑）上发表的节译奥斯汀（J. L. Austin）的《论言有所为》、胡壮麟在《国外语言学》（1980 年第 3 期）上介绍的有关语用学的综述文章，等等。由于当时国内文献短缺，所以何自然那时非常渴望能有机会到国外了解和学习这门从哲学的语言学转向中诞生的语用学。刚巧桂诗春那时正大力提倡应用语言学的教学与研究，聘请了国外的应用语言学专家来广外为研究生开设应用语言学有关课程，他当时还准备派青年教师到国外学习，并且明确自己的任务，专心学习某一学科，为将来返校开设这个学科的课程创造条件。1982—1984 年，何自然和其他两位教师先后被派去北美，伍谦光教授和肖惠云教授去了美国，分别学习语义学和应用语言学，何自然则去了加拿大学习语用学，后来还陆续有教师被分别派去英国和中国香港等地学习相应的语言学学科。回来的教师先后负责给研究生开设多门相应的课程：普通语言学、音系学、语义学、语用学、句法学、心理语言学、二语习得、应用语言学、语言测试、外语教学法、语言逻辑、语言哲学……北外许国璋教授当时评价说，广外为语言学与应用语言学研究生开设的课程是全国最新和最全的。

何自然在加拿大西蒙·弗雷泽大学（Simon Fraser University）哲学系随语言哲学家、语用学家史蒂文·戴维斯（Steven Davis）教授学习语用学。二人同龄，除了师生关系，他们还是平辈挚友。史蒂文·戴维斯教授在中加建交时来过中国。平时他和他的学生相处融洽，周末常邀请哲学系的同学去他家里做客。学生们利用相聚时刻向他请教语言哲学和语用学的一些论题，了解不同门户之间的观点和论争。

何自然利用在西蒙·弗雷泽大学这个难得的学习机会，如饥似渴地大量阅读了有关语言哲学和语用学的文章和专著，还从不多的生活费中省下钱购买了毛利可信（1978）用日语撰写的《英語の語用論》（《英语语用学》，该书由何自然和李捷、李东杰翻译成汉语，于 2009 年由世界图书出版公司出版），还复印了一批有关语用学的论著。回国前夕还购得刚出版的列文森（Levinson, 1983）的 Pragmatics（《语用学》）和利奇（Leech, 1983）的 Principles of Pragmatics（《语用学原则》）。

2014 年 12 月 6 日，与第三届广外应用语言学论坛专家学者合影

在哲学系学习语用学的同时，何自然还去语言学系了解曾被称作"语言学的革命"的生成语法。在学习弗雷德里克·纽梅尔（Newmeyer, 1980）的专著 Linguistic Theory in America（《美国的语言学理论》）时，何自然和当时在美国西雅图华盛顿大学（University of Washington）任教的该书作者联系，两人还成了挚交。纽梅尔教授开车跨过国境从西雅图远道去温哥华与何自然相见，还把他刚出版的新著 Grammatical Theory, Its Limits and Its Possibilities（《语法理论：局限与可能》）（1983）作为礼物送给何自然。纽梅尔教授知道他对语用学感兴趣，他的新作里恰好有一章谈到"语言的功能是交际；语法形式是从语法外的原则产生的变体；语法功能可以解释语法形式"。该书还特意介绍了德怀特·博林格（Dwight Bolinger, 1975）的 Meaning and Form（《意义与形式》）和塔尔米·吉翁（Talmy Givon, 1979）的 On Understanding Grammar（《论语法的理解》），指出语法形式和语用的关系十分密切，不要以为只需研究语法形式而忽视语用，纽梅尔教授表示，研究语

用学与研究语言形式相辅相成，不应相互排斥。经他的启发，何自然学习语用学的决心更加坚定了。他们一直保持联系，后来纽梅尔教授当了美国语言学学会主席，何自然还邀请他到广外讲学，两人的学术友谊一直留存。

同时，由于何自然在加拿大西蒙·弗雷泽大学的导师史蒂文·戴维斯教授也是加拿大蒙特利尔麦吉尔大学（McGill University）语言学系的兼职教授，所以他也认识纽梅尔，在学术上也认同他有关语言形式和功能的观点。为了使何自然认识更多的同行学者，在他学习期满回国前夕，戴维斯教授特意为他写了一封引荐信给远在比利时安特卫普大学（University of Antwerp）的国际语用学研究会（International Pragmatics Association，IPrA）秘书长耶夫·维索尔伦（Jef Verschueren）教授，让何自然回国后和他联系。那时的IPrA成立不久，很希望有中国的同行学者参与他们的活动。何自然回国之后立即和维索尔伦秘书长取得联系，维索尔伦秘书长欣然同意中国学者免费注册为国际语用学研究会会员，并且商议好在中国成立国际语用学资源分配中心，可以自筹经费复印当时IPrA的出版物 Pragmatics（《语用学》）中发表的文章，分发给国内各地的会员和会员所在单位。这件事得到广外语言学与应用语言学研究所的支持。1989年，IPrA召开了第一次国际研讨会，何自然也在同年以CPrA（中国语用学研究会）的名义在国内组织召开了中国语用学首届国际研讨会，邀请了维索尔伦秘书长和我国著名学者、北京大学胡壮麟教授，中山大学王宗炎教授等出席大会。广外的语言学与应用语言学研究所所长陈楚祥教授主持了大会，并做了主旨发言。此后中国的语用学就以广外为基地，每两年由国内的高校向国家教育部门申报，组织一次全国性语用学研讨会，交流研究心得和讨论中国语用学的未来发展。这样的活动30年来从未间断，一直延续至今。

除了与国际语用学研究会建立起联系，1984年，何自然从加拿大访学归来，把从西方学界学习到的语用学分享给中国学界便成为他的最大愿望。为了普及语用学，除了给当时国家教委委托广外举办的两年制研究生班及硕士班开设语用学专题课程和指导硕士班语用学方向的学生撰写语用学方向的学位论文，何自然还在广外刚成立的语言学及应用语言学研究所连续多年举办的语言学暑期讲习班里开设语用学讲座。1985年，湖南教育出版社廖世英编辑来广外组稿，桂诗春教授和何自然共同建议并支持他们出版语言学系列教材，以满足正在兴起的语言学教学的需要。策划中的教材共10种，分两辑从1986年起陆续出版，何自然撰写的《语用学概论》作为第一辑的第三本于1988年与读者见面。根据出版计划，这套系列教材是普及读物，正因为这套教材的普及性，受到了当时学界的广泛欢迎，并获得了国家级教材二等奖。这部著作为国内学者了解和学习语用学打开了一扇窗，也是中国语用学发展的奠基之作。在《语用学概论》出版后的第二年，另一本普及语用学的小册子《语用学概要》由上海外语教育出版社出版了。作者是从澳大利亚拉筹伯大学（La Trobe University）访学归来的何兆熊教授。20世纪80年代，除了国外出版了几本语用学的专著，最早用中文撰写的语用学著作就是这两本著作。那时，从事语言研究的中文系和外语系师生纷纷从这两本书中了解到什么是语用学,他们对这门新兴学科的内容怀有极大的兴趣,由于知道这两本书的作者都姓何,于是在学界流传起语用学"两何"的称谓,只要谈到语用学,就会提到"两何"。

《语用学概论》一书带领大批学子走上语用学研究的道路,它也成为学界引用率最高的著作之一,先后修订出版3次,重印若干次。不仅如此,何自然还发表了多篇介绍语用学以及国外相关著作、教材的论文,如《语用学研究及其在外语教学上的意义》(《现代外语》1984年第2、4期连载)、《什么是语用学》(《外语教学与研究》1987年第4期)、《〈语用学读本〉补充介绍》(《国外语言学》1994年第4期)、《国外近年出版的语用学教科书概述》(《外语研究》1995年第2期)、《近年来国外语用学研究概述》(《外国语》1995年第3期)、《什么是语际语用学?》(《国外语言学》1996年第1期),等等。毫无疑问,这些教材及论文的发表对普及语用学研究起到了至关重要的作用。

在《语用学概论》发行10年之后,受上海外语教育出版社的邀约,何自然又为"21世纪英语学习丛书"撰写了一本《语用学与英语学习》,这是他的第二本语用学普及读物。21世纪初,应读者的要求,何自然在学生冉永平博士的协助下,又将湖南教育出版社出版的《语用学概论》修订再版,此后又过了另一个10年,2009年又接受了北京大学出版社的建议,在当时已是教授的冉永平博士的参与下,再将该书补充增订,改名为《新编语用学概论》发行。何兆熊教授的《语用学概要》也在21世纪初和他的学生一起着手增订,改名为《新编语用学概要》和更多的读者见面了。2003年,在广外举办的中国语用学研究会成立大会上,语用"两何"首次相会了!这两位何先生不仅为语用学在中国的普及做出了卓越的贡献,还培养了一批优秀的语用学博士,现在不少已是国内的知名教授,他们从前辈手中接过语用学的接力棒,并通过自己的学生代代传承。

回顾过去,正是语用"两何"最早撰写的两本语用学著作,将语用学的学说从国外系统地带回国内,使中国的语言学界了解这门新兴学科,从而开展汉语的语用学研究,这两本著作让语用学以星火燎原之势在中国迅猛发展。继这两本语用学著作后,汉语界的左思民、索振羽等学者的语用学著作也相继出版。2003年,何自然为满足语言学研究生学习语用学的需要,把平时给研究生讲授语用学的英文讲稿整理成 Notes on Pragmatics(《语用学讲稿》)一书交南京师范大学出版社出版。该书是国内出版的第一本用英语撰写的语用学教材。今天,国内的语用学基础读物不下10种,相关专著更是不可胜数。语用学的普及,让每一位学习中、外语言文字的学者只要谈到语言的使用和理解,都会提及语用学。他们还让语用学跳出英美学者沿用的叙述框架,借鉴了欧陆学者的观点,将语用学与社会、文化,以及其他学科结合起来研究,出现语用学的各种界面学说。可以说,语用学早已不是"废纸篓",而是真正意义上的显学了。今天,语用学已经成为各高校外国语言学及应用语言学研究生的必修课,语用学已得到全面普及,这些都归功于何自然、何兆熊教授等老一辈学者几十年如一日的不懈努力。

在20世纪80年代，何自然除了给本科生上英语理论语法课，还给硕士研究生开设了普通语言学和语用学课程。1986年，广外获语言学及应用语言学博士学位授予权后，他还协助桂诗春先生给博士生讲授语言哲学和语言逻辑。在那个科研氛围并不浓厚，也没有什么科研压力的年代，何自然依然潜心研究，发表了一系列有关英语语法和语用学方面的论文。他当时就高瞻远瞩地提出，当代的语言学不能只限于研究语言的本体，必须将语言学扩大到语言与文化、语言与社会、语言与心理、语言与认知等方面来，要从多角度去研究语言使用与理解。这一思想实际上就是后期发展起来的宏观语用学以及把语用学作为研究语言学的一个视角的思想，也就是欧陆学派的语用学主张。功夫不负有心人，1989年，以桂诗春、伍谦光、何自然3位教授为代表的"语言学与应用语言学学科建设与教学"荣获高校优秀教学成果国家级优秀奖和广东省优秀教学成果一等奖，这为后来获准在广外成立教育部"外国语言学及应用语言学"人文社会科学重点研究基地打下了坚实基础。

进入20世纪90年代，何自然的学术生涯开始走上另一个高峰。他在带语用学硕士研究生的同时还被任命为涉外秘书系主任。除日常的系务工作外，他还重拾中学年代学过的会计，用英语编写了 *Principles of Accounting*（《会计学原理》）教材，给学生上英文会计课，几年之后一位在外资企业任职的学生专门给他写信，说当年给他们开设的英文会计学原理很顶用，她很快就胜任了涉外财务工作。可以看出，何自然在那个时候就已经认识到用外语讲授某学科基础知识对帮助学生适应未来从事相应涉外工作的重要性。

1993年，何自然经教育部批准遴选为博士生导师，同年应英国著名外语教育家麦考尔·拜伦（Michael Byram）教授的邀请，再次出国访学，作为高级访问学者到英国杜伦大学（Durham University）从事认知语用学研究。此次访学归国之后，一方面语用学在全国已经有所普及，另一方面何自然从国外又带回新的语用学前沿理论，他不遗余力地把这些理论引介给国内学者，并开始了自己结合汉语及外语教学的原创性研究。

关联理论和语言顺应论是20世纪90年代至21世纪初在我国语用学界广为应用的两个语用学理论。何自然很早就和提出关联理论的丹·斯波拍（D. Sperber）和戴·威尔逊（D. Wilson）以及提出语言顺应论的耶夫·维索尔伦等国际知名语用学家有电邮往来，他读过斯波拍和威尔逊早在20世纪70年代就初步写成，并被看成是认知语用说的关联理论原始打印稿复印件；此外，还读过维索尔伦最初在IPrA文献中发表的有关顺应论的观点和他出版后第一时间就给何自然寄来的 *Understanding Pragmatics*（《语用学新解》）一书。何自然认为这些理论对我国的语用学研究具有较大的指导意义，于是就与自己指导的博士生一起把这些理论推介给国内学者，大大推动了认知语用学和语用综观论在中国的发展，也因此使我国的语用学学者与国际语用学界建立起了密切的联系。除此之外，何自然还在语用与翻译、语用与社会、语用与教学等领域著书立说,发表了一系列文章。

何自然一直强调语用学研究的应用性价值。基于多年的翻译实践经验,何自然对制约翻译实践和反映翻译本质的多个问题,开展了卓有成效的探讨和研究。他认真思考和试图回答了影响翻译实践的5对矛盾问题,即译者与译者的矛盾问题、形式与功能的矛盾问题、客体与主体的矛盾问题、语言与文化的矛盾问题、理解与表达的矛盾问题。

(1) 译者与译者的矛盾问题。这里讲的不是指对同一源语,译者之间哪个译得好哪个译得不好的问题,而是讲不同母语背景的译者,对同一源语进行处理的过程中各自的取向问题。关于这一问题的讨论,何自然与王建国教授合作,撰写了《重过程,还是重结果?——译者的母语对英译文本的影响》一文,发表在《上海翻译》(2014年第2期)上。他们的研究发现:"汉语为母语的英译者,其英译文本的语用取向往往着重事态的过程,而英语为母语的英译者,因英译文本正是他们的母语文本,其语用取向则重行为的结果。此外,通过对各种汉译英的文本作进一步的检验,证实了重结果是操英语人士习惯的语用特点。研究还根据英语语用重结果的特点,推导出一种汉英翻译原则:译者须设定译文文本的读者对象是操英语的本族人,要在译文文本中体现出重结果的语用取向。为此,译文效果必须讲究客观、求实。"

(2) 形式与功能的矛盾问题。翻译中,形式与功能如何取舍?这是一直烦扰翻译工作者的问题。何自然提出了翻译中的语用学方案,比如他在《语用学与英语学习》(1997) 中指出,语用翻译"可以通过两种语言的对比,分别研究语言等效和社交等效的问题",并指出"语用语言等效翻译近似奈达(Nida,1964)提倡的'动态对等翻译'(dynamic equivalent translation)"。换言之,何自然主张,要将目的语与母语进行对比,语用对等是翻译追求的最高境界。面对"When in Rome, do as the Romans do"这一句子,何自然指出:"如果要为中国读者将这句谚语译成汉语,就不宜直译。这时,用人们通常说的'入乡随俗'意译出来固然稳妥;但根据语用等效的原则,换个形象,译成中国读者熟悉的俗语'上什么山,唱什么歌'则会更生动。"(见《现代外语》1988年第3期;《汉英、英汉翻译与语用学》,《外语教学》1992年第1期)

(3) 客体与主体的矛盾问题。相对于译者而言,源语文本是客体,译者是主体。如何处理好主体和客体的矛盾?这个问题亦长期困扰译界同人。对于这一对矛盾,强调主体的重要性,倡导主体主观能动性的发挥,鼓励主体的决策作用。何自然以名称翻译和"另类"翻译为例,论证了主体的特殊意义。他首先指出:"名称的翻译不同于文本翻译,它可以是一个重命名的过程,是一种兼顾原文、译文和译文对象(读者)三元关系的语用翻译手段。正因为考虑到翻译中的三元关系,译者可能认为名称的着眼点需要变化,不能或不宜直接搬用原文的名称。为了设法表现出原文名称的含义,照顾到读者的文化背景以及他们对原文文化差异的接受度,或确保译文的经济意义或社会意义，译者就会另辟蹊径对译文重新命名。……语用翻译过程中对译文的重新命名是一种比直译、意译要深刻得多的翻译行为，是译者主体性介入翻译过程的体现。"（见《翻译还是重命名——语用翻译中的主体性》，与李捷合作，《中国翻译》2012年第1期；《品牌名称翻译中的重命名——再论语用翻译的主体性》，与刘家凤合作，《中国翻译》2015年第2期）。何自然继而指出："'另类'翻译指在翻译过程中犯难、困惑，感到需要做特殊处理。""没有广博的知识、深邃的文化修养、灵活的应变能力和熟练的语言活用能力，这些翻译中的'另类'是很难处理好的。""要研究'另类'及其相关场合中哪些应该用英语标示而无须使用汉语，哪些应该有汉英对照，哪些不应使用方言，哪些只应用汉语标示而无须使用双语，要研究如何处置跨语言交际中一种事物在不同语言有不同命名的现象。""建议认真研究'另类'的翻译，不只是研究其翻译技巧，而且是寻找出一条语用翻译的理论红线，指导我们从事这方面的翻译实践。"（见《"另类"翻译的困惑》，《中国翻译》2003年第2期）

（4）语言与文化的矛盾问题。语言与文化有着千丝万缕的关系，表现在有时候语言决定文化，有时候语言反映文化；至于文化对语言的影响，则可以从词汇、短语、句子、段落、语篇等层面以及语用策略等方面体现出来。这些结论，都是基于对同一语言和文化的观察。如果把语言和文化的关系，放到今天的跨文化交际背景下讨论，我们的认识则会更加深刻。实际上，作为跨文化交际的特例——翻译实践，可以源源不断地为我们提供由于民族文化自我中心论（ethnocentrism）、文化偏见（cultural prejudice）等的影响，我们的语言表达如何存在这样和那样的语用失误（pragmatic failure）或交际卡壳（communication breakdown）现象的诸多实例。对此，何自然是最敏感、最有心和最有研究心得的（如：何自然、阎庄，1986）。这里要特别提到的，是他在《中国高等院校英文校名问题刍议》（与麦胜文合作，《外语教学》2005年第3期）一文里，从翻译的角度，进一步阐发了他的主张和建议。他指出："随着改革开放的深入和中国经济的不断发展，中国高校跟外界交流的机会越来越多。因此，很多高校就在其中文校名的基础上，增加了英文校名，以便于对外交流。但是，由于没有相应法律规章的指引，所以高校英文校名的命名就由高校自行决定；由于没有相应的命名标准，我国高校的英文校名也就五花八门，很容易产生歧义，引起误解和产生不必要的尴尬。他们的研究就中国高校英文校名所存在的问题进行分析，并提出一些修改的建议。"

（5）理解与表达的矛盾问题。说"翻译就是交际"，"翻译的过程就是交际的过程"，大概没有谁有异议。可是，何自然是从事语用学研究的，他给语用学下的定义就是"话语理解和表达的学问"。那么，按照何自然的语用学定义，说"翻译涉及理解与表达"，"翻译就是一种特殊的语用形式"，恐怕是最直接、最贴切不过的了！实际上，何自然一直在引导大家这样去理解翻译。他在《英语语篇中有定名词短语隐性照应对象的推理与汉译》（与唐电弟合作，《解放军外国语学院学报》

2014年第6期)一文里,就明确指出:"话语的前后照应关系有显性和隐性之分,要确认这种关系就要进行推理。然而,语篇中隐性照应的推理和确认以及隐性照应中有定名词短语的翻译在实践中没有得到充分的研究。在翻译过程中,应从读者的角度出发,根据汉语的习惯通过添加衔接成分、指示成分或释义词语等手段使原文中的隐性推理对象在译文中显性化,从而达到翻译准确释义的目的。"

何自然既有翻译实践,以及对翻译实践的反思和翻译现象的探讨和研究的心得,更有丰富的语言学、语言哲学、语用学、跨文化交际学、教育学、管理学等学科理论知识,所以他对翻译本质的认识更加深刻,对翻译本质的表述更令人折服。

概括地说,何自然的语用翻译思想,根植于实践,放眼于交际,得益于语用。比如说,何自然发现,语用学中的关联理论对翻译实践就有3条重要启示:第一,"要翻译,首先要理解原文。根据关联理论,要准确理解原文必先重视原文的语境,通过对语境的分析,寻找出原文与语境间的最佳关联,从而取得理解原文的语境效果"。第二,"寻找关联,要靠译者的百科知识、原文语言提供的逻辑语义信息和与原文文意(包括语境和文化意义)信息等一些对理解原文有用的信息。因此,寻找关联的过程就是提取各种各样有效信息的推理过程"。第三,"由于原文作者和译者的认知环境不同,作者力图实现的语境效果同译者从原文和语境中寻找关联而获得的语境效果毕竟是两回事。这一来,原文信息和译文传达的信息就不可能完全一致。此外,译文传达出来的信息内容是由译文的读者去理解的。于是形成这样的局面:原文作者的认知不可能等同于译者的认知,而译者的认知也不可能完全等同于读者的认知;译事是一种三元关系(作者—译者—读者),而不仅仅是作者和译者的二元关系"。

何自然的语用翻译观作为一种翻译思想,有着丰富的内涵。这一思想关注两个具体问题:一是翻译要译什么;二是翻译要怎么译。不难发现,这两个问题都是最实用的(pragmatic)问题。

关于"翻译要译什么",何自然认为翻译要译意思。在他看来,翻译的任务就是要翻译源语的意思,或者是说话人的意思和意图。言外之意,意思可以直接说出,也可以不直接说出。翻译时就不能简单和盲目直译,而要根据语境,该直译的就直译,该意译的就意译。

"现在的问题比直译、意译的讨论更深入一步:什么时候能直译,什么时候能意译?难道只是因形式之变换发生困难时才意译吗?翻译要译什么?如果我们注意研究翻译中的语用学问题,我们会对上述问题有一个新的答案。"

何自然还进一步指出:"'翻译要译什么?'的意思是问:我们在翻译的时候,应该直译原文的字面意思呢,还是要译出原文作者要表达的意图?遇到字面意思和原作者意图不一致的情况时,可不可以既译出字面意思,同时又能让读者领会到原文作者的意图?如果一定要舍此留彼的时候,到底该保留原文字面意思,还是力求表达出原文作者在字里行间的本意?从语用翻译的角度看,这些问题是比较容易解决的，因为语用翻译会给译者留有较大的自由处理的余地。"

同时何自然还强调指出："翻译要译什么呢？我想，应该译意。这个'意'是指意图，原文作者的意图。但这不是说原文隐含的东西翻译时都得'说穿它'。在原文和译文之间，因文化差异而出现不能通达的情况下，为了使读者有一正确的认知，译文才考虑更换形象，甚至放弃形象，只求译意。"

何自然主张"翻译要译出语用力量"。像汉语里"高高兴兴上班去，平平安安回家来"这句话，"它最早是用来表达人们对汽车驾驶员出车上路的一种良好祝愿"。可是，如果我们把它译成"Go to work happily, and come back home safely"，"外国人听到或读到这样的译文，他们准会百思不得其解，甚至会困惑地问一句：'So what?'（那又怎么样？）"。其实，"我们只稍译出短短的一句话：'Good luck!' 这就足够了。""这样译，原文的字面意思的确被忽略了，但原文当时的语境和要表达的用意却得到充分而准确的体现。"

同时，翻译还要译出文化习惯。译者要对译文读者的接受环境和目的语语言文化环境的正确评估和认识，对源语和目的语之间差异的评估，翻译出符合目的语文化习惯，读来自然易懂。换言之，翻译的目的是向读者传达源语的信息和意图，能否实现这个目标是衡量翻译最重要的标准。因此，在翻译"A：你这件毛衣真漂亮！B：漂亮什么！穿了好几年了。"这个对话时，就应该考虑同样场景中，英语人士的应对习惯，使用符合英语的文化原则，把对话译成："A：You look smart in your sweater. B：Thank you."否则，固守汉语里对恭维与赞扬的反应"自贬"或"否认"的做法，把"漂亮什么！穿了好几年了。"翻译成"No, no, no! It doesn't look nice anymore; I have worn it several years!"，操英语的本族语人士就会对译文感到怪异和莫名其妙！

再者，翻译还要译出语境意思（contextual meaning）。换言之，就是要在语境中翻译，用语境来帮助理解和确定说话人的意思和意图，再在语境中准确表达出这种意思和意图。何自然指出，语言使用是讲究语境的，如果放到语境里"Lights, please!"这个例子，就不能只译为"灯光！"，因为，这样的翻译处理"就远不及按照语境将它分别译为'请开灯'或'请关灯'来得恰当"。（以上引用见《翻译要译什么?》，《外语与翻译》1996年第2期）

可以看出，何自然的研究领域虽为语用学，对翻译却有自己独到的见解。何自然虽然不像专门致力于翻译的学者那样翻译出什么文学巨著，但是他的翻译实践也算起步较早，而且实用。他的翻译研究，涉及的内容和覆盖的话题虽然说不上系统和面面俱到，可是重点思考和回答了烦扰翻译实践的5对矛盾问题。何自然的这些翻译思想，尽管没有用专著的形式来系统阐发，可是他倡导的语用翻译思想主张，通过一系列论文变得越来越明晰，既见解独到，又理性实用。

除了语用翻译思想，何自然还特别关注社会语用问题，研究当代社会中的语言变化和语用法。香港回归，产生了新的用词、用语问题，何自然敏感地抓住了这些变化，用语言学的理论来分析这些新的问题，发表了论文《内地与香港的语言变异发展》（何自然、吴东英，1999）、《香港与内地社会媒体语用变异分析》（何自然、吴东英、陈瑞端、黄子程，1999）。内地的社会语用问题同样进入了何自然敏锐的观察视野。他在上课时经常会捕捉一些新鲜的社会用语来进行点评，如针对当时到处流行的"××是我家，卫生靠大家"进行了风趣的批评，这些社会公示语是人们耳熟能详的，但普通人很少关注它，同时也没引起语言研究者的注意。但是何自然特别关注这些社会公示语，他认为这关乎着我们的社会生态，比如上面这条公示语中，"大家"既可以包括说话人，也可以不包括说话人，如果是后一种理解，即"卫生靠你们"，这个口号就是一种典型的长官意志，充满了指使色彩，从中可见何自然对社会语言现象的高度敏感。再如，何自然还发现了报刊用例"OK，本店的黄金十分OK"，某酱油产品的宣传词"酱油X.O."，幽默地说它们是"零K，一文不值""酱油放了40年以上还能食用吗"。这方面的研究在何自然的论文《社会语用问题》（何自然，1997）、《语用与社会》（何自然，1997）、《来自香港的时尚词语》（何自然，2001）等著述中均有探讨。近年来何自然更是关心语言与社会的宏观问题，发表了论文《社会及公共话语和国家的语言政策》（2016），在文章中，他从语言战略的高度对我国的语言政策制定提出了以下建议：

（1）多做社会语用规范的指引者，少做左右语言使用的"警察"。对待公共话语，我们的语言政策需要正面引导语言模因及其变体的复制传播，使之合乎社会语用规范。用"警察"的手段左右语用的复制传播往往不会成功。正面引导可以是示范、鼓励和提倡。只要社会大众的认识提高，形成正确的语用习惯，一些粗俗词语就会没有市场，不良的用法及其变体就会成为弱势模因而最终消失。

（2）容许群众语言与时俱进，丰富汉语表达，适应国际交流。当今社会，国际国内的语言交流十分频繁，方言借用、外来语借用都在所难免。以英语为例，作为国际通用语的英语已不是纯英国英语，也不是纯美国英语，而是夹杂着非英语民族使用英语交际时使用的英语。同样，随着我国国际地位的提高和经济的高速发展，学习和使用汉语的人越来越多，外来语与汉语标准语出现交叉融合是大势所趋。在这样的背景下，过度追求汉语的纯洁性必将阻碍汉语的发展。只有海纳百川，才会有语言的多样性，才能不断丰富汉语的表达。讲语言纯洁并非要完全排斥外来词语，也不是要求外来词语绝对汉化。只要有需要，能在使用中正确引导，外来词语不仅不会影响本族语言的纯洁性，反而有助于中国文化和汉语言走向现代化、国际化。

（3）讲究得体性，恪守"什么山上唱什么歌"的语用修辞原则。在公共话语交际中，以恰当的社会称谓来说话，尊重双方的社会身份，即所谓"什么山上唱什么歌"，是一条必须恪守的语用修辞原则。我们的语言政策和语言规划必须有所指引，强调庄严的场合要说端庄得体的话，在特定的山上须唱出特定、合适的歌。

何自然的研究被学界一致评价为很接地气的研究，研究内容总与社会生活以及普通大众最关心的问题相关。在引介、推广、补充和质疑西方语用观点过程中，何自然对中国外语教育也具有特别的情怀。他曾经对中国学生在英语交际中的语用失误进行调查，发现问题，分析问题，进而就话语教学、语法教学和词汇教学等提出新思路。他还敏锐地发现中国英语使用者身处何地是个至关重要的因素。比如，在中国本土跨文化交际中，运用英语时"离格"语用现象不能一闷棍打死。他收集了大量实例，供给"老外"感受，竟然获得英语本族人很高的容忍度和顺应性。这一调研的意义不容小觑——中国英语学习者平时与"老外"面对面用英语交流的机会并不多，提高英语口语水平的最现实路径还是在英语专业同学间和同事间开口说英语。到了英语国家，只要积极运用语用学顺应论，自然就能用英语进行成功的跨文化交际。

今天的语用学是在语言学研究的基础上不断向外发展的一门学问，是关于语言整体的、功能性的综观学科。它已大大超越语言学本体的传统范畴，与人文、社科中的多门学科结合，形成各种"语用学+"的界面。这些新发展符合欧陆学者对语用学的总体看法，他们一直将语用学看成是"语言和交际在认知、社会与文化方面的学问。进入21世纪以来，何自然则全身心致力于发展语用学理论，提出了"语言模因论"。何自然把研究转向模因是有一定的背景的。

21世纪初，在广外《现代外语》编委会的一次工作会议上，桂诗春先生提出，为了使《现代外语》能及时反映外国语言学及应用语言学的前沿信息，要求编辑部在刊物内增加《前沿研究》专栏，介绍当前与本学科有关的最新研究动向，用专题或综述的形式加以报道。会后，桂诗春先生交给何自然一个任务，让他搜集和翻阅有关文献，报道一下memes（模因）和memetics（模因论）。于是何自然和他指导的博士生何雪林着手这方面的研究，并完成了一篇综述文章，作为《前沿研究》这个新辟专栏的首篇，在《现代外语》2003年第2期发表，取名为"模因论与社会语用"。模因是英国著名的进化生物学家、动物行为学家理查德·道金斯（Richard Dawkins）在谈及基因时提出的一个假设，认为人类文化中也会存在一种类似基因的复制因子，他把它称为"模因"。道金斯做了这样的推论：基因作为复制因子通过遗传和相互竞争促进了生物的进化，而模因则在文化领域像基因那样，通过模仿和传播来促进文化进化。何自然和学生的文章就介绍了模因与社会语用，重点论述了模因与语言、模因与社会，特别是与社会语用的关系。

文章发表后引起了学界的广泛兴趣，何自然也越发觉得这个领域大有可为，于是继续深入研究下去。2005年在《语言科学》第6期发表了《语言中的模因》一文，正式将模因论引入语用学，将它作为语用学和模因论结合的界面来研究；2007年又与陈新仁、谢朝群两位教授合作完成了专著《语用三论：关联论、顺应论、模因论》，由上海教育出版社出版。

在接下来的10多年里，退休后的何自然并没有停止研究，而是全心全意扑在语言模因论的研究上，希望能在语言模因论和汉语话语进化以及解释汉语语用现象方面取得一些成果。于是何自然召集过去的学生、现在在广东高校从事语言教学与研究的学者，组织起语言模因研究小组，每月开展一次聚会或网上交流，学习和讨论与语言模因论有关的课题。何自然和小组成员们合作发表文章，组织讲座和研讨会，联合他们在广东省外工作的同门师兄弟如南京大学陈新仁教授、福建师大谢朝群教授等，参与语言模因的讨论，合作出版相关译著、专著。为介绍国外模因论的最新研究动向，何自然还邀请曾在广外进修语用学的吉林大学珠海学院李冬梅副教授主持翻译了凯特·迪斯汀（Kate Distin）的《自私的模因》和《文化的进化》两部颇有学术影响的文献，分别于2014和2015年由北京世界图书出版公司出版。与此同时，何自然也组织撰写了专著《语言模因理论与应用》，作为"语用学学人文库"丛书之一于2014年由暨南大学出版社出版。该书是国内外学界第一本从理论到应用系统研究语言模因的专著；它是模因论自2003年引入中国语言学特别是语用学领域的研究总结，也是对国内学者今后在更多层面开展语言模因理论与应用研究的一个路向指引。该书从语用学角度对语言模因现象给予系统的梳理和拓展，从理论和实践两方面探讨语言模因在社会、文化、教育、翻译、心理、认知等领域的语用表现。这种跨界研究有助于从多角度发展语言模因理论，更深入地考察语言模因现象的形成和传播。《语言模因理论与应用》付梓前，桂诗春教授为书稿作序，认为"这是一本体系完备而又组织严密的著作：它涉及语言模因的各个领域，既有理论，也有实例；用通俗易懂的语言娓娓道来，引人入胜……是一本很值得向读者推荐的好书"。《语言模因理论与应用》出版次年便荣获第四届中国大学出版社图书奖优秀学术著作一等奖。

在何自然大力推动语言模因论研究的过程中，也不乏怀疑：外国没有多少学者论述语言模因，中国学者自行设题研究，是否可行？是否必要？是否有意义？但何自然坚持认为，语言模因论为语言进化引入信息复制的观点、为语言交际研究提供新的思路都是值得研究和论证的；语言模因论提出的存在语言感染和信息感染、语言模因具有强大的解释力和概括力等都是无可争辩的事实。他认为，中国学者应该有文化自信、理论自信，不能事事都仰外人鼻息来做学问，模因论其实在外国不是没有人研究，而是研究范围广泛，较少涉及语言罢了。中国学者将模因原理放到语言、文化的研究范畴，特别是放在我们自己的语言领域去研究种种语用现象，从我们的语言生活、语言政策、社会语用、公共话语、语言生态、网络语言、翻译与语言教学等视角去研究我们自己的语言模因，正是我们自己的创新。

在何自然及其团队的大力推动下，从2003年至今，在国内外语类学术期刊上发表的以模因为主题的文章和专论已有2000多篇，何自然团队发表的有关论著被引也高达数千次，从中可见语言模因论在我国学界的影响。但是，何自然认为，语言模因论无论从理论上和实践上都还不够成熟，研究的深度和广度也须拓宽，还有很多尚待解决的问题。例如，模因作为一种社会文化语用现象是怎么产生的？什么样的机制让它得以复制和传播？什么条件或原因导致语言模因有强势和弱势的区分？语言模因对语言学习、外语翻译有些什么帮助？既然语言模因是研究语言中的模因，那么它也应该探讨它与语言学本体各个分相的关系，如如何利用语言模因的原理去认识语言的语用规律。最近，何自然和陈新仁教授合作发表了一篇文章，通过一个被广泛复制、传播的语言结构模因"吃 + NP$_r$"，探讨了汉语句法形式的模因特性和它得以广泛传播的社会、心理和认知基础。何自然指出，语言模因的研究大有可为，现有的成果还远未能将语言模因构建成一门完整、成熟的理论。他还号召对模因感兴趣的学者继续关注和发展模因理论，争取把语言模因论发展成一个系统的、由中国学者提出和发展的本土语用学理论。

何自然发表学术论文200余篇，出版学术专著、编著、译著10余部，其学术成果推动了20世纪八九十年代语用学在我国的普及。进入21世纪以来，何自然和他培养的一批硕士、博士研究生进一步推动了语用学在中国的发展。在他的引领下，中国的语用学研究队伍日益壮大，语用学已经成为我国外国语言学及应用语言学学科中一个主流学科，吸引着越来越多的青年学者，我国的语用学研究成果也日益受到国际同行的关注，中国语用学学者也在国际上获得越来越多的话语权。这些成就离不开以何自然为代表的老一辈语用学家们为之付出的努力。

三、影响：学为人师，行为世范

何自然是我国语用学界泰斗，是我国语言学界，尤其是语用学界公认的学术大家，开拓了语用学若干个研究领域，引领众多青年才俊走上语用学研究之路，是笔耕不辍、推陈出新的语用学探究者，是优秀语用人才的提携者和培养者，是推动我国语用学事业发展的倡导者和组织者，是促进我国语用学界与国际语用学界相互交流的搭桥者和践行者。

何自然撰写的《语用学概论》是我国第一部系统介绍语用学的学术著作。据中文社会科学引文索引（CSSCI）统计，何自然的论著在有关学科论文中被引用次数一直排在全国前列；2008及2011年曾连续两届入选中国杰出人文社会科学家名单，具有较大的学术影响；又在《中国期刊高被引指数》（科学技术文献出版社2009年版）一书中被作为第一名入列"2008年语言文字学科高被引作者"（见该书第197页）；专著《语用学与英语学习》及《语用学概论》入列"2008年全国外语学科高被引指数图书"（同上书第239页）；发表在《语言科学》2005年第6期的论文"语言中的模因"入列"2008年全国高被引文章前100名"（同上书第259页）；作者本人则入列"2008年全国高被引作者前100名"（同上书第262页）。何自然的《语言模因理论与应用》（2014）一书出版后获第四届中国大学出版社图书奖优秀学术著作一等奖。2019年获"广东省第三届优秀社会科学家"称号，受到省委宣传部及省社会科学界联合会的表彰和奖励。

何自然是一位注重理论联系实际而又有着强烈社会责任感的研究者。何自然对语用学的应用价值笃信不移，认为语用学能够为外语学习与教学实践、翻译实践等提供理论指导，这是他科研转向的内在驱动力。他善于结合中国国情，以语用学观照当代现实，为中国语用学研究的开展和发展找准着力点和前进方向。从一开始，对英语语法尤其是英语用法特别敏感和关注的他就注重语用学在外语学习、外语教学、翻译等领域的应用，多部著作与大量论文，尤其是《语用学与英语学习》（1997）、《英语语用语法》（2004），为中国外语教学改革提供了全新的理论视角和养分，促进了学界及教师群体对语用能力发展的关注。后来，何自然越来越关注社会语用问题，坚信社会语用学是学科前沿方向。他着眼于社会用语存在的各种问题，从店铺命名到高校更名，从新词新语到词语缩略，都从社会语用的视角对它们认真审视。1997—1999年，他承担了广东省高教厅人文社会科学研究规划项目"广东社会语用建设"，带领团队在广州、珠海、深圳等地开展实地调研和课题研究，取得丰硕成果，并召开了由各方专家参与的语用建设研讨会，主持编写了《广东社会语用建设论文集》，产生了强烈的社会反响。针对社会上各种社会语用问题及相关语言政策问题，何自然于2015年12月在由南京大学文学院中国语言战略研究中心主办的"第三届国家语言战略高峰论坛"做了题为《社会及公共话语和国家的语言政策》的大会发言，引发广泛关注，基于该发言的论文立即被《语言战略研究》主编李宇明先生约稿刊出。

何自然部分著述一览

何自然是一位对语用学事业怀有极度热爱并注重语用学研究团队建设的学者。1989年，何自然组织召开了全国第一届语用学研讨会（与第一届国际语用学大会同步），到如今已经召开了16届，成为中国语用学发展的关键推手；2003年，何自然创办了"中国语用学研究会"（CPrA），并被推选为创会会长。自此，CPrA作为一个二级学会，组织上隶属于中国修辞学会（一级学会）开展活动。在以何自然为会长的第一届、第二届理事会的领导和组织下，研究会做了大量的工作，包括与高等教育出版社合作，出版研究会会刊《语用学研究》；与《浙江外语学院学报》合作，开辟语用学发表园地，连续组织语用学研究论文专栏；与暨南大学出版社合作，出版"语用学学人文库"系列专著，组织编写"语用学与学语用"系列语用学通俗读物；2015年，"中国语用学研究会"改属中国逻辑学会，成为这个一级学会的语用学专业委员会，由何自然的弟子南京大学陈新仁教授接任会长，何自然改任名誉会长，继续参与研究会的学术活动，关心研究会的发展。中国的语用学研讨会自1989年至今已召开16届，会员多达千人，学术活动和研究成果也从国内走向国际。在新老会长的共同努力下，中国语用学研究会与比利时国际语用学学会总部、美国语用学学会、日本语用学学会、中国台湾语言学学会都有学术往来，学会还主办或协办了多本英文期刊：陈新仁教授主编的 *East Asian Pragmatics*（《东亚语用学》）、文旭教授主编的 *Cognitive Linguistic Studies*（《认知语言学研究》）和谢朝群教授主编的 *Internet Pragmatics*（《互联网语用学》）。在新一届理事会的倡议下，为继续普及语用学教学与研究，在国内部分高校建立起了研究基地，轮番开办与语用学学科有关的专题讲习班，还利用微信平台建立语用学研究群，由学有所长的语用学学者主持开展"每月一专题"的语用学研讨，吸引了大批年轻的学者和语用学爱好者参加。这些有志于语用学教学与研究的年轻学人将是我国语用学研究的精英，他们将努力促进我国语言的健康发展，为"一带一路"建设提供有益的语用策略，让我国的语言生活成功走向世界。

在何自然等老一辈语用学学者的带领下，我国的语用学学者出国参加IPrA国际学术活动的人数越来越多，成为这个国际学术团体的中坚力量，在国际上获得更多的话语权。2012年，何自然又成立了以广州学者为主要成员的语言模因研究小组，组织编写、出版《语言模因理论与应用》及编选《语用新论：语言模因论文集》，开展语言模因方面的系列交流活动，在国内同行中产生了广泛而深远的影响。

何自然还是一位坚定执着而又具有学术正义感的研究者。针对一些人对关联理论的曲解，何自然果断地与该理论的创始人及资深研究者取得联系，在确认批评者的确误解了该理论后，与当时在读的博士生吴亚欣合作撰文《关联理论是一种"因错而'对'"的理论吗？》（《现代外语》2004年第1期）以正视听；当一些人质疑语言模因论能否称得上是一种语用学理论时，他与怀疑者展开辩论，与当时在站的博士后谢朝群一起撰文《被误解的模因》（《外语教学》2007年第5期），陈述该理论的学理，展示该理论的解释力，对语言模因理论的健康发展和推广做出了十分重要的贡献。

何自然还一直有感于汉语界和外语界两张皮的现状，提出了打通汉语界和外语界的主张，并付诸自己的教学和研究实践，取得了有目共睹的成绩。在教学上，何自然力主兼招汉语和外语背景的两类博士生，将他们放在一起培养，让两类学生取长补短，相互促进。注重引导研究生毕业论题研究汉语事实，利用外国理论来解释汉语自己的现象。这样的远见卓识造就了人才培养的丰硕成果，其弟子研究视角锐利，揭示汉语事实充分，影响日益广泛。

何自然自己的科学研究也是着力于打通汉语界与外语界的界线，他在给弟子李军的《话语修辞理论与实践》专著的序言中提出"要努力沟通汉语和外语两个语言学界的樊篱，在学科建设上努力打造一个统一的既能尊重汉语语言学界的传统，又能迎合国际语言学界潮流的中国的语言学"。只要看一看我国的学科门类目录，我们就发现有"语言学及应用语言学"和"外国语言学及应用语言学"两个二级学科，分别隶属于汉语言文学和外国语言文学这两个一级学科。其实，语言学及应用语言学是不应另有个什么外国语言学及应用语言学的。韩礼德（M. A. K. Halliday）[参见韩礼德为"当代国外语言学与应用语言学文库"（外语教学与研究出版社，2000）写的序言] 就说过，分出英语语言学、汉语语言学等学科是会阻碍语言学作为一个统一学科的发展的。反过来说，不论从事汉语还是外语研究的学者，如果都在一个统一的语言学学科下工作，必然有助于我国语言科学研究的发展。融通汉语界和外语界，这是何自然的理想，也是他的行动，实践会证明何自然的这种眼界是未来语言学研究的路灯，会引领一批批学者产出更多的优秀学术成果。

从社会兼职来看，何自然曾任国务院学位委员会第4届学科评议组成员，国际《语用学学刊》（Journal of Pragmatics）、《跨文化语用学》（Intercultural Pragmatics）及《语用学》（Pragmatics）等刊物编委。何自然从1959年起一直在高等学校从事外语教学与研究工作，曾任广东省高等学校教师高级职务评审委员会英语学科评议组组长、广东省翻译人员高级职务资格评审委员会副主任委员；1989年获高校优秀教学成果国家级优秀奖及广东省优秀教学成果一等奖；1991年起，先后被国内十多所高校（清华大学、浙江大学、南京师范大学等）聘为客座或兼职教授；1992年起享受国务院政府特殊津贴。

在近半个世纪的教学生涯中，何自然培养了近30名博士生以及数不清的本科生、硕士生和访问学者，还招收过博士后，其中很多人已经成为国内外著名的语用学研究者。何自然爱生如子，从学业到生活无不关心备至，是严师，亦是慈父，其严谨、勤奋、扎实的学风激励着众位弟子不断进取、不断攀升。

何自然积极乐观，与人为善，乐于交流，直率坦诚而不咄咄逼人，变通随和而非不讲原则，以至国际语用学大师们对其学问、贡献与人品有口皆碑，国内语言学同人对其学识见解、待人接物津津乐道。

子曰："知之者不如好之者，好之者不如乐之者。"这是学习的3层境界：从

"知"到"好"到"乐"。纵观何自然几十年的语言学探索,展现在我们面前的是他的学术历程和研究轨迹:从"知"开始,以"好"提升,到"乐"定格。何自然为后辈学者树立了榜样,探讨因何而知、为何而知,因何而好、为何而好,因何而乐、为何而乐,做个天天快乐的研究者。

四、心得:业精于勤,行成于思

回顾数十年走过的学术道路,何自然有如下感悟,他说:

第一,我从出生直到少年时代,都处于战火纷飞的动荡年代,过着颠沛流离的生活,为求安宁,从香港逃难到广州,又从广州流落乡下,接着回到香港,再辗转于香港、澳门,最后才定居广州。因此我的早年求学经历很不完整。除了一纸小学毕业文凭,我没有受过完整的中学教育。因家境不济,失学在家,年纪小小就走向社会,为求知识,我经常蹲在摆地摊的旧书堆中浏览书刊,站在书店陈列的书橱旁贪婪地阅读和思考,有时,会用省下的早餐钱来搜购自己心仪的折价书刊。新中国成立后,我回到内地才有机会上了大学。今天的青少年有完整的学历是幸福的,但学历不是成功的绝对保证,要靠自己的努力。我们那个年代很少有机会从课堂吸收知识,更多的见闻和学识都是从实际生活中获得的。

第二,要学成一样东西,兴趣很重要。有兴趣就有追求,有追求就会产生一种无形的力量去实现自己的愿望。入读职校年代,我代贴招生广告换取学音乐和学俄语的经历就是兴趣所驱使;大学时代从学俄语到转学英语的过程也是因兴趣和追求才让我克服困难,达到成功。我对语用学产生兴趣亦是对不同语境下语言形式和意义竟能发生种种变化而激发的。早在从事语法教学与研究时,我就注意到同一意义在不同语境中的不同表达方式,注意到类似句结构的不同含义与选择。我反复学习了夸克(Quirk)等人的系列语法著述中有关语言用法的注释,牢记博林格(Bolinger)在 *Meaning and Form* 一书中强调的"一种形式表达一个意义,一个意义使用一种形式""没有意义上的差异就没有形式上的不同"。当我将自己的研习方向定在语用学后,就将兴趣放在话语交际和社会语用中的理解和表达上。我领悟到言语交际的精要就是要学会"什么山上唱什么歌",也就是按语境来使用与理解语言,关注"where and what to say"(何处说话与说什么话)的问题。

第三,做学问必须了解自己的长处与不足。我从小接触过简易的国学,不知不觉地对语言产生了一些好感,加上接触外语后,更产生了一种痴迷,总觉得学会了语言就能学会一切。当然那只是一种偏爱的错觉。我因学历不完整,没有数理基础,而我对语言的偏爱,更让我失去对数理的兴趣。我读会计中专时最怕学不好的课程是"成本会计""数学"和"统计",因此,当得悉1955年高校招生可以接受财会中专毕业生,而且不必限报财经专业,报文史专业的还可以免考数学,我毫不犹疑立即填报俄语和中文作为我的第一和第二志愿。不懂数理,当然不是好事。这方面的不足妨碍了我拓展和深化自己的研究思路。当我研习语言学时,看到桂诗春先生补修微积分,兼学电脑编程,并从事语言测试方面的研究,我深知难以望其项背,只好将我的研究路向定在语言的实用性方面:研究语用学、社会语言学和人际间的公共话语。后来,当我将精力放在模因论的研究上时,我也深感自己不谙生物进化,无法从遗传学、分子生物学、心理生物学等学科中去分析研究模因形成的触发机制和心理因素,目前只能从语用学的角度,结合社会、文化、心理和生态环境等方面去探讨语言模因的传播在现实的语言生活和语言教学中的作用。

第四,要研究语言,必须有现实生动的语料。在自己国家研究语言,最方便和最实际的是研究我们日常使用的母语。因此,现代汉语应该是我们最主要的研究对象。我们是国内从事西方语言学教学与研究的学者,我们的外语能力使我们能方便地了解西方相关的学科前沿,但是我们很少注意结合自己的语言历史和现状来思考;相反,国内从事汉语研究的学者,往往因外语能力的限制,只能间接地了解和接受西方的语言研究信息。于是长期以来,我国的外、汉语言学者的研究都存在着不相往来的"两层皮"现象。为了克服这方面的缺陷,从事外语研究的学者须考虑的是,一方面,我们要借鉴西方语言学研究的方法来研究自己的语言,即所谓"借窝下蛋",即窝是人家的,蛋是自己下的;另一方面,要借鉴西方语言学研究的路向,自引事实,自下结论,建立我们自己的理论学说,即所谓"自筑窝自下蛋",从形式到内容力求具有原创性。

我的求学和治学之路是不平坦的,受制于环境和自己本身的知识和能力。我曾说过,我这一生只做了3件事:第一件事是结合我们的汉语和外语教学,为语用学的普及做了一些开拓性的工作,让越来越多的语言工作者了解语用学,从事语用学的研究,发展了我国的语用学队伍,让我国从事汉、外语言教学,研究汉、外语言使用和理解的语用大军得以不断壮大、成长;第二件事是大力开展了语用学的学科研究;第三件事是结合汉语和网络语言的变异和传播,从社会语用的角度创建语言模因论。刻意将模因论纳入语用学领域,研究语言中的模因,初步创建了我们自己的语言模因理论。我已步入耄耋之年,假以时日,自当继续扬鞭奋蹄,力求有所发现、有所进步,但我更希望年轻的语用学研究者能实现我的心愿,继续深入探索语言模因理论,让它成为我国语用学研究中的一个新领域,为发展我国的语言科学做出贡献。

我十分欣慰地看到,现在这3件事早就得到年轻一代学者的深化和发展。语用学已成了我国语言学界的显学:只要有语言使用和理解的地方都会讲究语用;我国的语用学研究已经从国内扩展到国外,在国际学界有了我们的一席地位并且不断得到加强。至于语言模因论,它正在襁褓中慢慢地发育成长,我国语言模因理论的研究队伍亦正在壮大。我希望语用学学科同人能看到语言模因对语言的使用和传播规律的强大解释力，进一步深入研究这门创新的社会语用理论，让它更健康地发展。

近年来流传着这样一个说法——"己所欲，施于人"，用来表达"把自己想要的东西给别人"的意思。从语言模因论角度看，这个源自《论语》的"己所不欲，勿施于人"的说法是一个模因变体。"文革"年代，"己所不欲，勿施于人"被看成是剥削阶级宣扬"仁慈"和"恕道"而受到批判。随着社会生态环境的变化，今天这个格言的变体"己所欲，施于人"已经有了新的解读："己所欲"可以宏观地用来指国家改革开放的奋斗目标；"施于人"是指要努力将目标付诸实践并恩泽百姓。我们在社会主义各条战线上的改革举措，在教育特别是外语教育方面的进步，无一不是国家的"己所欲，施于人"精神的体现。40年来，我和我的学生、我的学术团队所取得的一点一滴的成绩，都是改革开放政策带来的。就我个人而言，我幸运地赶上了"末班车"，也一直希望能将语用学特别是语言模因论这平生之所求与所爱，尽施于我的学生乃至广大学人，作为对祖国恩情的一种报答。

在我走过的道路上，有一些东西也许因为我的遭遇而体会得更深，这就是：一要通过自己的实践对自己所从事的外语专业培养出浓厚的兴趣；二是学外语最重要的是语言训练，要通过"重复、联想、归纳"，打下扎实的基本功；三是要勤奋，多读书、多思考，培养观察和分析语言现象的习惯，并将领悟与心得记录下来，写出有理、有据的论文；四是英雄莫问出处，要谦虚谨慎，不慕虚荣，多出实际成果。用艰苦努力而获得的实力，必能博得社会对自己的承认。

语言研究与其他学科研究一样，有基础研究和应用研究，有语言的本体研究，也有与语言有关的其他学科之间的界面研究。语言研究涉及的范围很广，研究人员的兴趣也不一样，对研究课题意义和价值的认识也不尽一致，但对语用学研究者说来，我们的研究目标还是比较容易掌握的，因为"语用、语用，讲究语言的使用"，这门学科本身就要求我们将研究重点放在语言的运用和理解方面。在语用综观论的引领下，如果说当前的语用学研究范围宽广，那是因为它与语言有关的其他分支或与它邻近的学科都与语言的理解和使用有关。因此我们不能只局限于语用学本体的研究，而要具备更广阔的视野。我认为，当今的语用学研究者必须具备的基本素养应该是：一要对语言现象有较高的敏感度，要时刻注意观察语言的表现和人们在不同的时空使用语言和理解语言的特点；二要广泛阅读和了解当前各种语言学理论的前沿动态，对语用学研究者来说，特别要了解语言和社会、心理以及当前语言现代化的手段和特征；三要善于运用各种方式收集语料，并与语言学各有关学科界面结合起来思考，完善自己的设想，从而拟定自己的研究方向。

对于语用学的具体研究领域，我有以下体会和建议：首先是有关公共话语的研究。众所周知，公共话语是活的语言，存在于其使用之中，所以描写语言学主张客观描述语言所展现出来的特征。在社会语用中，我们无法强制人们使用哪种说法或不使用哪种说法，话语的存亡其实也是一个"优胜劣汰"的结果，当然，从语用的角度看，在现实语言生活中，使用不同说法的人数有多有寡，使用的范围有大有小，被接受的程度也有高有低，诸如此类的因素就决定了话语的不同命运。所以我认为从社会语用及其与社会生态间的关系来讲，我们应该建立对公共话语的舆情监测机制，客观记录语用现状及发展轨迹，描述社会发展和语言之间的互动依存关系，记录新的强势语言模因产生和传播力道，以及旧的弱势语言模因的淡出或消失。总之，语言政策的制定要符合科学发展的规律，对公共话语的发展和使用少一些社会生态环境之外的干预，更多关注社会生态环境的动态变化在语用上的反映，透过语用现象来反观社会生态环境的本质，及时发现社会中存在的问题，通过调整社会机构的运行机制来引导社会语用的变化和发展。这样，语言学或语用学研究者的发现才能在真正意义上具有实践价值和社会价值，才能在真正意义上为语言政策的制定和规划提供借鉴。

研究国家语言战略，须将语言地位与语言本体的研究相结合、语言的使用与语言的指导相配合。人们要在语言政策与语言规划指引下健康、合理地使用语言，让语言在多元化的氛围中进一步得到发展。为此我们祈望：

第一，明确统一的权威指导机构。我们有国家语委全面负责研究规划有关语言政策和语言战略的现状及未来。但是，本应由国家语委统筹的工作，却常常是国家广播电视总局参与，新华网、光明网、人民网等发表一些非专业的、争议颇大的"指导性"意见，让语言工作者不知所措，包括记者在内的广大语言使用者总是小心翼翼、踌躇不前、无所适从。如果能有一个完善的制度，由权威机构从具体的语言政策着手，制定宏观的语言规划，研究如何做健康语言生活的引导者，不做左右语言使用的"警察"；研究如何在语用上跟上时代的步伐，与国际社会同步；研究如何维护公共话语的多元化，使汉语既能得到传承，又能与时俱进，海纳百川，健康发展。

第二，建立公共话语的监测、激励机制。语言监测工作主要是记录、分析、跟踪词语使用的最新趋势以及探讨它们如何受各种文化的影响。公共话语的监测可以让我们了解媒体及社会各阶层的语言运作和语言传播现状，了解强势语言现象得到广泛传播的缘由，了解哪些语言现象会日渐演变成弱势，直至出局、消失。因此，希望国家有一个官方的监测机构，像"全球语言监测机构"（GLM）那样，定期公布语言生活中的状况，提供给广大的语言工作者，为语用提供参考。语言监测机构在公共话语方面要提倡：多点语言描写（descriptions），少点语言规定（prescriptions）。

总之，我们期待有一个相对宽松的语言政策和合理的语言规划。它们对维护国家安全、提升文化软实力、构建和谐的社会及公共语言生活、促进语言的发展均有重要意义。

其次是近年来正逐渐成为研究热点的人际语用学研究。我认为，人际语用学的研究尤其应该与我们的语言生活紧密结合。受中国传统文化的影响，中国社会人际关系的建立与维系有着自身根深蒂固的特点，有些特点是基于西方文化的语用学理论无法解释的。在这一前提下，我们就应该专注于与本土文化相关的人际语用的话题，比如变化称谓、转换语码、顺应语言生态、语用移情、虚言应酬等处理人际关系的语用方式和策略。这方面具体的例子可以参考我发表在《外语教学》2018年第6期上那篇人际语用学的文章。同时，人际语用学还要与语言生态关联起来，把人际语用学的研究与健康的语言生态环境以及和谐的人际关系的建立和维持结合起来，这样我们的研究才不仅仅具有理论价值，还具有社会价值。

对于生命，我的感觉是处于青少年时代的日子特别漫长，到了中老年，日子似乎越过越迅速：一晃就是一年、两年、五年、十年……如今我不觉已到"奔八"（注：何教授如今已经84岁）迟暮之年了！我敬爱的学长桂诗春先生曾说，"奔八"的人仅可以看作是老年之始，是年轻的老人。这是勉励之言罢了。我的希望是，年轻的语用学家们能接过我们这辈学人的传承之棒，将语用学与更多的邻近学科坚实结合，创出更多的语用学界面研究视角，产出更加丰硕的成果，让中国的语用学在国际相同领域占有重要的一席之地。

【参考文献】

[1] 陈新仁. 中国语用学的拓荒者：吾师何自然先生[G]//黄国文，陈新仁，冉永平，等. 语用人生：何自然教授八十华诞庆贺文集. 北京：高等教育出版社，2016.

[2] 何自然. 八十抒怀：我的难忘往事[G]//黄国文，陈新仁，冉永平，等. 语用人生：何自然教授八十华诞庆贺文集. 北京：高等教育出版社，2016.

[3] 黄国文，等. 编者的话[G]//黄国文，陈新仁，冉永平，等. 语用人生：何自然教授八十华诞庆贺文集. 北京：高等教育出版社，2016.

[4] 李军. 弥合中外两张皮的睿智者：评何自然教授[G]//黄国文，陈新仁，冉永平，等. 语用人生：何自然教授八十华诞庆贺文集. 北京：高等教育出版社，2016.

[5] 林大津. 天籁之音接地气：何自然教授语用人生的启迪[G]//黄国文，陈新仁，冉永平，等. 语用人生：何自然教授八十华诞庆贺文集. 北京：高等教育出版社，2016.

[6] 刘绍忠. 语用翻译：何自然翻译思想与实践研究[G]//黄国文，陈新仁，冉永平，等. 语用人生：何自然教授八十华诞庆贺文集. 北京：高等教育出版社，2016.

[7] 张克定. 语用研究的引领者[G]//黄国文，陈新仁，冉永平，等. 语用人生：何自然教授八十华诞庆贺文集. 北京：高等教育出版社，2016.

[8] 黄新炎. 道法自然，语用为何：何自然教授访谈录[G]//黄新炎. 聆听：外语界前辈的声音（第二辑）. 上海：上海外语教育出版社，2020.

[9] 何自然. 己所欲,施于人:改革开放40年回眸[C]//庄智象. 往事历历40年回眸:知名外语学者与改革开放(卷1). 上海:上海外语教育出版社,2018.

[10] 何自然. 漫话语用学和我[J]. 当代外语研究,2011(11).

[11] 何自然. 我的改行[J]. 当代外语研究,2011(7).

[12] 何自然. 公共话语与我国语言政策[J]. 语言战略研究,2016(3).

[13] 莫爱屏,蒋清凤. 语用、模因与翻译:何自然教授访谈录[J]. 山东外语教学,2014(5).

[14] 吴亚欣,何自然. 中国语用学的拓荒者和坚守者:何自然教授访谈录[J]. 英语研究,2020(11).

(吴亚欣整理)

广东省第三届优秀社会科学家

陶一桃

  陶一桃，1958年4月出生于哈尔滨。享受国务院特殊津贴专家、广东省优秀社会科学家、深圳市国家级学术领军人才、深圳大学理论经济学学科带头人、中国经济思想史学会副会长、广东经济学会副会长、南开大学特聘教授。原深圳大学党委副书记、纪委书记，现任教育部人文社科重点研究基地——深圳大学中国经济特区研究中心主任、深圳大学"一带一路"研究院院长、"一带一路"国际合作发展（深圳）研究院院长。

一、快乐而又短暂的童年与少年时代

  陶一桃生活在当时算得上比较优越、殷实而又充满小布尔乔亚情调的所谓干部家庭。母亲是新中国成立之初的大学生，也是"白俄"的后代。外公是俄国十月革命后逃亡到哈尔滨的贵族，是个年轻的内科医生，却不幸三十四五岁就死于突发的心肌梗死。外婆是当地有名的助产士，外公去世时，外婆只有28岁，独自带着4个孩子生活（后来最小的孩子，即小舅夭折了）。哈尔滨解放后，市第一医院的妇产科就是由外婆开办的私人产科诊所公私合营并入后组建的。外婆一直是那所医院产科的资深医生，相当于现在的学科带头人，无论医生、护士还是患者，都亲切而尊敬地称她为"老刘太太"。其实，外婆被尊称"老刘太太"时只有40岁出头，而且还是一个比实际年龄年轻很多的大美人。她身穿白大褂、头戴白医帽、头挂听诊器的大照片在中央大街的老哈尔滨照相馆橱窗挂了很久很久，"文革"时期都没有被拿下来。外婆总是习惯把头发一丝不苟地盘在脑后，然后用木梳沾着桂花油把头顶部轻轻地梳一遍。每每看到外婆盘头梳头的身影，陶一桃总会想起从未谋面的外公。

母亲是个非常聪明、美丽、善良的人，可能因为父亲一直身处官位又很爱她，所以母亲常常很任性，并且善于撒娇。但母亲是一位好老师，陶一桃的知识启蒙更多的不是来自幼儿园，而是来自母亲。《小布头奇遇记》《动脑筋的爷爷》《十万个为什么》《卓亚与苏拉》《青年近卫军》《钢铁是怎样炼成的》，都是母亲带给陶一桃的知识世界与当时还有些懵懂的人生理想。陶一桃学着双语长大，母亲一直用中文、俄文一起教她和哥哥。兄妹俩也经常会查俄汉词典，因为想知道父母晚上去干什么了。有一次，父母把她和哥哥反锁在屋里，说着俄语走了，望着穿着旗袍和高跟鞋款款离开的母亲，他们猜父母一定是去听音乐会了，但查了俄汉词典后才知道是去参加舞会了。

父母都是参加过解放战争和土改的老革命。父亲曾经很得意地告诉她，妈妈是比爸爸资历还"老"的老革命，13岁就参加了部队文工团，为奔赴解放战争前线的战士演出。那是1946年，哈尔滨刚刚解放。

父亲曾是早年参加革命的"小鬼"，15岁跟随中学老师走上革命的道路，先后担任过东北学联主席、黑龙江省团省委统战部部长、团省委副书记、虎饶（虎林与饶河加强县）县委书记、虎林县委书记、牡丹江行政公署副专员、松花江行政公署专员、第七届全国人大代表。

在陶一桃心目中，父亲是一位智慧、谦和、大度、宽容并极富隐忍精神的品格高尚的人。父亲比较偏爱她，总是把她当公主宠着，当然，在父亲的宠爱中，她也渐渐地继承了他身上的许多品德与情格。熟悉陶家的人都说，陶一桃与父亲无比地神似。父亲是对陶一桃人生影响最深刻的人，他一直是一座耸立在她心中的无人能超越的丰碑，是在艰难时刻支撑她不懈奋斗的力量、意志与智慧的源泉。

1966年冬，举家搬往虎林县，陶一桃那时才8岁，还是一个不大懂事的孩子。她欢天喜地地盼着去一个有狗拉爬犁的地方（当时父亲给陶一桃讲的童话），全然没有觉察母亲和其他亲人的情绪变化。后来才知道，大人们那时已经预感到即将到来的政治风暴和此行遥遥无归期的未来。

虎林县，是打碎陶一桃白雪公主梦的地方，也是陶一桃人生真正开始的地方。陶一桃在那里知道了什么是"大烟炮"，什么是世态炎凉，什么是无助的绝望，什么是坚强的尊严。几乎一夜之间，世界变得让陶一桃恐惧、茫然不知所措。那是一个如常的早上，母亲第一个起来做早餐，只听母亲打开屋门后大声喊父亲的名字，让他快过来,那声音里透着陶一桃从未感受过的惊恐,陶一桃和哥哥也随声奔了出去。眼前的一幕让他们惊呆了,院子里贴满了大字报,门口还挂着"打倒三反分子陶成林"的大标语。孩子们不知所措地看着父亲,仅片刻的沉默,父亲便平静地对母亲说,做饭吧。

因为父母都是"走资本主义道路的当权派",所以陶一桃总是尽全力积极表现自己的革命热情,参加毛泽东思想文艺宣传队,参加学校的学工学农劳动,而且都表现得非常出色。再加上陶一桃看书多、学习好,这个"走资派"的女儿一步步当上了班级里的宣传委员、学习委员乃至班长。

虎林三中是一所非常好的中学,那里的老师大多是"文革"初期支援边疆建设的大学生。陶一桃很喜欢语文老师钱思界,听钱老师讲课是一种享受,总能获得语文课以外的收获。有一次,钱老师讲中国文字结构的寓意时,说到"道理"二字。他说在过去(陶一桃想是旧社会),人们都说"道"字"首"当家,当官有道,百姓无路;"理"字偏"王"旁,皇帝一言既出就是"理"。钱老师还讲到"黄绢幼妇,外孙齑臼"的典故与著名的《曹娥碑》的故事,当时陶一桃都听呆了,她不仅崇拜钱老师知识的渊博,更唤起了自己对文学与历史的热爱。

陶一桃上高中的时候,父母也都开始恢复工作。父亲总是背着行李下乡,偶尔回来也是急匆匆地开会,然后又背着行李走了。母亲工作也很忙,总是下乡,于是陶一桃就成了一家之主。放学后,一帮同学到陶一桃家,男生挑水、劈柴,女生生火、淘米、洗菜,不一会儿,一桌饭菜就做好了。菜都是自家院子里种的,鸡蛋也是自家养的鸡下的,那时觉得自己动手丰衣足食是一件快乐而又简单的事,没有钱的概念。再说吃顿饭也不需要花什么钱,有时没酱油或盐了,向邻居"借点"也是常事。陶一桃家4个房间,3铺炕,常常会挤着睡上十五六个女生。晚上大多是陶一桃读小说或讲故事,读得最多的小说是苏联的文学作品,如《钢铁是怎样炼成的》《青年近卫军》《卓娅与苏拉》,还有《青春之歌》《红岩》等。陶一桃看的第一部古典小说不是《三国演义》《西游记》这些经典书籍,而是褚人获的《隋唐演义》。全书20卷100回,读得如痴如醉,一下子就喜欢上了文言文。陶一桃也是从这本书里知道了与历史教科书中不一样的隋炀帝、朱贵儿、武则天、唐明皇、杨玉环……

1975年7月,陶一桃高中毕业了。在这之前父亲曾与陶一桃谈过话,他说:"你哥哥已经去农场'知青点'了,按政策你可以不用上山下乡,应该在县城里解决工作。但作为县委书记的女儿,我想你带个好头,在农村好好接受贫下中农的再教育,努力改造思想,表现好了,还有可能被推荐上大学。你喜欢读书,这是一条很好的实现理想的路。"陶一桃明白父亲的意思,她几乎是第一个报名到农村插队落户的。7月15日毕业,16日陶一桃就胸戴大红花,与同学们一起坐着解放牌敞篷卡车一路欢歌地奔往虎林县伟光公社胜利大队,开始了3年多的插队落户生活。

二、知青生活与高考经历

7月中旬正是北方农村开草镰割谷子的时候。到胜利大队的当天下午,陶一桃就提出要下田干活,接受贫下中农的再教育,但第二天出工下田,陶一桃在使用镰刀时被割伤了食指,只能休息养伤。正当陶一桃心灰意冷地待在房东家养伤时,大队学校的姜校长找到她,说村里学校唯一的语文老师家里有事走了,大人们都在忙农活,孩子们不能"放羊",问陶一桃能不能代课一段时间。陶一桃欣然答应了。

学校在村里的中心地带,与村委会、卫生所同在一处。那是一所只有一间教室的学校,校长家就在学校旁边,也算是校长办公的地方了。学生不到50人,但是从一年级到五年级都有。第一天上课陶一桃就遇到了如何讲课的问题,她问校长:"5个年级1个教室咋上课?"校长先是愣了一下,然后笑着说:"上课的年级面向黑板,不上课的年级背对着黑板写作业。"让陶一桃没想到并惊讶的是,孩子们早已习以为常,面对黑板的听得认真,背对黑板的写得专注。一个多月后,那位老师回来了,陶一桃手上的伤也好了,于是结束了40多天的代课生涯,回生产队干农活去了。

当时村里主要有两大姓,马姓是满族人,集中住在下村头;毕姓是汉族人,集中住在上村头;其他姓氏的都与马姓、毕姓沾亲带故。陶一桃在胜利大队插队时住队长家。队长姓马,马姓是村里的大姓。村支书姓毕,陶一桃想,组织这样安排也是为了平衡两大姓的力量,有利于开展工作。

插队落户的第三年,也就是1978年,陶一桃搬离了马队长家,住到了村委会办公的地方。一方面,马家的大姐走了,小妹才上小学,没个年龄相当的人说话;另一方面,方便工作,那时陶一桃已经是队里的党支部委员、团支部书记、妇女主任、民兵连指导员,还是县团委委员、公社团委委员、副书记。起初她还会经常回马家看看,但上大学后就一直没有回胜利大队,与马家的联系中断了30多年。直到2016年,陶一桃兼任主任的深圳大学中国经济特区研究中心与虎林市委、市政府(现已改为县级市)共同在中俄两地举办"世界经济特区论坛",陶一桃才在阔别了38年后第一次回到胜利大队。但马家变化太大了,老奶奶早已过世,马大爷、马大娘也不在村子里住了,原来的土坯房已经换成了新农村建设的砖瓦房,熟悉的小院子和熟悉的马家人都已不住在那里了。很遗憾就这样与房东彻底失去了联系,尽管陶一桃也常常通过村子里的人打听马家的消息,甚至还知道一些马家不幸的事情,但一直没有与马家的人联系上,这令陶一桃至今还抱有遗憾。

说起来,那时陶一桃在胜利大队也是出了名的能吃苦,干起农活来舍得出力,还不服输。出工时总是有个领工的人,当地人习惯叫"打头的"。一般来说,"打头的"都是中青年男人，而且各项农活都要做得好、做得稳。集体出工时，"打头的"决定什么时候出工，什么时候休息，什么时候下工，还决定整体工作的进度，在干铲草、割麦、割苞米等农活时，没有人会超过"打头的"。陶一桃干活总是紧紧跟着"打头的"，一分钟都不敢停下来休息。每当紧随着"打头的"到达原本看不到尽头的地的那一端时，陶一桃心里有一种喜悦和满足感。可是马队长总是跟陶一桃说，悠着点干，这不是一天就能干完的活。农活里的学问很大，陶一桃至今还记得当时"打头的"跟她说的一句话："不怕慢，就怕站。"不知为什么，几十年来，陶一桃常常会想起这句话，并用这句话鞭策自己，教育女儿和学生们。

那个年代有那个年代的规矩。上工的时候，每人要先背"老三篇"（毛主席的《为人民服务》《纪念白求恩》《愚公移山》）中的一篇，背对了，这一天的工分就拿到了。年轻人很占便宜，开口就背，而且每天换着背。年纪大的人就惨了，怎么都背不下来，陶一桃在旁边总是偷偷地提醒，马队长总是自言自语地告诫陶一桃："不要骄傲，不要骄傲呀！"其实马队长是个大好人，陶一桃发现，到了年底评工分时，那些背不下"老三篇"的人并没有真正因为这个事而影响到工分。第一年陶一桃就被评了满工分，陶一桃兴致勃勃地在村委会给家里打电话。父亲说："你刚去，不应该拿满工分，村子里的财富是贫下中农几十年劳动积累下来的，你的贡献远远不足以拿满工分。"陶一桃把父亲的话告诉了马队长，最后马队长决定给她8个工分，那是她平生第一次自己挣钱。胜利大队比较富裕，每个工分的钱也比较多，当时差不多有七毛多吧。工分乘上工分值，再乘上出工的天数，就是一年的收入。

东北的冬天很长，11月中旬到次年三四月都是"猫冬"日子，农活也比较少，但对青年人来说是难得的快乐时光。陶一桃组织村里的青年学习"毛选"，成立了毛泽东思想文艺宣传队，还在村里搞了元旦晚会。元旦晚会除了文艺演出，还有击鼓传花、蒙眼画鼻子、猜谜语、接对联等游戏，这是村里从来没有过的，许多小孩、老人都跑来看热闹，还忍不住跃跃欲试。就这样，胜利大队的毛泽东思想宣传队在附近的公社、村庄非常有名。陶一桃是总导演，又编排节目，又写歌词、三句半、快板书等。一到"猫冬"的季节，年轻人就活跃起来了，几乎每天坐着"热特"（敞篷的拖兜拖拉机）到周边的村庄、公社和部队去演出。

插队落户3年的时间里，让陶一桃永远不能忘记的是1976年4月17日，那是她差一周就18岁的日子，也是她入党的日子。陶一桃入党时，全国正在放映电影《闪闪的红星》。当时潘冬子的妈妈在党旗下宣誓的镜头，让陶一桃与电影中的主人翁一样激动得热泪盈眶。那天晚上陶一桃激动得很久都没有睡着，心里一直在想应该如何为实现共产主义而奋斗，如何把自己的青春献给党，在广阔的天地里锤炼自己。那时这些想法都非常真诚、纯粹，纯粹得不掺杂一点点私念，觉得自己就是党的人，党让干啥就干啥。读博士的时候，一个偶然的机会，陶一桃从《易·乾》中查到了"纯粹"一词的出处——"大哉乾乎，刚健中正，纯粹精也"，对"纯粹"一词有了更深刻的理解。纯粹源于人内心的坚强正直、不偏不倚。

插队落户后1年多，陶一桃参加各种会议和被调到工作组到外村工作的时间比较多。陶一桃是活学活用毛主席著作的积极分子、先进知青代表，参加了基本路线教育工作组，已经是县里的"培青干部"了。1977年10月21日，中国各大媒体公布了恢复高考的消息，并透露本年度的高考将于1个月后在全国范围内进行，这对在农村插队落户的知青来说是一个重磅消息。那几天，不仅知青，就是村里的老老少少也在议论着谁会参加高考离开村子。1977年的高考不是在夏天，而是在冬天举行的，全国有570多万人参加了考试。虽然只有不到30万人被录取，但它激起了成千上万的人求知的渴望，给予千百万知青改变自己命运的机会。而那时的陶一桃处在选择提干还是高考的十字路口，上大学一直是陶一桃的梦想，当初积极到农村插队也是想好好干，争取能被推荐上大学。从根本上说，一切来得还是太快了。19岁的陶一桃既没有做好一辈子留在农村的心理准备，也没有做好考大学的准备。她说过要"扎根农村干革命"，但党组织已经把她作为青年干部培养了，她觉得自己不应辜负党的培养，所以还是没有去参加高考。

1984年夏，与父母在一起

坦率地说，上大学对陶一桃的诱惑是巨大的，它甚至在颠覆着陶一桃对自己的评价。陶一桃不知道留在农村是正确的，还是上大学是正确的，也不知道党需要她留在农村，还是需要她上大学，更迷茫于留在农村是一个革命者，还是上大学才是一个革命者。后来陶一桃问了父亲，父亲说："参加高考是响应党的号召，你如想就努力去做吧。"现在想想，还是父亲高明，一句"参加高考是响应党的号召"，让陶一桃顿时消除了内心的不道德感和无休止的自我谴责。于是陶一桃一边在生产队里干农活、处理工作，一边利用休息时间复习功课。1978年的高考在7月20—22日进行，考点设在公社中学，为了保证不会误了高考时间，也为了休息好，不用一大早赶路，陶一桃前一天晚上就住在公社邮电局的总机房。

但陶一桃自我感觉考得不是太好，果不其然，她被牡丹江师范学院中文系录取了（但不是她理想中的学校）。当时她很难过，有些不甘心，也十分委屈，因为身兼数职，她考试前一天还在田地里劳作。几乎没有什么过多的思想斗争，陶一桃决定重新再来。

上大学是埋藏在陶一桃心中不灭的梦想，第一次努力几乎以失败告终，对自尊心极强的她来说，这个打击无疑是巨大的，她开始怀疑自己的能力和实力。就在公布考试成绩的第二天，作为县委书记的父亲检查工作来到了陶一桃插队的地方，陶一桃知道这绝不是巧合。一见面，父亲给了陶一桃一个和蔼、宽厚、轻松的微笑，现在这个微笑过去40多年了，陶一桃还清晰地记得。之后，爸爸一直与同行的人饶有兴趣地谈生产问题，只字不提陶一桃高考的事。临分手时，父亲拍着陶一桃的肩轻声地说："尊重你的决定，我知道你行。"父亲乘坐的吉普车消失在卷起的尘埃中，大颗大颗的泪水顺着陶一桃的脸庞流下，滴在脚下的黄土地上，此时陶一桃心中回荡着父亲的话"我知道你行"。这句话支撑着陶一桃经历了高考的不如意，激励陶一桃在后来八取一的竞争中考上硕士研究生，更帮助陶一桃以总分第一名的绝对优势，成为著名学者胡寄窗先生的博士研究生。后来有了自己的家庭，陶一桃也常常用"我知道你行"来鼓励女儿。

三、学习生活与学术生涯

1979年，陶一桃以较高的成绩考入黑龙江大学经济系（后来改为经济学院），从此开始了大学生活。这一学就是本、硕、博连读的10年时光，1989年，陶一桃从上海财经大学毕业时，女儿已经快6岁了。

陶一桃所读专业是政治经济学，在大学的4年里，陶一桃认真学习了《资本论》《共产党宣言》《反杜林论》《哥达纲领批判》《德意志意识形态》《帝国主义论》等马恩列斯的经典著作。陶一桃的老师们都很优秀，著名的生产力经济学创始人之一，1988年"孙冶方经济科学奖"获得者熊映梧教授，就是《资本论》第一卷的授课老师。同学们很崇拜熊映梧教授，因为在20世纪80年代初，学术界对北京以外的著名经济学家有"南卓北熊"的称呼。"南卓"，就是广东的卓炯教授，是中国社会主义商品经济理论的创立者，提出了商品经济的社会分工决定论，即商品经济"万岁"论；"北熊"，自然就是熊映梧教授了。但是熊映梧教授对《资本论》这样伟大的著作有没有历史局限性之问的提出，使他更具有批判性，并受到学术界或赞同，或视为异端邪说的批判。同学们都很敬佩熊教授的学术批评精神，他讲《资本论》时，大家几乎是屏住呼吸仰视着倾听的。在一次课堂上，熊教授一边讲课，一边在讲台前踱步，不知看到哪位同学的教科书用红色的笔几乎画满了表示重点的下划线，熊教授非常幽默地说："没画红线的那两行最重要。"同学们哄堂大笑，一下子觉得熊教授很亲切。

另一位教《资本论》的老师姓唐，是一位严肃而又严谨的学者，戴着一副眼镜，很少笑。唐老师对《资本论》的熟悉让学生们又尊敬又害怕。敬佩的是他对《资本论》从第一卷到第三卷各章各节信手拈来和对《资本论》的解释与卢森贝、张薰华等《资本论》研究大家的注释只字不差。同学们形象地说，唐老师对《资本论》从前往后背，从后往前背，从里往外背，从外往里背，不会错字，不会串行。害怕的是他的严谨与严格。上唐老师的课，每一分钟都要精神高度集中，否则唐老师的随时提问，会让人面临无言以对的尴尬与窘迫。班上平日里总是玩着学的男生，甚至把《资本论》拆成一章一节的"单行本"随身携带，排队吃饭都拿出来看一会儿。《资本论》第一卷的期末考试，唐老师破天荒地采取了口试的方式。那是同学们一生都不会忘记的考试，不仅在整个经济系产生轰动，在全校也备受瞩目。开始说抽签决定考试顺序，后来可能大家都怕自己是第一个，又觉得抽签没有预期感，会增加紧张情绪，所以一致建议按学号顺序口试。陶一桃的学号比较靠前，所以是前几位口试的。一进口试现场，就看到唐老师一脸严肃地坐在正中间，两边坐的两位老师也是资深教授，的确有些紧张。不过看到抽中的题目时，陶一桃镇定了下来，那是《资本论》第一卷第52页中马克思关于商品的价值量的一段论述。陶一桃胸有成竹地说："这段话有三层意思：第一，商品的价值量决定于生产该商品的所耗费的劳动时间的多少；第二，……"陶一桃突然脑子一片空白，她下意识地问唐老师："老师，考题是啥呢？"问话一出，她就觉得不对劲了。老师们也被她傻傻的问话给逗得强忍着笑，只有唐老师一如既往地板着脸说，"商品价值量决定问题"。陶一桃顺利地把后两点答完了，自我感觉还不错，就是问了不该问的问题。成绩很快就出来了，陶一桃得了89分。

在黑龙江大学最大的人生收获是，命运让陶一桃有幸认识了硕士生导师刘含乐先生。刘老师是个知识渊博、风趣幽默并充满智慧的人。刘老师不仅是把陶一桃带入孔孟殿堂的学术引路人，还是她的人生导师与忘年之交。晚年的刘老师常说他多了个女儿，同样，在陶一桃心中，他就是一位慈祥的父亲。陶一桃的父亲去世得早，她更是对刘老师有着一份父爱的眷恋。

刘含乐先生讲的"中国经济思想史"，是大四的选修课。第一次上课时，正好陶一桃出教室门准备去俄语系听课，而刘老师正推门进教室上课，陶一桃与刘老师撞了个正着。刘老师看着陶一桃问："马上上课了，你到哪里去？"陶一桃支吾地说："我去俄语系听课。"刘老师很平静地说："那快去吧，要迟到了。"不知为什么，刘老师的平静态度和慈祥中透着大智慧的眼神让陶一桃一上午都没听好课。晚自习时，听同学们议论说，刘老师的课讲得太好了，纵横古今两千年，儒、墨、道、法等各家各派的思想信手拈来，把孔孟给讲"活"了。第二周陶一桃就听了刘老师的课。从那时起，陶一桃对中国经济思想史就有了浓厚的兴趣，但当时她也没想到中国经济思想史会成为她学术生涯的专业。

考研是陶一桃一上大学就有的想法，从大三起，陶一桃就开始复习考研了。当时陶一桃考研的方向是苏东经济，一方面是她的俄语好，另一方面是她还存有俄罗斯情结。考研报名是11月，考试是次年1月。报名前，班长突然来找陶一桃，问她可否改一下专业，报黑龙江大学的中国经济思想史，不要报黑龙江省社会科学院的苏东经济，因为他们班上有位同学是委托代培生，如果考不上研，就要回到原来的农场（言外之意陶一桃当然明白，如果她放弃，他的机会可能会更大一些）。也不知为什么，当时陶一桃一口就答应了，尽管有考虑到同学的前途，但也没有想太多，只是瞬间想到可以跟着刘含乐先生学习，有一种发自内心的兴奋。

1983年本科毕业后，陶一桃如愿以偿地继续留在黑龙江大学攻读硕士研究生。入学后陶一桃才知道中国经济思想史专业是黑龙江大学与上海财经大学联合培养的项目，因为当时黑龙江大学还没有这个专业的招生权。刘含乐先生是中国经济思想史学科创始人，著名经济学家胡寄窗先生的高足，是胡先生亲自授课培养的第一批中国经济思想史专业的学者，所以才有了与上海财经大学联合培养硕士的项目。

研究生的3年学习生活，陶一桃过得充实快乐，也很有收获。读研期间，陶一桃怀孕了，那时校园里还没有研究生怀孕过，陶一桃开了先河。继陶一桃怀孕三四个月后，又有一位中文系的研究生怀孕了。两个研究生相继怀孕，弄得学校研究生处有些头疼，于是出台了一份文件，规定研究生期间怀孕的休学一年。研究生处的老师找陶一桃的导师刘含乐先生谈，要求陶一桃休学一年。刘老师没有同意，他的理由是，陶一桃怀孕在先，规则在后，所以没有理由按照后出台的新规则来处理。据说，刘老师还十分风趣地说："课程压力太小了，精力过盛就生娃呗。"为此陶一桃很感激刘老师。刘老师把陶一桃带进丰富多彩、烟波浩渺、趣味无穷的学术领域，不仅传授了陶一桃知识，更教给了她做人的道理与智慧。刘老师常跟陶一桃说，人要学会"以德报德，以直报怨"，感恩、正直乃人之须臾不可或缺的品德。他还说："常言道'谁人背后无人说，哪个人前不说人'，但我要你做到'静坐常思己过，闲谈莫论人非'，'好话背后说，批评当面讲'。"刘老师还告诉陶一桃："人在任何时候都不要与自己斗，不要想不开或执拗于一件事不能自拔。因为与自己斗，会把自己变成病人；更不要去跟小人斗，否则会把自己变成小人。"陶一桃离开黑龙江大学去闯深圳时，刘老师送给陶一桃一句话："胆大心细，淡泊功名。"直到今天，陶一桃才真正悟出刘老师当初这句话的用意。

读研期间，让陶一桃最难忘的是跟着中国文学专业的研究生跑到北京去听金观涛先生等人在北大开设的系列讲座。时间大概是1985年10月，差不多有一个多月的时间,陶一桃每周五晚上从哈尔滨坐上开往北京的火车,硬座10多个小时,早上到北京,然后赶到北大去听课。也是在这个时候,陶一桃非常有幸地听到了梁漱溟、汤一介、乐黛云、庞朴、李泽厚等大家的课,也是在这里第一次听到"让中国走向世界,让世界了解中国"的说法。由金观涛、包遵信主编的"走向未来"丛书,陶一桃几乎都买来看了。金观涛提出的"中国封建社会的超稳定结构"论,以及他们所翻译出版的西方未来主义著作《第三次浪潮》《大趋势》等,不仅对改革开放初期的中国社会产生了巨大的观念冲击,对陶一桃个人的影响也是巨大而持久的。直到今天,陶一桃依然坚信:"观念不能直接改变社会,但可以改变人,而人能改变社会。"这已经成为陶一桃后来研究中国改革开放史及特区发展史的一个重要哲学依据与价值判断。陶一桃至今还清晰记得听梁漱溟先生的课的情景,仿佛回到民国以远的讲堂。梁先生一身黑色中式传统服饰,戴着一顶黑色小帽,一手托着书,一手不时地翻着页,像是电影中的画面,讲课的主要内容都是梁先生在《中国人》《读书与做人》《人心与人生》等书中的思想观点。听梁先生的课,陶一桃总会不由自主地分神,因为他讲课的神态举止就是一门课,让人觉得每个语调的变化都是学问的传递,所以会不自觉地去关注梁先生讲课的仪态语言。

在北大听课特别意外的收获是去季羡林先生家里拜访。早就知道季先生晚年爱猫如痴,他曾在散文《老猫》里自陈爱猫的原因,而陶一桃从小就喜爱小动物。同小动物在一起,别有一番滋味。一进季先生的书房,就看到一只慵懒地躺在写字台一堆稿纸上的白色波斯猫,陶一桃想这应该是咪咪。好羡慕它能这么近距离地与学术泰斗每天生活在一起,而且是季先生书稿的第一个"读者"。拜访结束后,季先生正好有事要出去,就送他们一道出门。那时季先生有70多岁了,但走起路来很利索。陶一桃问季先生平日有锻炼身体吧,季先生说:"我健康的秘诀有两点:第一,不锻炼;第二,不嘀咕。"进一步请教才明白:所谓不锻炼,就是不刻意去运动,饭后百步走;所谓不嘀咕,就是不要整天叨咕自己哪里有病。季先生记忆力非常好,而且风趣幽默。陶一桃到深圳后的第三个年头,即1996年夏天,香港一位企业家出资在北大开设了一场儒学与企业文化的研讨会,陶一桃参加了会议并做了大会发言。会议期间,陶一桃去拜访了季先生,季先生一见到陶一桃就喊"小陶"。得知陶一桃去了深圳后,季先生说,"我现在应该叫你陶小姐了",然后哈哈大笑。非常遗憾的是,在那个年代,随时照相并不是很方便的事,她也没有那个意识,错过了留存宝贵记忆的机会。

大学毕业后,1983年10月,陶一桃登记结婚了,说起来还是父母"包办"的革命婚姻。她姨妈与爱人的父母是土改时的老同学,两人经长辈介绍认识后便组建了家庭。1984年12月17日,女儿在她读研二的第一学期出生了。陶一桃觉得那是她人生中最大的幸福,女儿也是上天赐予自己的最美好的礼物。

由于陶一桃是黑龙江大学与上海财经大学联合培养的硕士研究生,所以毕业答辩资格考试和毕业答辩都要去上海财经大学。是刘老师陪着她和师兄一起去的。硕士论文答辩于 1986 年 12 月 11 日进行,一切顺利。陶一桃也第一次见到了她无比尊敬的胡寄窗先生。胡先生是一个比较瘦小的四川人,话语不多,但有着一双平和中透着睿智的眼睛。就是在这次考试时,刘老师帮陶一桃做了一个改变她人生,或者说铸造她人生的重大决定,鼓励她报考胡先生的博士研究生,并向胡先生推荐了陶一桃,而且获得了胡先生的同意。

  继续深造是陶一桃的愿望,在大学里当老师也是她的梦想,只是一切来得太突然,而且她没有想到自己有机会报考胡寄窗先生的博士研究生。考试时间是次年 1 月中旬,刘老师建议陶一桃尽快住到上海财经大学复习备考,她也觉得非常必要,因为心里实在没底。但硕士毕业后,陶一桃已经去省政府经济研究中心工作,她还必须得到单位领导的许可。说起来真是命运厚待陶一桃,此时熊映梧教授担任省政府经济研究中心主任,他非常爽快地同意陶一桃去上海复习考试,还特地嘱咐她要珍惜机会,一定要考上。陶一桃在上海财经大学公寓住了一个多月,复习中国古代经济思想史、《资本论》和外语。那年有 8 个人报考胡先生的博士,考场上只有陶一桃 1 个女生。中国古代经济思想史和外语考得都非常顺利,俄语是一大篇俄译汉,翻译的是《资本论》的第一章第一节"商品与商品的两重性",这部分的内容无论俄文还是中文,陶一桃都非常熟悉。但是《资本论》考惨了,从第一卷到第四卷《剩余价值史》,4 道大论述题,每道 25 分,但内容是一道题涵盖一卷书:论马克思劳动价值论;论马克思社会再生产理论;论马克思级差地租理论;论马克思剩余价值理论。几乎所有人在规定的时间里都没答完卷,考试延长了一个小时,写完满满 10 页试题纸后,陶一桃虽然已筋疲力尽,但觉得自己应该有希望。

  等待录取通知书的感觉是焦虑的,但回去后正好省里要开人代会,陶一桃和同事们要为省长起草报告。紧张的工作让陶一桃一时忘了考博的事,只是同事们偶尔关心地问她有没有收到录取通知书,又让她闹心一下。省长的报告中,陶一桃承担了"黑龙江轻工业发展优势"的部分,这是她在省政府经济研究中心完成的第一项也是最后一项工作。报告还没写完,录取通知书就到了。经济研究中心的同事们在春节放假前为陶一桃举办了欢送会,陶一桃很感谢熊映梧教授,也感谢经济研究中心所有同事的理解、支持与宽容。在那个年代,如果单位不放人,人事档案拿不走,她是无论如何也不可能离职读博士的。

  3 年的博士生活从形式上看很单调,用舍友的话说就是,每天看书、喝水、吃苹果、拎着暖水瓶打开水、拿着饭盆吃饭。其实 3 年的学习压力还是非常大的,第一学期要上几门课,又要学第二外语,还要看许多胡先生指定的书,最重要的是要完成 20 多万字的毕业论文。这个时候,陶一桃已为人母,远离女儿,又免不了儿女情长的牵挂。但这 3 年是陶一桃学术收获丰厚的 3 年,在胡先生的"逼迫"下看了许多书,这些书不仅让陶一桃终身受益,而且让她常常可以"吃老本"。

  开学后的第一课就是《资本论》,陶一桃终于见到了把她考得天昏地暗的吕芳举先生。吕先生是个慈祥和善的老师,给陶一桃上《资本论》时他应该 65 岁有余,那时在上海说着一口浓重的山东话的人真不多。当时吕先生是上海财经大学经济系《资本论》研究室主任,兼中国《资本论》研究会理事、全国高等财经院校《资本论》研究会副会长。他给本科生、研究生、博士生开设"资本论""外国经济学说史""剩余价值学说史"等课程,他主编的《〈资本论〉教程》《西方现代经济学原理教学大纲》、撰写的《马克思经济危机理论的形成发展和科学性质》《马克思再生产理论在我国社会主义经济中的应用》等论文,都是学生们的必读书目。吕先生讲课非常认真,每次上课都拿着厚厚的、略微泛黄的14K纸大小的本子,那应该是若干个本子用麻绳之类的东西穿钉在一起的。从吕先生身上,陶一桃不仅进一步系统学习了《资本论》,更学到了一种治学的精神。从上吕先生的课开始,陶一桃正式养成了记学习卡片的习惯,这个习惯一直到自己做了教授还保留着。但随着电脑的使用和各种资料的电子化获取,她不仅丢掉了这个习惯,而且把无处存放的小山一般的读书卡片在几次搬家时陆续烧掉了。烧卡片时,陶一桃还真有些不舍,试图留存一些作为纪念,但选择起来又哪一张也丢不下,索性就都烧掉了。尽管很可惜,但也算是与时俱进的代价吧。

陶一桃读博士时,胡先生已经83岁了,但精神矍铄,思维敏捷,而且走路很快,如一阵清风。胡先生会定期给陶一桃开书单,看完后陶一桃会带着问题去胡先生家请教,差不多每个月都会去一趟,每次都是收获满满,并带回一个不少于3本书的书单。所以,在第一学期,两次见胡先生之间,就是陶一桃读书的时间。一个月内最大的成就就是书桌上左手边未读的书一本本减少,右手边读完的书逐渐增高。第一学期交课程论文时,陶一桃突发奇想地用甲骨文的一、二、三来标注课程论文的章节,当时自己还挺得意的。一周后陶一桃拿到胡先生批示的课程论文,成绩下面写了"万仞宫墙"4个字。看到这4个字,陶一桃有点蒙,于是马上去图书馆查阅资料,才知道"万仞宫墙"是用以称颂孔子学识渊博高深,一般人无法领悟其奥妙的,其意出自《论语》子贡语。鲁大夫叔孙武叔曾经对大夫们说:"子贡的学问很深,比孔子还要强些。"子贡听说后,就对叔孙武叔说:"人的学问好比宫墙,我的这道墙不足肩头高,别人很容易看到里面有多少东西;我老师这道墙有好几仞高(仞:丈量单位,一仞约等于八尺),别人是看不到里面的东西的,只有找到门,走进去,才能看到这墙内雄伟的建筑,可找到门的人太少了!"明代学者、大书法家胡缵宗认为,数仞宫墙仍不能表达他对孔子的赞扬,于是将其改为"万仞宫墙"。陶一桃突然明白了胡先

1989年12月于上海财经大学获博士学位

生想告诉她什么了,"万仞宫墙"一直是深植于陶一桃探寻知识的道路上的告诫与动力。

胡先生家在岳阳路 200 弄 48 号,是一个类似现在连排别墅的二层小洋楼。"文革"期间,许多房间都被分给别人居住,但胡先生家依然有一个靠边的独立院子。胡先生的写字台就摆放在面向小花园的窗子下面。胡先生有些耳背,平日聊天说话要借助助听器,但写东西时,他是不会戴的,他说:"不戴那个东西,我的世界是宁静的。"胡先生的生活非常有规律,早上 6 点左右起

1989 年 10 月于上海财经大学与导师胡寄窗先生

来,就在桌前写东西,中午基本固定吃鸡汤面,鸡都是师母当天买的新鲜鸡,饭后一支烟,然后午休,晚上自己会小酌一杯家传秘方泡制的酒。"子温而厉,威而不猛,恭而安"的圣人品格在胡先生身上那么自然地展现了出来。1988 年圣诞节,陶一桃和胡先生的硕士研究生一起在胡先生家过。师母准备了丰盛的西式点心、水果、茶与红酒,还有些炸的鸡鱼之类的东西。那时觉得很新奇,现在知道这是西式冷餐会的标配。那天晚上,胡先生和师母都很高兴,胡先生唱的是《空城计》选段《我正在城楼观山景》,唱得有滋有味,让陶一桃看到了别有一番情趣的胡先生。那天晚上,师母弹着钢琴唱了《费加罗的婚礼》苏珊娜的咏叹调,师母的歌声和她的气质、修养、仪态,让大家尊羡不已。师母是新中国成立前上海教会学校毕业的,从她的身上,陶一桃真正明白了什么是源于教育的修养。1993 年胡先生去世后,陶一桃每次去上海都会去看望师母。

陶一桃是上海财经大学的第一位女博士,是中国经济思想史专业的第二位女博士,是恢复高考制度后胡先生招收的第二个博士,她的大师兄是上海财经大学原校长谈敏。读博期间让陶一桃最不能释怀的事就是,胡先生两次到宿舍找她,她都不在,而且一次门上贴着"我去逛南京路了"的条子,另一次门上贴着"我去听理查德·克莱德曼音乐会了"的条子。但其实陶一桃算是一个非常用功的学生,但偏偏两次胡先生"抽查"她都不在,而且看上去似乎是去玩了。

陶一桃的博士学位论文写的是《中国古代经济思想的五大特征》,当时胡先生说题目太大了,驾驭起来会有难度。但经过与胡先生的几次沟通交流,胡先生还是同意她写下去。论文送审北京大学赵靖先生时,陶一桃粗心大意,把赵靖先生的"靖"写成了"静"。赵先生论文评审意见回来时,落款自己名字时特地用钢笔在"靖"字下面画了一个圆点。为这件事,胡先生狠狠地批评了陶一桃:"这是不该

犯的错误,连评审人的名字都写错了,让人家怎么看你治学的严谨?!"胡先生的这句话不仅深深触动了她,更让她铭记于心,并时时告诫自己治学的严谨既要体现于细微,又要从细微做起。陶一桃博士学位论文的审阅教授还有上海社会科学院的马伯煌先生、复旦大学的朱伯康先生,他们同是陶一桃博士学位论文答辩委员会的委员。

  由于1989年的一些原因,陶一桃的博士毕业答辩推迟到1990年10月25日。陶一桃答辩委员会的委员分别是:赵靖、马伯煌、朱伯康、叶世昌、陈荣法、胡寄窗。听当时上海财经大学研究生处负责人张老师说,陶一桃博士学位论文答辩委员会的成员从学术之大家到年龄之构成都是上海财经大学有史以来之"最",完全可以用"前无古人,后无来者"来比喻。马伯煌先生是答辩委员会的第一位发言人,他给予了陶一桃的论文极高的评价,对陶一桃更有一份栽培之恩。陶一桃顺利通过博士学位论文答辩,毕业后回到黑龙江大学经济学系任教。

  陶一桃是1989年10月正式报到黑龙江大学的,但是差不多有大半年的时间基本处于请假状态。首先是11月中旬,在北京治病的父亲突然病情恶化,陶一桃与松花江行政公署的领导一同火速飞往北京安贞医院。父亲患有严重的肾功能衰竭,并引发尿毒症,但坚持参加完2月20日七届全国人大二次会议后才留在北京治疗,当时的安贞医院是中国的血透中心。血液透析使心脏的血栓(父亲一直二尖瓣狭窄)堵塞到了大脑,导致父亲失语并半身瘫痪。父亲一直与病魔顽强抗争着,直到1990年元旦前夕,医生让陶一桃做好考虑父亲后事的心理准备。

2020年,在"纪念马洪同志百年诞辰研讨会"上发言

1990年1月10日，父亲走了，陶一桃的世界空了。当天晚上，省委书记孙维本、省长邵奇惠先后到家里看望和慰问母亲时，她完全不在状态，以为他们是在说一件与自己毫不相干的事，她还准备去医院照顾父亲呢。那天晚上，陶一桃真的去了医院，当在冰冷的太平间里看到躯体冰冷的父亲时，她才真的相信父亲已经离开了。陶一桃握着父亲的手，那手冰冷得要把她的手与父亲的手冻在一起，她把自己的皮棉手套给父亲戴上了。遗体告别那天，松花江行政公署交管局的交警几乎全部出动维持交通秩序。后来向阳山公墓负责人告诉陶一桃，这恐怕是哈尔滨自新中国成立以来为数不多的大规模的告别仪式。父亲走时才61岁不到，在陶一桃心里，他还不是一个老人。父亲的离世让陶一桃真正明白了什么是死亡。死亡不是对死者而言的，而是对生者而言的，是活着的人心中保留了一块永远被占据而又永远缺失的地方。陶一桃在她的第二部学术专著《经济文化论》的后记中写了这样一段话："出版这本书也是为了表达我对父亲山一般的敬爱与深切的怀念。我父亲是一位知识渊博、为人坦诚、宽容大度、风趣幽默的人。在我成长的道路上，他是一位慈祥、智慧的长者，循循善诱的人生导师，又是一个充满孩子气的大朋友。是他引导我走上今天的道路，还是他劝说身为高工的母亲帮我照看3岁的幼女，支持我在远离家乡的上海完成了3年的博士学习，并获博士学位。然而，当我刚刚戴上博士帽时，我的父亲就永远地离开了我。父亲不仅给予了我生命，还给了我一架通往知识殿堂的用伟大的父爱和与父爱同样伟大的品格编织起来的云梯，而这种融入浓浓父爱的'给予'是用爱也无法回报的。"

父亲去世后，陶一桃病倒了，春节后带着女儿去北京治了3个多月，才回到哈尔滨。1990年9月，陶一桃才正式在黑龙江大学给本科生上课。陶一桃给本科生开设了"中国经济思想史、学说史""中国管理经济思想史""中国会计思想史"等课程，还承担了黑龙江商学院的"中国会计思想史"课程。陶一桃的课非常受学生欢迎。1990年7月，陶一桃按规则自动晋升为讲师，1993年7月评为副教授。那时在黑龙江省的学术圈子已经打开，陶一桃分别承担了黑龙江省政府和省教育厅的"八五"规划项目，担任《黑龙江日报》理论版《更新观念纵横谈》的专栏作者（后来到了深圳，陶一桃还担任了《深圳商报》《深圳特区报》的多个专栏的作者，还长期担任深

1992年12月，走进深圳大学

圳《第一现场》和凤凰卫视财经频道评论专家），应该说事业开始了上升的势头。1993年，苏东斌教授从黑龙江省社会科学院调入黑龙江大学任经济研究所所长，他是一位睿智并具有深厚经济理论功底与批判性思维的大学者、思想家、经济学家，与他相识并在之后20年的时间里一起工作，对陶一桃的人生产生了巨大的影响，从某种意义上说，他是真正把陶一桃带上学术之路的领路人。

1993年，深圳大学在《光明日报》上公开向全国招聘人才，苏东斌教授应聘，当即被深圳大学"挖"走了。苏教授应聘的是深圳大学特区台港澳经济研究所所长职位，上任后也面向全国招聘人才。当时陶一桃的爱人已经在深圳工作，苏教授跟陶一桃说："你来深圳是早晚的事（因为父亲去世后母亲的精神状态一直不好，哥哥又在北京工作，所以下不了决心把母亲一人留在哈尔滨），现在正是机会，下决心吧。"于是1993年寒假刚开始，陶一桃就非正式地去了深圳大学工作。从早已是冰天雪地的哈尔滨，来到依然郁郁葱葱的沿海城市深圳，从裸露的土地和干枯的树木，到绿树成荫，鲜花依旧开放，两种截然不同的冬天给陶一桃的震撼是巨大的。陶一桃脱下羽绒服，换上夏装后，苏教授就迫不及待地带着陶一桃游览校园。苏教授带着照相机，为陶一桃留下了走进深圳大学的第一张照片。1994年7月，黑龙江大学才肯放陶一桃走，历经半年多的时间，人事关系才正式进入深圳大学。

当然，下定了决心去深圳还因为另一件事情。1992年12月，"邓小平理论研讨会"在深圳迎宾馆举行，苏教授和陶一桃都是作为投稿的学者参加了会议的，但他是大会发言人。上午大会发言结束后，离吃午饭的时间还有点早，主持人问："投稿参会的年轻学者有想发言的吗？"陶一桃当即举手发言，之后《深圳商报》的记者要去了她的文章。第二天，《深圳商报》头版三分之一的版面登载了这篇文章。陶一桃没有想到，一个没什么名气的博士、副教授的文章也可以上头版。可见，这是一个充满机会的城市，只要有能力，机会就会一视同仁地眷顾你。来深圳28年，陶一桃成长的经历不断印证着她当初对这座城市品格特质的判断。

四、学术：弃浮躁，留平静，存雅致

陶一桃的学术专著《中国古代经济思想评述》是2000年5月由中国经济出版社出版的，这是她在博士毕业论文经历10年的打磨后的完善之作。在书的后记，她这样写道："罗曼·罗兰说，任何古老的民族都要为其古老付出代价。当我在研究中国古代经济思想史的同时，对中国现实经济问题沿着历史征途探幽索微时，深深感到有些代价的支付，是由于人自身理性的缺乏，好斗与专制的蔓延和宽容的丧失。"

中国经济思想史学会名誉会长、上海复旦大学教授叶世昌先生以《鱼为奔波始成龙》为标题为陶一桃写了书评：

陶一桃教授的《中国古代经济思想评述》（以下简称《评述》）一书，是一部具有创见和深刻见解的学术专著。作者以扎实而广博的中西方历史、文化、哲学和经济理论的功底，把经济思想的研究置于历史之中，把中国经济史和经济思想的探讨融于中西方文化、制度的比较之中，把历史的研究结合于现实经济和社会问题的寻源之中。这不仅是理论研究方法上的创新，而且增强了历史研究的现实性和历史著作的可读性。

《评述》一书的雏形，源于作者的博士毕业论文。那时我作为博士学位论文答辩委员会的成员，参与了陶一桃博士的毕业论文的评审，并对她的学术思想和想法有了一定程度的了解。经过10年的修改、完善，一篇博士毕业论文，终于铸造成一部40余万字的学术专著，作者踏实、勤奋、严谨的治学态度和精神由此可见一斑。

近十几年来，随着人们对实用主义的崇尚，纯学术研究，尤其是史学的研究早已不被青年学者青睐。而陶一桃教授能弃一份浮躁，留一份平静，存一份雅致，反映了作者学术上的造诣与境界和人格上的高广与质朴。一种研究心态和态度，反映一种人生观和人生理念。

另外，作者的探讨已远迈传统的人物介绍与史料叙述为主的研究框架，把理性的剖析、哲学的思索、思辨的结论和在驾驭中西方经济理论基础上的评述均融入对历史的记载和回顾之中。从《评述》一书的结构就可清晰地看到作者研究的这一特色：土地问题——中国古代经济思想之重点；富民思想——中国古代经济思想之政治文化基础；财政思想丰富且制度化——中国古代经济思想之突出特点；宏观调控——中国古代经济思想之理论模式；重农抑商——中国古代经济思想之传统。

《评述》一书不仅谈历史，而且注重从历史与文化的积淀中探索中国经济发展进程的历史渊源，如作者对国家所有制、计划经济体制和管理模式、政企合一的社会政治经济结构都做了十分有启迪意义和理论价值的历史追溯，从而使本书具有较强的现实意义。作者对现实经济问题的研究及对经济现状的了解，又加深了她对中国古代经济思想的反思，并在书中得到了充分的体现。

《评述》一书不仅体现了作者驾驭中西古今的深厚的理论修养和广博的知识结构，反映了作者理论研究上的新思维和新方法，展示了作者立足历史，关注现实的学术敏感度，而且记载了作者学术和人格成熟与完善的历程。鱼为奔波始成龙。

叶老的书评让陶一桃很感动，这不仅是对青年学者的提携、勉励，更是一种学术研究精神与品德的希冀与传递。

陶一桃的第三部学术著作《经济学是一种生活方式》于2004年由中国社会科学出版社出版。她在该书后记中写道：

《经济学是一种生活方式》一书，记载着我近20年的研究成果，反映了我在经济理论研究过程中的心路历程，体现了我的研究领域及其兴趣方向。其中最早的一篇文章《农奴、佃农的生活状况及其对东西方封建社会发展的影响》，是我读硕士研究生一年级时，身怀六甲之作（1984年发表于黑龙江大学学报《求是学刊》）。当时师兄师弟们开玩笑地说："研究生，研究'生'，边研究，边'生'。"

2015年，陶一桃为学生开设了"生活中的经济学"MOOC（慕课）课程，在《经济学是一种生活方式》一书的基础上，形成了独具特色的MOOC课程配套教材《生活中的经济学》（2018年由上海学林出版社出版）。该课程于2016年11月获优课联盟"品牌MOOC奖"；2019年12月被广东省教育厅认定为省级精品在线开放课程；2020年经广东省教育厅申报推荐，经国内专家评议与公示，获教育部"首批国家级线上一流课程"。

2008年，《中国经济特区史论》一书由社会科学文献出版社出版，该书被中宣部和原国家新闻出版总署列入"纪念改革开放30周年"35本重点书系之一，同时又获国家社科基金"中华学术外译项目"，由英国帕斯国际出版公司英文出版全球发行，顾海良教授等国内外著名专家学者为该书撰写的书评发表在《人民日报》（理论版），被《新华文摘》转载。该书2011年获广东省政府哲学社会科学优秀成果一等奖，2012年获深圳市哲学社会科学优秀成果特别荣誉奖。该书的出版，正式奠定了陶一桃坚持经济特区理论与现实问题研究的方向。

2016年，作为国家社会科学基金重点项目成果的《经济特区与中国道路》一书，入选2016德国法兰克福书展，由德国斯普林格出版社于海外出版发行。当年陶一桃去法兰克福参加书展，并进行了新书推荐演讲。该书2017年12月入选国务院新闻办和原国家新闻出版广电总局年度重要国际合作项目——"中国图书对外推广计划"和"中国文化著作翻译出版工程"，以阿拉伯语和蒙古语出版，同时被列入2017年俄罗斯科学院涅斯托尔出版社出版计划，目前以中、英、阿拉伯、蒙古、俄5种语言出版发行，并获2019年广东省哲学社会科学优秀成果著作类一等奖。

在深圳大学近28年的工作中，让陶一桃最有成就感的是有幸参与了这所年轻大学的博士点申报的全过程。当时主要由陶一桃和苏东斌教授牵头负责理论经济学博士点的申报工作，那是一段艰苦卓绝但又充满美好期待的奋斗历程。2006年，深圳大学获得博士授予权时，理论经济学获得的是政治经济学（特区经济）二级学科博士授予权。加括号"特区经济"是苏东斌教授的建议，他说：一方面政治经济学是老学科，新中国成立以来该布点的高校基本都有了，而且就目前的国家发展趋势看，应该与对策研究已成主流；另一方面，特区问题是个崭新的理论问题，我们身处中国改革开放前沿的特区，又有丰厚的研究积淀，这是我们能够在传统老学科立足的关键。但理论经济学的6个二级学科中没有特区经济，于是特区大学就特事特办了,在第一个二级学科政治经济学后面加了个括号,把"特"展示给评委。当时为了使已经拥有理论经济学博士点的高校了解深圳大学,几乎经济学院的老师都参与了申博工作,陶一桃几乎每天都在四处飞,被同人戏称为"空姐"。

2008年,深圳大学又成功地获得了理论经济学一级学科博士授予权。记得在广州答辩的那天早上,一出酒店就倾盆暴雨。走到会场时,苏东斌教授腰以下已全部湿透。当时除了陶一桃,没有人知道苏教授已是骨癌晚期。湿透的衣服被空调一吹,健康的人都会生病,更何况刚刚从北京化疗回来的苏教授。陶一桃心急如焚,忙不迭地用纸巾帮他吸湿透衣服的水,可是苏教授将全部心思放在即将开始的答辩陈述上了。答辩很精彩,非常有感染力与说服力。在广州回深圳的车上,苏教授已疲惫不堪地睡着了,陶一桃的手机突然响起,通知她理论经济学一级学科博士点高票通过了。陶一桃把这个消息告诉苏教授,苏教授嘴唇颤抖着说不出话来,继而泪流满面。2019年,深圳大学评资深教授时,南开大学原党委书记洪银兴教授在陶一桃的推荐信上有这样一段话:"陶一桃教授与苏东斌教授一起为深圳大学政治经济学博士点和理论经济学一级博士点的申请做出了巨大的历史性贡献。他们不仅以其自身的学术成果支撑着学科建设与发展,而且以其自身良好的品格在国内理论经济学界拥有良好的学术人脉,这一切都是深圳大学理论经济学谋发展上水平的基础与资源。"深圳大学理论经济学博士点的获得,除了要深深感激为这个学科的发展建设付出生命代价的苏东斌教授,还有许许多多参与申报的老师,以及给予了中肯建议和真诚帮助的人。陶一桃也是在这个过程中与著名经济学家卫兴华先生结下了忘年之交。记忆是一种道德,今天是从昨天走过来的,没有曾经的努力,也就不会有今天的收获。记住那些为今天的辉煌曾经做过努力的人,哪怕这种努力是微小的,都是可贵而值得珍惜的。

在学校领导岗位上,陶一桃分管过组织、统战、宣传、保卫、安全维稳、校友会、离退休办、纪检监察和审计等部门的工作,临时分管过半年左右的人事工作。分管校友工作,是陶一桃正式走上学校领导岗位时时任校长章必功教授交给她的任务,也是陶一桃最有成就感与幸福感的工作。2008年,正值深圳大学建校25周年,章校长想在9月中旬搞一场以校友为中心的校庆活动,同时发起"一米阳光"的捐赠活动。章校长是一位深爱学生的好校长,学生们也都非常爱戴他。章校长又是一位才情横溢的校长,思想活、点子多、语言美,而且部署工作总是给予人最大的信任与权力。章校长交给陶一桃筹备25周年校庆时对她说:"我要一个校友们走红地毯的校庆,要把史玉柱、马化腾、周海江、史光柱等优秀校友都请回来,需要什么样的人,你在全校选。"于是陶一桃从各学院副书记、辅导员中挑选干将,迅速组建了25周年校庆筹备工作组。

校庆筹备工作组大概是5月成立的,在各学院院长、书记的陪同下,陶一桃走访了近百位校友,并成功地把史玉柱、马化腾、周海江、史光柱请回母校参加校庆。"一米阳光"得到了来自校友的3000多万元捐赠,有人开玩笑地说,与陶一桃握手是世界上最贵的握手。25周年校庆的那个晚上是震撼人心的！在运动场上，几十位杰出校友踏着长长的红地毯，在深圳市各级领导的注视下，在3万多学生无比激动、热烈的欢呼声中走向舞台，那一刻至今回想起来，陶一桃还会有身临其境的兴奋与激动。负责那天晚会的是舞蹈专业的赵艳老师，她是一位有着相当专业素养并具有情怀与奉献精神的人。她创作的"锅碗瓢盆交响曲"轰动全场。学校食堂的厨师大佬们身穿厨师服，戴着高矮不同的大厨帽，用锅、锅盖、大饭勺创造出来的打击乐音伴着悠扬的小提琴震惊了全场。学生们随着乐曲的旋律鼓掌欢呼着，这时人们突然发现，学校的保安叔叔身着迷彩服，迈着正步，敬着军礼，从会场四个座位方阵的过道走来。当他们整齐排列在舞台前时，"锅碗瓢盆交响曲"刚好进入尾声。这是一场展示每一位深大人情怀的校庆，无论你是老师、学生，还是默默奉献的员工。

陶一桃是一个天生的老师，喜欢上课，更喜欢学生，也有一点愿为人师的"瘾"。陶一桃上课时对学生有3个原则：第一，不点名，学生有自己的判断选择权，你认为值得听就选，不值得听就不选。但进了教室就要遵守教室的纪律，可以看别的书，可以睡觉，但绝不能交头接耳，因为会影响别人听课。第二，上课要回答问题（课堂提问是陶一桃讲课的习惯），答对了你们是聪明的，答错了你们是美丽的，因为你们是学生，有错的权利。第三，期末分数三七开，考试占70%，平时课堂表现占30%，卷面成绩是对你们聪明才智的奖赏，平时成绩是对你们勤奋与主观能动性的奖赏。

在章必功当校长的时期，深圳大学的校长信箱是一种独特的校园文化，每天有3万多名学生、2000多位老师关注校长信箱，甚至有些处室领导和行政管理人员上班的第一件事就是看校长信箱。陶一桃的信箱里，学生的公开信和不公开信也是不少的。有一次，一个女学生来信问陶一桃，她在网上认识了一位比她大13岁的男生，两人谈得很投缘，也很有感觉，问陶一桃的态度。陶一桃回复她说：从理论上讲，爱情是跨越国界，逾越年龄的，但如果我是你妈妈，我会跟你说"先把那个老东西带给我看看"。据说他们后来还是没有走到一起。

由于在相当长时间里分管学生工作，又分管统战和维稳安全工作，所以陶一桃与学校的维吾尔族同学相处得很好，他们的节目总会请她参加，陶一桃还跟他们学会了新疆舞蹈。可能是因为陶一桃对维吾尔族学生非常好，加上他们喜欢陶一桃，喊她维吾尔族妈妈，所以他们跟陶一桃说话提要求也比较随便。他们每每找陶一桃向学校要活动经费时都会说："陶妈妈，我们的这个节日很重要，就像汉族的春节一样。"陶一桃笑了，对他们说："汉族一年只过一个春节，所以你只能给我一个真正的春节。"于是每年的古尔邦节，学校都会安排专项经费组织维吾尔族学生活动。

随着深圳对口援疆，在深圳援疆总指挥部的建议与协调下，陶一桃分管的校团委牵头，深圳大学组建了"太阳花支教队"。这个支教队的名字还是时任深圳援疆副总指挥周兆翔同志给的主意。他告诉陶一桃，太阳花是生长在新疆天山脚下的一种小花，耐高寒而生生不息，学生们支教的塔什库尔干塔吉克自治县正是盛产太阳花的地方。深圳大学面向全校招募20位志愿者，结果有3000多名学生报名，经过严格的身体检查，最后确定了20位人选。但一天下午，一位瘦瘦小小、清清透透的女孩闯进了陶一桃的办公室，一进来还未张口说话就哭了。陶一桃吓了一跳，急忙让她坐下慢慢说。原来由于她看上去身体太弱了，被从"太阳花支教队"名单中给拿了出来。陶一桃被她瘦弱的身体里所散发出来的不可战胜的意志打动，决定留下她。

支教的艰苦是超出学生们想象的，但他们的毅力与顽强精神更超出陶一桃的想象。塔什库尔干海拔3600米，学生们到那一周后就陆续出现高原反应，严重的几天几夜呕吐不止，卧床不起，并出现脱水症状。前线指挥部迅速派车和医务人员把重症学生接下高原，一些高原反应轻的学生承担了所有课程。当时带队的是刚刚退休的张琴老师，她是一位非常有情怀和责任心的老师。她也被高原反应击倒了。但只在喀什休息了两天，她又与一起休养的学生们回到了塔县。"太阳花支教队"深受当地人欢迎，解决了当地汉语教学和数学教学师资严重不足的问题，有的学生支教半年，已成为校长助理。在学校主要领导的授意下，不得不停止"太阳花支教队"时，无论当地的老师、学生，还是支教队员，都依依不舍，拥抱着挥泪告别。塔县中学的王校长至今还与陶一桃保持着联系。她曾说过这样一句话："太阳花支教队"是四季盛开在天山脚下永不凋谢的太阳花，是塔县中学校史上永存的美好记忆。

第一次去塔县看望"太阳花支教队"的学生是在2012年12月，正好"2012中国经济特区论坛"由深圳大学中国经济特区研究中心与援疆总指挥部共同在喀什举办。在论坛文集的后记中，陶一桃有这样一段话：

可以说，"2012中国经济特区论坛"是一次内容丰富、历程精彩、收获巨大的论坛。一整天紧凑而务实的大会演讲后，与会的专家学者们又踏上了前往喀什库尔干塔吉克自治县考察的路程。道路的险峻和帕米尔高原的苍凉之美，在震撼、激荡着所有人的心灵的同时，呼唤出人们对大自然的由衷敬畏。令人不禁仰视的大自然似乎在以其自身巍峨的力量告诉着人们：从沿海开放到沿边开放，必定是一个美丽而艰辛的历程。

在塔县考察的日子里，与会的专家学者们还参与并见证了深圳大学援助塔县的"太阳花支教"行动的上岗仪式和500台电脑的捐赠仪式。第一批"太阳花支教队"的20名队员，带着青春的热情和深圳大学3.5万名学子的深情厚谊，以情怀与信念在帕米尔高原上开启着一条通往希望之路……

2011年受学校党委委托，陶一桃兼任教育部人文社科重点研究基地——深圳大学中国经济特区研究中心主任。这是深圳大学理论经济学的"大本营",也是深圳大学人文社科类博士点的孵化基地,从这个"大本营"里走出了近20位相关专业的博导,除了派生出2个目录外二级学科,又为其他人文社科类博士点的成功申报提供了基础性的帮助。

陶一桃确定了"研究国际化、学术走出去"的理念。在这个理念下,特区研究中心在传播以深圳经济特区为典型代表的中国经济特区成功经验方面、在宣传"中国道路"方面、在为新兴市场经济国家社会经济发展提供中国解决方案方面取得了显著的成就,也做出了一定的贡献。承继中心创始人所创办的"中国经济特区论坛",1994年更名为"世界经济特区发展论坛"。第一届"世界经济特区发展论坛"是在越南广宁省举办的,也正是这个机缘,陶一桃与时任越南广宁省委书记,现越共政治局委员、书记处书记、组织部部长范明政同志结下了深厚的友谊。2017年,范明政同志在北京访问结束后,专程到深圳见陶一桃,双方就经济特区和中越改革开放问题进行了深入的交流。2021年4月,越南第十四届国会第十一次会议上,范明政当选越南总理,陶一桃通过越南驻广州总领事馆给老朋友送上贺信。

2019年11月29日,参加中国—埃塞俄比亚可持续投资高层对话会

"中国经济特区论坛"(世界经济特区发展论坛),至今已举办20届。除了在中国5＋2传统特区、喀什等新兴特区,哈尔滨、虎林、长白山等边境贸易城市及地区举办,还在俄罗斯远东联邦大学等地举办。论坛不仅受到国内外专家学者官员的普遍关注与积极热情参与,还得到联合国开发计划署、联合国减贫组织、世界银行、非洲开发银行、南南合作等国际组织的高度关注与参与。这个论坛一直获深圳市宣传文化基金支持,已经成为"深圳学派"走出去的典型代表,当然,也凝聚

了中心两代人的心血和情感。苏东斌教授已经离开12年，但他用智慧与情怀所建筑起来的学科高地，依然滋养、成长着一批批中青年学者，这是一种伟大的力量。

陶一桃延续了已经出版10余年的中国经济特区权威发布——《中国经济特区发展报告》（蓝皮书），并推动其由德国斯普林格出版公司英文海外出版发行，同时也推动了中心创办14年的《中国经济特区研究》学术集刊，由德国斯普林格出版公司英文海外出版发行，这部学术集刊的英文版，成为2019年斯普林格出版公司出版发行的国外学术集刊转引率最高者，这在相当程度上扩大了中国经济特区研究领域的专家和学者们的国际学术话语权和影响力。

陶一桃还主编了《经济特区研究文献索引》，先后出版了4辑，涵盖了1978—2016年有关经济特区研究的文章，除了为经济特区问题研究做了些基础性的资料整理工作，她更想通过这一基础史料的整理把对经济特区的研究纳入中国改革开放史的研究领域，使其在学科上归类于经济史这个二级学科，使学科建设更加规范化，从而可持续发展。陶一桃承继了苏东斌教授创办于1996年的咨政学术内刊《建议活页》，目前已积累22卷196期，送达国内大学、智库及中央和地方的政府主要官员和决策机构。

2015年9月，由陶一桃领衔撰写的《中央政府对香港政策的调整意见》政策建议报告，由国务院发展和改革委员会内部刊物《改革内参》收录于第35期，呈报中央和国务院各职能部门。2017年3月，陶一桃撰写的《缅甸密松水坝搁浅带来的警示：实施"一带一路"应注意破解"制度—文化约束"》咨政报告，被《人民日报》内参《内部参阅》第12期收录，并以特殊渠道呈报给中央和国家机关领导参阅。从2017年起，陶一桃及其团队承担了国务院参事室双创项目，作为重要作者撰写出版专著《双创何以深圳强？》；作为执行主编组织团队撰写出版国内第一部双创蓝皮书《中国"双创"指数发展报告》。

五、角色，价值，实践

陶一桃从上海财经大学博士毕业后，长期从事中西方经济思想与理论研究，致力于中国改革开放史、中国经济特区发展史和中外经济特区比较研究，中外自贸区、湾区比较研究。30多年来，陶一桃在经济特区，尤其是在经济特区与中国道路内在逻辑关系及中国道路实质与内涵的理论研究方面提出了许多有价值与影响力的思想与观点。同时，在为新兴市场经济国家提供发展中问题的中国解决方案方面做出了突出的贡献，被越南国家领导人称为把中国经济特区的成功经验介绍到越南的第一人。

陶一桃到深圳大学的第一年是在特区台港澳经济研究所工作，但由于对教学的热爱，1995年调去经济系。1997年，国际金融贸易系、经济系、特区台港澳经济研究所共同组建了经济学院。在深圳大学27年，陶一桃从一名普通教师一步步成长，先后担任过经济系主任、学院党委书记、经济学院院长、深圳大学党委常委、深圳大学党委副书记、教育部人文社科重点基地——深圳大学中国经济特区研究中心主任、深圳大学理论经济学学科带头人、深圳大学纪委书记、深圳大学"一带一路"研究院院长、"一带一路"国际合作发展（深圳）研究院院长等职。

陶一桃是第四、五届深圳市人大代表，第五、六届深圳市政协委员，并担任过深圳市政协文化文史和学习委员会兼职副主任；第三、四届深圳市妇女代表，并担任联执委；深圳市决策咨询委员会委员（2007年至今连续5届），并担任深圳市国际合作交流基金会副理事长等NGO组织的职务。她还是中国经济思想史学会副会长、广东经济学会副会长、广东省第四、五届社会科学联合会委员，并获国务院特殊津贴专家、广东省优秀社会科学家、国家社科基金重大项目首席专家、国家社科基金评审专家、广东省"特支计划"宣传思想文化领军人才、广东省第四届学位委员会学科评议组成员、深圳市国家级领军人才、深圳大学荔园领军人才等殊荣。能生活在伟大祖国的改革开放时代，陶一桃衷心感谢时代给予了她和所有想干一番事业的人以无限的机会与可能。

2014年，陶一桃曾陪同时任广东省委书记胡春华同志赴越南河内签署有关特区经验分享及党政干部培训的相关合作文件，曾先后3次赴越南广宁省为其提供经济特区发展规划咨询，并应邀赴越南国家社会科学院演讲。由于与越南交往比较多，自2012年以来的越南驻广东总领事馆的总领事，都是陶一桃的好朋友。此外，陶一桃还应邀赴俄罗斯远东联邦大学、俄罗斯社会

2021年在家中接受中央电视台采访

科学院远东研究所、俄罗斯阿尔玛维尔国立师范大学演讲，在阿根廷布宜诺斯艾利斯大学、古巴哈瓦那大学、巴基斯坦总理办公厅、柬埔寨部长级会议、东盟论坛等国家和国际组织进行有关中国经济特区成功经验的演讲，与其中一些国家的官员及主要领导人建立了友好而亲密的关系。

2014年7月，赴卢旺达首都基加利参加非洲开发银行召开的成员国会议。在这次会议上，陶一桃是唯一的主旨演讲嘉宾，同行的中心副主任袁易明教授、林毅夫先生也在圆桌论坛环节发表了演讲。在这之前，陶一桃带领学术团队为非洲开发银行成员国编制了《经济特区管理操作守则》。

2017年，在时任深圳市副市长、叶选平副主席的夫人、吴玉章同志的外孙女吴小兰女士的倡议下，由广东省"吴小兰慈善基金会"与深圳大学共同发起成立了民间智库"一带一路国际合作发展（深圳）研究院"。同样，在吴小兰女士的建议下，陶一桃担任执行院长，吴小兰女士任名誉院长。吴小兰女士还以"吴小兰慈善基金会"的名义向深圳大学捐建"吴玉章楼"，用于深圳大学中国经济特区研究中心和"一带一路"国际合作发展（深圳）研究院办公、教学、科研使用。"吴玉章楼"捐建项目协议于2016年7月正式与深圳大学签署，并于7月31日在广东省委珠岛宾馆举行了"吴玉章楼"捐建项目启动暨"一带一路"国际合作发展（深圳）研究院揭牌仪式。时任省委副书记、省长朱小丹，时任省委副书记、深圳市委书记，现广东省省长马兴瑞，时任广东省副省长蓝佛安，时任深圳市市长、现河北省省长许勤，深圳大学校长李清泉及广东省与深圳市的相关部门领导见证了捐建与揭牌仪式。"一带一路"国际合作发展（深圳）研究院的成立，让陶一桃与吴小兰女士结下了深厚的友谊。

担任"一带一路"国际合作发展（深圳）研究院院长、理事长，为陶一桃打开了一个更加广阔的学术空间与领域。在文化尊重、价值包容的前提下，助力国家"一带一路"倡议实施，介绍以深圳为典型代表的中国经济特区成功经验，为新兴市场经济国家提供发展中问题的中国解决方案，成为研究院的工作宗旨。研究院设立了"一带一路奖学金""一带一路访学金"，为"一带一路"沿线国家青少年和学者提供到深圳大学深造的机会。研究院还成立了"一带一路·企业联盟""一带一路·智库联盟""一带一路·大学联盟""一带一路·非遗联盟""一带一路·国际艺术联盟"等项目组织，真正成为"一带一路"沿线国家全方位沟通交往的桥梁与平台。研究院在马来西亚、新加坡、老挝、柬埔寨、哈萨克斯坦等国的大学、智库、工业园区设立了海内外分院，其中，哈萨克斯坦沙卡琳大学分院的名义院长为深圳大学荣誉教授、现任总统托卡耶夫先生。

说起与托卡耶夫总统的缘分，可追溯到他担任国会议长时到访深圳大学接受荣誉教授的那一年，当时陶一桃代表校长在办公楼下迎接他。陶一桃陪同托卡耶夫先生一进入电梯，哈方的5个彪形大汉顷刻间就把电梯塞满了，校办的工作人员一个也没上来。随行问陶一桃几楼，陶一桃稀里糊涂地说三楼（校长会议室在三楼）。但电梯门打开后，

2019年在澜湄五国峰会上演讲

陶一桃马上意识到自己错了,因为没看到媒体的"长枪短炮"。陶一桃用俄语对托卡耶夫先生道歉:"我犯了一个错误,仪式应该在二楼会议室。"托卡耶夫先生笑笑说:"没关系。"于是陶一桃带着他们一行从通往二楼的小楼梯下去,陶一桃一边往二楼走,一边向在二楼电梯口等待的校长和媒体喊:"在这边呢,在这边呢……"可能是这个错误让托卡耶夫先生记住了陶一桃。"一带一路"国际合作发展(深圳)研究院沙卡琳大学分院成立时,托卡耶夫总统发来了贺信,院方也给托卡耶夫发去贺电,祝贺他当选哈萨克斯坦共和国总统。

2019年,广东卫视《丝路汇客厅》专门做了一集《远方的校友》纪录片,陶一桃与拍摄人员在哈萨克斯坦进行了一周的紧张采访拍摄,所经历的每一个故事和故事中的人物都通过镜头生动而真实地展现了出来。这部纪录片入选了"学习强国"平台,难忘的哈萨克之行和中哈友好的故事成为流淌、跳动在"一带一路"文化长廊中的美丽音符。

研究院还承接深圳市外办"深系澜湄"项目,该项目已被列入2019年1月10日在金边举行的澜湄高层对话合作清单之中。在新冠疫情期间,研究院组织专家学者通过网络视频的方式完成了作为澜湄计划重要组成部分的湄公学院的"深圳经济特区成功经验分享课程"。2018年,陶一桃还作为深圳市国际交流基金会的副理事长,代表深圳市国际交流基金会带队出访泰国东部经济走廊和柬埔寨,介绍以深圳为典型代表的中国经济特区成功经验;2019年,陶一桃带领深圳大学青年校友企业家代表团到访柬埔寨,向副首相府、商务部、茶胶省中学捐赠笔记本电脑500部,把中国企业家精神和特区大学学子的天下情怀带到了佛光普照的柬埔寨。2020年新冠疫情暴发后,研究院第一时间做出反应,向印度尼西亚捐赠了100万只医用外科口罩,向柬埔寨首相府捐赠了2万只N95口罩。研究院收到了来自印度尼西亚海洋统筹部部长卢胡特先生和柬埔寨首相府的感谢函。在收获感谢的同时,陶一桃也真切感受到了生命的意义与价值,真正理解了敬重生命的道德性及人类命运共同体的哲学真谛。

六、不忘初心,继续前行

以上可以说是一份还算不错的个人简介,虽没有惊天动地的伟大,但也绝非碌碌无为。人生60余载,既有学术的成就,又有仕途的收获,不算完美但已知足,并深深感激命运和我所生活的时代及在我人生历程中遇到的所有人。

人是无法选择自己所生活的时代的,因为这是历史在选择,但你可以决定自己如何在时代中生活;人往往也无法决定什么样的人会走进你的生活,因为这是命运的安排,但你可以决定什么样的人能成为你一生的老师、朋友、人生旅途中的伙伴。我赞同性格即命运，但我同样赞同不同的人生源于不同的选择，尤其是面临难以抉择的选择时。

尽管我的人生经历了动荡的"文革"时代，经历了"上山下乡"的磨炼，承受了高考的"滑铁卢"和几乎孤独奋斗的无奈，遭遇了误解甚至无端诽谤的痛苦，但我的人生更经历了许许多多的美好与感动！今天想来，那些曾经让我痛苦的经历，都已成为美好的回忆与故事。当我们欣然接受生活所给予的一切时，便会发现一切都是财富。无论是成功还是失败，无论是欢笑还是痛苦，无论是顺境还是逆境，无论是友好还是不太友好的人或事。

我很喜欢泰戈尔的诗句："顺境也好，逆境也好，人生就是一场对种种困难无尽无休的斗争，一场以寡敌众的战斗；有一个夜晚我烧毁了所有的记忆，从此我的梦就透明了；有一个早晨我扔掉了所有的昨天，从此我的脚步就轻盈了。当你为错过太阳而哭泣的时候，你也要再错过群星了。"我以为，人的一生其实就是在与自己斗争的一生。你从来不会认为自己会是自己的敌人，但往往最终打败你的却是你自己。人的一生有时就是在放弃中获得了过程，或许人们在不得不放弃的那一刻，会为"赢得喜悦小于输的痛苦"而伤感，却忽略了因放弃而获得的轻松、释怀与超然也是一种收获。

我同样喜欢柏拉图的一句话："人生最遗憾的莫过于轻易地放弃了不该放弃的，固执地坚持了不该坚持的。"但是，我认为这句话的根本用意还在于后一句，那就是不应该"固执地坚持了不该坚持的"。我不知道我的许多放弃与坚守是否正确，但我是在放弃与坚守中走着自己的人生之路，可谓"人生如逆旅，我亦是行人"。

62岁似乎还没有谈人生的资格，但回首所走过的路，总免不了有诸多感慨。普天之下，芸芸众生，莫不渴望实现自身的价值，莫不渴望成功。但是，如何捕获成功？通往成功之路的起点在哪里？人们都在默默地寻找着。应该说，并不是所有渴望成功的人，都能实现自己的愿望。渴望成功者与成功之间有一座桥梁，有一段路途，尽管成功的方式各种各样，但是，在通往成功的道路上，有些品格、素质和心态是不可缺少的，它们是所有成功者所共同拥有的东西，那就是积极的心态、明确的目标、坚韧的意志力、善良的心地、正确的思考方法、高度的自制力和健康的品格。

回忆是一种力量，也是激励人继续前行的理性思考。回忆会提醒我们，无论今天我们走了多远，都不要忘记我们曾经是从哪里出发的。因为在我们曾经走过的漫长旅途中，有很多友善的目光、支撑的力量和让我们可以无所顾忌地借以攀登的臂膀。我想我是幸运的。

广东省第三届优秀社会科学家

隋广军

一、学思有成：砥砺经世济民、踏实奋进的初心和志向

（一）求学：立经世济民志向

1979年秋天，隋广军穿着秋衣秋裤坐着绿皮火车从北京来到广州，下火车的第一感觉是，广州的秋天怎么还这么热。沐浴在改革开放的春风中，广东的经济和人都像这气候一样，意气风发，热情如火。于是乎，隋广军深深地爱上了这块土地，在羊城开始了前后共计10年的求学生涯。年轻、有活力、稳重是广大师生对隋广军的一致评价。在大学期间，他遇到了3位让他一生尊重的好老师。一位是他的本科毕业论文指导教师，人称"广东才女"的周治平教授，周老师让他的毕业论文改了8遍，当时没有电脑，每修改完一次论文就要工工整整地抄写好，送到老师家里。其硕士导师陈肇斌教授有着商务印书馆工作经历，治学非常严谨，要求极为严厉，有一次他对隋广军说，"校对，也被称为校雠。对错误，包括错别字与病句，就要像对待仇人一样清清楚楚地找出来"。本科后期及硕士阶段的学习使他树立了遵从学术、一丝不苟的治学态度。师从云冠平教授后，隋广军更是站在更宏大的视角去思考广东乃至全国经济应该如何起飞的时代命题，他的博士学位论文也以

此为选题做了全面深入研究。

学习经历：1979—1983年在暨南大学获经济学学士学位；1983—1986年在暨南大学获经济学硕士学位；1993—1996年在暨南大学获经济学博士学位。

（二）成长：养求真务实品格

隋广军1986年硕士毕业后留校在暨南大学特区港澳经济研究所从事国际经济、特区与港澳经济研究。在特区港澳经济研究所工作的13年中，隋广军对香港、澳门问题做了大量持续深入研究，其政策建议对港澳平稳回归做出了理论贡献（在学术成就部分详述）。正因为在特区与港澳经济研究领域成果丰硕，暨南大学分别在1988年、1993年、1997年3次为隋广军破格晋升讲师、副教授、教授职称。

"学而优则仕"，伴随隋广军学术研究能力与影响力的不断提升，他希望自己能为大学、为社会做更大贡献，暨南大学也为隋广军提供了刚刚创办的平台——管理学院（第二任院长）。在管理学院工作期间，在学术研究方面，隋广军延续开放型经济研究，同时扩展到产业经济、企业创新与危机管理等学术研究与教学。隋广军有关广东产业的系列研究对广东经济的腾飞、转型升级做出了政策研究贡献。同时，隋广军还是全国第一批系统研究并讲授"危机管理"课程的学者之一。按照当时的主流理论，计划经济背景之下是不会产生经济危机的。但根据世界经济发展规律，隋广军意识到中国不可能发生经济危机，但不意味着中国经济不会产生波动。在宏观经济发生较大波动时，如果我们的政策制定者、企业家有没有做好心理准备，那要如何应对？也正因为这一选题的前瞻性和实操性，以及隋广军在EMBA和MBA的授课中旁征博引，"危机管理"这门课很受管理学院学生们喜爱。

在行政工作方面，隋广军工作拼搏、思路创新；对待同事谦和，致力于打造和谐的学院风气；在资源条件有限的情况下，带领全院同事取得了一个又一个办院成绩。2000年，隋广军走马上任，管理学院工商管理学科便被遴选为广东省重点学科，会计学专业获得博士学位授予权。隋广军没有满足于现有成绩，带领全院教职员工再接再厉，2002年，管理学院申报产业经济学学科为国家高等学校重点学科，实现了暨南大学国家级重点学科零的突破；同时，会计学本科专业被评为广东省名牌专业；管理学院获国务院学位办批准，成为首批高级管理人员工商管理硕士（EMBA）培养单位。2003年，管理学院再添佳绩，获得工商管理一级学科博士学位授予权，旅游管理和技术经济与管理两个二级学科博士学位授予权；会计学被评为国务院侨办重点学科；产业经济学再次被评为广东省高等学校重点学科；成立企业发展研究所，并通过广东省人文社科重点研究基地审核，成为广东省第一批人文社科重点研究基地。2004年，管理学院继续突破，获得财务管理博士学位授予权；获国务院学位办批准，成为会计专业硕士（MPAcc）培养单位；工商管理本科专业被评为广东省高等学校第三批名牌专业。在短短5年内，隋广军带领全院团队不懈努力，将暨南大学管理学院打造成为全国产业经济学与工商管理学科的战略重镇。

个人工作经历：

1986年7月—1992年5月在暨南大学特区港澳经济研究所从事国际经济、特区与港澳经济研究，其间，1988年12月破格晋升为讲师，1990年9月—1991年10月赴泰国朱拉隆功大学访学。

1992年5月—1999年4月担任暨南大学特区港澳经济研究所副所长，1993年起主要研究和讲授发展经济学和产业经济学，其间，1993年4月破格晋升为副教授，1997年3月遴选为暨南大学经济学硕士生指导教师，1997年12月破格晋升为教授，1998年7月—1999年1月赴荷兰阿姆斯特丹大学访学。

1999年4月—2000年4月担任暨南大学企业管理系主任，其间，1999年6月被评为广东省"千百十人才培养工程"省级培养对象。

2000年4月—2001年7月担任暨南大学管理学院副院长（主持工作）、学院党委委员，其间，2000年6月遴选为暨南大学产业经济博士生导师。

2001年7月—2001年11月担任暨南大学管理学院副院长（主持工作）兼工商管理硕士教育中心主任。

2001年11月—2004年8月担任暨南大学管理学院院长兼工商管理硕士教育中心主任，其间，2002年6月再度被评为广东省"千百十人才培养工程"省级培养对象。

2004年8月—2008年7月担任广东外语外贸大学党委常委、副校长，其间，2006年8—9月参加国家教育行政学院第29期高校领导干部进修班学习。

2008年7月—2010年3月担任广东外语外贸大学党委副书记、校长，其间，2008年11月参加省委教育工委高校领导干部美国马里兰大学培训班学习，2009年10月兼任广东国际战略研究院常务副院长。

2010年3月—2017年6月担任广东外语外贸大学党委书记，其间，2012年4月9日—2012年4月18日参加中国延安干部学院第1期高校党委书记校长党性教育专题培训班学习，2015年1月获国务院政府特殊津贴，2016年3月1日—2016年7月15日参加中央党校中青年干部一班（第40期）学习（毕业论文获评优秀）。

2017年6月—2018年6月担任广东外语外贸大学党委书记兼校长。

2018年6月至今担任广东外语外贸大学党委书记，其间，2019年9月获评"广东省第三届优秀社会科学家"荣誉称号。

（三）育人：老老实实做事，踏踏实实做人

隋广军现任广东外语外贸大学党委书记，但学生们更愿意亲切地称呼他为隋老师。在学生心目中，隋老师不仅教他们如何做学问，更教他们如何做人。隋老师儒雅谦和的气度、严谨治学的精神和踏实坦荡的品行，如春风化雨般影响着每一位学生。

隋老师珍视诚实守信，强调责任担当。他时常告诫学生——诚信是一切道德赖以维系的基础和根本，希望学生将诚信作为人生准则，尤其是恪守学术规范，坚守学术诚信，努力将这一品质贯穿于学习、生活乃至生命当中。同时，他严格要求自己并引导学生不仅要对自己负责，而且要对他人、对家庭、对社会和国家负责。他坚信，心怀责任敢担当的人追寻梦想的脚步会更加坚实，生活会更加充实，更能体现人生价值。隋老师力行实事求是，秉持正道正义。他言传身教，时刻不忘提醒自己和学生要坚持刻苦认真、脚踏实地、实事求是。他鼓励学生坚持原则、秉持正义，做一个正直、有良心的人。面对大是大非敢于发声亮剑，面对困难危机敢于挺身而出，面对歪风邪气敢于坚决斗争。隋老师鼓励阳光自信，肯定开拓创新。他认为具有阳光的心态，能乐观积极面对一切困难和艰辛，敢于接受一切挑战和机遇，建立自信的人生，才能不断攀登学术高峰、展望职场远景。他时常启发学生，当今社会越来越看重人的能力而不是资历，希望学生学会独立思考、培养批判精神，注重强化知识的综合应用能力，在积极实践中发现兴趣、挖掘潜能，在兴趣领域和专业领域勇敢尝试、大胆创新，努力走在时代最前沿。

二、研学有为：以家国情怀、全球视野践行学术使命

隋广军坚守学术诚信、恪守学术规范，始终坚持学术钻研和追求，在产业经济学、创新与危机管理、战略管理等领域有着深厚的积淀，具有较大的知名度和影响力。近年来，随着研究的不断深入，他逐渐将研究重心转移到"一带一路"建设与产业合作、全球经济治理等领域。隋广军的研究不仅具有理论深度，也注重因应国家和广东的重大发展战略需求，先后在《管理世界》《经济学动态》《改革》等学术刊物发表论文100余篇，主持国家社科基金重大项目、重点项目、一般项目、教育部创新团队项目、教育部中欧合作项目共9项，各类省部级项目和横向课题共40余项，出版《全球经济治理新范式：中国的逻辑》《广东处于转折点》《广东产业发展研究报告》、*Typhoon Impact and Crisis Management*（Springer）、《台风灾害评估与应急管理》等学术著作20余部，60多份决策咨询报告被中央政府、外交部、商务部与广东省领导同志批示并被有关部门采纳，其中，获党和国家主要领导人批示1份，获中央政治局委员批示6份。

（一）全球经济治理研究的开拓者：以敏锐的学术眼光发起开创全球经济治理研究

积极推动全球经济治理体系改革与建设，是我国推进国家治理体系和治理能力

现代化的重要方面。基于中国经济持续快速崛起、世界多极化和国际政治复杂多变的判断，隋广军积极发起全球经济治理的理论研究，倡导中国推动全球经济治理变革的政策研究。为此，隋广军将中国参与全球经济治理作为重点研究课题，建立全球经济治理研究团队，积极申报教育部"创新团队发展计划"项目。2011年申报时，尽管该研究方向受到个别专家质疑，但隋广军团队锲而不舍地继续努力，于2012年组织策划并申报成功教育部创新团队项目——《中国参与全球经济治理机制与战略选择》，此项目在2017年以优秀结项并获滚动支持。

2020年，隋广军专著《全球经济治理新范式：中国的逻辑》出版，该书基于"二战"以来全球经济治理的历史演进，对全球经济治理进行了深入的理论剖析，将全球经济治理从全球治理的理论中独立出来，比较系统地提出全球经济治理的概念与逻辑前提，对其要素、结构、机制与运行和内在矛盾，建立和提炼出一个较为系统的全球经济治理的理论分析框架。在此基础上，隋广军创新性地提出了全球经济治理新范式的图景设计，系统地提出了中国在全球经济治理范式转型的理念、角色、贡献和战略选择，为中国积极参与引领全球经济治理体系变革探索理论支撑、提供政策参考。

通过对世界主要国家经济金融贸易科技等情况的研究，隋广军对中国在全球经济治理中的国际定位和国际战略选择具有独特的见解。所著论文《中国参与全球经济治理的战略：未来10—15年》获得2014年《改革》服务中央决策优秀论文奖。

隋广军主持了2013年国家社会科学基金重点项目"中国对外贸易战略转型研究"和2015年广东省教育厅重大科研项目"加快要素自由流动的对外贸易战略转型研究"。在全球贸易治理领域，隋广军系统地提出包容性外贸理论，传统的国际贸易理论主要关注经济利益，而包容性外贸理论还考虑分配的公平、生态的保护、国际的和谐，视野更宽广，考虑更全面，更符合"包容性发展"的内在要求。该研究全面分析了中国外贸转型的国内外环境、中国外贸发展战略及存在问题、中国外贸发展非包容性问题的根源、中国外贸战略转型的方向、外贸包容性增长对地区创新能力的影响等，首次构建了中国包容性外贸发展战略，为中国与世界各国和谐共赢、利益相容的可持续贸易发展提出了新思路。短期而言，这有助于抑制新贸易保护主义；长期而言，有助于实现"人类命运共同体"。

隋广军对中国参与全球经济治理有深入研究，先后承担了2项国家社会科学基金重大项目"'一带一路'战略与中国参与全球经济治理问题研究"（15ZDA018）、"积极参与全球经济治理体系改革研究"（21ZDA097）。在全球经济治理理念上，以价值观的协调为核心，塑造和传播国际认同并具有影响力的理念观念。在全球经济治理主体地位上，处理好自身定位和国际认知的偏差，总体保持中国国际身份认定的内外协调均衡。在全球经济治理规则上，做足以经济优势转化为制度性权力的空间，提升国内规则标准，为国内规则国际化创造条件。借助全球经济治理机制和平台，增强战略耐心和定力，提升战略预判与谋划能力，定位于建设和维护现有体系,通过非零和博弈将综合国力转化为全球经济治理体系中的制度权力、塑造力和影响力。未来中国应更加积极地承担大国责任,参与并引领全球经济治理转型。

中国和欧盟都是全球经济治理的主要参与者,中欧合作对未来全球经济治理具有重要意义,隋广军主持教育部中欧合作项目"欧盟的国际经贸政策及中欧经贸关系研究",对此进行了深入研究,并主编了《新型大国关系与全球治理——第四届国际政治经济学论坛论文集》和《中国周边外交发展报告(2015)》。

(二)服务重大需求的贡献者:推动"一带一路"建设务实合作研究

2013年以来,习近平总书记在多个国际场合提出共建丝绸之路经济带和21世纪海上丝绸之路的"一带一路"倡议。2013年11月,党的十八届三中全会通过的《中共中央关于全面深化改革若干重大问题的决定》,正式确立了"推进丝绸之路经济带、海上丝绸之路建设,形成全方位开放新格局"的发展战略。以"一带一路"为代表的经济带建设已成为我国经济、社会发展的重大战略,成为指导未来中国经济持续健康发展,以及在区域经济合作与全球治理领域发挥重要作用的国家战略。

近年来,隋广军多次受国家、广东省委托,开展"一带一路"海外调研及推介任务。2014年4月,隋广军作为团长率外交部、广东国际战略研究院联合调研工作组,赴印度尼西亚、马来西亚、新加坡调研。2015年4月,率团赴澳大利亚、巴布亚新几内亚和斐济调研交流。2015年9月赴美国,同约翰霍普金斯大学、兰德公司和基辛格基金会等美国一流智库交流。2016年赴南非、肯尼亚、埃塞俄比亚,2017年赴哥伦比亚等,在先遣调研、政策推介、问题发现和针对性解决方案制订等方面发挥了智库作用,其对落实21世纪海上丝绸之路的看法和建议,从中国特色大国外交战略高度推进"一带一路"基础设施建设,新形势下我国实施"走出去"战略的机遇、挑战及对策建议,中国企业境外投资风险防控机制研究等方面的调研成果屡受有关部委和广东省领导的高度重视。其中,研究成果《软实力建设应与基础设施建设同时推进》和《构建多边机制促进区域合作》等决策咨询报告获党和国家领导同志高度肯定,并被人民日报内参采纳;《对落实21世纪海上丝绸之路的看法和建议》《积极发挥广东作用,推动南太地区海上丝绸之路建设》获中共中央政治局委员、时任广东省委主要领导同志批示。隋广军课题组获2012年度外交部"重大外交政策研究课题"优秀课题组,为从中国特色大国外交战略高度推进"一带一路"建设建言献策。

围绕"一带一路"建设,隋广军先后主持多项外交部重大委托课题"对落实21世纪海上丝绸之路的看法和建议""中国企业境外投资风险防控机制研究""从中国特色大国外交战略高度推进'一带一路'基础设施建设"和国家发改委科研项目"高质量共建21世纪海上丝绸之路策略研究",他通过扎实的理论研究和海外实地调研提出了"一带一路"建设的中肯建议,中国应充分重视国家软实力的构建,塑造新型国际贸易的比较优势,政府和企业应积极探索实现贸易成本下降的有效途径,加快"一带一路"沿线国家的交通、通信基础设施建设,根据双边和多边区域贸易协定深化双边经贸关系、着力推动文化交融从而降低双边贸易成本。加快推进海外民生工程建设,不断加强和完善领事保护的机制体制建设,充分发挥政治、文化为经济服务的功能,为实施"一带一路"倡议和企业"走出去"保驾护航。企业"走出去"要充分考虑到各种安全风险,在起始阶段就应未雨绸缪,趋利避害,防微杜渐。在有效防范风险和应对突发事件方面,做好项目立项前安全风险评估,强化境外执行项目的风险评估、建立突发事件应急机制,加强安全软环境建设。

隋广军首次提出了"一带一路"经济学学科概念,从"一带一路"倡议参与主体、合作机制、建设目标和初期成果四维度考察其经济逻辑,并基于国际经济学、发展经济学和政治经济学等学科进行理论溯源,为未来"一带一路"经济学创立的基本路径和研究向度提出了可行的建议和意见。隋广军在"一带一路"研究方面发表了一系列高质量论文。在"一带一路"贸易合作领域,从出口国声誉视角研究软实力因素对"一带一路"沿线国家服务贸易的影响,弥补了仅仅考察货物贸易影响的缺陷。从理论和实证两个方面分析"一带一路"沿线国家贸易竞争性和互补性,系统地研究双边贸易成本、贸易协定类型、经济政策不确定性、经济制度距离等因素对中国与"一带一路"沿线国家贸易动态的影响,并基于国家形象、文化交融、双边多维距离等软实力因素,考察如何选择能够切实提升中国与"一带一路"沿线国家的贸易水平。在"一带一路"投资合作领域,从政治稳定性、社会治理能力和经济发展水平等方面定量分析"一带一路"沿线国家的投资环境,考察外商投资产业政策、双边贸易成本、海外专利布局、高层会晤、孔子学院等因素与中国对"一带一路"沿线国家OFDI(对外直接投资)之间的总体效应及东道国异质性,并研究国际投资的技术溢出效应、环境污染等问题。在"一带一路"金融合作领域,对中国跨境服务贸易人民币结算的发展潜力与偏离程度进行了深入剖析,推进人民币国际化,更好地服务"一带一路"建设。

基于深厚的研究基础,隋广军为省委党校第40、41期全省哲学社会科学教学科研骨干研修班授课,向全省各高校哲学社会科学教学科研骨干及县(市、区)党委宣传部副部长做了主题为"21世纪'海上丝绸之路'建设的核心内涵与战略意义——广东参与建设建议"的报告。此外,隋广军多次参加广东省委、省政府、政协组织的"一带一路"座谈会和相关活动,并主持出版了"拉丁美洲蓝皮书:拉美发展与中拉合作关系"系列丛书、《印度尼西亚蓝皮书:印度尼西亚经济社会发展报告(2018):趋势与挑战》、"东南亚社会文化与投资环境"系列丛书。

(三)粤港澳研究的深耕者：从港澳和特区经济到粤港澳大湾区的持续跟踪研究

20世纪80年代正是中国特区经济飞速发展时期，隋广军始终保持着对特区经济与政策的敏锐观察与思考，并提出："新中国成立之后，由于客观国际环境紧张，中国经历了长达30年的对外隔绝，对世界经济、对国际商品交换的法则已经所知不多。世界各国对中国的了解也异常肤浅。而经济特区的作用之一，正是它创造了国内外经济界，以及社会各界彼此认识、交流的客观环境，海外人士、中国各界人士首先通过特区增强对彼此的理解。""正是由于抓住了体制创新、结构转换这两个经济转型与发展的关键环节，并始终将其摆在优先设计、优先考虑的特殊位置之上，经济特区造就了80年代的辉煌业绩。实践证明，认清与解决了发展的主要矛盾，改革的方向就明确了，建设的步伐就加快了，对内对外经济活力提高了，参与市场竞争的能力强化了。目前，特区正处在发展的关键路段之上，能否在全国继续保持发展的领跑地位？能否继续充当华南地区和整个国家对外开放与建设社会主义市场经济的排头兵？关键在于经济特区能否把握时机，继续推进体制创新与结构转换。"隋广军在特区理论研究及创新的系列研究成果对我国经济特区建设实践做出了理论贡献。

20世纪八九十年代，香港、澳门回归在即，然而由于常年的对外封闭，当时的我们对港澳情况，包括经济、金融、社会及其政治结构的了解极为有限和匮乏。身处专门的特区港澳研究机构，隋广军先是跟随他的几位前辈，随后率领团队频繁赴香港、澳门（之后赴台湾）调研。隋广军在这一时期写出了多份关于港澳经济、金融、政治结构及其与内地、广东经贸合作关系方面的研究报告，也发表了多篇有关港澳经济的高质量文章。隋广军提出："无论香港、澳门还是珠江三角洲，它们有着持续发展的强烈需要。在这种背景之下，香港、澳门、珠江三角洲必须立足于各自的经济优势，跳出局部利益和本位主义藩篱，以大区域协调发展观为核心处理自身发展与展开区域合作。因此，在对粤、港、澳三地的经济地位进行充分认识的基础上，调整与组织彼此间的经济合作，成为该区域以及区域之中的各个地区能否强化自己已有的经济地位与角色，保障持续高质发展的前提与关键。""为继续维护香港的繁荣和稳定的总目标，中英和中国香港政府必须再接再厉、共创繁荣稳定的香港。首先，要从思想上解决港人'信心'问题；其次，要促进两地产业升级，共创90年代的持续繁荣；再次，要加强两地基础设施建设互相衔接和协调发展。""澳门须经过以自由港经济政策为主导，主动积极诱导外部资源的引进与发展战略，实施在现有基础上努力升级的产业发展战略，制定符合自身特点的科技发展战略，推进多元化的贸易与市场战略，21世纪的澳门应该站在世界经济发展的前列，接近或达到经济发达国家与地区的经济水平。"

随着港澳回归后粤港澳三地合作的逐步深入，2019年2月，《粤港澳大湾区发展规划纲要》出台，粤港澳大湾区建设是新时代推动形成全面开放新格局的新尝试。隋广军延续早期的特区经济、港澳经济研究，从港澳回归之前的开放经济初建，逐步深入粤港澳大湾区的全面开放新格局研究。隋广军认为，粤港澳大湾区建设对三地居民有"五大"利好：有利于推动教育和人才资源自由流动、促进大湾区文化交流互鉴、推进大湾区旅游资源共享、拓展就业创业空间、促进社会保障合作等民生方面的衔接。隋广军提出，粤港澳大湾区高质量发展要强调"两个着力点"：一是着力加强内连外通的硬件基础设施网络，构建衔接顺畅的空中、路面及地下多维立体化交通体系；二是着力构建开放包容的湾区公共服务体系及设施，推动在大湾区工作、生活的港澳居民享受内地同等待遇。粤港澳规则衔接是促进生产要素和人员流动的突破点，粤港澳三地现行规则具有广泛的现实基础，但规则衔接不能硬性统一，找准粤港澳规则的最大公约数和对接口，推动平稳有序的规则联通、贯通和融通；科技创新是粤港澳大湾区转变经济增长动能，实现高质量发展的方向。为此，隋广军进行了深入研究，为粤港澳大湾区建设提供智力支持，提交的咨询报告《将粤港澳大湾区建设成为国际科技创新中心，广东应如何借鉴"日本式创新"实现持续产业升级》《如何推动粤港澳大湾区科技协同创新发展——韩国首尔都市经济圈科技协同发展的经验》《推进粤港澳大湾区区域协同发展——基于供给侧结构性改革的视角》获广东省委省政府主要领导同志批示，《粤港澳大湾区规则衔接的制约因素及政策建议》获广东省委省政府主要领导同志批示。隋广军关于粤港澳大湾区建设的几个提案，分别在2019、2020年获评广东省政协优秀提案。

（四）服务广东经济发展的实干家：构建对外开放新格局，深化务实广东外经贸发展研究

隋广军长期从事广东经济社会国际化进程中重大问题的研究，大量决策咨询成果得到中央与省政府领导的高度评价和肯定，为广东省提升对外水平、经济持续发展与转型升级提供了重要的智力支持与决策建议，为促进广东开放经济的发展做出了重要贡献，是具有较高的学术造诣和学术声誉的专家学者。

广东作为我国改革开放的先行者，深入参与到全球产业分工中，隋广军对广东的外经贸发展具有深入研究，取得了丰硕的研究成果，主持了广东省自然科学基金研究团队项目"全球价值链中的广东制造：国际竞争力与战略转型"、国家社会科学基金项目"FDI集聚区内产业网络的形成机理及动态演变"、澳大利亚纽卡斯特大学国际科研项目"广东省外国跨国公司和中国企业的子公司重组情况研究"、广东省委政策研究室委托课题"国际形势变化对广东发展的影响研究"、广东省重大决策咨询研究招标课题"广东建设亚太服务外包中心研究"、广东省发改委委托课

题"新形势下广东开放型经济发展面临挑战与策略"、广东省社科联科研项目"人民币汇率波动对广东进出口贸易影响研究"等一批高质量科研项目。隋广军的研究报告《广东对外开放新格局：挑战与应对》获中共中央政治局委员、广东省委主要领导同志批示，获广东省第七届哲学社会科学优秀成果奖调研报告类一等奖、广东改革开放40周年优秀调研报告，《广东外经贸发展专题报告》获中国国际贸易学会2009年征文特别奖，《国内外经济贸易形式对广东外经贸发展的影响及对策》获纪念广东省社会科学界联合会成立50周年优秀决策咨询成果奖。他还出版"广东改革开放40年研究丛书"《广东对外开放40年》和《广东处于转折点：广东跨世纪发展研究》以及"广东外经贸蓝皮书"《广东对外经济贸易发展研究报告》系列、《广东国际战略决策咨询报告2012—2013》《广东产业发展研究报告·2000》等著作。

2001年中国加入世界贸易组织后，有关开放型经济的研究成为国家的战略需求。隋广军在研究成果中提出："'二战'后，随着发展中国家越来越多地参与国际分工，它们与发达国家的收入差距反而越来越大，贸易条件不断恶化。因此我们必须调整产业结构，大力发展高技术产业，加强高技术、高附加值产品出口，确立高技术产业为今后的主导产业。通过高新技术开发区建设，形成高技术产业群，培养一批高技术出口重点企业；通过培育完善的资本市场及运用各种财政手段来扶持高技术产业的发展。只有建立成熟的高技术主导产业，我们的比较优势才可以过渡到更高层次，使我们在国际分工中可以占据有利地位。""入世"后中国乃至广东产业迅猛发展，隋广军有关产业政策的成果日渐丰硕。他认为："以轻型加工业为主的广东虽然启动了华南经济起飞。然而，现有产业格局对推进自身和整体大区域的持续发展却似乎显得较为乏力。广东为保持经济持续发展和在全国乃至亚太经济体系地位，必须从两个方面加强对现有经济体系实施改造：一是调整产业结构，从以轻型加工业为主的产业结构，调整为以市场为导向、以新型产业结构为依托、以保持持续发展为目标的现代经济格局；二是改造粗放型扩张型经济运行模式，形成以技术创新为先导、以先进设备为装备、以资源合理配置和有效利用为核心的经济发展模式。"

作为广州市新型城市化发展决策咨询专家，针对广州国际商贸中心和开放型经济格局建设，隋广军从提升城市开放水平、发展现代商贸产业和发挥中心城市辐射带动作用等方面，深入研究了广州建设国际商贸中心的转型升级。隋广军提出，广州未来需要着力营造法治化、国际化的营商环境，争取提高国际化程度的新领先优势；着力推动广州现代商贸产业升级发展：一是商贸产业的升级，在内涵上由传统商贸产业向现代服务产业全面转变，在功能上由第三产业向城市经济的主导产业转变，实现服务业与制造业的深度融合，提升商贸产业在城市经济中的主导型功能；二是商贸模式的升级，由传统的交易模式向电子商务、远程交易等现代商贸模式转型升级，实现由传统商品贸易集散地向以信息技术为支撑的现代国际商贸中心转变。广州作为珠三角区域的中心,进一步密切与周边其他城市经济关联度,让周边城市充分享受广州发展所带来的"红利",以带动区域共同发展为己任,用协作共赢的思维和总揽全局的心怀,来承担国家战略所赋予的使命。隋广军先后完成3项广州市社科规划重点委托课题"国际大都市发展转型对广州建设国际商贸中心的启示研究""广州建设国际商贸中心对策研究""创新开放型经济体制机制,提升广州国际化水平",2项广州市人民政府研究室委托课题"广州推动'千年商都'向'现代商都'转型升级研究""国内外自由贸易(园、港)区的运作模式、政策法规和营商环境研究"、广州市委宣传部委托课题"广州建设国际商贸中心的探索与实践"。研究成果获广东省第六届哲学社会科学优秀成果奖著作类三等奖、2010—2011年度广州市哲学社会科学优秀成果奖三等奖等。

此外,围绕创新创业、产业发展和空港经济建设等方面,隋广军先后主持了广东省科技计划软科学项目"创业、创新与广东省民营科技企业成长""广东创业投资政府税收激励政策研究"、广州市政府决策咨询项目"增强自主创新能力,加快建设创新型城市研究"、广州天河科技园委托项目"广州市天河智慧城'十三五'发展规划"、广东省商务厅委托项目"广东省商务发展'十四五'规划总体思路研究"、广州市社会科学研究招标课题"培育广州战略性新兴产业对策研究"、广州市人民政府政策研究室科研项目"广州转移劳动密集型工业企业研究"、广州市社科联科研项目"人力资本密集型企业性质及治理模式"、广州市对外贸易经济合作局委托项目"空港经济比较研究""广州空港产业选择与经济发展研究"、广州市南沙区发改局委托课题"广州南沙建立穗港澳实施CEPA综合合作示范区规划"等课题研究,为广东构建对外开放新格局,优化外经贸经济发展提出了科学的对策建议。

(五)危机管控研究的引领者:为防范化解重大危机和应急管理提供强有力的智力支持

作为广东省、广州市应急管理专家,在2008年国际金融危机初期,隋广军在全省牵头开展广东外经贸发展问题专题调研,调研报告得到中共中央政治局常委、全国政协主席、时任广东省委主要领导同志的批示,相关政策建议被省政府工作报告采纳,成为政府应对金融危机的重要决策参考和依据,相关成果获广东省社科联改革开放30年十大调研报告奖。在后金融危机时期,继续就广东外经贸发展、"双转移"战略、日本大地震对广东产业影响等重大问题开展及时和深入的调研,为促进广东开放经济的发展做出了重要贡献。

中美贸易摩擦冲击全球贸易体系,给全球经济复苏带来阴影。隋广军从中美贸易摩擦的背景、影响和前景展开具体分析和研究,在打破美方的"技术封锁"、分散贸易壁垒带来的不确定性影响,构建多方联动、动态预警、协调监管和应诉机制的风险监管体系等方面提出了一系列针对性较强的政策建议,咨询报告《中美贸易下一步行动策略建议》被人民日报内参采纳,《特朗普第四轮加征关税对中美贸易脱钩的影响及对策分析》《中美贸易谈判与我国对外贸易面临的长期挑战和对策》获广东省委主要领导同志批示,《当今中美经贸关系的研判与分析》《当前中美经贸关系走向与我省的应对策略》获时任广东省主要领导同志批示,《美国对华"301调查"事件的产业影响和应对策略》获广州市委主要领导同志批示,并为新华社广东分社做了中美贸易问题的专题报告。

2020年春,中国发生新型冠状病毒肺炎疫情,隋广军对疫情的防控应对、宏观经济影响、疫情对全球经济格局影响,对贸易、跨境投资和产业转移以及企业复工复产等方面进行深入研究。他在大年初三召集组建了"疫情影响研判与政策应对"工作组。隋广军提出,此次疫情暴发伴随着中美贸易战,中国经济处在下行空间等多重背景之下,势将造成短期巨大经济损失,对经济社会产生深远影响,对世界经济合作、产业链布局也将发生重大影响。此次疫情将带来宏观经济短期不确定性加剧、行业正常发展周期被打破、中小微企业生存压力增大等方面的具体挑战,为稳定疫情期间的经济运行,提振疫情结束后的经济发展动能,隋广军提出了确保疫情防控财政支持、增强经济体系发展韧性、鼓励创新业态蓬勃发展、加大培育重灾区中小微企业力度、注意突发经济风险防范等建议。广东省根据自身省情,必须设置明确的复工条件,分类分批复工,确保复工企业防疫物资供应的充足,切实调动企业复工的积极性,特别是服务型中小企业。隋广军对新冠肺炎疫情的研究成果被广东省相关部门采纳,为广东省打赢疫情防控战提供了重要的智力支持,咨询报告《关于广东省防控新型冠状病毒肺炎疫情,有序复工复产打好经济保卫战的政策建议》获中共中央政治局委员、广东省委主要领导同志批示,《应对新型冠状病毒肺炎疫情解决中小企业用工难问题的若干政策建议》获广东省委主要领导同志批示,《新型冠状病毒肺炎对粤港澳大湾区建设的影响及应对策略》获广东省委主要领导同志批示,《新型冠状病毒肺炎疫情对民营经济的影响与政策建议》获广东省委主要领导同志批示,《新型冠状病毒肺炎对宏观经济的影响及应对策略》获广州市委主要领导同志批示。

在危机管理方面,隋广军还针对海洋灾害开展跨学科研究,促进自然科学和社会科学的交叉结合,推动广东台风灾害的防灾减灾工作的基础研究,作为子课题负责人参与广东省自然科学基金团队项目"华南沿海台风及其生态灾害卫星遥感检测评估",研究成果具有重要的社会影响和经济效益,2014年所著英文专著 *Typhoon Impact and Crisis Management* 由 Springer 出版社出版,在国际巨灾发生与管理问题研究方面产生了较大的国际影响。

（六）新型高校智库建设的探路人：新型智库建设的理论研究与实践成效斐然

2020年2月通过的《关于深入推进国家高端智库建设试点工作的意见》提出，建设中国特色新型智库是党中央立足党和国家事业全局做出的重要部署，要精益求精、注重科学、讲求质量，切实提高服务决策的能力水平。

作为新型高端智库的探路者，隋广军长期致力于智库建设的理论研究，他认为，我国高校聚集了80%以上的社会科学研究力量，研究实力雄厚，信息资料丰富，对外交流也广泛深入，这是我国进行高校智库建设的深厚基础。然而，新型智库的建设不是一般的大学研究机构建设，它的目标是瞄准国家重大的战略需求，解决决策支撑的问题。我国高水平智库数量不足，特别是高校智库，还有很长的路要走，高校智库建设存在不容忽视的问题：一是弱小、分散，重复建设严重，缺乏有效整合；二是这些研究机构往往采用对学术研究人员的考核办法，把学术研究成果当成智库成果来对待，重理论而轻实践，不能发挥参与政策咨询、提高决策质量的社会作用；三是成果报送渠道不畅。

隋广军提出，高校新型智库建设应立足于政治性、独立性和专业性的有机融合。政治性是智库发展的生存之基，高校智库必须坚定政治立场，紧跟世界科技、国际政治外交发展演进的趋势，围绕党和国家重大战略需求，着眼改革发展重点难点，以问题导向和预见导向为原则，抓住关键，突出决策支持。独立性是智库发展的立足之本，高校智库要坚持科学求真、唯实创新的原则，为政府或社会提供公正客观的情况研判、实事求是的对策建议，这是其根本价值所在。专业性是智库发展的动力之源，高校智库需要着力打造高水平的专业研究团队、建构专业研究理论与方法、创新专业运作模式，走出当前我国"库多智少"的困境。

高校智库应该深谋远虑、勇担使命，推进我国治理体系和治理能力现代化。中国特色高校新型智库建设亟待加强，高校智库与中央、地方各级部门的互动是推动智库建设的关键。在新时代，新型高校智库应紧密围绕党和国家的重大战略需求，加强与政府部门的沟通联系，发挥高校的学术优势，通过揭示发展规律、把握发展方向，提高战略预判能力，为政府提供更具前瞻性的政策研究报告。高校需要不断深化高校智库管理体制改革，创新组织形式，整合优质资源，着力打造一批党和政府信得过、用得上的新型智库。高校新型智库要成为政府决策的"外脑"，提供有价值的、科学的、系统的、独立的依据或者建议。

高校智库是构建对外话语体系的良好载体，有着发挥公共外交功能的独特优势。面对复杂多变的国际形势，新型高校智库应以更高的政治站位、更强的紧迫感、更强的专业性开展公共外交。智库为政府外交提供助力的功能急需加强，当政府外交遇到难题时，智库可以发挥独特优势，与对象国相关方进行接触和交流，了解其态度和政策取向，争取外交回旋余地。高校智库开展公共外交需要准确定位、创新实践和机制建设。

　　隋广军不仅对新型高端智库发展进行深入研究，还积极承担并探索高校新型智库建设的实践工作。2009年，隋广军提议并负责组建了广东国际战略研究院，任研究院常务副院长（院长由广东省主管国际合作、外经贸工作的省领导担任），搭建广东国际战略研究的新型智库平台，为中央与广东省委省政府提供战略决策参考与咨询服务。截至2019年，广东国际战略研究院完成政府决策咨询报告300余份，获得各类批示200多份，其中，获中共中央政治局委员批示10余份，党和国家主要领导人批示2份；先后承担国家级项目18项、省部级65项，包括6项国家社科基金重大项目、4项教育部哲学社会科学研究重大课题攻关项目；在 China and World Economy、Journal of Family and Economic Issues、《经济研究》《管理世界》《经济学（季刊）》等期刊累计发表论文241篇，出版专著35部。由于成绩卓著，广东国际战略研究院获批为教育部战略研究基地、外交部政策研究重点合作单位、中联部"一带一路"智库合作联盟理事单位、广东省首批重点智库、中国—东盟思想库网络广东基地。广东国际战略研究院荣获2018年广东省五一劳动奖章、2016年广东省工人先锋号，广东国际战略研究院党支部入选全国首批样板党支部。以广东国际战略研究院为主平台的21世纪海上丝绸之路协同创新中心被认定为教育部省部共建协同创新中心。广东国际战略研究院2016—2019年连续4年入选美国宾夕法尼亚大学《全球智库报告》亚洲大国智库排名（中国入选27个智库），入选中国智库索引（CTTI）2018年度中国高校百强智库A类榜单，2016—2018年连续3年位列国家信息中心发布的"一带一路"地方智库排名第三。

　　隋广军始终坚持"家国情怀，全球视野，服务决策，笃行致远"的理念探索广东国际战略研究院的建设工作。隋广军强调，广东国际战略研究院始终坚持以服务国家战略、服务中央和广东经济社会发展为宗旨，将提供高水平的决策咨询服务作为核心竞争力。广东国际战略研究院就是要汇聚国内外的高层次智慧，在世界范围内组建智库，针对国际上重大事件与重大举措、广东经济社会国际化进程中的重大理论和现实问题，开展及时、深入与持续的研究。

　　广东国际战略研究院配合中联部组织多个具有国际影响力的国际论坛，助推我国开展与"一带一路"相关的公共外交。在中联部和广东省人民政府的支持下，2016—2019年连续举办4届"海丝"国际智库论坛。2019年11月9—10日，中联部当代世界研究中心、广东国际战略研究院、中国社科院世界经济与政治研究所、广东外语外贸大学举办第四届21世纪海上丝绸之路国际智库论坛（2019），中联部原副部长徐绿平、广东省政协副主席黄武、印度人民党前主席司瓦米、世界银行原高级副行长林毅夫、中国社科院世界经济与政治研究所张宇燕等40个国家的300余名国内外专家参会。论坛得到中央电视台、《光明日报》、China Daily 等主流媒体的广泛关注，在国内外引起强烈反响，获中联部2019年度"品牌活动奖"。

2019年11月10日，广东外语外贸大学、广东国际战略研究院配合中联部政研室在广州举行面向国际人士的十九届四中全会宣讲会，多国驻广州总领事馆代表，广外留学生等400余人参会。活动论坛积极落实十九届四中全会精神，为推进"一带一路"高质量发展凝聚共识，取得了丰硕的成果。

2019年11月，隋广军为师生宣讲党的十九届四中全会精神

隋广军强调，新型智库要"走出去"，广东国际战略研究院组织110余次海外专题调研，配合外交部、广东省有关部门开展国际调研，选派优秀专家开展200余次外事交流活动，充分发挥民间外交"外脑"和"传声筒"功能。积极筹办高端论坛与学术会议，定期邀请海外知名专家来院交流访问，为政府、企业及学者搭建国际交流与合作的平台。广东国际战略研究院累计接待来访学者与专家856人，与美国、德国、法国等60多个国家和地区近150所知名高校、智库及研究机构建立合作关系，并在海外建立了亚太研究中心、中智研究中心以及粤商研究中心美国分部。牵头搭建了海上丝绸之路国际智库网络，推动国内外尤其是21世纪海上丝绸之路沿线国家高端智库研究资源的整合与信息、成果的交流互动，初步形成21世纪海上丝绸之路研究国际学术共同体。成功打造中国—东盟战略论坛、21世纪海上丝绸之路—新南方政策合作论坛、中韩投资研讨会、中越关系研讨会、中国与南太平洋岛国关系研讨会、中国周边外交研讨会等品牌性国际会议，为开展公共外交开辟了可靠渠道。

隋广军提倡新型智库的"政治性、独立性及专业性"，促进科研成果转化，为各级政府提供高质量的决策咨询。2018年中美贸易摩擦以来，广东国际战略研究院组建专门团队专注于中美贸易关系问题研究，多次举办中美贸易关系研讨会和开展海外调研，专题研究报告提交国家领导人和有关部门、省委、省政府，共完成中美贸易关系主题的决策咨询报告20多份，有13份中美贸易关系的决策咨询报告获广东省委主要领导同志批示。每月定期向省委、省政府及27个相关部门报送国内外有关中美贸易重要咨询的《中美贸易摩擦》剪报，目前已报送20多期，为政府有关部门全面及时了解中美贸易关系的动态提供了可靠的基础资料支撑。同时受广东省委政策研究室的委托，广东国际战略研究院专家做了多场关于中美贸易关系的专题报告，服务国家和地方重大战略需求的能力不断增强。

在隋广军的带领下，广东国际战略研究院的国家级平台建设取得重大突破，为高端新型智库建设奠定了坚实的基础。2019年9月，以广东国际战略研究院为主平台的21世纪海上丝绸之路协同创新中心被认定为全国省部共建协同创新中心。该中心是广东省第一个人文社科类省部共建协同创新中心、全国外语类院校第一个省部共建协同创新中心，也是全国第一个有关国家"一带一路"建设的省部共建协同创新中心。中心将聚焦"一带一路"倡议的重大理论与实践问题，通过省部共建协同创新中心建设，服务"一带一路"建设与粤港澳大湾区战略，系统开展科技创新、人才培养和国际合作，成为国内一流、国际知名的智库与高端国际化人才培养平台。

隋广军努力探索国际组织人才培养模式，不断完善全球经济治理人才培养体系，助力新型高端智库建设。2018年获批设立全球经济治理博士后科研工作站，广东国际战略研究院形成了本科、硕士、博士、博士后在内的比较完整的人才培养体系，高端新型智库建设的基础更加坚实。2019年，广东国际战略研究院遴选20名优秀本科新生，开设"翻译+经济学（全球经济治理）"国际组织创新班，加强高层次国际化人才储备，全面推进国际组织人才培养，率先在广东省高校开展国际组织人才本科培养专项工作。2019年率先在全国招收全球经济治理二级学科博士生，此外，广东国际战略研究院是外交部干部培训基地，通过"旋转门"建立了交叉挂职机制；举办广东省委组织部干部国际化专题培训研讨班，培训广东省21个地级以上市的240位干部；举办太平洋岛国公务员及青年领袖培训班，培训来自库克、斐济、密克罗尼西亚联邦、纽埃、巴布亚新几内亚、萨摩亚、汤加、瓦努阿图等8个太平洋岛国的200余名学员；举办中非法律人才交流项目研修班，培训来自非洲23个国家的100余位学员；通过与欧洲高校联合申报或独立申报"欧盟Erasmus＋"项目联合培养人才，促进国际交流及国际化人才培养。

隋广军持续深入推进数据库建设，夯实高端智库研究基础。广东国际战略研究院建立了21世纪海上丝绸之路数据库平台，数据库包括21世纪海上丝绸之路沿线国家风险监测预警数据、沿线国家和全球主要经济体宏观经济数据、沿线国家舆情跟踪数据、沿线国家和全球主要经济体国别分析报告、沿线国家和全球主要经济体工程招标与投资项目数据、沿线国家政策法规和智库报告及案例库和粤港澳大湾区企业追踪调查数据库。广东国际战略研究院与北京大学合作共建广东创新创业微观企业数据库，建立了大数据实验室，目前已完成对广东省29个区县14500家企业和企业家的抽样调查，调查内容涵盖创新创业、海外投资贸易、经营现状等数据和营商环境评价、企业和企业家基本特征信息。针对新冠病毒肺炎疫情，广东创新创业微观企业数据库对2300多家中小微企业生存状态进行了专项调查，广东国际战略研究院负责广东省的企业调查。未来，广东国际战略研究院将开展中国企业发展调查（CEDS），与斯坦福大学、香港科技大学合作进行中国企业—劳动力匹配等微观数据调查，致力于数据调查与数据库长期建设。

本着"全球视野、紧跟前沿、深耕研究、服务大湾区"的原则，隋广军组织成立了国内第一家粤港澳大湾区研究院，已成为国家部委和广东省关于粤港澳大湾区的资政服务重要机构，大湾区政策解读和战略推广的重要平台，长期为政府、领事馆、跨国公司提供大湾区咨询和培训服务，粤港澳大湾区研究院提交的研究报告获党和国家主要领导人的肯定和批示。据南方传媒智库统计，粤港澳大湾区研究院贡献了粤港澳大湾区5%的文献，位列文献来源高校第二名，位列光明日报中国智库索引CTTI区域研究和国际关系研究类TOP15。粤港澳大湾区研究院已主办4届粤港澳大湾区论坛和BATi大湾区科创峰会，多次承担国家和省市领导出访前调研和宣讲任务，为外国驻广州领事馆解读大湾区政策。粤港澳大湾区研究院为京津冀、长三角、粤港澳等地政府厅局级培训班、中国政府南太平洋岛国培训班、清华五道口金融博士班主讲大湾区课程，为高盛集团、安联集团、新鸿基集团、新加坡政府投资公司等著名企业提供顾问服务，粤港澳大湾区研究院专家在联合国世界投资论坛、金砖国家论坛、中新知识论坛、海上丝绸之路智库论坛等大会上做主题发言。

三、办学有道：坚持立德树人，办好人民满意的高等教育

高等教育的实干家——将办好大学视为天大的事业。隋广军经常跟同事们分享，在大学里当老师要有情怀，学校发展也要有建设一流教育的高尚情怀，否则是当不好老师、办不好教育的。作为一名学者型的高校管理者，隋广军历任暨南大学管理学院院长，广东外语外贸大学副校长、校长，现任广外党委书记。在这些重要岗位上，他凭着一腔办好一流教育的情怀，以及多年来在产业经济、战略管理等方面的深厚积淀，将治学与治校紧密结合，以学者的敏锐引领学校抓机遇促发展，以管理者的务实推动办学重特色培优势。

因为广东外语外贸大学校址位于美丽的广州白云山麓，隋广军经常开玩笑说学校是一所"山里的学校"。然而，隋广军笑称的这所"山里的学校"，是一所以"博大情怀、宏大格局、远大前景"为品质追求的国际化特色鲜明的高等学府。近年来，在隋广军的带领下，广外营造起全校上下干事创业、追求卓越的良好氛围，不断担当进取、奋发有为，持续为国家和广东经济社会发展提供强有力的智力支撑和人才保障，使广外做到对国家、广东的稳定和发展"多添彩，不添乱"。2019年年底，广外首次进入QS亚洲大学排名500强，充分体现了这些年广外办学实力的快速增长。

（一）锲而不舍锚定"国际化特色鲜明的高水平大学"办学目标，推动广外迈入战略管理、科学管理和目标管理的轨道

2014年，广东省出台"36条"，启动深化高校办学自主权试点工作，全省共有6所试点院校，其中就有广外。在隋广军看来，省里之所以选择广外进行试点，是因为建校50多年来，广外的诞生、成长、发展都与改革紧密相连。正是在一次次的改革探索中，广外人敢于担当，凝聚智慧和力量，推动学校各项事业取得显著进展。在隋广军到广外工作的十几年里，他继承优良传统，一直推动广外不断探索制度建设、改革创新，从未停步，也取得了良好成效。同时，从2008年担任校长、2010年担任党委书记，隋广军注重充分发挥学校党委的政治核心作用，充分发挥其在战略谋划、路径设计、改革落实等方面的统领作用，进一步提升准确研判形势、科学谋划战略的能力，不断增强推进战略部署的协调性和执行力。隋广军带领学校党政班子通过党代会、党委全委会常委会、党委中心组学习、学校发展战略研讨会等形式，集思广益、认真研究办学理念、办学定位、总体发展规划和发展路径举措等重大问题，不断优化发展战略和办学理念，推动学校逐步迈入战略管理、科学管理和目标管理的轨道。

2012年，广外召开学校第三次党代会，隋广军代表学校党委提出学校的中长期奋斗目标：到2025年建校60周年时，将广外建设成为国际化特色鲜明的高水平大学。2019年10月，广外第四次党代会上，校党委书记隋广军再次代表学校党委做报告，他深入分析新时代学校面临的新形势、新挑战、新任务，科学谋划学校未来5年的奋斗目标和主要任务，提出了重点实施"六大卓越工程"，并号召全校党员和师生"矢志追求卓越、协力争创一流"，确保到2025年将学校建设成为国家满意、人民满意、社会满意的国际化特色鲜明的高水平大学。以建设国际化特色鲜明的高水平大学这个战略目标为引领，这些年，隋广军带领全校上下，坚持问题导向和目标导向，持续抓好学校"冲一流、强内涵、树特色、促改革、抓管理"等各项工作，推动学校各项事业取得显著进展。

（二）"卓越、诚信、包容、自信"——培养德才兼备、有家国情怀的国际化高素质人才

1."越是国际化办学，越要牢牢把握社会主义办学方向"

众所周知，作为华南地区国际化人才培养和外国语言文化、对外经济贸易、国际战略研究的重要基地，广东外语外贸大学以其独有的"国际范"享誉社会。作为学校党委书记的隋广军，在长期的办学育人工作中，深刻认识并反复强调，越是在开放多元的国际化环境下办教育，就越要强化党的领导核心作用，越要牢牢把握

好社会主义的办学方向，做到高举旗帜、立德树人。由此，隋广军倡导广外要坚持树立国家战略意识，坚持结合时代特点，为党和国家培养更多德才兼备、具有家国情怀的国际化高素质人才。

近年来，隋广军带领广外领导班子紧紧围绕立德树人根本任务，全面贯彻落实全国教育大会、全国高校思想政治工作会议精神，不断加强党建思政工作，形成了党委领导、各部门齐抓共管的"大思政"工作格局，把培育和践行社会主义核心价值观融入教书育人的全过程。2017年，在隋广军的组织推动下，广外接连召开了全体教师参加的全校思想政治工作会议和本科教学工作会议，当时身兼党委书记、校长职务的隋广军总结道："面向新时代，思政工作会议回答了要办什么样的大学、培养什么人的问题，本科教学工作会议解决了如何培养人的问题。"他主持出台实施思想政治工作"六大卓越工程"，深入推进落实社会主义核心价值观教育"铸魂·系扣"工程，此工程获广东高校校园文化建设特等奖。同时，依托落户在广外的广东省高校社会主义核心价值观传播研究中心，组织开展理论研究和经验推广。在全省高校思政工作会议上，隋广军作为代表介绍了广外的相关经验。

在隋广军的倡导和组织下，广外"铸魂·系扣"工程于2015年启动，这是广外将培育和践行社会主义核心价值观工作向纵深推进、向基层落实的创新举措。"铸魂"即铸造"立德树人、爱岗敬业"的师魂，"系扣"即系好青年学生"勤学、修德、明辨、笃实"的人生第一扣。工程通过项目立项建设的方式，已经建设了30多个项目。比如，通过树立身边楷模，增强社会主义核心价值观典型人物的引领力。在隋广军看来，一直以来，广外为国家和社会培养了一大批高素质国际化人才，广外毕业生在海内外各个行业领域的舞台上绽放光彩、奉献才华，与此同时，广外也培养了一大批扎根基层、奉献国家的有志青年。比如，冯卓怡2011年从广外本科毕业，带着一腔热血要求到祖国西部去。2014年，冯卓怡荣获第十届中国青年志愿者优秀个人奖。广外2013届西部计划志愿者邵书琴在新疆生产建设兵团托云牧场服务后选择扎根当地。2018年5月，她获颁"中国青年五四奖章"。隋广军正是注重强调这些展现广外人家国情怀和责任担当的先进榜样，以他们的事迹引领师生践行社会主义核心价值观。隋广军还积极倡导广外充分发挥多学科、多语种的优势，主动为广东、粤港澳地区、国家的大型赛会活动提供志愿服务。近年来，广外学生志愿者活跃在北京奥运会、广州亚运会、深圳大运会、广州财富论坛等重大国际赛会场合，每年参与志愿服务达1000多人次，这也是广外实现思政育人工作全覆盖的一个生动缩影。

隋广军坚持发挥广外"明德尚行、学贯中西"校训精神引领作用，并将广外多年来的育人经验凝练成"卓越、诚信、包容、自信"的广外价值观，倡导加强对教师学生的思想引领。他自己坚持每年为入党积极分子、发展对象、青马工程培训班学员上党课，上好大学第一课、思政第一课，组织青年学生、出国交换生座谈等。比如，他多年来坚持给本科生上思政第一课，他表示，课程内容主要考虑结合世界形势变化与中国发展需求，以及在这样的时代背景下，青年大学生如何成长成才、奉献家国，所以，近几年授课的主题围绕"一带一路"倡议、中国参与全球治理、粤港澳大湾区与新时代人才培养等，目的就是要培养具有家国情怀和国际视野的青年人才。在给本科生上课时，他会结合自己的专业背景和所见所闻与学生沟通，让课程更生动有趣。有一次，他以自己和学校老师接受外交部派出任务，与国外知名智库团开展交流的经历为切入点，为同学们详细分析了当今世界局势，世界如何了解中国，中国如何走向世界，后来多次听到老师们反馈，学生们对这堂课印象深刻。

对于正如火如荼建设的粤港澳大湾区，如何引导广外学生参与其中，服务大湾区，隋广军也有自己的见解。他提出，粤港澳大湾区要建设成为世界一流湾区，必然要借助优秀人才的力量，大湾区高校应当成为全球优秀人才的培养基地，这是责无旁贷的责任与使命。位于粤港澳大湾区腹地的广外，将积极回应国家、社会发展需求，主动开展高素质人才供给侧结构性改革，培养大湾区建设急需的人才，成为大湾区国际化人才培养基地。在学科建设方面，要优化专业结构，提升原始创新能力；在人才培养方面，要紧扣立德树人主线，推动以"学"为中心的培养机制和教学模式改革；在国际合作方面，要创新国际化育人模式，提升学生的国际视野与全球竞争力。

在师资队伍立德树人引领方面，值得一提的是，针对广外青年教师比例较高，大多数专任青年教师有海外学术背景，受异国文化影响较多的特点，作为党委书记的隋广军在学校连续多年围绕青年教师成长实施"书记项目"，推进做好青年教师、高级知识分子的发展问题，提升青年教师的职业成就感，帮助他们树立正确的价值观，取得了实实在在的成效。隋广军认为，青年教师数量多，活力强，影响大，是教师群体中最具发展潜质的极为重要的组成部分，这支队伍的思想政治素质、教学科研、社会服务能力，直接关系到高校人才培养质量和国家的未来发展。为此，从2012年开始实施"书记项目"以来，隋广军连续7年将该项目聚焦在青年教师成长发展上，通过"四心行动""四推工程""四优建设""四强工程"等，真情实意、真金白银、真方实法地助推中青年教师成长成才，连年的真情实招受到了青年教师、高级知识分子乃至全校教职员工的支持拥护。广外"书记项目"所形成的机制与工作平台也成为落实党建创新、党管人才、青年教师思想引领的重要抓手，连续多年入选省委教育工委"示范项目"，屡获省委组织部通报表扬。《南方日报》、人民网、中国共产党新闻网先后进行报道，《人民论坛》杂志社进行专访，他还受邀参加了人民日报社《人民论坛》基层党建治理高峰论坛并发言，获评全国基层党建创新优秀案例。

2. 与国际接轨的教育理念和方法，擦亮"国际化"名片

作为华南地区外语语种最多的高校，广外结合国家"一带一路"建设，培养具有国际视野、通晓国际规则，能直接参与国际合作与竞争的有社会责任感的国际化人才。近年来，隋广军带领广外进一步探索"创新+国际化+学科交叉"人才培养新模式,全力对接中国参与全球治理和"一带一路"建设,加大国际组织人才、国别和区域研究人才以及高端紧缺外语人才的培养力度。在隋广军的推动下,广外从2015年起全面实施与国际接轨的新学分制,赋予学生在选择修业年限、选择专业(方向)、选择课程、选择教师等方面更大自主权,并以学分制改革为杠杆推动综合配套改革,促进学生自主学习和个性化发展。比如全面放开学生转出专业比例限制,学生在校期间有2~3次重新选择专业的机会。

值得一提的是,在隋广军的推动下,广外对接全球治理新趋势,创设"国际治理创新硕士研究生"项目,并获得广东唯一的国家留学基金管理委员会"创新型人才国际合作培养项目"。该项目将采用"1+1+1"模式,即1年在国内学习,1年在美国一流大学深造,1年在联合国、世界银行、国际货币基金组织等国际组织实习,集中为我国培养熟悉国际政治、外交、法律、经济和管理的综合型复合型高端国际专业人才。2018年1月,广外国际治理创新研究院首批18名学员经过重重选拔,远赴美国马里兰大学求学。2019年,广外将这一项目延伸至本科层次,率先在广东省高校中开展国际组织人才本科培养工作,设立国际组织人才培养本科阶段创新班,由翻译学院、经贸学院、会计学院等承办,培养双学位或本硕连读高素质人才。2018年,中组部、教育部联合召开高校推送毕业生到国际组织实习任职的专题工作会议,会上,隋广军代表广外作为6所高校发言人之一,与北京大学、清华大学、上海交大等高校一起分享国际化人才培养经验。

对于办学定位和学生培养,隋广军始终坚持发挥优势、定位高端、突显特色。以MBA办学为例,在很多学校面临"招不到人""办不下去"的现实困境时,他倡导广外的MBA办学必须找到自身优势,进行错位竞争,依托学校厚实的国际合作与办学基础,率先推行全英教学,采用国际一流的MBA教材及案例,聚焦全球MBA教育前沿理论,并通过丰富的实践历练,着力提升学生全球视野,力求培养出社会真正需要的管理人才、适应产业转变的现代管理者。在隋广军的积极推动下,广外MBA以后发优势和巧妙定位,迅速赢得社会声誉,走出了一条独具特色的科学发展之路。

由于坚持培养社会主义合格建设者和接班人的立德树人宗旨,同时结合先进的理念和与国际接轨的教育方法,广外人才培养质量和特色得到党和政府以及社会各界的广泛认可,本科教学工作得到教育部审核评估专家组的充分肯定,广外毕业生的就业力指数一直位居全国高校前列,并连续获得中共中央、国务院、教育部的"大满贯"表彰,2009年获评教育部"全国普通高校毕业生就业工作先进集体",2012年作为全省唯一高校被国务院评为"全国就业工作先进单位"。2016年7月1日,在庆祝中国共产党成立95周年大会上,广外云山学生勤工助学党支部获"全国先进基层党组织"殊荣,受到中共中央表彰。隋广军也与其教学团队一起,因经管类专业国际化人才和全球化商科人才培养模式的改革与实践,两次荣获广东省教育教学成果奖一等奖。

(三)从弱到强的学科引领和科研创新——以高水平大学建设支撑"四个走在全国前列"

2015年,广东在全国率先启动了高水平大学、高水平理工科大学建设,广外"面向国际语言服务的外国语言文学学科创新体系建设"和"服务21世纪海上丝绸之路重大战略需求的经管学科融合创新体系建设"两个学科群项目入选首批广东省高水平大学重点学科建设项目。隋广军对高水平大学建设有着深刻的思考:广外谋划高水平大学建设的新发展,必须发挥以人文社会科学见长的优势,进一步提升学科核心竞争力和科研创新能力,培养国际化人才,建设高端智库,全方位服务国家战略和广东发展,为国家尤其是广东实施创新驱动发展战略、构建开放型经济新体制提供强有力的人才保障和智力支持。

为此,隋广军带领全体广外师生团结一心奋力向上,紧紧抓住发展机遇,加速推进高水平大学建设,在第一轮3年建设期取得一系列亮眼成绩,其中还有许多是历史性的突破。比如,在最具标志性的学科建设方面,高水平大学建设实施以来,隋广军不断推动学校以重点建设的两大龙头学科为契机,对标"双一流"建设,不断提升学科核心竞争力和优势学科的支撑引领作用,要求学校所有学科在教育部学科水平评估等排行中不断争取"上档(榜)进位",促进学科分类高质量发展,从而带动学校整体发展。

2017年,广外在隋广军带领下举全校之力成功申报应用经济学一级学科博士点,取得了里程碑式的重大突破,实现了几代广外人的夙愿,为建设国际化特色鲜明的高水平大学奠定了坚实的学科基础。隋广军表示,应用经济学新增为一级学科博士点,扭转了学科布局"单腿蹦"的局面,学校发展形成了外语学科和非外语学科"双轮驱动"新格局。与此同时,在教育部全国第四轮学科水平评估中,广外的外国语言文学和应用经济学,也力证了"王牌"的含金量。广外是省内有参评学科进入全国排名前5%的4所高校之一,外国语言文学学科获评A档位列广东第一,应用经济学则位列广东第三。应用经济学也继外国语言文学之后,进入广东省最高层次的攀峰重点学科建设行列。在2018年新一轮广东省"冲一流、补短板、强特色"提升计划中,广外有4个学科入选重点学科建设行列。在2020年软科中国最好学科排行榜中,广外10个学科进入前50%,其中,外国语言文学学科位列前2%,排名第四。

隋广军推动广外在2014年和2018年两次实施学科专业布局调整,2019年更是对首批8个本科专业实行"关停并转"。隋广军认为,如今的广外更看重质量提升,学科做强,内涵发展。在第四次党代会报告中,隋广军也提出继续完善专业动态调整机制,坚决对"非一流专业;无'金'课、无名师;因应国家社会需求弱、培养能力弱、吸引优质生源能力和学生就业能力弱"的"一非、二无、三弱"专业实施"关停并转",切实优化学科专业结构。这让打造一流学科、建设一流专业、培养一流人才的质量意识深入全校师生心里。

2020年新年伊始,广外师生们的朋友圈被一则喜讯"霸屏",教育部公布2019年国家级和省级一流本科专业建设点,广外共有22个专业获批国家级一流本科专业建设点,5个专业获批省级一流本科专业建设点,广外超过1/3的专业获评国家级一流专业建设,也是广东省属高校中获批国家级一流本科专业数量最多的学校,在广东省内仅排在中山大学、华南理工大学之后,在全国外语院校中位居第二。这充分反映了隋广军长期以来带领广外对加强专业内涵建设的先进理念和务实成效。

在科研创新方面,广外近年来迎来学校历史上科研事业发展最快、成效最显著的时期。近年来,隋广军强调突出"质量优先、贡献优先、特色优先、学科优先"的科研导向,注重系统地推进科研体制机制改革、创新科研组织模式、凝练学术研究方向,有效引领和促进了学校科研事业的跨越式发展。比如广外较早就构建起以学术委员会为核心的学术权力运行机制,学术委员会委员更是通过"海选"产生,学校学术活动的开展、科研项目与成果绩效的管理,以及科研经费的分配等都由学术委员会决策,让学校的学术权力回归学术委员会。又比如,在隋广军的推动下,广外自2004年至今不断动态优化调整科研激励机制,每隔3—5年即出台新修订的科研奖励制度,破解科研事业发展的瓶颈问题,释放改革红利,激发创新活力,广外科研事业迎来一轮又一轮增长期,科研总体实力和核心竞争力全面提升。广外承接的科研项目从2004年国家级项目为0,科研项目数排在全省20名之后,发展到近6年获国家级项目216项,2019年国家社科基金项目数排全国第41位,同时获国家自然科学基金项目16项。广外省部级以上人文社科研究项目立项数跃居全国外语院校首位和全省高校前列,国家社科项目年度立项数、教育部人文社科规划项目年度立项数最好的排名分别为全国第41位和第6位。在2018年全国高校南大核心(CSSCI)论文发表数量排行榜上,广外位列全国第62位,在全国同类院校中排名第一。同时,产出一批对学科建设、科研实力具有重要支撑作用的标志性成果,高层次论文发表数量显著提升,在全国同类高校中的学术影响不断扩大。

在隋广军看来,高等教育的内涵式发展是一个庞大的系统工程,一流的大学,绝不仅仅有着一流的学科建设和一流的人才培养,其他的工作也肯定是一流的。广外是广东省高校章程首家核准单位,是教育部首批依法治校示范校,也是广东省依法治校示范校,作为全省教育系统唯一单位被省委评为"广东省依法治省工作先进单位",在构建和完善中国特色现代大学治理体系方面有着良好基础和实践经验。隋广军在推动学校顶层制度设计方面独具创新意识,近年来,他以学校作为全省深化自主办学综合改革试点高校、全省高水平大学人事制度改革和学分制改革的试点高校为契机,突出问题导向,勇于调整深层次利益格局,敢于啃硬骨头、破难题、闯难关,大力推动重点领域和关键环节的改革创新,为广东高校教育事业改革发展持续提供"广外经验"。关于未来,如何进一步推进高水平大学建设,隋广军提出要对标一流,聚焦内涵式发展和内部精细化管理,进一步对接全球治理、传递中国能量,更好地服务"一带一路"建设、粤港澳大湾区建设、深圳先行示范区建设等,以"冲一流"的业绩保障国际化特色鲜明的高水平大学建设,为广东实现"四个走在全国前列"奋斗目标做出应有的贡献。

(四)聚焦重大战略需求,全面提升社会服务能力,为国家发展贡献"广外智慧"

在隋广军看来,广外从建校之日起,便与时代同频共振,与国运紧密相连,自觉服务国家和广东经济社会发展和对外交流事业的需求,为国家战略发展贡献"广外智慧"。广外的前身是广州外国语学院和广州对外贸易学院,20世纪60年代,应祖国外事工作需要,在周恩来、邓小平等国家领导人的关怀下,广州外国语学院在南粤大地上诞生,在培养大批外语外事人才的同时,广外人还翻译了大量联合国文件、外国名著,向中国介绍世界各国科技、经济、文化、社会发展情况,打开了国人认识世界的窗口;后来到桂诗春、李筱菊等外语大家创造交际英语教学法,研发大学英语四、六级和英语专业四、八级考试,广外成为我国英语高考改革的试点和实践者。20世纪80年代,迎着改革开放波澜壮阔的浪潮,广州对外贸易学院应运而生,成为华南和中南地区外贸教育事业的主要支撑力量。

走进新时代,隋广军表示:"广外充分发挥人文社科院校优势,全方位服务国家战略和广东发展,责无旁贷。"他带领广外师生不忘初心,以国家和广东重大需求为导向,以高端智库建设为着力点,通过对重大项目和重大问题的攻坚克难,不断提升服务经济社会发展的能力,在"一带一路"建设、粤港澳大湾区、全球经济治理、中美贸易摩擦、外语教育和外语服务、涉外法治等领域,持续为国家和区域发展提供智力服务。近年来,广外加强建设广东国际战略研究院、粤港澳大湾区研究院、太平洋岛国战略研究中心、国际服务外包研究院、加拿大研究中心、非洲研究院、广东法治研究院等一批智库平台,建成了教育部战略研究基地、外交部政策研究重点合作单位、广东省重点智库、广东省软科学重点研究基地、广东省决策咨询研究基地、广东省立法研究评估与咨询服务基地等多个高端平台,在多个领域的一批政策建议和研究报告获得党和国家领导人的重要批示,以及国家各部委及省领导的批示采纳。同时,隋广军带领团队把握国际动向,传播中国声音,回应外部关切,成功打造有国际影响力的21世纪海上丝绸之路国际智库论坛、语言测试与评价国际研讨会等高端论坛、会议。在新一轮英语评价改革的制度设计中,广外再次挑起重担,牵头成功研发教育部委托的"中国英语能力等级量表",填补国内外语言能力量表的空白,印证了广外一直引领国家英语教育改革和人才培养模式改革。学校还发挥学科和人才优势,为奥运会、亚运会、广交会、财富论坛等国际重大赛会提供高端翻译和志愿服务。

对于隋广军本人而言，在切实履行好一名高校教育者和管理者的职责之余，还积极发挥专业领域特长参与社会服务工作，他现为教育部工商管理类专业教学指导委员会委员，中国工业经济学会副会长，广东省政协常委、外事侨务委员会副主任、研究咨询委员会委员，广东省社科联兼职副主席，广东经济学会副会长，新兴经济体研究会副会长。他还是广东省、广州市政府决策咨询顾问委员会专家委员，广东省社会科学发展基金专家委员会委员，广东省、广州市经济社会发展研究中心特约研究员，广东省、广州市应急管理专家，广州市新型城市化发展决策咨询专家，广东省贸促会（广东国际商会）特邀顾问，广东公共外交协会常务理事。

在隋广军看来，这些兼职不仅仅是对他专业领域贡献的肯定，更是一份沉甸甸的责任。因此，他非常重视、自觉积极参加各类组织的咨询调研、交流座谈活动等。他坚持以国家和广东重大需求为导向，在"一带一路"、粤港澳大湾区、中美贸易争端等战略需求和关键问题上主动深入研究，并在中央、省委领导和各有关部门的调研会上积极建言献策。例如作为广东省政协常委，隋广军十分珍惜自己的参政议政权利，积极履职尽责。2019年度他提交的关于加快粤港澳大湾区市场一体化的提案，在省政协的大力推动下，省里高度重视，李希书记亲自选定系列提案跟踪办理，并主持召开办理情况汇报会，隋广军参加汇报会并发言，该提案也获评年度优秀提案。他还参加了省政协组织的粤港澳大湾区留学人员科技型企业面临困难的专题调研活动、海外高层次人才在粤创新创业政策措施落实情况视察活动，在调研视察工作中积极提供意见建议，并组织学者参与相关报告的撰写。近几年，隋广军作为政协委员提交关于"一带一路"建设、高等教育"双一流"建设、粤港澳大湾区建设等多项提案，并4次获评广东省政协年度优秀提案。

同时，他积极发挥公共外交使者作用，如：参加每年度省政协、省侨办组织的海外侨胞餐叙活动，加强与海外侨胞的沟通联谊；推动广外与广东公共外交协会联合主办"首届粤非交流合作周"。作为广东省学习贯彻党的十九届四中全会精神省委宣讲团成员，他深入校内外基层组织和干部群众中宣讲四中全会精神，并组织承办了中联部万寿讲堂，面向在华访问的外国政党、智库代表团，驻穗领馆及外国学者、留学生代表宣介党的十九届四中全会精神，为构建人类命运共同体、建设美好世界做出积极贡献。

（五）搭建高水平国际合作与交流平台，打造中华文化国际传播的"桥头堡"

经过50余年的建设，国际化成为广外的最大特色和核心优势。隋广军认为，广外要打好"外"字牌，做好国际化大文章，将国际化这个办学的自然底色作为办学的最大特色，不断将国际化办学理念融入各项工作中。为此，他不断推进教育国际化战略,积极主动适应和服务国家战略,准确把握教育国际化发展趋势,以国际视野、国际理念、国际水准,深化实施 5 个方面的国际化建设——学生国际化、人才国际化、教学国际化、科研国际化和管理国际化,使得近年来学校国际合作与交流的宽度、广度和深度不断拓展。

目前,广外已与 57 个国家和地区的 464 所高校和机构建立了合作关系,连续设立世界名校合作项目、海外名师讲学项目、学生国(境)外访学项目等,现在已立项世界名校合作项目 20 项,牛津大学、加州大学伯克利分校等世界顶尖大学成为广外合作伙伴。广外还是联合国高端翻译人才培养大学外延计划合作院校,入选教育部首批来华留学示范基地,成为教育部出国留学培训与研究中心。同时,广外还是全国外语院校中唯一入选由中、日、韩三国领导人共同倡议的"亚洲校园"计划的高校,这一项目在 2018 年三国评估中获评优秀,顺利进入常态化运营,成为我国高校国际化办学的"样板工程"。MBA 项目和多个本科专业通过了相关国际认证。

2018 年 5 月,受邀为新华社同志做中美经贸摩擦主题讲座

近年,围绕国家提出的"一带一路"倡议和粤港澳大湾区建设,广外提出"小语种服务国家大战略"的发展思路,实施推进共建"一带一路"教育行动计划,倡导推进"湾区校园"计划等。目前,广外外语语种达到 28 个,是华南地区外语语种最多、高层次外语人才最集中的高校。对所开设的国家紧缺外语小语种专业,广外积极推行"小语种+英语、小语种+主修方向、通用语种+非通用语种"等复合型人才培养模式。同时,注重提升国际化的内涵,使学生不出国门也能享有国际化的师资和课程。2018 年广外出台学生国(境)外世界名校访学项目,专门

资助在校学生赴世界顶尖大学、世界知名大学修读学分课程或攻读双学位，或赴知名国际组织实习。近5年，广外有70多名学生到联合国、欧盟等国际组织实习，每年派出近1000名学生赴境外合作院校交流学习，年均聘请长期外籍教师超过100人次，接受境外来华留学生约2500人次，连续承接9期太平洋岛国青年领袖和高级公务员培训班，承接非洲法律高级人才培训班等。

此外，近年来，依托广外广泛深入的国际交流合作平台，隋广军一直提倡并致力于推动中华文化走向世界，为中外文明互学互鉴贡献广外力量。比如，广外年均选派优秀专职教师和志愿者教师50多名（2019年突破100名），担任中华文化交流和传播的使者，通过6所海外孔子学院讲中国好故事，传播中国好声音。在2018年非洲孔子学院联席会议开幕式上，隋广军接受栗战书委员长为广外与埃及艾因·夏姆斯大学共建孔子课堂的授牌。2019年3月，广外新增葡萄牙波尔图大学孔子学院，习近平主席访问葡萄牙时见证了两校合作签约，至此，广外以高标准开办了6家海外孔子学院（课堂），累计培养学员32000人。又比如，具有鲜明广外特色的中外文化交流对话项目。广外作为外国留学生心目中的"最美校园"，每年吸引来自世界各地近3000名留学生到校学习，中国学生中近16%有境外学习交流经历。在文化多样性背景下，为了增强社会主义核心价值观的传播力，广外自2016年起举办"中外价值观"系列对话会，通过组织400多名中外师生参加的"中英价值观对话会"、来自15个国家的留学生开展的"爱国、富强、和谐"价值观交流会，引导中国学生全面客观正确地认识当代中国，看待外部世界，进一步坚定"四个自信"，也帮助外国留学生增进对中国价值观和中国传统文化的了解。同时，广外还整合全校优势力量，建设面向外国留学生"当代中国"系列核心课程，将课程建设融入国际化人才培养体系，用世界语言来讲好中国故事，扩大社会主义核心价值观的国际传播，从而促进中外文明交流交融互学互鉴。

四、治学有识：回应时代需求、求真务实进取

1. 现实需求是我最大的治学动力

1979年改革开放伊始，我便来到了中国改革开放的最前沿广东求学，并且有幸就读在一所开放包容并蓄、世界港澳内地兼收的高水平研究型大学——暨南大学。在这样的历史机遇下，我的导师们带着我一起见证了祖国开放的大门越开越大，特区建设欣欣向荣。我在暨南大学留校工作后，改革开放也进入快车道；很快，改革开放也遇到了很多新问题。价格能不能作为资源调配的手段；面对价格波动要采取什么样的宏观调控体制，特区是"特"在优惠政策上还是与国际规则接轨上，市场经济运行机制改革如何确立等问题伴随中国改革开放向纵深发展，便一

一呈现在刚刚留校工作的我面前。可以说是现实需求中的诸多变革因素，为我们这个时代的学者提供了前所未有的思考和研究的空间。在不断捕捉现实重大变革命题的过程中，我们这个时代的学者与中国经济一同快速成长。

港澳回归是20世纪中华民族进行的伟业，也是世界关注的大事。对于当时身处特区港澳经济研究所的我来说，回归前我和我的同事们关注了港澳经济、社会发展的特点、结构及优势、面临的问题，以及回归后港澳如何保持国际经济地位并与内地经济融合发展。如何构建"一国两制"，保持港澳经济长期稳定繁荣？对这个问题，尽管我们进行了长期思考和持续跟踪研究，但现在看来任务尚未完成。

来广外工作以后，我的研究兴趣始终沿着开放经济格局构建行走，恰逢中国刚刚加入世界贸易组织，我也更加关注世界经济与贸易格局问题：广东是中国对外贸易发展最为快速的地区，广东要如何扮演好中国外贸高质量发展的排头兵？广东贸易结构要如何优化调整？在面对2008年国际金融危机时，广东要如何积极应对，保持外贸稳定？在面对2011年日本福岛核泄漏时，广东经济要如何积极应对，确保对日产业链安全？中央提出"一带一路"倡议后，广东如何肩负起"一带一路"倡议的重要战略枢纽重任？在中国经济体量达到世界第二时，敏锐地提出中国要肩负大国责任，勇于参与全球经济治理，响应中央号召，研究清楚中国应如何利用经济手段积极推进全球命运共同体的建设。

功夫不负有心人，作为一个时刻关注国家发展、世界动态的研究者、观察者，我认为我们从来不缺少研究选题。我认为中国奋发向上的时代脉搏、现实变革需求，为我们的创新思维提供了极大的时代机遇和挥洒空间。是这个激昂向前的时代赋予我使命感，让我不忘初心，现实需求、使命担当是我最大的治学动力。

2. 求真务实是我最大的治学原则

学术研究有很多种原则和方法，而求真务实是我认为最应该坚守的原则。我们那个时代做研究的条件远不如现在，既没有丰富的数据库资源，也没有便捷的信息化工具。我们只有在图书馆里反复核查数据与资料的准确性，日复一日地做读书笔记，在导师和单位的引荐下去实地调研了解情况。在求学阶段，我的导师们都教导我，治学一定要严谨，一定要坚持求真务实的治学原则。刚工作后不久，现实经济变革现象越来越多，我发现自己解决现实经济问题的理论工具显得不再充足。不夯实理论基础，不更新理论工具，我一定会迷失在人云亦云的浅薄、跟风唯上的伪科学研究之中。于是我在工作和家庭生活压力都比较大，而"象牙塔"外面的世界很精彩，赚钱甚至发财的诱惑很强烈的情况下，义无反顾地选择了读博深造。在求学阶段，在工作过程中，做科研面对的困难何其多，但本着求真务实的初心，踏踏实实做人，老老实实做学问，不走捷径，一步一个脚印地走下去，国家级重大课题、国家级基地、国家领导人批示以及高端新型智库等一批高显示度的创新成果自然就开花结果了。

如果不遵循求真务实的原则，我们极有可能一叶障目、管中窥豹，基于一些片面的资料和数据得到一些不准确的研究结论,进而可能误人误己。在每个时期、每个单位都有一些学者为了追求名利,急功近利,利用一些违反学术底线的方法造假、走捷径,导致一失足成千古恨,到头来害人害己。

这么多年的治学生涯,如果说现实需求给我们提供了时代机遇和挥洒空间,那么可以说求真诚信务实则是所有走学术道路,立意有所作为的人必须坚守的根本原则。

广东省第三届优秀社会科学家

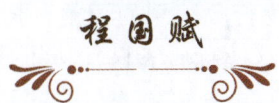

一、在挫折中成长

（一）黄梅之乡——家乡安庆

程国赋1966年9月出生于安徽省安庆市郊区杨桥镇。安庆市除市区、郊区外，下辖桐城、潜山两个县级市和怀宁、潜山、太湖、宿松、望江、岳西、枞阳（2015年划归铜陵市管辖）等县，是一座历史文化名城，素有"文化之邦，戏剧之乡"之称，是京剧的发源地之一，也是黄梅戏的故乡。走在安庆的大街小巷上，从店铺中、从车站、从家家户户飘出的多半是《天仙配》《女驸马》《牛郎织女》《玉堂春》等经典的黄梅曲调。杨桥镇是长江边的一个小镇，位于安庆市的北大门，这里三面环山，一面环水。这里的"山"是大龙山，气势雄伟，连绵不绝，有日照峰、龙山第一刹、灵山石树、石塘湖、龙泉寺、洪桂山、龙湫等诸多景区。山上有很多泉眼，其中最著名的就是龙湫，深不可测，据说泉水一直通到长江；还有景点"三乡尖"，海拔693.4米，当地人常常误称为"三县尖"，奇松怪石，常年云雾缭绕。站在"三乡尖"顶峰上，长江两岸和安庆的风光一览无余，这是程国赋小学、中学时代，学校组织春游、秋游时常常去的地方。一面环水的"水"

是指长江，杨桥镇距离长江只有几公里的路程，中间隔着一座石塘湖，湖水常年碧绿，波光粼粼，风景宜人。

杨桥镇有着丰富的文化底蕴，清代这里就以"五里三进士，隔河两状元"而闻名。清末民初著名画家萧谦中出生于杨桥镇，他曾任教于北京美术专科学校，1920年作为发起人之一，成立中国画学研究会。萧谦中以"大龙山樵"为号，可见他对家乡的深情厚谊。他虽然一生周游四方，但是不忘家乡，一直以大龙山人而自豪，这也是包括程国赋在内的很多大龙山人共同的感受。清嘉庆十九年（1814）状元龙汝言也出生于这一带。

程国赋1979年小学毕业的时候，参加的是桐城县小升初统一考试，他获得桐城县小升初总分第一、数学单科第一的好成绩。小学期间，程国赋的成绩一直优异，在全班名列第一。小升初考试结束以后，有一天，程国赋的父亲在回家路上碰到儿子的数学老师方老师，方老师拉住他，很认真地对他说："你儿子考了个状元。"并说，这孩子以后肯定会有出息，要好好培养。父亲很高兴，回家后把这件事告诉了家人，一家人都很高兴。

程国赋升入初中以后，因为行政区划的调整，杨桥镇不再属于桐城县管辖，而被并入安庆市郊区，2005年郊区改称宜秀区。

（二）两次挫折

小学阶段求学道路很顺畅，然而在以后的求学历程中，程国赋却品尝到很多艰辛和挫折，他求学的故事有些类似于清代《聊斋志异》作者蒲松龄的人生经历。蒲松龄自从11岁开始跟随父亲读书，开始了漫长的科举征途。据清代张元《柳泉蒲先生墓表》记载，顺治十五年（1658），19岁的蒲松龄考取县、府、道3个第一，补博士弟子员，一举成名，得到大诗人、山东学政施闰章的高度赞赏。但是此后，蒲松龄屡试不中，终其一生也没有考中举人，更别说考取进士了。程国赋的求学经历也是"先甜后苦"，"好运气"在他小学毕业以后，差不多就用完了，后来的中考、高考一路不顺，历尽坎坷。

中考那一年，程国赋第一次在求学道路上栽了个跟头。那是1982年，改革开放刚开始没几年，没有手机，没有网络，不像现在十几岁的孩子，可以通过网络以及各种渠道了解大量信息。那时，作为一个初中生，程国赋没有什么远大的抱负，只有一个简单的念头，那就是考上中专，有个稳定的工作，还有就是不服输，想在每次考试中争第一。从小学毕业开始到初中阶段，他确实顺风顺水，信心满满，一路顺利。初中阶段，他在青山中学读书，初三时，每次摸底考试，他往往比全年级第二名的成绩要高出五六十分，中考时，考个全年级第一是顺理成章的事情。

到中考前一天，偏偏不凑巧，程国赋患上疟疾，也就是俗称的"打摆子"，忽冷忽热，呕吐不止，厉害的时候，浑身发抖，直冒虚汗。周围的人看他这个样子，都劝他算了,别去参加考试了,可是程国赋不甘心,准备了3年,付出了那么多努力,难道就这样放弃了?他咬咬牙,坚持进了考场。第一天勉强坚持下来了,到第二天考英语的时候,他已生病两天,几乎没吃过一口饭,身体虚弱,无法完成考试就被迫退场了。虽然那时人是昏昏沉沉的,但是脑袋还比较清醒,离开考场的那一刻,是程国赋终生难忘的时刻,他被监考老师扶到室外休息,在他眼里,墙壁是苍白的,天空是苍白的,一切都是苍白的,他的心里充满了绝望和不甘心。中考的结果在意料之中,全年级100多学生,6个考上中专,程国赋比中专录取线低了两分,比他心仪的安庆市一中也差了好几分。去学校拿到成绩单以后,他没有表情,木木地回到家,躲到没人的房间里,痛哭了一场。一个在初中阶段每次拿第一的孩子,没笑到最后,最终以年级第7名的成绩结束了自己的初中生涯。那是他人生中第一次刻骨铭心的失败。

　　程国赋求学经历中的第二次失败是高考。1985年,安徽省的高考录取率大约是1/3,对于大多数的考生而言,高考是座"独木桥",有些幸运儿可以迈过去,有些则只能留在桥的这一头。在高考前体检的时候,了解程国赋中考经历的陶贤清老师正好在旁边,看到程国赋所有体检项目正常,松了一口气说:"好了,这下考大学没问题了。"高考的前夜,程国赋又出了状况,因为担心第二天的考试,直到凌晨3点才打了个盹,迷糊睡了一会儿,就起床了,吃完饭,进了考场。第一场考语文,这是程国赋平时一直很擅长、很喜欢的科目,平时写的作文,常常被作为范文,贴在学校的公告栏上,也获得过多次市级和校级的作文大赛奖。但在高考的语文考场上,因为睡眠严重不足,头蒙蒙的,写作文时没仔细审题,偏题了,最后满分120分的试卷,只考了68分,还不及格!考完语文之后,程国赋索性放松下来,第二天考数学,满分120分的试卷,考了117分,获得当年安庆市文科数学第一名的好成绩。

　　之所以说高考是程国赋求学经历中的第二次失败,不是指高考成绩,而是指录取结果。高考结束后,虽然语文成绩不尽如人意,但总分差强人意,获得499的高分,比当年的重点分数线高出15分。填报志愿的时候,因为数学比较好,在高三班主任的指导下,程国赋填报了厦门大学会计系,接下来的日子就是等待。终于等来了发放高考录取通知书的那一天,家人和周围的邻居、朋友都聚在一旁,纷纷流露出钦羡的眼神。那时候,考上大学是一件非常荣耀的事情!程国赋从邮差手中迫不及待地接过通知书,既紧张,又有些担心,打开通知书的那一刻,他愣住了:哪里有厦门大学的字眼!通知书上明明写着"徐州师范学院中文系"几个字(徐州师院现改为江苏师范大学)。他没填报这个学校,再说,虽然一直喜欢语文,但高考语文考试失利,他没想过到中文系读书。打开录取通知书的那一刹那,程国赋第一个念头就是撕掉通知书,重新补习一年。在家人和邻居、朋友的劝说下,他勉强接受了这个失败的高考结果。后来他才明白,因为在填报志愿的时候,他在"是否服从调剂"一栏填了"服从"二字,所以就阴差阳错地去了徐州。

中学时代，中考、高考两次挫折给程国赋带来了不小的打击，他一度自卑、徘徊、犹豫，不知道该怎么走下去。中考失利的时候，他曾经去青山中学报名复读初三，准备再考一次，幸亏得到一位熟悉的老师提醒，才打消了补习的念头，去杨桥高中读高一。品味失败、挫折的滋味很苦涩、很难受，两次挫折给少年、青年时代的程国赋在性格、心理上带来一定的影响，但失败和成功相比，可以更好地磨砺一个人的意志和承受力，让一个人更好地感受生活的复杂和艰辛，更快地走向成熟。

（三）大学时光

1985年9月，怀揣高考失利的委屈，带着一肚皮的不情愿，程国赋踏上了前往江苏徐州上大学的道路。因为他是第一次离家出远门，父亲不放心，送他去徐州上学。那时候的交通不太发达，车次不多，车况也不太好，都是一些旧车。程国赋和父亲提前一天买好汽车票，一大早，天才蒙蒙亮，他俩就从市郊赶早班车到市里的长途汽车站，然后坐汽车到合肥。从安庆坐汽车到合肥，180公里左右的路程，在路上要走六七个小时，临到吃午饭的时间，司机一般都是把汽车停在路边的一个小饭馆吃饭。不少路边小饭馆为了吸引过往的司机，都推出"优惠措施"——司机吃饭免费，饭馆老板端上三菜一汤，伺候着这些带来客源的司机。中午吃饭时分，乘客也都饿了，有些就点几个菜，在小饭馆就餐，也有些人拿出随身带的干粮作为午饭。程国赋和父亲只点了一个素菜，没有油荤，吃了一碗米饭，再吃了一点之前准备的干粮，打发了午饭。到合肥排队买火车票，坐了一夜的慢车到徐州。十几岁的年龄特别容易犯困，尤其是凌晨一两点钟，困得不行，没钱买卧铺，幸好有个座位，困了，就趴在车窗前的小桌子上打个盹。朦朦胧胧中，只听到一路上火车哐当哐当的声音，在耳边不停地响起。

入学报到时，程国赋在中文系的报到册上，找了很长时间也找不到自己的名字，后来负责报到的老师经过一番核对，才发现他的名字到了数学系的新生报到册上，多半是因为他的数学高考成绩比较好，语文成绩比较差吧。接下来的4年里，程国赋常常要和一个叫"李芳超"的名字打交道，甚至要和这个名字"较劲"，因为上课点名、各门课程成绩册、各种活动表格，都写作"李芳超"，每次他都要站起来向老师解释，"我不是'李芳超'，我是'程国赋'"；每次都要跑到系里或老师的办公室去改名字，4年下来，他感觉自己像个冒名顶替读书的大学生，想必在数学系，李芳超也顶着他的名字吧。程国赋一直很好奇，这个"李芳超"到底是谁，长得什么样。程国赋和他从没见过面，也不知这个叫"李芳超"的大学同年级的同学后来到哪里工作了。

小时候的程国赋是个"孩子王"，天不怕，地不怕，带着一帮孩子去江边、湖边钓鱼、捕鱼；雪天捉兔子、挖松鼠洞，找松鼠储藏过冬的板栗。等春天映山红漫山遍野开放的时候，和一群孩子上山嬉闹，听布谷鸟的叫声在山间回荡。程国赋说,长大后,离开了家乡,每每听到春天里布谷鸟的叫声,他的心里都会泛起一股暖流,都会激起童年和少年时的回忆,都会想起在父母身边度过的日子,都会想起童年和少年时代的美好时光。那时的程国赋是快乐的、开朗的、幸福而无忧无虑的。

大约是从中考失败开始,加上青春期的忧虑和不安,从高中阶段起,程国赋不再那么快乐,不再那么无忧无虑,他很少说话,很少有开怀大笑的时候,与童年、少年时代相比,像是变了一个人一样,他变得内向、忧虑、彷徨,变得多愁善感、沉默寡言。高考的失利,加剧了这一性格的转型。高三的时候,班主任程华老师似乎看出了这一点,在课堂上常常点名让程国赋到黑板前给大家演示数学题。每次数学课,程华老师准备点名的时候,也是程国赋最害怕、担心的时候,他低着头,希望老师不要点到他,可是事与愿违,程华老师偏偏每次都点他的名字,让他到黑板前做题目,明明在台下很快就可以做出来的数学题,到了黑板前,在老师和全班同学们面前,十次有九次演算错误,弄得他很尴尬,一脸通红地回到座位上。程华老师没有批评他,而是默默地给大家重新演示一遍正确的步骤和答案。很多年过去了,每每想起此事,程国赋都能体味到程华老师的良苦用心,他是希望通过这种方式让程国赋更好地走出自卑,走出自我的小天地,是为了帮助程国赋更好地锻炼自己的胆识。

刚进大学的程国赋依然不善表达,内向而腼腆,等到大学毕业的时候,他又像是找回了以前的自信和快乐,再一次经历了性格的转型,是徐州这个具有浓郁的北方气息的城市改变了他,是大学生活改变了他。

徐州古称彭城,是著名的历史文化名城,也是历史上兵家必争之地,向来有着"彭祖故国、刘邦故里、项羽故都"的美誉,这里的民风很淳朴,也很仗义、豪爽,甚至带有一些彪悍的气息。记得在徐州时听到一个笑话,说是有个徐州人,到南方出差,在街上看到两个人吵架,吵得不亦乐乎,你来我往,言辞犀利、尖刻,句句不饶人,火药味十足,吵了足足一个小时,就是不动手,这个徐州人站在一边,手心里都攥出汗来了,干着急。虽是笑话,但从中也可以看出徐州人的性格。在徐州4年,程国赋所认识、所了解、所接触到的绝大多数徐州人,是非常热情、豪爽、仗义的。南北地域、文化、民风民俗差异很大,刘师培在《南北文学不同论》中说:"大抵北方之地土厚水深,民生其间,多尚实际;南方之地水势浩洋,民生其际,多尚虚无。民崇实际,故所著之文不外记事析理二端;民尚虚无,故所作之文或多为言志抒情之体。"徐州位于江苏省西北部,处于江苏、山东、安徽三省交界处,民风朴实,豪侠仗义,而程国赋的家乡安庆则体现出南方风格。"一方水土养一方人",程国赋在徐州读大学的4年,不知不觉之中也受到当地民风的影响,对他性格的转变也带来一定的影响。

"读万卷书,行万里路",大学期间,程国赋所行之"路"虽谈不上万里,但他也跑了一些地方,开阔了自己的视野。在大二的时候,班上组织去曲阜和泰山,看了孔庙、孔林，与生活在两千多年前的孔夫子有了近距离的心灵对话，亲身感受到儒家文化的博大精深。接下来便是爬泰山，全班同学坐大巴车到达泰山脚下，那时已是傍晚时分，天色渐渐暗下来，班主任和班干部经过商量后，决定连夜登泰山。那一夜可真够累的，上泰山的台阶极多，有不少地方很陡，上山的人又很多，一个挨着一个，爬台阶的时候，常常是一不小心，头就碰到上面一个登山者的腿。从山脚到山顶，有很多著名的景点，如岱庙、普照寺、王母池、经石峪、碧霞祠、日观峰、南天门、玉皇顶等主要名胜古迹，有数不清的摩崖碑碣，还有奇松、云海、怪石等，可惜是晚上，又一心只顾登山，很多景点都漏掉了，等第二天下山时才有时间浏览。泰山有多少级石阶？有人说是6666级，实际上，重修之后，增加了很多，远不止这个数。等大家爬到山顶的时候，天还没有亮，全班同学一个个累得筋疲力尽，东倒西歪，靠在树边休息。为什么要连夜登泰山呢？就是为了看泰山日出。稍事休息之后，因为清晨的山上很冷，所以大家各自租了一件军大衣披在身上，静静地等待日出。一会儿，东方露出鱼肚般的白色，渐渐亮起来，终于，一轮红日从远方的海面上、从黑暗中冉冉升起，照亮了大海，照亮了天空，升起于重重叠叠的云海之上，那一刻，每个人都特别激动，一夜的辛苦、疲劳，全都抛到了脑后，大家都如痴如醉地沉浸在大自然所带来的奇幻景色中，感受着泰山日出所带来的霞光万丈，日出仿佛给大家带来了信心、希望和梦想。这次观看泰山日出的经历让程国赋悟出一个道理：没有哪些成功是轻轻松松、随随便便就可以得到的，只有付出努力，只有经过艰辛和长久的等待，才能品尝成功的愉悦和幸福。

在大学时代，程国赋遇到不少人、不少事，时隔30多年，有些人和事已渐渐地淡忘，但是有些人、有些事却牢牢地记在脑海中，甚至有的人只是萍水相逢，却给他的性格、为人带来不小的影响。1986年春节刚过，程国赋读大一，春季开学，他到合肥买火车票，车票很紧张，排了半天队，等到程国赋排到窗口时，售票员说，今天的票卖完了，明天再来排队吧。那时的程国赋19岁，天色已晚，正月里合肥的天气又很冷，他站在人群旁边，不知如何是好，心里很着急。这时旁边一个三四十岁的中年男子（后来才知道他也姓程）看见程国赋很无助、很慌张的样子，走上前，关心地问他："车票卖完了？"程国赋说："是的。"这位中年男子看到程国赋是个学生模样，接着问道："那你怎么打算的呢？晚上有住的地方吗？"程国赋摇摇头，中年男子热情地邀请他和同伴一起坐三轮车，绕过几条街道，到一条巷道中，停在一家小旅馆前面，原来这个人是山东临沂的一个商品供销商，他们来到安徽跑业务，跑完业务准备回临沂，在合肥住了几天。中年男子在他们住的大通铺房间里，给程国赋单独开了一张床铺，并和他一起吃了晚饭和早餐，坚持不让程国赋出一分钱。第二天一早，送程国赋去火车站买票。时隔35年，程国赋已记不清那个人长什么模样，只记得他高高的个子，说话很温和。这位好心的中年男子一定也记不得多少年前，他在合肥曾经帮助过一个穷困、青涩的大学生，但是这件事对程国赋带来不小的影响，那就是让他深深感受到，为人豁达、大度，待人真诚、热情,乐于助人,是一个人最可贵的品质。

有时候,不经意间,一个人、一件事可以影响一个人的性格,甚至可以影响其一生。有一次,程国赋一门功课考得很不理想,心里极郁闷,一个人跑到徐州云龙山脚下,漫无目的地徘徊。他是一个很好强的人,这次失败,让他不停地自责、伤心、难受。经过一座年久失修的破桥边,程国赋看到一幅场景:一对乞丐模样的夫妻在桥边搭了一个棚子,作为夜里睡觉的地方,旁边支着一个火炉,正在烧晚饭。丈夫在整理着白天收拾来的破烂,将值钱的东西拿出来,准备换钱用,把垃圾扔掉;妻子在一旁做饭。看上去他们没有什么家当,但是在夕阳余晖的照射下,他们的脸上露出的是满足、惬意的神情,没有抱怨,没有责备。看到这幅场景,程国赋的心头为之一动:这对夫妻一无所有,却过得很闲适,很知足,为什么我总是如此自责和不安?人活着要有追求,但更重要的,是内心的快乐和满足。

自1989年离开徐州,至今已经32年,毕业后程国赋一直没有回过母校,但是母校老师或慈祥或严肃的面容,母校同学们青春时代的欢声笑语,校园旁边的云龙山、云龙湖常常出现在他的梦中,让他久久难以忘怀。

(四)南大岁月

1989年9月,程国赋考入南京大学中文系攻读硕士研究生。

南京大学是一所百年名校,其前身是创办于1902年的三江师范学堂,办学历史悠久,声名卓著,名家荟萃,是程国赋一直向往的高等学府。中文系是南大成立最早的系所之一,著名学者如李瑞清、黄侃、吴梅、方光焘、胡小石、汪辟疆、陈中凡、潘重规、杨晦、唐圭璋、吕叔湘、罗根泽、陈白尘、陈瘦竹、程千帆等先后在中文系任教。经过几年时间的备考,程国赋终于考入心仪的高校,不过,一开始,他进入南大之路并不平坦。

参加完南大硕士研究生入学复试以后,按常规一般在六七月份就要发放录取通知书,程国赋放暑假后,回到老家,满怀信心地等啊,等啊,一直杳无音讯,复试之后的自信、开心,慢慢地被焦急、担心取代,迟至当年8月底,新生都快要开学了,还未接到录取通知书。8月底的某一天,邮差送来一份挂号信,程国赋以为是南大的录取通知书,打开一看,傻了眼,原来是一份派遣证,他被安排到浙江湖州的一所矿上中专学校教书,派遣证还规定了具体的报到时间和报到要求。难道南大硕士生录取那边出了什么问题?程国赋情急之下,向远在徐州的母校老师徐放鸣教授和南京大学中文系王立兴教授去信求教,并电话咨询,徐老师时刻关心学生的成长,他立即向校方了解情况,得知是在具体程序上,校方没有及时跟进,耽误了进程。徐老师积极与多方沟通,并作为程国赋大学时代的班主任,极力推荐程国赋;王立兴教授是程国赋报考的硕士生导师,是一位极慈祥、温和、热心、负责的老师,他到学校研究生院了解相关情况,并及时疏通,解决了问题。真是好事多磨。

1989年秋天,程国赋进入南大读硕。那一年,基本上所有攻读硕士学位的研究生都要到基层锻炼,南大也一样。程国赋和同年入学的研究生被安排到南京汽车制造厂锻炼,过着上午锻炼、下午上课的半工半读的生活。南汽离南大不远,上午大家从汉口路南大校园出发,坐公交车到南汽上班,每个同学有一名工人师傅作为指导老师,大家协助工人做拧螺丝、搬机器、装灯泡等一些初级的活儿,技术性很强的活一般都是工人师傅做,同学们在一旁学习。中午在厂里吃完午饭以后,下午回学校上专业课和英语课,这样的半工半读的日子持续了一年的时间。

在南京读硕期间,程国赋的兴趣比较广泛,他喜欢创作诗歌、散文、小说等作品,曾写过《又听到布谷鸟的叫声》等几篇文章在南京的电台上播出过,在山西临汾的报刊上发表过散文;他喜欢书法,加入过徐州市和南京市硬笔书法协会,并有硬笔书法作品参加过书法展;喜欢影视评论,参加过江苏省和南京市的影视评论协会,在《电影评介》《江苏电影》等杂志上发表过多篇影视评论文章。相比之下,在所学专业——元明清文学方面虽看了一些书籍,但欠缺较多,显得"不务正业"。

程国赋在专业上警醒、发力、发愤读书,应该说,是从读博开始的,那一年,他25岁。

南大古代文学专业几位老师推荐程国赋参加硕博连读,这有些出乎他本人的意料。硕士两年,半工半读,上课、看书的时间有限,加上程国赋这一时期兴趣广泛,东瞅瞅、西看看,转眼两年时间就过去了。有一天,郭维森先生、吴翠芬先生把程国赋叫去办公室,对他说,老师们看了他近两年来的学习成绩,觉得他在同届古代文学专业同学中比较突出,希望他报名参加硕博连读,准备博士入学考试。听到这个消息,程国赋对老师们心存感激,感谢他们的鼓励和关心,除此以外,他心里涌出的更多是惭愧、不安和意外。老师们的信任和鼓励也让程国赋暗自发誓,不能再荒废时间,要全身心投入到学业之中。

博士阶段,程国赋读得比较辛苦,也比较充实,系统地阅读了一些专业书籍,他的眼睛近视度数也随之成倍地增加。本来虽有几百度的近视,但大学阶段、读硕时都不戴眼镜,读博士时,泡在学校图书馆、中文系资料室、南京市图书馆等地,围绕博士学位论文选题《唐代小说嬗变研究》,阅读了《旧唐书》《新唐书》《太平广记》《宋史》《元史》《明史》《清史稿》《清实录》,大量的唐、宋、元、明、清笔记,以及《古本小说集成》《古本小说丛刊》《古本戏曲集成》《中国古典戏曲论著集成》等多种书籍,并做了几十本读书札记。从博一到博二、博三,眼镜的镜片也越来越厚。博士生导师卞孝萱先生不仅自己治学严谨、务实,而且对学生要求非常严格,时常督促研究生的学业。程国赋当时住在南大南园六舍,他的书桌靠窗,平时看书,背对着门口,卞先生走路不仅快而且声音轻,有几次走进他的宿舍,悄无声息地站在他背后,看他是不是在读书,程国赋一回头,看见卞先生,常常冷不丁地吓一大跳。卞先生笑眯眯地拍拍他的肩膀,露出赞许的眼光和慈祥的笑容。程国赋知道卞先生的心思,他很担心学生荒废学业,荒废大好的读书时光。卞先生常对程国赋说,你是硕博连读,没有做过硕士学位论文,如果拿不到博士学位,那就只好拿本科毕业文凭了。先生的督促和鞭策,成为程国赋学习的动力之一。

(五)人在岭南

1994年,从南京大学博士毕业以后,程国赋来到祖国的南大门——广州,在岭南一直生活、工作了26年。说起南下的经历,也带有一些偶然性。

在1994年之前,程国赋从未到过岭南,他对岭南的印象是从书本上得到的,阅读近现代史的书籍、文献,认识了康有为、梁启超、孙中山、陈白沙、湛若水、屈大均、吴沃尧等一批岭南先贤;通过阅读苏轼的《食荔枝》一诗"罗浮山下四时春,卢橘杨梅次第新。日啖荔枝三百颗,不辞长作岭南人"等,认识了岭南的食物、风土人情;看了秦牧撰于1961年的《花城》一文,认识了南国花市和广州人年宵逛花市的习俗。但是广州毕竟距离安徽、南京有1000多公里,十分遥远,程国赋也没想到自己会和岭南结下这么深的缘分。

1994年5月12日,是程国赋博士学位论文答辩的日子。答辩结束以后,作为答辩委员之一的吴新雷老师走到程国赋身边,和他说了一个高校进人的信息。吴老师刚从广州开会回来,在广州时,华南师范大学管林教授、钟贤培教授请他推荐博士毕业生,吴老师在论文答辩会上和程国赋提到,华南师大古籍所要人。程国赋当时的想法本来是在南京高校或出版社就业,没想过去南方。他的几位硕士阶段的同学1992年以后陆续到广州工作,程国赋即将博士毕业时,多次和他聊起广州的风土人情,聊起广州的美景、美食和良好的工作环境,聊起岭南文化的包容、务实、上进、开放,慢慢地,程国赋的脑海中,对广州的感觉、印象越来越清晰,越来越美好,所以吴新雷老师在答辩会后提到的华南师大进人的消息,再一次触动了程国赋南下的念头。

5月底,程国赋即南下求职,不巧的是,他来晚了一步,华南师范大学这边已准备引进另一所高校的博士。不过那时的博士毕业生很少,南大中文系1994年只有6名博士生毕业,找工作并非难事。得知程国赋到广州求职,暨南大学中国文化史籍研究所(校内简称"古籍研究所")所长毛庆其教授求贤若渴,立即与程国赋联系,并很快与学校人事处敲定下来。暨南大学是一所华侨高等学府,虽然成立于1906年,但办学历史比较坎坷,经历了几次停办、几次复办的过程,1978年在广州复办,1994年正值周耀明先生担任校长,他颇具眼光,提出引进100个博士,充实师资队伍,所以暨南大学中国文化史籍研究所引进程国赋的程序比较简单,速度也比较快。在广州求职的那几天,先后有4家单位同意录用,但最终程国赋选择了暨南大学。多少年过去了,想起那时在广州求职的情形,留在程国赋印象中的是满树的鲜花和绿色,是多雨潮湿的天气,是满街的菠萝甜香味和扑鼻而来的煲仔饭诱人的味道。

博士毕业以后，程国赋就来到暨南大学古籍研究所工作，这个研究所是经教育部批准，于1984年11月正式成立的，属于全国高校古籍整理研究委员会直属的重点研究机构之一，首任所长是著名教育家、历史学家陈垣的长子陈乐素教授，宋史研究名家。古籍研究所是直属学校管理的科研机构，当时所里研究人员并不多，不到20个人，共有3个研究室，即宋元文化研究室、港澳历史文化研究室和岭南文化研究室，毕业于北京大学中文系的毛庆其教授时任所长，前任所长常绍温教授、前任副所长陈华教授，老一辈的学者邱树森教授、杨芷华教授、张其凡教授、刘灿老师等都还健在。虽然古籍研究所在校内是个并不起眼的小单位，但是所内气氛融洽，前辈学者们为人亲和，热心提携后学。程国赋刚到古籍研究所工作的时候，住在校园西门口羊城苑的六楼，一层是停车场，算起来就是七层，邱树森、张其凡几位先生专程登上七楼去看望刚来的"新兵"，嘘寒问暖。毛庆其、吴溢球几位老师在程国赋到校工作的第二年，就通过选举让程国赋"肩负重任"，担任古籍研究所党支部书记一职，主持所里的党务工作。程国赋至今还记得，杨芷华教授每次见到他，都亲切地喊他"小博士"，笑眯眯的，一脸亲切的笑容。2020年1月8日上午，杨芷华教授在养老院病重期间，程国赋和现任古籍研究所所长刘正刚教授、陈广恩书记一起去看望她。杨老师瘦骨嶙峋的模样让人看了很心疼，她已不能说话了，当程国赋在病床前问她可还记得当年的"小博士"时，杨老师露出笑容，微微地点点头。过了一个多月，2月15日晚上9:30，杨芷华老师永远地离开了我们，因系新冠病毒肺炎疫情期间，丧事从简，大家都不能去医院、殡仪馆送她最后一程。尽管古籍所几位前辈学者这些年都陆陆续续离开了人世，但他们严谨治学、提携后学的精神，他们豁达大度的性格，对程国赋影响很深，这些前辈一直是他人生的榜样。就拿程国赋接触并不多的陈华老师来说吧，这位先生给他留下了很深的印象，程国赋曾经撰文《陈华先生二三事》，发表在《暨南大学校刊》上，节录如下：

陈华教授是1998年辞别人世的，离开他工作、生活了40年的暨南大学。老人家走的时候，正赶上炎热的夏季。

陈华教授，一个普通的暨南人，他既没有显赫的头衔，也不是学贯中西的大学者。我与陈华教授只见过几次面，因为1994年我从南京大学中文系博士毕业，分配到暨南大学中国文化史籍研究所工作时，陈华老师已经退休，所以见面机会也少。即使如此，在与陈华教授几次打交道的过程中，我为这位老人点点滴滴的言行所感动，从他的身上，可以看到一个老暨南人执着认真、清贫乐道、严以律己、宽以待人的品德。……

1998年2月，我受命担任中国文化史籍研究所副所长。时任所长张其凡教授提到，陈华先生曾主持全国高校古委会课题"海国图志校注"。《海国图志》是晚清著名学者魏源的著作，书中夹杂着很多地名、人名，其中相当一部分是译名，把它们完全复原成汉文的地名、人名，工作量很大，再加上参加这个课题工作的几位老师或生病，或去世，给《海国图志校注》的完成带来很大困难。陈华先生晚年潜心学术，为保证《海国图志校注》一书的质量，曾专门到广西、云南、澳门等地实地考察，掌握了大量丰富而翔实的资料，可以说，他把《海国图志校注》工作当成他晚年生命中的重要组成部分。《海国图志校注》的出版单位岳麓书社希望早日出版此书，所以，所里决定派两位青年老师协助陈华先生完成该书的写作。

1998年春天一个细雨蒙蒙的晚上，我与张其凡教授因《海国图志》一事，叩开了陈华先生的家门，与他商谈此事。这是我第一次到陈先生家，它是位于苏州苑一个大约只有70平方米的旧房子，客厅很小，水泥地面，墙上有的地方留下一些水印，屋里的家具也很陈旧。看着眼前的一切，我感到很惊讶，也很心酸。陈老退休工资不高，又长期生病，再加上他妻子患有晚期癌症，生活负担很重，陈先生看上去很憔悴。但一谈起《海国图志》，他就精神振奋，滔滔不绝，把自己对这个课题的设想全盘托出，还走到书房里，把多年积聚下来的卡片全部拿出来让我们看，如数家珍般一一述说，对自己和妻子的病情却只字不提。在这样不太宽裕的生活环境下，陈先生执着于学术的精神不能不让我们这些晚辈感动。后来，陈先生还跟我一再提到，他所保存的资料可以供两位年轻老师大胆使用，而且，在出版《海国图志》时，一定要署上两位年轻老师的姓名，要尊重他们的劳动成果。后来的署名情况也尊重了陈华先生的意愿。陈先生对青年人的一片赤诚之心令人感慨。遗憾的是，等到此书顺利出版时，陈先生已驾鹤西归，望着凝聚先生多年心血的厚厚三大本著作，想起先生在世时的叮嘱，不禁令人喟叹不已。此书后来获得全国古籍整理图书奖。

陈华老师是众多古籍研究所前辈学者的一个缩影，在他们的身上，可以看出老一辈学人高尚的品行。从1994年博士毕业到2011年，程国赋调到文学院院部工作，担任副院长，从28岁到45岁，从青年到中年，用程国赋自己的话说，他把自己最美好的年华都留在了古籍研究所。

2011年到文学院工作以后，一下子忙碌起来。2015年7月开始，程国赋担任文学院院长，先后分管过文学院的教学、科研、研究生、人事和学科建设工作，印象最深的是学科建设。1998年申报中国古代文学博士点，对于暨南大学中国语言文学学科而言，这是一个重要的台阶。1990年获批现代汉语二级学科博士学位授予权，1993年获批文艺学博士学位授予权，接下来的5年时间里，中文学科在二级学科博士点的申报方面一直没有进展。学校于1996年进入国家"211工程"重点建设的大学行列，中文学科被列为学校重点建设的学科之一，学科建设成为重中之重，申报二级学科博士点的任务就落到古代文学专业上。1998年，本专业的几位老师一起做材料，填写申报书，共同讨论，在文学院的办公室里坚持了几天，最后一个晚上熬了个通宵，等到最后完稿的时候，已是黎明时分，大家各自回家休息。可惜那一年没有申报成功，直到两年之后，经过再一次的努力才获得中国古代文学博士学位授予权。

自1994年南下，迄今已在岭南工作、生活了27年，岭南已成为程国赋的"第二故乡"。这些年来，他取得了一系列荣誉：2004年，入选教育部首届新世纪优秀人才支持计划，成为暨南大学第一批入选该计划的两个人之一；2008年，被遴选为广东省跨世纪人才培养工程——千百十工程国家级培养对象，同样也成为暨南大学第一批入选该计划的两个人之一；2009年，被遴选为广东省高校"珠江学者"特聘教授，这是暨南大学第三位"珠江学者"；2015年，获聘为教育部长江学者特聘教授，这是暨南大学自主培养的第一位文科长江学者；2015—2016年，先后入选中宣部文化名家和"四个一批"人才、"万人计划"哲学社会科学领军人才，均实现了暨南大学在相关领域人才工程的突破。

这一系列荣誉的背后，有着程国赋辛勤付出的汗水，也是他不懈的努力和坚持的结果。程国赋说，他在人生的道路上，获得了很多荣誉，但是，令他更加难忘的是那些挫折和失败，申报项目的失败，投稿的失败，第一次评教授的失败，申报人才工程的失败，等等。失败让他认识到自己的不足和缺陷，让他有了前进的方向与目标。程国赋至今还保存着当年《文学遗产》主编陶文鹏教授给他写的一封退稿信，信中，陶老师对程国赋投寄的稿件从选题到材料、框架都提出了严厉的批评意见，这件事对程国赋的触动很大，让他看到了自己的"短板"，激励着他不断改进、提高。

这些年，亲人和老师们的离世给程国赋带来一次又一次的打击：2009年，身体一直很硬朗、声若洪钟的卞孝萱先生突然辞世，2010年，大哥经历癌症的痛苦折磨之后离开了人世；2013年，程国赋在中国社会科学院文学研究所访学时，担任他访问学者指导老师的邓绍基先生去世；2015年，慈爱的父亲饱受病痛的长期折磨，离开了人世。程国赋在伤痛之中久久难以自拔。夜深人静，仰望星空，程国赋似乎看到父亲、大哥和老师们关爱而期待的眼光。每当遇到挫折的时候，每当遇到失败的时候，他都不敢自暴自弃，不敢有懈怠之心，亲人和老师们殷切期待的眼光成为他生活的动力和源泉。

二、夯实基础，拓展学术研究的视野和方法

30年来，程国赋主要从事中国古代文学尤其是古代小说的研究。说起对古代小说的兴趣，还得从他童年的时候说起。

小时候，程国赋特别喜欢听故事，那时候没有电视机，看不到电视剧和动画

片，看电影的机会也很少，一年就那么几次。隔壁有个汪姓堂舅，每到夜晚，就搬张凳子在自家的门口讲故事，周围聚拢了不少人，有劳作一天的大人，也有白天上学、晚上做完作业的孩子，程国赋也是其中之一。汪姓堂舅主要说的是小说故事，像《水浒传》《三国演义》《说岳全传》等，说得最多的是《西游记》，所以，程国赋从小就对"金角大王""银角大王""孙悟空三打白骨精""三借芭蕉扇"这样的西游故事很熟悉，也很感兴趣。后来渐渐长大了，程国赋看过很多当时流传的"小人书"，也就是连环画，《水浒传》《红楼梦》《封神演义》《西游记》等，图文结合，让童年、少年时代的程国赋深深为古代小说离奇独特的情节、栩栩如生的人物形象所吸引，产生了浓厚的兴趣。

（一）立志考研

漫长的人生道路上，充满了很多偶然性和戏剧性，这一点在程国赋的人生经历中也有体现。高考填报志愿时，程国赋因为数学成绩比较好，高考数单科成绩达117分，距满分只差3分。在老师的指导下，他报考了厦门大学会计系，幻想着有朝一日做个会计师。

一份大学入学通知书击碎了程国赋做会计师的美梦，阴差阳错，他被徐州师范学院中文系录取，开始学习中国语言文学。多少年之后想起此事，程国赋不免感慨，似乎是冥冥之中自有命运的安排，甚至可以说是命运的眷顾。这种眷顾不是第一次出现，早在程国赋中考失利时，似乎已有命运的安排。如果考上中专，可能后来就不一定读高中、读大学；高考失利在某种程度上来说，其实也是"因祸得福"。程国赋虽然喜欢数学，但实际上他并不喜欢和金钱以及复杂的表格、数据打交道，他从小喜欢、感兴趣的是文学。

程国赋喜欢看书，踏入大学校门以后，没有高考的压力和指挥棒，他尽可以沉浸在书的海洋中，品味阅读的快乐。程国赋阅读的兴趣比较广泛，大一开始，阅读了各类书籍，包括古代文学和现当代文学、外国文学作品，文艺理论书籍，也看了一些语言学方面的著作。大一时，柯云路创作的长篇小说《新星》（原载《当代》1984年增刊第3期）刚刚发表不久，这部以吕日周为小说主人公原型的小说，描写年轻的县委书记李向南锐意改革，政绩斐然，被老百姓誉为"李青天"，与此同时，李向南也遇到了以顾荣为首的保守派的强大阻力。小说情节曲折生动，作为一部反映现实问题、直面社会矛盾的文学作品，受到读者的热烈欢迎。徐州师范学院图书馆当时只订购了几本《新星》，借阅的人很多，程国赋还记得当时在图书馆提前登记预约、多日等待的情景，直到有一天，管理员通知他，他可以借阅这部小说了，程国赋马上一口气连夜读完。

品尝过高考失利的苦涩，经历过大一快乐的阅读时光之后，程国赋立志要考研，但是报考什么专业，从事什么方向的研究，他心里一直不太清楚，没有明确的研究方向。就自己的兴趣而言，主要集中在古代文学和现当代文学两个方面，选择哪个专业作为今后主攻的目标呢？差不多一年的时间，程国赋一直在徘徊、思考、犹豫，直到大一快结束时，他决定报考古代文学。这个决定受到两件事的启发和影响。

第一件事要说到大一时的听课。1985年秋天，程国赋刚进大学，系里开设了"中国古代文学史"课。有一天，一个高高大大、穿着朴素、戴着厚似瓶底眼镜的中年教师走上讲台，讲起课来，声音相当洪亮，这就是朱宏恢老师。他讲到《诗经·关雎》时，念起了课文："关关雎鸠，在河之洲。窈窕淑女，君子好逑。参差荇菜，左右流之。窈窕淑女，寤寐求之。求之不得，寤寐思服。悠哉悠哉，辗转反侧。参差荇菜，左右采之。窈窕淑女，琴瑟友之。参差荇菜，左右芼之。"朱老师念诵课文的声音抑扬顿挫，慷慨激昂，还不时伴有手势和摇头的动作，看上去完全陶醉在《诗经·关雎》所体现、所刻画的那种美妙的场景之中，程国赋也跟随老师一起沉浸在《诗经》美丽的艺术海洋中，感受着古代文学作品的强大艺术魅力和感染力，这让程国赋暗自下决心要从事古代文学的研究，发掘古代文学作品所蕴藏的巨大生命力以及中华优秀传统文化精神。徐州师范学院位处苏北，在全国几千所高校中，并不是一所很突出的学校，既不是"985"，也不是"211"高校，但是从徐州师范学院中文系走出来，活跃在古代文学研究领域的教师特别多，中国社会科学院文学研究所蒋寅教授曾说过，从全国高校培养的古代文学研究人员来看，徐州师范学院中文系培养的活跃在当今学术界的校友很多，这不仅与徐师中文系良好的学风有关，而且与徐师中文系一批优秀的教师密切相关，廖序东、吴奔星、王进珊、蒋庭曜、古德夫、吴汝煜、徐放鸣、朱宏恢、赵兴勤等先生学术造诣深厚，治学严谨，对待教学勤恳认真，精心培养了一批又一批人才。

程国赋在徐师求学的经历给他留下极深的印象，也让他感受到本科教育对一个人成长的重要性，所以，2015年，他在担任暨南大学文学院院长时，结合自己本科阶段的学习体会，推出"本科生整体提升计划"，包括几个方面的内容，教授、博导、名师走进大一课堂，给本科生授课，让本科生从进入大学校园开始，就领略学术名家的风采，另外，从本科大二开始，选拔优秀的本科生参与学院老师们主持的国家社科基金重大、重点或一般项目，让他们和博士生、硕士生、博士后、青年老师一起开展学术研究，提高他们的科研能力，开阔他们的学术视野。

第二件事就是王进珊先生的鼓励和提携。王进珊先生于1907年10月24日生，江苏如皋人，民国时曾主编《江苏商报》文艺副刊、《京江晚报》副刊、《文艺月刊》《文艺先锋》半月刊、《申报》副刊、《文学》等期刊，1946年6月10日由时任中华民国教育部部长朱家骅亲自为王进珊先生签发教授证书。王先生多才多艺，集文学创作与学术研究于一身，创作多部话剧、戏曲剧本、散文集《山居小品》，撰写《〈儒林外史〉作者吴敬梓》等多部著作，新中国成立后先后担任复旦大学、江苏师专、徐州师范学院等校教授，他与顾颉刚、朱东润、匡亚明、贾植芳等先生交往甚多。

程国赋在徐州师院读书时,进珊先生已是八旬老人。有一次,程国赋和班主任谢燕铭老师谈起自己考研的初步想法,他说,自己打算从事古代文学研究、准备报考南京大学中国古代文学学科明清小说研究方向,谢老师很高兴,就向他推荐了德高望重的王进珊先生,让程国赋向王先生请教。在谢老师的联系下,程国赋去拜见了进珊先生。记得那是在烟雨蒙蒙的秋夜,程国赋几次叩响王进珊先生的家门,作为一位德高望重的老学者,年逾古稀的进珊先生没有责备他的冒昧和打搅,而是不厌其烦地对他的学业加以指导,并拿出他在20世纪40年代所编辑的已经有些发黄的报纸给他浏览。从那时到现在,已过去30多个年头,然而,其情其景至今仍历历在目。进珊先生已于1999年1月30日驾鹤西归,留在程国赋心头的唯有永恒的怀念。

(二)在唐代小说神奇的世界里遨游

硕士阶段,程国赋师从王立兴教授,从事明清小说的研究,读博以后,程国赋拜入文史研究大家、唐代文学研究专家卞孝萱教授门下。

对于读博而言,首要的问题莫过于博士论文的选题。俗话说,"好的选题是成功的一半",这话一点都不假。选什么样的题目作为博士论文的选题呢?程国赋为此很费一番心思。他是硕博连读,没有完成硕士论文的经验,思之再三,在和博士生导师卞先生、郭维森先生和硕士生导师王立兴先生商量以后,拟出了"唐代小说嬗变研究"的题目,即探讨唐代小说在宋、元、明、清历代小说、戏曲中的演变情况。经过统计,至少有110篇唐代小说作品在后世产生大量的改编作品,如《莺莺传》被改编成元代《西厢记》杂剧,《长恨歌传》被改编成元代《梧桐雨》杂剧、清代《长生殿》传奇等,《谢小娥传》被改编成《初刻拍案惊奇》卷十九《李公佐巧解梦中言 谢小娥智擒船上盗》、清初《龙舟会》杂剧等,类似的例子还有很多,唐代小说对后世的叙事文学产生了巨大的影响,有很好的研究价值。

程国赋之所以选择这个题目,选择唐代小说作为博士论文的选题,还有其他方面的考虑,那就是南京大学自民国以来一直有着研究唐代小说的传统。与胡小石、陈中凡并称南京大学中文系"三老",曾任中央大学文学院中文系主任的汪辟疆先生(1887—1967)编撰《唐人小说》,1929年印行,后经编者重新修订,于1955年由上海古典文学出版社出版,1978年由上海古籍出版社再版。这是一部唐代小说的经典选本,编撰者选择名篇佳作,选用的版本可靠,校勘精良,作者对唐代小说作品的评述、考订文字,虽然篇幅不长,但见解独到而深刻。程千帆先生(1913—2000)所撰《唐代进士行卷与文学》于1980年在上海古籍出版社出版,该书虽仅有6万字,却是20世纪学术史上具有里程碑意义的论著。作者经过对大量材料的梳理考订之后,重点论述行卷的制度、历史和文化背景,论述进士行卷对唐代诗歌发展的影响,开了在广阔文化背景下研究唐代文学的先河。程千帆先生在《唐代进士行卷与文学》中用《幽怪录》与《续幽怪录》等小说作品的写作过程来说明行卷对唐代传奇小说的影响。卞孝萱先生从小说与政治关系的角度开展研究,著有《唐代小说与政治》《唐传奇新探》等书,周勋初先生出版《唐语林校证》、主编《唐人轶事汇编》,并著有《唐人笔记小说考索》《唐代笔记小说叙录》,王立兴、吴翠芬二位先生撰有《唐传奇英华》。

由上可知,自20世纪上半叶以来,南京大学中国古代文学学科一直有着研究唐代小说的传统,且在学术界具有突出的地位和影响。在考虑博士论文选题时,在南大古代文学学科读博的程国赋也在一定程度上受到南大这种学风和治学传统潜移默化的影响。

(三)师恩难忘

在程国赋的求学生涯中,老师们对他的教育、影响、帮助是巨大的,前面已经说到,程华先生、王进珊先生、王立兴先生、徐放鸣先生、朱宏恢先生等很多中学、大学和硕士阶段的老师,不仅给程国赋传授知识,而且在他最困难、最无助的时候,伸出援助之手,帮他渡过难关。他博士阶段以及后来的学术道路上,卞孝萱先生、邓绍基先生、周勋初先生、傅璇琮先生等也给予了很多提携和关心、支持,帮助他在学术上成长。

程国赋在徐州师范学院中文系就读时,选修吴汝煜教授的"史记"课程,在课堂上几次听吴先生提到卞孝萱教授的名字。不过,虽久闻孝萱先生的大名,却一直无缘拜见先生。到南大读硕以后,有一天上午,程国赋去中文系上课,那时南大中文系还在西南楼后面的一座木楼上,下课后,在系办公室看到一位满头白发、神采奕奕的老先生,经人指点,才知是他久仰的卞先生,只是那时还没想到有朝一日会拜在先生门下,问学于先生。卞先生有着相当传奇的人生经历。1924年,先生出生于扬州的一个书香门第。出生不到两个月,父亲便去世了,从此与母亲相依为命。母亲并不识字,但爱子心切,为了教育孩子,她每天向邻居学几个字,回家教给孩子。寡母教子的传奇经历让人深深感叹,包括"南社"创办人柳亚子、南京大学著名学者陈中凡教授在内的几十位前辈、名流为此赋诗作画。卞先生艰难的求学经历、锲而不舍追求学术的精神令程国赋十分敬佩。

关于卞先生的治学,程国赋曾撰文《论卞孝萱师的治学特点与研究方法》(收入《唐代文学研究年鉴》2013年辑,广西师范大学出版社2013年版),先生治学讲求专通结合、文史兼治,强调全面拓展,重点突出,不囿陈说,致力创新,重视文献,不尚空谈。孝萱先生在学术上形成了自己独特的治学特点与研究方法,取得了突出的学术成就,其主要原因就在于先生好学不辍,老而弥坚。程国赋在南大读书期间,常常在图书馆古籍部看到先生或忙碌找书或静静看书的身影。先生即使在离开人世的前几天，因病住在南京鼓楼医院，依然想着他的学术，想着他没有完成的书稿。先生的刻苦，在学生、晚辈眼中是有目共睹的，同时，先生在自学过程中，博采众长，转益多师，这对先生学术思想的形成也有一定的影响。

早在硕士二年级的时候，程国赋就准备报考邓绍基先生的博士生，并围绕博士入学考试看了一些书，做了一些准备，那一年因在南大本校报考硕博连读，就没去成北京，直到2000年才和邓绍基先生结下师生之缘。程国赋去中国社会科学院文学研究所担任访问学者，在先生门下学习。邓绍基先生身材魁梧，声音洪亮，自2000年之后，不管是在访学期内还是访学结束以后，每次程国赋去北京参加学术会议或担任评审任务，都要去西直门南大街邓先生的府上拜访，和先生聊会儿，有时陪先生和师母一起吃午饭，说说话。先生的客厅不大，堆满了书，坐在客厅里，听先生谈学术、谈人生，程国赋觉得特别温馨、幸福。2001年，程国赋在人民文学出版社即将出版《唐五代小说的文化阐释》一书，邓先生得知消息后，热情地撰写序言，对他勉励有加。在2013年上半年，程国赋到北京出差，去先生家，先生说做胃癌手术快5年了，据说癌症手术5年内不复发的话，生存率会提高很多。程国赋很期待先生度过手术后的恢复期，偏偏这一年邓先生得了一场重感冒，身体损耗很大。2013年3月12日，程国赋突然收到邓先生的短信："春节后快速恶化。3月6日觅得一医院，我估计时日无多，特告。"这条短信让程国赋很震惊，立即赶往北京，到朝阳医院看望邓先生，眼前的情形让他心里非常难受。邓先生那么高大魁梧的身材，在病痛的折磨下，瘦弱了很多，让程国赋差点一下子都没认出来。过了两周，邓绍基先生就离去了，程国赋失去了一位非常尊敬、非常挚爱的老师。

程国赋第一次见到周勋初先生，是在1990年南大召开的唐代文学国际学术研讨会上，周先生担任大会召集人、大会主席，风度翩翩。在南大读书时，他几次听过先生的讲座以及先生在学位论文答辩会上、学术报告会上的发言。有一次，周先生陪同版本学家黄永年先生来做讲座。周先生是上海市南汇县人，说话中带有比较明显的家乡口音。在程国赋的眼中，周勋初先生一直是位严谨、严格而严肃的老先生，他与周先生近距离接触，始于1994年年初博士论文答辩之前，周先生担任他的答辩委员会委员。程国赋去周先生家送需要评审的论文，这是他第一次到南京北京西路的周先生家中。过了几天，博士论文答辩的日子临近了，担任答辩秘书的许结教授有一天在校园里碰到程国赋，和他说，看到周先生在他的博士论文上面密密麻麻批注了很多字，许老师这句话让程国赋一颗心立刻悬了起来。周先生向来是以要求严格而著称的，先生在唐代小说研究方面硕果累累，对这个领域非常熟悉，论文答辩会上，周先生会不会对论文加以否定呢？带着这样忐忑的心情，程国赋于1994年5月12日走进了博士论文答辩会场，那天下午只有程国赋一个人参加论文答辩，每位老师发言的时间很充裕。轮到周勋初先生发言的时候，出乎程国赋意料的是，周先生对该博士论文给予了很高的评价，从选题到材料运用、研究方法等多方面予以肯定，然后，按照论文写作的先后顺序，就具体例证、观点等提出很多有待修改、有待完善的地方。从周先生的发言可以看出，他对论文看得很细很认真，体现了老一辈学者严谨认真的治学风范，同时，也反映出他对后学、对青年学子的关爱和提携。程国赋的博士论文在后来修改、完善的过程中，参照了周先生在论文答辩会上提出的很多宝贵的修改意见。程国赋到南方工作以后，得知周先生的公子也在广州工作，先生每年会和师母来广州过春节，程国赋和周先生见面的机会自然就多了不少。每次先生南下，都是程国赋向周先生请教的好机会。有一次，程国赋邀请周先生到暨南大学讲学，先生还是"乡音未改"，一口的家乡话，好在邀请了莫砺锋先生的弟子徐国荣教授担任翻译，才使学术报告会得以顺利进行。

傅璇琮先生是程国赋非常敬重的前辈学者，2016年1月23日下午，得悉傅先生因病仙逝的消息，程国赋非常震惊，心中伤痛，久久不能平静。程国赋虽无缘拜入先生之门，但多年来先生一直提携、关心他，他已将先生看作自己的恩师。1996年，程国赋到西安参加西北大学主办的唐代文学国际学术研讨会，会议报到的当天晚上，他因事去周勋初先生的房间请教修改博士论文一事。正好傅璇琮先生和周先生同住在一个房间，周先生把程国赋介绍给傅璇琮先生，并提到程国赋是卞孝萱教授指导的博士。这是他第一次见到在学术界声名卓著的傅璇琮先生。第一次见到傅先生，先生慈祥的笑容、温和的话语在程国赋脑海里留下了极深的印象。

2005年，与中华书局原总编辑、中国唐代文学学会原会长傅璇琮教授合影

此后在差不多20年的时间里，程国赋多次得到先生的关心和提携，深深感受到先生谦和、无私、宽容的长者之风。2000年，程国赋所撰《唐五代小说的文化阐释》初稿完成，他冒昧向先生求序，先生在百忙之中，撰写了一篇热情洋溢的序言，对他勉励有加；2002年，正值《中国大百科全书》（第2版）开始修订，先生担任中国文学卷的副主编之一。参加《中国大百科全书》的编写是一件非常严肃、学人引以为豪的事情，傅先生当时正在外地参加学术会议，他在会议期间给程国赋写信，邀请他参加唐传奇部分的写作。先生此举是希望他借此在学术道路上尽快成长。

倪豪士（William H. Nienhauser, Jr.）教授是美国著名汉学家，他于1995年在台北南天书局出版著作《传记与小说——唐代文学比较论集》，后经修改，并增二文，拟在中华书局新版。在傅先生的提议下，中华书局汉学编辑室征得倪豪士先生同意，2005年10月，傅先生来信，嘱程国赋为《传记与小说——唐代文学比较论集》一书作序。为前辈学者的著作作序，身为晚辈，程国赋实在不敢当，他向傅先生再三推辞。那一年年底，先生来广州参加会议，程国赋再次向傅先生当面请辞序言之事。先生面容慈祥，说话声音不高，但态度很坚决，坚持让程国赋撰写序言。先生对晚辈的信任、对后学的提携，犹如一股暖流，在程国赋的内心涌动，激励、鞭策着他在学术的道路上不断前行。

（四）学术成就

如果从《南京大学研究生学报》1990年第1期发表第一篇论文《〈红楼梦〉原书续书悲喜剧风格之比较》算起，迄今为止，程国赋在古代文学研究领域耕耘了31年。31年来，程国赋出版古代文学研究专著11部，发表学术论文160余篇，其中，发表在《文学评论》《文艺研究》《文学遗产》《文史》《文艺理论研究》《文献》等重要期刊上的论文20余篇。主持2015年度国家社科基金重大项目"中国历代小说刊印文献汇考与研究"，另主持国家社科基金一般项目、青年项目3项，同时，还主持并完成教育部社科规划项目、教育部"新世纪优秀人才支持计划"项目、教育部全国高校古委会项目、广东省社科规划项目等20余项，均获好评。两次获"教育部高等学校科学研究优秀成果奖（人文社科）"二等奖，获《文学评论》2003—2007年优秀论文奖，先后4次获广东省哲学社会科学优秀成果奖一等奖、二等奖；参加《中国大百科全书》（第2版）部分小说词条的撰写工作，担任《中国大百科全书》（第3版）清代文学卷副主编。

总的看来，程国赋的学术成就主要体现在以下3个方面：

（1）在古代文学研究领域，较早开展古代小说的流传与接受研究。程国赋在这方面的第一本著作是他的博士论文《唐代小说嬗变研究》（广东人民出版社1997年版）。早在1991年，程国赋就开始在导师卞孝萱教授的指导下，撰写博士论文，在对唐代小说创作方法、结构艺术、叙事特点等进行本体研究的基础上,分析唐代小说在宋、元、明、清文学作品中的改编现象,从古代小说的流传与接受这一独特的视角考察唐代小说在后世传播与发展的轨迹,以此探寻中国古代各种文体之间渗透与融合的发展趋势。

宋、元、明、清历代小说、戏曲作家改编唐代小说,往往不是单纯地进行文字加工、情节改造,而是"借他人之酒杯,浇自己胸中之块垒",将自己的生平经历、切身感受,把时代的巨变、思想文化的变迁融入改编的过程之中,体现出时代特色和文学价值。以元代白朴(1226—约1306)创作的杂剧《唐明皇秋夜梧桐雨》(简称《梧桐雨》)为例,这是根据唐代小说《长恨歌传》改编的作品,陈鸿撰《长恨歌传》描写唐玄宗李隆基和杨贵妃之间曲折感人的爱情,开元时杨妃由寿邸入宫,李、杨二人恩爱,"安史之乱"爆发以后,杨妃被缢死于马嵬坡。乱平,玄宗自蜀还京,思念杨妃不已,方士于海上仙山得见贵妃,贵妃提及天宝十载七夕与玄宗盟誓之事。

白朴为什么要改编这篇《长恨歌传》呢?这与他个人独特的身世经历有关。他出身于金朝官僚士大夫家庭,父亲白华考中金朝进士,官至枢密院判官一职。白朴幼年时即遭逢乱世,公元1232年,蒙古军队攻城,金哀宗弃城北走,白华抛下家小,只身随金哀宗渡河而上。第二年三月,蒙古军攻破汴京城,白朴和他的姐姐幸得元好问收留,精心抚育,公元1237年,白朴12岁时,元好问将白朴姐弟送归白华,让他们父子全家团圆。白朴由金入元,经历了亡国之痛,所以他在改编《长恨歌传》时,在《梧桐雨》第三折增加了一个"马践杨妃"的动作:"陈玄礼率众马践科"。为什么白朴要增加这个为《长恨歌传》原作所没有的情节呢?很显然,白朴将"安史之乱"的祸根归结于杨贵妃,他作为一个经历过改朝换代、由金入元的作家,痛恨杨妃,认为"女色祸国",所以在改编《长恨歌传》时,增设"马践杨妃"的动作,以表达个人的家国之痛。类似的事例在唐代小说的改编过程中还有很多,所以,通过探讨唐代小说的嬗变现象,可以考察宋、元、明、清不同时代作家的创作心理、时代思潮和社会变迁,具有较高的研究价值。

在承继博士论文研究的基础上,程国赋继续沿着这一思路进行深入探讨,2006年在中国社会科学出版社出版《三言二拍传播研究》,考察"三言二拍"自明末以后在文坛上的传播情况,通过这一特定的视角探寻明清时期文人心态、社会文化的发展演变,以及小说、戏曲之间渗透与融合的发展趋势。

中国古代学术讲求"辨章学术,考镜源流",程国赋在继承传统学术研究方法的基础上,以宏通的学术视野开展研究,拓展了古代小说研究的思路和方法。

(2)注重以跨学科、跨文化的视角研究古代小说。程国赋打破学科界限,以跨文化的视角开展综合研究,其研究实践集中在唐五代和明朝。

在唐五代小说研究领域,程国赋引入文化研究的视角,对唐五代小说做全方位的文化考察,2000年在台北文津出版社出版专著《唐代小说与中古文化》,2002

年在人民文学出版社出版《唐五代小说的文化阐释》，都是从这一视角进行研究，具有开拓意义和创新价值。

完成唐五代小说的文化考察之后，程国赋将研究视角转向明代，本着历史文化与古代小说相结合、文献与理论并重的研究思路，从出版文化这一新颖、独特的视角考察明代小说发展、演变的真实历程及其内在规律。说起从事明代书坊与小说的研究，还有一个偶然的因素在内。2002年的一天，程国赋在看书时，看到署名"即空观主人"（凌濛初别号）的两篇序言，一是《拍案惊奇序》声称，冯梦龙编撰的"三言"面世以后，"肆中人见其行世颇捷，意余当别有秘本，图出而衡之"。所谓"肆中人"，就是崇祯年间刊刻"二拍"的苏州书坊尚友堂的主人安少云以及围绕在他周围的一批编书先生、刻书先生。书坊邀请凌濛初编撰与"三言"同类的话本小说集，即《拍案惊奇》，投放市场后获得成功。第二篇序言即《二刻拍案惊奇小引》提道："贾人一试之而效，谋再试之。"《二刻拍案惊奇小引》提到的"贾人"，与《拍案惊奇序》中提到的"肆中人"一样，都是指苏州书坊尚友堂主人安少云以及围绕在他周围的一批编书先生、刻书先生。这两篇序言引起程国赋的思考：明代这些书商（即"肆中人""贾人"）在明代小说稿件的组织、策划过程中，在古代小说的产生与发展过程中起到了什么样的作用呢？由此他开始了从出版文化这一独特的视角考察明代小说的形成与演变的历程，2008年，程国赋在中华书局出版专著《明代书坊与小说研究》，该书特色鲜明，体现了较高的学术价值，拓宽了古代小说研究的视野，弥补了学术研究领域的薄弱环节，丰富了中国小说史、中国文学史的内容。

最近几年，程国赋主要着眼于命名文化与中国古代小说的关系研究，在《文学评论》《文艺研究》诸刊发表多篇论文。命名文化是认识、了解中国古代小说作家、作品、了解小说创作主旨、创作倾向的一个独特窗口，例如，《水浒传》中梁山泊一百零八将个个有绰号，这些绰号或体现人物的外貌、肤色、形态等，或体现人物的性格、形象，宋江绰号"孝义黑三郎"表明了他的肤黑、他的孝道，绰号"山东及时雨"，表明他乐于助人、慷慨大度、行侠仗义的性格特征；李逵绰号"黑旋风"，"旋风"是宋代的一种大炮，一点就着，这个绰号体现了李逵火爆的性格；《红楼梦》又名《情僧录》《风月宝鉴》，这些书名体现出作家所宣扬的色空观念。开展明清小说命名研究，可以考察不同时代的文化内涵和文学观念，有助于拓展古代小说研究的视野和方法，有助于更好地认识明清小说创作及其传播的内在规律及其发展历程。

程国赋注重从文化、历史层面研究古代小说，在一定程度上打破了学科之间的界限，丰富了中国古代叙事文学研究的内涵，体现了自20世纪80年代以来中国古代文学研究的发展趋势。

（3）注重夯实学术基础，关注古代文学学术史，梳理、考证古代小说史料。20世纪90年代末，面临世纪之交，需要对学术研究进行回顾与反思，从而为21

世纪的学术发展提供借鉴与参考。自 1995 年起，在蒋述卓教授的主持下，程国赋与刘绍瑾、魏中林等人一起"十年磨一剑"，关注学术前沿，考察 20 世纪古代文论学术研究史，至 2015 年，在北京大学出版社出版《二十世纪中国古代文论学术研究史》（共 57 万字，程国赋个人撰写 15 万字）。程国赋撰写的有关钟嵘《诗品》研究、严羽《沧浪诗话》研究、苏轼文论研究等系列论文发表后，先后被中国人民大学书报资料中心《中国古代、近代文学研究》1999 年第 6 期、1999 年第 9 期、2001 年第 4 期全文转载，产生了良好的学术影响。

文献资料是学术研究的基础工程，程国赋在 30 年的学术历程中力图将文献资料的梳理、考证与理论研究相结合，他承担了两项教育部全国高校古籍整理研究工作委员会项目"隋唐五代小说研究资料汇编""中国小说史料学"。2005 年，他在上海古籍出版社出版《隋唐五代小说研究资料》。他主编的《唐代小说学术档案》，2015 年 2 月由武汉大学出版社出版，共 51 万字，包括唐代小说重要研究论著评介、唐代小说研究论著提要、唐代小说研究年表等内容，就 20 世纪以来的唐代小说学术研究状况进行总结、评述，为 21 世纪的唐代小说研究提供了重要借鉴和参考。同时，程国赋还就吴还初、顾元庆、王琦等明清时期作家个案以及小说凡例、识语等进行重点考证，从方志、书信、文集、正史之中发现新材料，在《文学遗产》2007 年第 4 期、2008 年第 5 期，《文学评论》2010 年第 6 期，《文艺研究》2009 年第 4 期，《文史》2012 年第 1 辑发表系列论文。

三、社会评价与人才培养

（一）学术荣誉与学术兼职

最近十几年来，程国赋在学术上取得了较为突出的成绩，获得了一系列荣誉称号：

2004 年 12 月，入选教育部首届"新世纪优秀人才支持计划"。

2008 年 9 月，被评为广东省高校跨世纪人才工程——"千百十工程"国家级培养对象。

2009 年 6 月，被聘为广东省高等学校"珠江学者"特聘教授。

2013 年，获聘为 2012 年度国务院特殊津贴专家。

2013 年，获评为 2013 年度"国家百千万人才工程"国家级人选，并被授予国家"有突出贡献的中青年专家"荣誉称号。

2015 年 12 月，获评为中宣部 2014 年度全国文化名家暨"四个一批"人才。

2015 年，获评为广东省特支计划领军人才。

2016年4月,获聘为教育部2015年度"长江学者"特聘教授。

2016年6月,入选第二批国家"万人计划"哲学社会科学领军人才。

2019年4月,入选广东省第三届优秀社会科学家。

这一系列荣誉称号的背后,是程国赋对学术孜孜不倦的追求,是他对学术的艰辛付出,是经历一次又一次的失败和挫折后的再奋起。失败可以更好地锤炼一个人的意志力;对于成功而言,失败是最好的检验。在某种程度上说,失败为成功打下了基础,做好了准备。失败是苦涩的,但是失败不应该是结束,更不应该是绝望,应该是下一次尝试、下一次努力的开始。

程国赋获聘为教育部2015年度"长江学者"特聘教授,这是暨南大学文科自主培养的第一位"长江学者",这个称号的获得有力地推动了暨南大学文学院的人才队伍建设,推动了暨南大学中国语言文学学科的发展,此后,文学院先后有两位青年教师获聘为"青年长江学者"。在2015年之前,暨南大学文学院的高层次人才队伍中只有一名广东省高校"珠江学者"特聘教授,2015年之后,经过全院老师的共同努力,目前已有国家级教学名师1人、"长江学者"3人、广东省高校"珠江学者"6人、国家"万人计划"领军人才2人、青年拔尖人才1人、中宣部文化名家暨"四个一批"人才2人、百千万人才工程国家级人选2人、广东省优秀社会科学家4人、国务院特殊津贴获得者8人、广东省跨世纪人才工程——"千百十"工程国家级和省级人选5人、广东省特支计划领军人才2人,高层次人才队伍比较完备,为暨南大学文学院的人才培养、科学研究、学科建设提供了有力的支撑。

在学术兼职方面,程国赋担任全国明代文学学会(筹)副会长、全国俗文学学会副会长、全国《聊斋志异》学会副会长、全国唐代文学学会理事、广东省中国文学学会常务副会长等职。

近年来,程国赋多次筹办学会会议:2011年3月,与中国社会科学院《文学遗产》编辑部合作举办"跨文化视野下中国古代小说学术研讨会";2013年10月,与《文学遗产》编辑部联合举办"古代小说前沿问题学术研讨会";2013年12月,与《中国社会科学》杂志社联合举办"中国古代文学研究走向与研究方法高峰论坛";2017年11月,举办"明代文学国际学术研讨会暨明代文学学会(筹)第十一次年会"。另外,程国赋多次在武汉大学、中山大学、华南师范大学、上海师范大学、安徽大学、广东外语外贸大学、广西民族大学等高校举办学术讲座,在学术界产生了较大的影响。

2013年5月,在中山大学举办的学术讲座上

2019年7月,在武汉大学举办的"长江论坛"讲座上

(二)社会评价

程国赋自1991年开始从事唐五代小说的研究,在这一领域,先后出版了《唐代小说嬗变研究》(广东人民出版社1997年版)、《唐代小说与中古文化》(台北文津出版社2000年版)、《唐五代小说的文化阐释》(人民文学出版社2002年版)、《隋唐五代小说研究资料》(上海古籍出版社2005年版)、《唐宋传奇》(凤凰出版社2011年版)、《唐代小说学术档案》(主编,武汉大学出版社2015年版)等6部著作,并发表了数十篇相关的唐代小说研究论文。

程国赋因其在唐代小说研究领域的贡献,受到学界关注,产生了较大的学术影响。

卞孝萱先生是程国赋博士生阶段的指导老师,从论文确定选题到搜集材料、框架设计等方面,先生都给予了指导,倾注了很多心血。程国赋的博士论文《唐代小说嬗变研究》在广东人民出版社正式出版之际,卞先生很高兴,撰写了热情洋溢的序言:

我在细阅全稿之后,认为此书有不少特色:一是研究方法可取。本书运用了统计学、比较研究、微观与宏观、文学与史学相互结合等多种研究方法,通过数据、图表、对比分析等,有说服力地论证了自己的观点。……二是论述全面、深入。在探讨唐代小说嬗变之前,本书第一章"唐代小说研究概览"对唐人小说加以整体性研究，就其成因、结构、分类、创作方法等问题提出自己的见解，这样就为后文有关论述打下了基础。在探讨嬗变历程时，本书从各个角度着手，涉及文言小说、白话小说、杂剧、传奇等，包含内容相当广泛。作者时时透过表象，探寻问题的本质，上升到文学理论的高度，结合社会背景的考察，分析唐代小说在后世的嬗变现象，具有深度。三是观点新颖。本书时时闪现出作者的真知灼见。……论述过程中，不依附他人之说，形成自己独到的见解。总之，本书开拓了新的研究领域，丰富了中国小说史、文学史的内容，弥补了当前研究者的不足，其学术价值，是有目共睹的。国赋同志才过而立之年，前途无量，祝愿他继续前进，勇攀学术高峰。

孝萱先生在序言中对程国赋给予鼓励和肯定，关心、关爱之情溢于言表。程国赋在完成《隋唐五代小说研究资料》一书初稿后，将书稿寄给卞先生审查，先生以八十高龄审阅书稿，提出宝贵的修改意见。

2001年，程国赋完成书稿《唐五代小说的文化阐释》，在写给全国唐代文学学会原会长、中华书局原总编傅璇琮教授的信中汇报此事，先生一向提携后学，为此书撰写了序言。在古代文学研究界，能得到傅璇琮先生为书稿撰写序言，是一件很荣耀的事情。傅先生在《唐五代小说的文化阐释》的序言中指出：

90年代后期，程国赋同志在广州这样市场经济极为发达的环境中，仍安心于唐代小说的研究，于1999年8月将《唐代小说与中古文化》一书交台北文津出版社出版。正如作者自己所说，《唐代小说嬗变研究》以纵向的角度分析唐代小说在后世文学中的影响，《唐代小说与中古文化》则从横向的角度探讨唐代小说与当时文化背景之间的关系。而现在这部《唐五代小说的文化阐释》又更往前发展，从史官文化、门第、科举、宗教、婚恋思想、商业、士子文化心态等7个层面，做唐五代小说的全方位文化探索，将文化研究引入中国古典小说研究之中，一方面分析唐五代文化思想对小说创作的影响，另一方面又透过小说显示当时广阔而生动的文化背景。国赋同志这样做，确表现出90年代年轻学人极为难得的不断创新意识和潜心钻研精神。……此书的意义和价值，已经不仅仅是对唐五代小说研究本身的加深，更是在拓展文学史研究的视野，加强与其他学科的沟通等方面，提供一种高层次的方法和更新的经验。（傅文载《人民政协报》2000年7月21日）

中国社会科学院荣誉学部委员、文学研究所博士生导师邓绍基教授认为：

国赋同志著作此书（指《唐五代小说的文化阐释》），正是在唐五代小说研究的创新求新道路上迈进，他在探讨唐五代小说体现的文化特质与时代精神方面更是做出了努力，付出了心血。与此相适应，他为本书定名为"文化阐释"。正如著者在前言中所说，本书对唐五代小说的文化内涵的阐释，分为两个方面：第一，分析唐五代文化思潮对小说创作的影响；第二，通过小说看历史，看当时的文化背景，这实际上也体现了著者对"文化阐释"的一种理解，即把文学作品置放在历史文化的宏观背景下进行观照、考察，从而发掘、透视文学作品的文化底蕴。……本书第六章第三节论叙"胡商现象的文化内涵"，条分缕析，既细致，又见新意，我也爱读。此外，第七章叙述初盛唐士子、中晚唐士子和唐末五代士子的文化心态，也是我偏爱的部分。著者谈到当时有些士子的"自污"行为，乃至出于"自求瑕玷"的目的而与妓女交往，借此躲避政治风波，其实又是从另一个角度来看待旧时文化人在变乱时代寻取的一种"韬晦"处境，类似这样的士子心态与处境，确实也是蕴藏着深层文化内涵的，在一定程度上，它们是具有普遍性的。因为它们与旧时普遍存在的种种深沉的消极避世观念是相互联系着的。国赋同志的这本专著在资料丰富的基础上论述面很广，我在这里只是就我偏爱的章节说出若干看法，真是挂一漏万。（参见邓绍基先生《唐五代小说的文化阐释·序》）。

对于程国赋在唐代小说研究领域的贡献，除上述几位前辈学者的评价以外，《五十年来海峡两岸唐代文学研究述评》（载《文学评论》2000年第6期）、《海峡两岸唐代文学研究史》等著述充分肯定了程国赋的研究成果和学术思路，称其为大陆学界唐代小说研究的学术带头人之一；《明清小说研究》2003年第1期刊文《二十世纪九十年代以来的中国古代小说研究》，将程国赋作为20世纪古代小说研究的第四代学人的代表性人物；《西北师大学报》2010年第5期刊文《近30年唐代文学研究的回顾与思考》认为程国赋的唐代小说研究成果"最为显著""提供了新的史料和视角"，他是"在唐代文学研究中起着学术骨干作用"的学者之一；《光明日报》2002年3月24日、中华书局《书品》2004年第1期、《学术研究》1998年12期等刊文对程国赋的唐代小说研究成果予以很高评价。

在完成唐五代小说的文化考察之后，程国赋将研究视角转向明代，本着历史文化与古代小说相结合、文献与理论并重的研究思路，从出版文化这一新颖、独特的视角考察明代小说发展、演变的真实历程及其内在规律。代表性成果是他撰写的专著《明代书坊与小说研究》（中华书局2008年版），该书特色鲜明，体现了较高的学术价值，拓宽了古代小说研究的视野，弥补了学术研究领域的薄弱环节，丰富了中国小说史、中国文学史的内容。该书受到学界好评，产生了较大的学术影响：获第六届"高等学校科学研究优秀成果奖（人文社科）"二等奖、广东省哲学社会科学优秀成果奖一等奖；《光明日报》2010年10月14日刊文予以好评；入选《国家社科基金项目成果选介汇编》（第五辑）；收入《中国文学年鉴》2009年辑；《中国社会科学院院报》2009年2月10日、《社会科学报》2009年4月16日、国家古籍整理出版规划小组《古籍整理出版工作简报》2009年第4期予以推介；中华书局《书品》杂志2009年第2辑、《社会科学研究》2009年第3期刊登书评予以好评；中国台湾学者林雅玲《余象斗小说评点及出版文化研究》（里仁书局 2009 年版）、郭孟良《晚明商业出版》（中国书籍出版社 2011 年版）等都对该书给予很高评价。《明代书坊与小说研究》于 2019 年被高黎明教授等人翻译成英文，译名为 Research on Bookshops and Novels in the Ming Dynasty，由 American Academic Press（美国学术出版社）出版。

最近 10 年，程国赋主要从事中国古代小说命名研究。命名文化是中国传统文化的重要组成部分，具有悠久的历史。人或事物的名称集中体现其形态、特征、风格、内涵，它不仅是一种符号，而且蕴藏着丰富的文化底蕴，与特定社会、时代的文化背景、风俗民情、语言习惯、社会心理、价值取向等都有着相当密切的关联，我国古代命名文化具有鲜明的中国特色和中国元素。

命名文化在中国古代文学创作中有着充分的体现。就中国古代小说而言，小说命名是小说创作最直观、最明显的外在形式之一，是作家艺术构思的重要组成部分，也是文学创作的重要内容之一。明清时期是小说创作的高峰期，名家辈出，名作众多，命名形式丰富多样，小说命名之中凝聚着不同时代的思想、文化内涵与小说作家丰富多样的文学观念，透过小说命名，可以考察明清时期小说观念的变迁。与此同时，明清小说命名与读者群体、小说传播之间关系密切。迄今为止，在明清小说研究领域，尚未对此进行系统、全面而深入的探讨。目前出现的关于中国古代小说命名的研究主要集中于《水浒传》《金瓶梅》《红楼梦》等少数几部名著，名著以外的其他小说则很少受到学界关注。

有鉴于此，程国赋主要选择明清小说与命名文化的关系进行探讨，立足于小说文本，考察明清小说命名的特点、方法、命名现象与小说创作、小说读者之间的关系，分析命名现象所揭示的文学观念、文化内涵、广告意义等，试图从命名文化着手，探讨明清小说创作的内在规律与演变历程。

本课题的阶段性成果已在《文学评论》《文艺研究》《文艺理论研究》《南京大学学报》《暨南学报》《安徽大学学报》《明清小说研究》《社会科学研究》等期刊发表，人大复印资料《中国古代、近代文学研究》全文复印 6 篇，《新华文摘》《高等学校文科学术文摘》、中国人民大学书报资料中心《文学研究文摘》和上海社科院《社会科学文摘》等多次摘要，论文《论明清小说寓意法命名的内涵与特点》获教育部第八届高等学校科学研究优秀成果奖（人文社会科学类）二等奖，获得 2019 年广东省第八届哲学社会科学优秀成果奖一等奖，产生了较好的学术影响。

（三）人才培养

从事中国古代文学研究，让程国赋更加热爱中国优秀的传统文化，在学习、研究古人的作品中能学到很多做人、做事的道理。"位卑未敢忘忧国""先天下之忧而忧，后天下之乐而乐"，古人的社会责任感、家国情怀，那些宽容、乐观、豁达、进取的精神给了他很多启发。除了以传统文化锤炼个人品性，提高个人品德修养，程国赋还注重在教学、培养人才方面，融入中国优秀传统文化的教育。

程国赋于1997年被遴选为中国古代文学专业的硕士生导师，2003年被遴选为中国古代文学专业的博士生导师，到2020年为止，他已经招收了22届硕士研究生、15届博士研究生，另指导10余位博士后研究人员、多位访问学者，共培养了近百名研究生和博士后、访问学者，指导多届本科生的学年论文、毕业论文，讲授本科生、硕士生、博士生等多层次课程。在人才培养过程中，程国赋相当注重人品与文品的结合，他经常这样跟学生说：

只有人品与文品相结合，才能做好学问。要想做好学问，首先必须懂得做人的道理，具备良好的个人修养。没有好的人品，不能真正领悟学术的真谛。

目前学术界出现很多功利、浮躁的倾向，甚至有的高校沾染上了行政化、功利化、短视化风气，程国赋在人才培养的过程中，要求学生们真正做到宁静致远，以国学大师王国维、陈寅恪、饶宗颐等人作为治学的榜样，开阔学术视野，潜心于学术，严格遵守学术规范，绝不允许在论文写作中存在抄袭、剽窃行为。他常常和学生们说：

论文写作的水平有多高，那是你的能力问题；违反学术规范，甚至出现抄袭，那是学术品质问题。

一位暨南大学华文学院的本科生想报考本校古代文学专业的研究生，找了几位系里的老师了解情况，而碰巧的是，这几位老师同时向她推荐了程国赋，推荐程国赋的人品和学问。后来她到程国赋门下学习，已顺利毕业。几位老师异口同声地推荐，正是对程国赋身体力行"人品与文品相结合"的人生理念的认可。

程国赋要求学生通过学习、借鉴、融合，形成适合自己的研究方法和思路，要有逆向思维，在尊重权威的基础上，敢于否定权威，大胆提出自己的看法。

除了关心学生的学业，程国赋也很关心学生的身心健康。2005年，程国赋指导的一位硕士生生病，需要做手术，这位同学的家境不太好，生活压力大，手术费成为学生很大的包袱，程国赋得知情况后，借给学生4000元作为手术费用，同时，联系华侨医院骨科，在合乎医院规定的情况下，为学生免费使用了价值8000多元的手术材料，解决了学生的经济负担，并联系做手术的医生，圆满地完成了手术，为学生解除了后顾之忧。这位同学勤奋好学、品学兼优，硕士毕业后，继续跟随程国赋攻读博士学位，毕业后到"211"高校工作，曾获得省普通高校教师教学竞赛

2006年，与即将毕业的研究生合影

一等奖，被授予省普通高校教学能手的荣誉称号；为中国大学MOOC（慕课）"唐宋诗词与传统文化"主持人，该课程入选省首批精品在线开放课程，教学、科研都很突出，已评上教授、博士生导师。这位同学深受导师的影响，走出校门，走上工作岗位后，也以程国赋为榜样，注重人品的锤炼，注重品德的修养，将教学与科研相结合，关心学生，受到所在高校同事和学生们的一致好评。

在程国赋的指导下，有的学生在《文学遗产》《文史》这样的权威期刊发表过学术文章，有的获得过教育部全国高校古籍整理研究工作委员会奖学金、南粤优秀研究生等奖励和称号，多名学生毕业后已评为教授，或当选为中宣部青年文化英才，被评为广东省高校跨世纪人才培养工程——"千百十工程"培养对象，或担任所在高校的学报主编、文学院院长等职，主持多项国家社科基金项目、教育部社科基金项目等各类课题，成为各自单位的教学、科研骨干。说起在程国赋门下读书的时光，大家纷纷表示，犹如在一个温暖的大家庭，既感受到导师在学术上的严格要求，同时也感受着导师对大家的关心和帮助，同门之间相互切磋、帮助，其乐融融。一位程国赋指导的博士生毕业以后，到外省高校工作，他说："不管是在校读书还是毕业以后，程老师都给予了我很多指导和鼓励，导师是我心中的一盏明灯，在我学术和人生的道路上，一直照亮我前行。"

2018年11月,参加俗文学学术研讨会,与学生们合影

四、从蹒跚学步到学术创新

当我们编写组采访程国赋,请他谈谈30年来从事学术研究的心得体会时,他思索了一会儿,便和我们说起自己从蹒跚学步到偶有所得、比较漫长的学术历程。以下是程国赋的个人自述。

1. 在学术道路上蹒跚学步

1989—1991年,在南大中文系读硕期间,我曾写过几篇论文,其中一篇论文是《〈红楼梦〉原书续书悲喜剧风格之比较》,这篇论文实际上是我在本科毕业论文《〈红楼梦〉续书研究》的基础上加以修改、补充而成的。为什么选这个题目呢?因为我对《红楼梦》很感兴趣。小学时我就读过这部经典名著,但那时还小,懵懵懂懂中,不太懂得书中的意思,上中学、读大学时,读了《红楼梦》多次,感受很深,而且每一次的感受都不一样,每次都被这部小说深深地吸引,可以说爱不释手。等到大学快毕业,考虑本科毕业论文选题时,我毫不犹豫地选择了《红楼梦》。

关于《红楼梦》的研究,前人著述很多,研究成果汗牛充栋,要想在前人研究的基础上有所突破,谈何容易!但那时的我还在学术大门外摸索,凭着一股喜欢劲儿,就决意要写《红楼梦》的论文,真有一种"初生牛犊不怕虎"的味道。有关《红楼梦》的作者、版本、语言文字、人物塑造、情节结构等方面的研究,都已有大量研究著作、论文面世了，轮到我一个后学者、一个本科生，怎能有突破呢？思来想去，绞尽脑汁，一直没有结果。忽然有一天，灵光一现，想到大三时，著名作家、古代小说研究名家、上海古籍出版社编审何满子先生来徐师做讲座时提到"小说续书"的问题，我能不能做《红楼梦》的续书研究呢？我把这个想法向指导老师陈建华汇报，得到了陈老师的支持和指导，然后就跑图书馆，赶写出这篇本科毕业论文。到南大读硕以后，再次对这篇论文补充资料，修改文字，其中部分章节以《〈红楼梦〉原书续书悲喜剧风格之比较》为名，发表在《南京大学研究生学报》1990年第1期。拿到样刊的时候，看着自己写的文字被印成铅字，心里好一阵激动。这是我发表的第一篇算得上是"学术论文"的文章。

读硕士期间写的第二篇论文是《试论兰陵笑笑生的佛教观》，这是上王立兴教授所授"明清小说"课程时写的课程作业，也是一篇比较"稚嫩"的学术论文。王老师在课堂上叮嘱我们要注重对小说作品文本的阅读，小说文本是研究小说最重要的史料来源，要引起重视。从事古代文学研究，切忌空谈，要立足文本，依据材料说话。王老师的教导让我深受启发，我在看《金瓶梅》文本时，发现不少与佛教有关的人物和情节，所以就尝试探讨《金瓶梅》作者兰陵笑笑生的佛教观，根据小说文本搜集、整理了相关资料，撰写成篇。几年后，这篇论文经修改发表于《历史文献与传统文化》第五集（广东人民出版社1996年版）。

上述两篇论文，记载着我在学术道路上蹒跚学步的历程，论文也有一些可取之处，在写作过程中，注意到一些研究方法的运用，例如，采用比较的方法，将《红楼梦》的原书与续书进行比较；对《红楼梦》续书、《金瓶梅》中有关佛教的材料，做了一定的统计工作，为论文写作打下了基础。同时，也注意到小说版本问题，对文本的分析比较细致。

但总的看来，上述两篇论文不够完善，确系"稚嫩"之作，存在很多问题与不足：一是文本、文献的统计工作做得不够完整、彻底，以《〈红楼梦〉原书续书悲喜剧风格之比较》一文对《红楼梦》续书的统计为例，《红楼梦》续书有30多种，而我只统计了20多种，有较多的缺漏。二是缺乏理论研究的深度，佛教理论博大精深，我在分析兰陵笑笑生的佛教观时，只是着眼于文本来谈，佛教思想只是粗浅涉及，这是远远不够的，缺乏研究的深度和广度。三是研究对象的不确定性，《金瓶梅词话》卷首所载明代欣欣子的序言指出小说作者是"兰陵笑笑生"，但是"笑笑生"是何人，历来众说纷纭。明代几位学者曾经有所记载，沈德符撰《万历野获编》说作者是"嘉靖间大名士"，谢肇淛撰《金瓶梅跋》说作者是"金吾戚里"的门客，袁中道撰《游居柿录》说作者是"绍兴老儒"，都语焉不详。后世学者对此提出种种猜测，有关《金瓶梅》作者的说法有50多种，其中影响较大的说法有李开先说、徐渭说、王世贞说、贾三近说、王稚登说、屠隆说、汤显祖说等，但没有一种说法有足够的材料能够确证。在未能确证"兰陵笑笑生"的姓名、籍贯、生平经历的情况下，去探讨《金瓶梅》作者的佛教观，很显然难以得出全面而准确的结论。上述两篇论文存在的第四个不足就在于,未能将点与面相结合,研究视野局限于小说文本,例如,对《红楼梦》续书在明清小说续书整体中的地位与影响未加以关注,《金瓶梅》所体现的佛教思想与晚明佛教思想、晚明文化思潮的关系,也没有加以考察。

2. 渐渐"开窍"

我第一次写出比较满意的论文是在硕士二年级和博士一年级的时候,其中一篇是《古典戏曲意境分类说探幽》,这是硕士阶段上俞为民先生讲授的"明清戏曲"课程时提交的课程论文。那时候明清文学方向的硕士研究生有两个,一个是李劲松,一个是我。李劲松,笔名李冯,广西南宁人,他以写作著称,号称文坛"广西三剑客"之一,新生代作家,创作剧本包括《英雄》《十面埋伏》《霍元甲》等,撰有长篇小说《孔子》《碎爸爸》等作品,影响比较大的是他与张艺谋合作推出的武侠电影《英雄》,张艺谋执导,2002年12月14日上映,李冯担任编剧。早在南大读书的时候,李冯就是颇有名气的才子,他的生活习惯是晚上外出,白天睡觉,是个典型的"夜猫子"。

上俞为民先生的戏曲课时,进入课堂讨论的环节,俞老师给我们出了两个题目,一个是"意境",一个是"本色",让我们各自挑选,我挑了"意境"这个词,李劲松挑了"本色"一词。课后,我借来十大本《中国古典戏曲论著集成》(中国戏剧出版社1959年版)以及有关古代文论方面的书籍,一本一本地"啃"下来,并做了大量的阅读札记,把有关"意境""境""境界"的词语找出来进行分类,"苦境""酸楚之境""苍凉之境""佳境""妙境""他境""梦境""欢笑之境"等是古代曲论家所极力提倡的,属于境界之高者,庸境、俗境、富贵繁华之境、恶境、顺境、浅促之境、合欢之境属于境界之低者,需要尽力避免。后来,博士一年级时,上吴新雷先生的"中国戏曲学"的课程时,我拿出旧作向吴老师请教,进一步完善了论文,论文刊载于《阜阳师范学院学报》1992年第4期,中国人民大学书报资料中心《戏曲研究》1993年第4期全文复印,这是我的论文第一次被人大复印资料全文转载,也使我第一次品尝到在学术道路上成功的喜悦。

另外一篇比较满意的论文是有关唐代传奇《柳毅传》的成书及其演变研究,这是在王立兴教授和卞孝萱教授的联合指导下完成的。1991年下半年,博士一年级时,我选定了博士论文的选题"唐代小说嬗变研究",准备从单篇论文着手考察唐代小说在后世的演变情况及其演变规律。我选定的第一部作品就是《柳毅传》,这部小说主要描写唐仪凤年间,儒生柳毅应举落第,在泾阳河畔遇到牧羊女子,自称是洞庭君之女,受到夫家泾河龙王家族的虐待,托柳毅传书于洞庭。龙女叔父钱塘君得知此事,杀死泾河小龙,救出龙女。钱塘君欲将龙女嫁与柳毅,因言语傲慢,遭到柳毅拒绝。柳毅从洞庭回家后,龙女化名卢氏女,最终与柳毅缔结姻缘,二人同归洞庭湖。我对《柳毅传》的研究主要是从两个方面进行的。一是考察《柳毅传》的成书过程,认为唐代妇女的社会地位比较低下,而当时的婚恋思想束缚不严,所以"弃妇""再嫁"的现象比较严重,出现过一些弃妇再嫁的现实故事,这构成了《柳毅传》得以产生的现实基础。另外,由于唐朝神鬼狐怪的传闻相当普遍,流传着不少像《观亭江神》《胡母班》《邵敬伯》《三卫》这样人传神书的神话传闻,《柳毅传》作者李朝威正是将现实故事与神话传闻结合起来,通过自己的艺术加工,创造性地完成了《柳毅传》这样的优秀作品,借助神话故事,反映现实生活中的婚恋主题。另一方面,分析《柳毅传》在后世小说、戏曲中的演变情况,从纵向和横向两个角度加以探讨。后来,卞孝萱先生将其中一篇论文推荐给《烟台师院学报》发表,一篇推荐给《许昌师范专科学校学报》发表。

学术研究往往都是站在前人的肩膀上完成的,所以,在开展正式研究之前,对前人的研究成果进行回顾和总结是必要的。以我从事唐代小说的研究实践为例,在确定博士论文选题之后,我花了比较多的时间了解前人的研究历史与现状,对国内外有关唐代小说的研究情况做了较为全面的梳理,其中,有些单篇论文先后发表,如《〈莺莺传〉研究综述》,载《文史知识》1992 年 12 期;《〈古镜记〉研究综述》,载《晋阳学刊》1992 年第 6 期;《〈李娃传〉研究综述》,载《江汉论坛》1993 年第 4 期;《漫话唐代小说研究》,载《社会科学报》1996 年 10 月 3 日;《唐代小说研究述评》,载台北《国文天地》1997 年 6 月号,等等,这些前期工作的开展为此后博士论文的写作打下了较好的基础。

创新是学术研究的灵魂和生命,学术研究切忌拾人牙慧,人云亦云。在 30 年的学术生涯中,我一直努力坚守这一原则。例如,关于唐代小说分类方法的研究,日本盐谷温《中国小说概论》分为别传(史外的逸闻)、剑侠(武侠男女的勇谈)、艳情(佳人才子的艳话)、神怪(神仙、道释、妖怪谈)4 类。郭箴一《中国小说史》分为神怪、恋爱、豪侠 3 类。事实上,这几种分类法还难以概括唐代小说的全貌,关于不同类型的小说之间如何界定的问题,上述几种分类法也没有很好地解决;涉及一些具体篇目时,也存在不少错误。所以我在《唐代小说嬗变研究》一书中采取五分法来对唐代小说进行分类,即分为神怪、婚恋、逸事、佛道、侠义 5 种类型,试图在前人研究的基础上提出一家之说。在后来从事"三言二拍"传播研究、明代书坊与小说研究、明清小说命名研究等课题时,我都试图坚守学术创新的原则。因自己学术能力、水平有限,在具体实践过程中,还存在很多不足之处,期望得到前辈和同行的批评指正。

3. 研究方法

研究方法是开启学术大门的钥匙,不同的研究者采取的研究方法也各不相同。就我个人而言,我主要谈一下以下 3 种研究方法。

(1)文化学的研究方法。中国文学史研究中的文化学方法,就是把中国古代文学置于古代文化的宏阔背景中加以考察,包括考察文化的各部类——宗教、思想、制度、民俗、士人心态、艺术等——与文学之间的相互影响和制约。

关于这个名称,有不同的称呼,傅璇琮教授《唐诗论学丛稿》一书称之为

"文学的历史文化研究",罗宗强教授在《〈唐诗论学丛稿〉序》中称之为"文学的社会历史学研究",刘石所撰《实学研究与文化探索》一文(载《文学评论》1996年第6期)称之为"实学研究与文化探索",张仲谋所撰《试论文化学的批评方法》一文(载《文学遗产》1997年第4期)称之为"文化学的批评方法",称呼不一,其实质是一样的。

采取文化学研究方法有助于打破学科划分的界限,提倡多学科之间的综合研究。中国古代文史哲不分家。自从20世纪初以来,随着人们认识的不断深入,学科划分渐趋细密,这给很多学科尤其是一些新兴学科的发展带来契机。但是,久而久之,学科划分过细所带来的弊端也日益暴露出来,那就是在学术研究上造成视角的单一、视野的窄狭,缺乏综合研究。为克服这种弊端,20世纪80年代中期以来,中国文学史研究中广泛兴起文化研究的热潮,意在打破学科之间的划分,打破国与国之间的界限,提倡综合研究、整体研究与比较研究,这种研究方法有助于进一步拓展中国文学史研究的视野。以往中国文学史研究过于偏重文学的内部研究,即重视作品的文本分析,论述作品的主题、叙事等,而忽视了文学的外部研究。有些专著、论文虽然强调作品的思想背景、时代背景,实际上只是给作品贴上"背景"的标签。也就是说,忽视了时代背景、文化思潮对文学作品、作家的深刻影响,忽视了两者之间的内在联系。

古代文学研究要向深度发掘,就要着眼于文学的内部和外部,开展全方位的整体研究。运用文化学研究方法,有助于我们进一步了解作家生活的外部环境,了解文学作品产生的独特的时代背景、文化氛围。以唐代小说《周秦行纪》为例,这是一篇中唐时期出现的以第一人称创作的小说,也是一篇打破时空限制,带有一定的荒诞色彩的小说。小说描写唐代的书生牛僧孺与汉代文帝的母亲薄太后、汉代戚夫人、王昭君、西晋的绿珠、南朝的潘淑妃、唐代的杨贵妃等人相遇、宴饮、诗词唱和的故事。作者署名中唐宰相牛僧孺。《周秦行纪》这篇小说面世之后,李德裕写过一篇《周秦行纪论》,进一步指证牛僧孺是《周秦行纪》的作者,并对牛僧孺提出严厉的批评。

值得我们注意的是:这篇小说称皇帝德宗为"沈婆儿",称皇太后为"沈婆",贞元(唐德宗年号)二十一年(805)进士及第的牛僧孺敢这么大胆吗?他敢在作品中蔑视皇帝及皇太后吗?如果我们联系唐代的政治现实,就可以得到答案。这篇小说与贯穿中晚唐的政治斗争——牛李党争密切相关,它是李党的领袖人物李德裕指使门客韦瓘所撰,托名牛僧孺。韦瓘借助小说中的牛僧孺之口,把皇帝德宗称为"沈婆儿",将皇太后称为"沈婆",故意给牛僧孺抹黑,让牛僧孺背上对皇帝、皇太后"大不敬"的罪名,以小说攻击政治对手。通过采取文化学研究方法,我们可以对《周秦行纪》这部唐代传奇有着更为深入的认识与理解。

又如,《莺莺传》描写的是张生和崔莺莺的爱情悲剧。为什么他们会出现这样的爱情悲剧?他们两情相悦为什么后来没有走到一起?陈寅恪先生认为,崔、张爱情悲剧与唐代的社会、门第文化有着密切的关系。唐代的仕和婚是有矛盾的，如果想做官就要娶高门大姓。哪些是高门大姓呢？唐代有"五姓"之说，即崔、卢、郑、李、王，在此基础上形成"七姓"，即清河、博陵二崔，范阳卢，荥阳郑，太原王，赵郡、陇西二李，《隋唐嘉话》卷中云："高宗朝，以太原王，范阳卢，荥阳郑，清河、博陵二崔，陇西、赵郡二李等七姓，恃其族望，耻与他姓为婚，乃禁其自姻娶。"七姓属于一流的高门大姓，他们家族势力很广，如果与大姓联姻，会给仕途带来诸多帮助；相反，如果与小姓、寒门联姻，仕途可能就会非常坎坷。

值得指出的是，《莺莺传》中的女主角崔莺莺姓"崔"，不是属于"五姓"之一吗？根据陈寅恪、刘开荣等人考证，崔莺莺出身寒门，地位卑微，其崔姓是假托。唐代妓女假托高门的现象比较多，陈寅恪《元白诗笺证稿》第四章《艳诗及悼亡诗》所附《读莺莺传》、刘开荣《唐代小说研究》都认为崔莺莺出身寒门，与崔莺莺结合，不会给张生的仕途带来任何帮助。在唐代这样一个特定的社会背景下，张生为了仕途抛弃了崔莺莺，《莺莺传》结尾还提到，"时人多许张为善补过者"。我们如果不了解唐代的历史，对《莺莺传》中张生与莺莺的悲剧结局就很难做一个合理的解释。

（2）计量统计的方法。所谓计量统计的研究方法，是以研究对象的数值表征为基础，进行数理统计的研究方法，也称为定量分析或统计学的方法。在学术发展史上，从目前掌握的材料来看，最早在社会科学领域运用计量分析方法的是英国学者约翰·格朗特，他在1661年发表的《对死亡表的自然观察和政治考察》一文就运用制表统计和数量分析的方法。

在中国古代文学研究领域，一些学者较早地运用计量统计的方法，例如近代梁启超在《中国历史研究法》一书中就指出："窃谓凡遇复杂之史迹，以表驭之，什九皆可就范也。"杨公骥在《中国文学》（吉林人民出版社1957年版）一书中有关《诗经》的章节中统计该书总用字量为2950个左右，其中动词达到300字以上，比例超过1/10，这表明中国古代文学在早期就具有极其丰富的表现力，与这些动词的运用不无关系。

西方的汉学家比较早地运用计量统计的方法，20世纪80年代中后期，美国威斯康星州立大学华裔学者陈炳藻运用计算机对《红楼梦》前80回和后40回的用字进行统计分析，推断《红楼梦》前80回和后40回均为曹雪芹所作。

在中国古代文学史研究领域，运用计量统计的方法影响较大的是王兆鹏和尚永亮；在古代小说研究领域，比较突出的是陈大康教授，他在《明代小说史》（上海文艺出版社2000年版）中统计历代小说尤其是《水浒传》《红楼梦》等小说名著的研究情况，认为中国古代小说研究存在严重的不均衡的情况。

我在撰写博士论文《唐代小说嬗变研究》时，就做过相关的统计工作，统计结果是：唐代有110篇小说在宋、元、明、清的小说和戏曲中出现大量改编作品。比如，谈元杂剧对唐人小说的改编，经过统计发现：根据唐代小说改编的元杂剧共

40篇，其中，散佚不存的23篇，今存17篇。我们根据现有的材料进行统计，也许以后随着新材料的发现，还会有新的补充。在古代文学研究过程中，我不主张采用"钓鱼"的方法，就像在一个池塘边，要想了解池塘中鱼的种类，通过"钓鱼"的方法，把钓上来的鱼一条一条地进行分类，这种方法难以概括池塘中鱼的全貌，必须采用"竭泽而渔"的方法，把池塘里的水抽干，捞出所有的鱼，逐一分类，这样才能得出精确的结论。

（3）比较研究的方法。比较研究是指从多角度探寻事物的异同，进而挖掘事物的本质特征。比较研究的方法由比较文学发展而来，它给我们的文论界带来了不少新的信息，同时期不同作品的比较研究，跨时期的不同作品的比较研究，不同批评方法的比较研究等，从比较中发现异同，从而得出一般的文学发展的基本规律。通过比较得出的结论，往往能够有很强的说服力。当然，我们强调的比较研究的方法，要有内在的可比性。

早在宋代洪迈所撰《容斋随笔》卷十五《连昌宫词》中，洪迈将唐代元稹的《连昌宫词》和白居易的《长恨歌》进行比较。这两首诗的相同点是都写了唐明皇和杨贵妃荒淫误国的事，读它的人都有一种如逢其时，如临其境之感，所以很难评论孰优孰劣。但是，洪迈认为白居易在《长恨歌》中只不过单纯记述了唐明皇追悼与杨贵妃相爱的来龙去脉，而元稹的《连昌宫词》除了上述内容，还针砭时弊地指出了当时的弊政，暗含了诗人对统治者的规劝讽谏之意。梁启超在《清代学术概论》中指出，乾嘉朴学的研究方法之一在于"最喜罗列事项之同类者，为比较的研究，而求得其公则"。

以清初文学家、思想家王夫之《龙舟会》杂剧为例，这部杂剧改编自唐代小说《谢小娥传》和《初刻拍案惊奇》卷十九"李公佐巧解梦中言 谢小娥智擒船上盗"话本小说。原著是描写弱女子谢小娥的父亲和丈夫在经商途中被强盗杀害，小娥女扮男装，为父亲和丈夫复仇的故事，唐代李公佐创作的传奇《谢小娥传》的创作意图是通过女子复仇的奇事，歌颂谢小娥的果敢、贞孝。王夫之改编这部作品，显然有着强烈的个人寄托，融入了时代内容。《龙舟会》杂剧中通过一个弱女子为亲人复仇的故事来讽刺投靠清廷的明代旧将、旧臣，委婉地表达自己反清复明的思想。王夫之本人就亲身参加过反清复明运动，他将谢小娥的父亲和丈夫分别取名为"谢皇恩"和"段不降"，以此讽刺那些投降清廷的明朝旧臣和旧将。他多次直抒胸臆，比如，第一折，借小孤神女之口云："大唐国里忘忠孝，指点裙钗与报冤。""谢皇恩女儿小娥，虽巾帼之流，有丈夫之气，不似大唐国一伙骗纱帽的小乞儿，拼着他贞元皇帝投奔无路，则他可以替他父亲、丈夫报冤，则索隐用天机。""谢小娥孝烈，替大唐国留一点生人之气。"作者的愤激之情跃然纸上。

以上举的例子，是原作与改编作品之间的比较，通过改编，反映了不同时期的社会现实与文人心理。